Tibor Kneif ist Verfasser des «Sachlexikons Rockmusik» (rororo 6223, 3. Auflage 1980). In Berlin (West) tätig, hält er als Universitätslehrer an der Freien Universität seit vielen Jahren regelmäßig Vorlesungen und Seminare über Rock und Jazz ab. Er ist Rockkritiker der Berliner Zeitung *Der Tagesspiegel* und Mitarbeiter mehrerer Zeitschriften. Weitere Veröffentlichungen über Rockmusik: «Einführung in die Rockmusik – Entwürfe und Unterlagen für Studium und Unterricht» (Wilhelmshaven, Heinrichshofen, 2. Auflage 1981); «Rockmusik» (Kassette mit drei Langspielplatten und Kommentarheften, Arno Volk Verlag 1979, Herausgeber); «Rock in den 70ern» (rororo 7385, Herausgeber).

Carl-Ludwig Reichert, Verfasser des Beitrages «Eine weitere Art, Rockgeschichte zu schreiben» in diesem Band, ist Gründer der bayerischen Dialekt-Rockgruppe SPARIFANKAL, Mitherausgeber der rororo-Reihe «Rock Session» und freier Mitarbeiter am Bayerischen Rundfunk.

Rockmusik ist ebenso ein gigantisches Wirtschaftsunternehmen wie eine besondere Kunstgattung, die sich im Laufe ihrer dreißigjährigen Geschichte an verschiedene andere Musikgattungen anlehnte und ihre Klangtypen teilweise auch heute noch aus fremden Stilmustern bezieht. Rock ist auch der Lebensausdruck der jüngeren Generation, ein Gefüge von sprachlichen Botschaften, Stimmungen, Frustrationen und Befreiungsversuchen. All diese Aspekte können nur in einer breitangelegten Darstellung behandelt werden. Dieses Handbuch, ohne Vorbilder im deutschsprachigen oder angelsächsischen Raum, gibt zu den wichtigsten Fragen Auskünfte, mit denen auch der Nichtspezialist etwas anfangen kann.

Tibor Kneif

Rockmusik

Ein Handbuch zum kritischen
Verständnis

Mit einem Beitrag von
Carl-Ludwig Reichert

Rowohlt

Originalausgabe
Redaktion Ludwig Moos
Umschlagentwurf Michael Behr

Veröffentlicht im Rowohlt Taschenbuch Verlag GmbH,
Reinbek bei Hamburg, November 1982
Copyright © 1982 by Rowohlt Taschenbuch Verlag GmbH,
Reinbek bei Hamburg
Satz Times (Linotron 404)
Gesamtherstellung Clausen & Bosse, Leck
Printed in Germany
1480-ISBN 3 499 16279 2

Inhalt

2. Materialien zu einer Theorie der Rockmusik, ihrer Soziologie, Ästhetik und Geschichte

Rock ist international, nicht nur angloamerikanisch. Wir widmen dieses Buch den Rockmusikern des europäischen Festlandes, die Vertrauen zu ihrer Muttersprache haben und darin Mitschöpfer ebenso vieler nationaler Rock-Idiome sind.

Vor-Sätze und erste Notizen zur deutschen Rockjournalistik

Rockbücher und kein Ende?

Rockkritiker, zu deren zweifelhaftem Vergnügen es gehört, allerlei Star-Biographien und lexikalische Zweitaufgüsse zu besprechen, seufzen auf, wenn ihnen der Redakteur wieder einmal ein Buch über Rockmusik zum Rezensieren zuschiebt. Ihr Unmut, der sich prompt in der Rezension niederschlägt, entspringt dabei unterschiedlichen Motiven.

Manche Journalisten halten Rock und schriftliche Sachbeschreibung für unvereinbar. Nach ihnen ist Rockmusik eine Sache des druckschwärze-losen Spaßes, ein sinnlicher und begriffsloser Hörgenuß, den jede Art von schriftlichem Ernstnehmen und Nachdenken nur verderben kann. Hierauf beruht die Intellektfeindlichkeit unzähliger Fans. Stammt dieses Argument jedoch von Journalisten, deren Beruf doch das Schreiben ist, so dürfte es sich bei dem Einwand um eine der vielen Möglichkeiten handeln, die eigenen Kollegen zu übertrumpfen und die eigenen Sprüche um so interessanter erscheinen zu lassen.

Anders verhält es sich, wenn solche Äußerungen im Rundfunk oder im Fernsehen gemacht werden. Die Rüge, die dem Schreibenden erteilt wird, ist hier ehrlicher oder wenigstens mediumgerecht. Zwar besteht der Verdacht, daß der mündlich vorgebrachte Einwand gegen alles Gedruckte mitunter von Lese- und Schreib-Ungeübten, im Einzelfall sogar von regelrechten Legasthenikern stammt, die zu allem Schriftlichen ein gestörtes Verhältnis haben, aber nach Discjockey-Art munter und sogar stoffgewandt über Musik und Musiker reden können. Solange es um die routinemäßige Verarbeitung neuester Platten und Konzertereignisse im

Unterhaltungston geht, mag die mündliche Mitteilungsform für sich ausreichen. Aber rockgeschichtliche Kenntnisse und die vielleicht auch Discjockeys zumutbare Fähigkeit, Rockkompositionen zu beschreiben, erwirbt man sich nicht ohne Lektüre. Deshalb begleiten Lesen und Schreiben notwendigerweise jede intelligente Beschäftigung mit Rockmusik, sehr zum Leidwesen vieler Fans leichtesten Konsums und auch mancher Discjockeys.

Rockbücher warten mit Namen und Fakten, mit Beweisen und Hypothesen auf. Sie verlangen von ihren Rezensenten soviel Kompetenz, daß sie beurteilen können, welche Behauptungen falsch oder richtig, vertretbar oder verschroben, welche Ausführungen wichtig oder erläßlich sind. In Wirklichkeit gibt es verhältnismäßig wenige Buchrezensenten, die ihrem Gegenstand gewachsen sind, diejenigen nämlich, die auch die Rockliteratur verfolgen. Die anderen, die überfordert werden, vermeiden gewöhnlich, dies einzugestehen, indem sie generell über Rockbücher stöhnen oder aber Nebensächlichkeiten herausgreifen und auf ihnen so lange herumreiten, bis der Leser sich überzeugt hat, daß der Rezensent etwas viel Gescheiteres verfaßt haben würde, hielte er nur solche Schreiberei für sinnvoll. Wer Beispiele für unsachliche Beweisführung, Unterstellungen und persönliche Ressentiments in der Presse und im Rundfunk sucht, lese die Buchbesprechungen in den einschlägigen deutschen Rockzeitschriften oder höre einen Sender wie den Berliner SFB (dessen Rockprogramm allerdings, nach dem Urteil der eigenen Branche, das provinziellste im deutschen Senderaum ist). Bekannt sind erheiternde Fälle journalistischer Gründlichkeit, etwa dieser: Der von Wolfgang Sandner herausgegebene Sammelband *Rockmusik* (Schott, Mainz 1977) enthält auch eine Beschreibung und Übertragung der Komposition «Interview» der britischen Gruppe GENTLE GIANT. Ein Blick auf das Inhaltsverzeichnis des Buches genügte einem Rezensenten zu seiner gedruckten Behauptung, daß der Band ein Interview mit der englischen Rockformation enthalte.

Die Skepsis gegenüber Rockbüchern ist freilich gerade in der Bundesrepublik nicht unbegründet. Rock ist zwar nicht ausschließlich ein angloamerikanisches Produkt, vielmehr nagen seit etwa 1970 Franzosen und Deutsche, Holländer, Skandinavier, Italiener und Japaner erfolgreich am ehemaligen Monopol der Amerikaner und der Briten. Aber die Hauptstädte der Rockmusik sind weiterhin London, New York, San Francisco und Los Angeles. Nicht nur entstanden Rock 'n' Roll und Beat in den Vereinigten Staaten beziehungsweise in England. Diese beiden Länder sind nach wie vor die eigentlichen Heimatländer der Rockmusik. Dementsprechend besitzen die angloamerikanischen Rockkritiker von vornherein den Vorteil gegenüber ihren Kollegen in anderen Ländern, Rock wie eine musikalische Muttersprache zu besitzen, die Rocktexte samt ihren aktuellen Anspielungen und Slang-Wendungen unmittelbar zu verstehen und den geschichtlichen Quellen der Rockmusik nahe zu sein. Von diesem Vorteil, der sich kaum wettmachen läßt, machen die angloamerikanischen Rockkritiker denn auch Gebrauch, freilich weniger, als möglich und wünschenswert wäre. Die bekanntesten, in großen Auflagen hergestellten Veröffentlichungen stammen folgerichtig aus Großbritannien und aus den USA.

Auch bei uns, gleichsam am Rande des Rockgeschehens, wird man jedoch bei näherem Zuschauen nicht übersehen, daß die englischsprachigen Rockbücher mitunter Widersprüche in sich und untereinander aufweisen und daß sie hier und dort ein vertretbares Maß an Flüchtigkeitsfehlern überschreiten. Schon angesichts dieser Mängel erscheint es gerechtfertigt, wenn auch kontinental-europäische Rockinteressierte Rockbücher schreiben. Zwar bleibt ein Festland-Europäer stets auf die Faktenmitteilung durch Briten und Amerikaner angewiesen. Aber er hat die Möglichkeit, der Musik anders und vielleicht manchmal genauer, analytischer zuzuhören, als ein Angloamerikaner es vielfach tut.

Für meine Arbeit an diesem Band heißt das: Ich fühlte mich hoffnungslos unterlegen, wenn es darum ginge, ganz neue Tatsachen ans Tageslicht zu holen, denn in dieser Hinsicht läßt sich die angloamerikanische Rockliteratur kaum überholen (etwa die Enzyklopädien von Lillian Roxon, Norm N. Nite, Phil Hardy und Dave Laing sowie die von Jim Miller herausgebrachte *Rolling Stone Illustrated History of Rock & Roll*). Es hat andererseits wenig Nutzen, in der genannten Literatur bereits mitgeteilte und dem informierten Leser somit bekannte Fakten in deutscher Sprache noch einmal weiterzugeben. Jedoch habe ich als ein Musikkundiger (um das Reizwort «Musikwissenschaftler» zu meiden) vielleicht die Chance, die Tatsachen anders zu interpretieren und mich besonders der im engeren Sinn musikalischen Seite des Rock eindringlicher zuzuwenden. Denn nicht nur sind in der bisherigen Literatur manche stilistischen Entwicklungszüge mit Schweigen übergangen worden. Rock als beschreib- und analysierbare Musik ist bis heute insgesamt erstaunlich unreflektiert geblieben.

Meine Absicht ist also, nicht bloß zu übersetzen und Bekanntes neu zu arrangieren, sondern als Musiker und Musikhistoriker Sachverhalte und Entwicklungszüge in einer Weise aufzuzeigen, zu der viele andere fachlich nicht imstande sind oder jedenfalls bisher nicht bereit waren. Diese Eigenart der Darstellung wird der Leser etwa im Instrumenten-Kapitel wie auch in den historischen Abhandlungen beobachten. Das Gewicht liegt dabei nicht auf Quantität (obwohl mit Gruppennamen und Fakten nicht gespart wird), sondern auf einer kritischen Verarbeitung des sperrigen, immens angewachsenen Stoffes, den heute ein einzelner schlechterdings nicht mehr zu überblicken vermag.

Was heißt «kritisch»?

«Kritisch» heißt hier, unabhängig von bestehenden Urteilen und Vorurteilen zu sein und die Beschreibung auf eigene Kenntnis der Sache zu gründen. Unkritisch dagegen wäre mir erschienen, hätte ich eine alleinseligmachende Ideologie zur Richtschnur genommen. Sie verleitet allzu leicht dazu, allgemeine Belehrungen zu erteilen und mit moralischen Unterstellungen zu arbeiten, wenn einem die konkrete Materialkenntnis ausgeht. Allerdings glaube ich nicht an eine vollkommene und keimfreie «Ideologielosigkeit»; seit Karl Marx schätzen wir da die Beziehung von Sein und Bewußtsein, von gesellschaftlicher Basis und ideologischem Überbau realistischer ein. Trotzdem halte ich ihre Fiktion noch für die beste Ideologie, wenn eine weltanschaulich und politisch gemischte Allgemeinheit – statt eine Sekte – angesprochen werden soll. Die «Ideologie der Ideologielosigkeit» beruht jedenfalls nicht von vornherein auf Besser- und Alleswisserei, sondern setzt Widerspruch und auch Selbstkritik voraus. Ebenso unkritisch muß es genannt werden, sich auf die verbreiteten Schlagwörter der Plattenindustrie und (aus zweiter Hand) der Rockjournalistik zu verlassen, denn sie treffen den Sachverhalt nur ausnahmsweise, den sie meinen. Schließlich heißt kritisch auch, Bekanntheit von Rockgruppen nicht mit musikalischer Qualität zu verwechseln, weiter auch, Neuerungen und künstlerischen Stillstand in der Laufbahn von Einzelmusikern und Gruppen beim Namen zu nennen. Die Erfahrung lehrt nämlich, daß die sogenannte Progressivität der meisten Rockformationen gerade dann aufhört, wenn diese bei uns von *Sounds*, vom «Rockpalast» und von der Deutschen Phono-Akademie entdeckt und gewürdigt werden (die Deutsche Phono-Akademie hat 1981 Stefan Waggershausen und THE BLUES BAND als «Entdeckungen des Jahres» gefeiert!). PINK FLOYD und EMERSON LAKE & PALMER seien für das Auseinanderfallen von Weltruhm und künstlerischem Niveau herausgegriffen.

Die Sache mit der «Subjektivität»

Die Frage nach «Subjektivität» der Darstellung wird sich der Leser hier und dort stellen. In Rockkreisen ist die Auffassung verbreitet, über Musik könne man nur subjektiv, also auf die eigene Person bezogen urteilen, und daher sei es sprachlich ehrlicher, Beschreibungen und Urteile in der Ich-Form auszudrücken. Denn dies mache von vornherein deutlich, daß es sich um die Meinung eines einzelnen handelt, der keine Verbindlichkeit zukommt. Von solcher zwanghaften Subjektivität aller musikbezogenen Aussagen bin ich keineswegs überzeugt, wobei ich stets den Fall voraussetze, daß sich ein Verfasser auf nachprüfbare Tatsachen stützt und sie in einer nachvollziehbaren Weise (die nicht die einzig mögliche zu sein braucht) deutet. Und Deuten, Interpretieren heißt, einer für sich genommen sinnleeren, sinn-neutralen Tatsachenmenge einen akzeptablen Sinn zu geben. Um solche Sinn-Gebung kommt keine einigermaßen relevante Aussage herum, die sich auf Gesellschaft, Geschichte und Kunst bezieht. Der Leser kann aus der Tatsachenvermittlung Nutzen ziehen, auch wenn er der Interpretation nicht immer zu folgen vermag. Aus diesem Grund wird in diesem Handbuch, von wenigen Ausnahmen abgesehen, nicht in Ich-Form, sondern sachgerichtet geredet, und dies aus Geschmacksgründen, nicht jedoch in der Absicht, sich hinter der unpersönlichen Formulierung zu verstecken.

Sachlichkeit besteht übrigens nicht darin, daß man andere zitiert. In Rocklexika des deutschen – und nur des deutschen – Sprachbereichs fällt eine eigentümliche Scheu ihrer Verfasser auf, eigene Urteile zu fällen. Statt dessen bauen sie Barrikaden aus Zitaten zwischen sich und dem Leser auf, die sie Zeitschriften wie *Melody Maker*, *Rolling Stone*, *Sounds* und *Musik Express* entnehmen, freilich ohne den zitierten Autor zu nennen und die Zitatstelle genau anzugeben. Dieses Verfahren wird im gegenwärtigen Band möglichst gemieden, und zwar aus zwei Gründen. Erstens, weil aus der Menge möglicher Zitate nur zu oft jene ausgewählt werden, in welchen sich das vorgefaßte Urteil des Lexikonschreibers widerspiegelt. Die Vielfalt der restlichen Meinungen, die in anderen (und mitunter kompetenteren) Zeitungen und Zeitschriften enthalten sind, bleibt mithin unberücksichtigt. Zweitens, weil die zitierten Aussagen nicht selten schreiend unsachlich sind und weil aus einer Anhäufung irriger Meinungen niemals Objektivität entstehen kann. Ein Beispiel: die erste LP der um 1971 bestehenden deutschen Gruppe ABACUS wird in der ersten Auflage eines sonst verdienstvollen Lexikons über deutsche Rockmusik mit den Worten eines Plattenrezensenten von *Musik Express* gekennzeichnet. Der Rezensent spricht im zitierten Satz von einem «Bläsersatz, der nicht ganz geglückt ist». Aber schon beim flüchtigen Zuhören stellt man fest, daß die betreffende Schallplatte von ABACUS überhaupt keinen Bläserklang, geschweige einen ganzen Bläsersatz enthält. Daß eine solche Zitierpraxis dem Leser nichts nützt, sei bei allem Respekt gegenüber diesen zumeist gut recherchierten Nachschlagewerken gesagt. Nicht einzusehen ist überdies, warum die Meinung eines britischen oder amerikanischen, musikalisch vielfach unerfahrenen Konzert- und Plattenkritikers dem Urteilsvermögen eines deutschen Rockschriftstellers überlegen sein sollte.

Was die zu besprechenden Gruppen und deren Plattenwerk betrifft, wurde jenen (Gott sei Dank wenigen) Buchrezensenten keine Rechnung getragen, die nur Platten kennen, die sie von den in der Bundesrepublik ansässigen Firmen unentgeltlich zugeschickt bekommen, und sich ansonsten um Import- und Kleinstlabel-Platten wenig kümmern. Dies klarzustellen erscheint geboten, da einige Rezensenten es dem Rockschriftsteller zu verübeln scheinen, daß er sich auf Gruppen und Einspielungen beruft, die sie – sogar sie! – nicht kennen. Kennerschaft in der Rockmusik setzt die Kenntnis einiger tausend Schallplatten und deren häufig beschwerliches Auftreiben bei Versteigerungen und auf Flohmärkten voraus. Absicht dieses Handbuches ist freilich nicht, Raritätensammler zu begeistern; diese Funktion können Fanzines und Versteigerungskataloge besser erfüllen.

Bei der sprachlichen Ausformulierung wurde einige Sorgfalt auf das Vermeiden ungebräuchlicher Fremdwörter sowie auf einen übersichtlichen Satzbau verwendet. Fachausdrücke und sonstige im Rockbereich eingebürgerte Begriffe (wie soeben «Fanzine») wurden dagegen nicht weiter erläutert, wenn sie in der jüngsten, überarbeiteten Fassung des *Sachlexikons Rockmusik* (rororo 6223) bereits enthalten sind. Angestrebt wurde insgesamt, schlicht zu schreiben, im Gegensatz zu jener aufgeblasenen Werbesprache der Plattenindustrie, der allzuoft auch die Rockjournalistik erliegt.

Das Handbuch wäre ohne die selbstlose Unterstützung zahlreicher Kenner und Plattensammler nicht zustande gekommen. Dank schulde ich Barbara Greuer für die Durchsicht des Manuskriptes, Karlheinz Borchert (Wuppertal), Cooper (Nordhorn), Claus Jürgens (Malente), Michael A. Lis (Dortmund), Rainer Widmann (Wuppertal), Michael Rüsenberg (Köln), Ingeborg Schober (München) sowie in Berlin Siegfried Schmidt-Joos, Helmut Ehrhardt alias Ehres, Michael Korbik, Olaf Krienke, Stefan Mieke, Jeannette Schwabel und Burghardt Seiler,
    den Musikgeschäften Bote & Bock und Hans Riedel in Berlin,
    sowie folgenden Plattenfirmen, die mich mit Info- und Klangmaterial unterstützten: Ariola-Eurodisc, Bellaphon, CBS, EMI Electrola, Metronome, Mood, Phonogram, Pläne, Polydor, Schneeball und WEA.

Ganz besonders danke ich Carl-Ludwig Reichert für seinen selbständigen Beitrag «Eine weitere Art, Rockgeschichte zu schreiben» (S. 227 ff) und seine Ergänzungsvorschläge in diesem Band, insgesamt für seine aufbauende Kritik am Manuskript.

Für Mitteilungen der kooperativen Art bin ich dem wohlinformierten Leser aufrichtig verbunden; man bediene sich dabei des am Bandende befindlichen Vordruckes.

Tibor Kneif   Berlin-Wilmersdorf, im Juli 1982

1. Grundlagen der Rockmusik

Die Elemente

Eine kleine Hörertypologie

Außenstehende, Zaungäste der «Rockszene» erkennt man daran, daß sie gern verallgemeinern und in weitgefaßten Begriffen denken. Kulturverwalter behördlicherseits, Musikerzieher und sonstige gutmeinende Außenstehende reden denn auch stets von «der Rockmusik» und von «dem Rockhörer». In Wirklichkeit gibt es die eine ebensowenig wie den anderen, sondern es gibt unterschiedliche Stilrichtungen und Soundvarianten, die sich unter den einzelnen Rockgruppen weiter differenzieren. Und es gibt eine Vielzahl von Hörweisen. Rockhörer unterscheiden sich auf Grund vorangegangener Hör-Erfahrung und musikalischer Vorbildung, auch auf Grund ihrer persönlichen Interessen, die sie mit der Rockmusik verbinden, ferner nach ihrer Lebensweise und nicht zuletzt davon abhängig, ob sie ihre Hörerlebnisse für sich behalten oder umgekehrt über sie vor einer größeren Öffentlichkeit Rechenschaft ablegen. Diese Vielfalt des Hörverhaltens bildet dabei einen Teil des relativen Freiheitsraumes, dessen sich der Rockbereich etwa im Vergleich mit dem sterilen Publikumsverhalten in einem philharmonischen Konzert immer noch erfreut, trotz der unterschwelligen und wachsenden Geschmacksangleichung auch bei uns, die sich in den USA seit vielen Jahren beobachten läßt.

Angesichts der weiterhin erhaltenswerten Hörfreiheit im Rockbereich wäre es gewiß verfehlt, wollte man eine Rangordnung der Hörweisen und damit eine Kompetenzordnung der Rockhörer aufstellen. In der nachfolgenden kleinen Hörertypologie geht es denn auch nicht um ebenso lebensfremde wie anmaßende Bestimmungen darüber, wie man Rockmusik zu hören habe. Vielmehr werden Folgerungen aus der nützlichen Erkenntnis gezogen, daß wir mit sehr unterschiedlichen Voraussetzungen und Erwartungen Rockmusik hören und dementsprechend für bestimmte Gattungen und Stilbereiche eine Vorliebe, gegen andere wiederum eine Abneigung hegen. Dies einzusehen dient nicht nur der Selbsterkenntnis, sondern auch der Vermeidung unfruchtbarer Streitigkeiten, wo ein und dieselbe Musik unterschiedlich eingeschätzt wird. Nur in relativ seltenen Fällen nämlich gehen die Urteile über Rockstücke deshalb auseinander, weil sie einmal auf richtiger, ein andermal auf falscher Information beruhen. Der häufigste Grund für solche Meinungsunterschiede ist vielmehr, daß Rockhörer zu verschiedenen Kategorien der Wahrnehmung gehören. Anders gesagt, nicht der Unterschied ihrer Meinungen, sondern der Gegensatz ihrer Hörweisen ist es, über den sie sich nicht einigen können. Hörertypen, wie sie unten beschrieben werden, gibt es in der betreffenden Reinheit zwar kaum, aber sie können als Modelle nützlich sein, die man zur Orientierung vor Augen hat. In der Wirklichkeit kommen Mischtypen am häufigsten vor, bei denen jedoch eine der beschriebenen Hörweisen überwiegt. Mit dieser Einschränkung dürfte die nachfolgende Hörertypologie Anspruch auf Gültigkeit haben.

Der Texthörer trägt dem Rock darin Rechnung, daß er dessen sprachliche Botschaft nicht einfach ignoriert wie sein Gegenpol, der extrem musikorientierte Hörer. Er übertreibt jedoch, wenn er jedes Rockstück auf eine transportable begriffliche Mitteilung festlegen und einengen will. Rockmusik besteht zum allergrößten Teil aus vertonten Gedichten, deren literarisches Gewicht sehr unterschiedlich ist. Textlose Kompositionen finden sich hauptsächlich im instrumentalen Rock 'n' Roll und beim frühen Surf um 1960, im Jazzrock und in der elektronischen Musik à la TANGERINE DREAM und anderen Klangtüftlern. Was die beinahe ausschließliche Aufmerksamkeit des Texthörers besetzt, ist dabei nicht so sehr die literarische Qualität der Sprache, als vielmehr der allgemeine Stimmungsgehalt der Songtexte oder gar deren auch in Prosa wiedergebbarer Inhalt. Dem schlichten Blues, dem Protest und der weltanschaulichen Belehrung wird solche musik-neutrale Hörhaltung am ehesten gerecht, nicht minder jener um 1960–1965 blühenden Singer-Songwriter-Gattung, in der das rein musikalische Element über einige sparsame Tonmotive ohnehin nicht hinausgeht. Der frühe Dylan, der Donovan des «Universal Soldier», Cat Stevens, Leonard Cohen mit «Suzanne», Bruce Springsteen, italienische Belcanto-Rocker wie Lucio Battisti, Angelo Branduardi und

Drupi sowie die meisten politisch engagierten Gruppen von den Fugs in New York bis hin zu Floh de Cologne in Köln sind einige Vertreter dieser überwiegend textbezogenen, textbetonten Richtung.

Zu einem Fehlverhalten wird das überwiegende Texthören erst, wenn sich im Song auch klangliche Strukturen von eigenem Gewicht verbergen oder gar, wenn das rhythmische, melodische und harmonische Geschehen die Hauptsache bildet und der Texthörer dennoch, statt diese wahrzunehmen, an der Sprache klebenbleibt. Nach einem aufregenden, klangsinnlich ansprechenden Rockstück pflegt der Texthörer die entnervende Bemerkung zu machen, er habe im Refrain ein bestimmtes Wort nicht verstanden. Die Musik hat er nur als eine Textverzierung registriert.

Solche Einseitigkeit braucht nicht in jedem Fall mit der Nüchternheit der Unmusischen gleichgesetzt zu werden. Beruht sie jedoch einwandfrei auf Unmusikalität (was ziemlich selten vorkommen dürfte), so handelt es sich um ein Gebrechen. Ein nur praktischer, verstandesmäßiger und alltagsverhafteter Zugang wird gerade den besten, sinnlich fesselnden Zügen der Rockmusik nicht gerecht. Der Texthörer steht eigentlich noch außerhalb einer Typologie derjenigen, die Rock als Musik wirklich hören. Er verfehlt das Wesentliche der Rockmusik und hält sich an eine Ersatzdichtung, die doch Rocktexte als «Lyrics» im Grunde sind. Wenn manche Rockkompositionen «poetisch» wirken, so in der Regel nicht wegen ihrer Texte, sondern wegen ihrer spezifisch klanglichen Poesie.

Der Ressentiment-Hörer, also der von heimlichem Groll erfüllte Hörer, ist dem Rock hauptsächlich nicht seinetwegen zugetan, sondern um mit seiner Hilfe andere zu beeindrucken oder zu schockieren. Mag dieser Hörertypus mit den wichtigsten Ereignissen und Strömungen der Rockmusik vertraut sein: er benutzt seine Kenntnisse als bloße Mittel, um musikfremde, rockfremde Ziele zu verfolgen. Der fünfzehnjährige Junge, der in einem Erholungspark sein Transistorgerät unüberhörbar laut einstellt, verschafft sich auf diese Weise vielleicht dafür Ersatz, daß er zu Hause oder im Freundeskreis kein Gehör findet. Das gleiche Verhalten kann unter Umständen dazu bestimmt sein, Einzelpersonen oder eine anonyme Umgebung zu ärgern, etwa weil man sonst mit den angestauten Aggressionen nicht fertig wird. Feindselige Gefühle, richtungslose Wut kann man mit Hilfe von Rockmusik ebenso austoben wie ein gesteigertes Selbstbewußtsein.

Ein derart blindes Abreagieren von Frustrationen und undurchschauten Gefühlen beschränkt sich nicht auf den Privatbereich, sondern erfüllt auch manche Platten- und Konzertkritiken. Viele Ressentiment-Hörer lassen sich auch unter Plattensammlern und sogenannten Insidern beobachten. Zum Beispiel betont der eine Plattensammler, wie wichtig rockgeschichtlich eine Scheibe ist, die im ganzen Bekanntenkreis allein er besitzt. Ein anderer Eingeweihter trägt zur Schau, daß er eine Rockgruppe außerordentlich schätzt, die von den Kollegen allgemein als unbedeutend angesehen wird. Hier treibt der Snobismus seine schönsten Blüten, und auf diesem Boden kann jeder nach seinem Gusto auffallen und sich zum Original stilisieren. Wird zum Beispiel die schwedische Gruppe ABBA gemeinhin als eine leichte Kost angesehen, so spricht der Ressentiment-Hörer ihr umgekehrt den Rang der «BEATLES der siebziger Jahre» zu und nennt diejenigen, die diese Auffassung nicht teilen, «bemitleidenswerte Geschöpfe». Manches von diesen Possen und Posen ist leicht als eine spätpubertäre Kinderei durchschaubar, die erst dann nicht mehr ganz harmlos ist, wenn sie sich Zugang zu den Medien verschafft. Ressentiment-Hören wird dann zur Ressentiment-Publizistik, die in der Bundesrepublik leider eine besondere Rolle spielt.

Der zerstreute Hörer lebt zwar täglich mit der Rockmusik. Aber er beachtet sie nicht wie ein Hör-«Objekt», auf das mit einiger Konzentration zu horchen wäre, sondern nimmt sie als eine unspezifische akustische Umhüllung wahr, in der es sich Zeitung lesen, Schularbeiten machen und Gespräche führen läßt. Mehr noch: unzählige Vertreter dieses Hörertypus empfinden ein nicht weiter definierbares Unbehagen, wenn sie beim Lesen, Schreiben oder während einer geselligen Unterhaltung keine Musik im Hintergrund hören. Man wird kaum fehlgehen in der Annahme, daß es sich hierbei häufig um Fälle ausgeprägter Ich-Schwäche handelt; erst die klangliche Unterstützung verhilft der betreffenden Person zum Selbstvertrauen. Die Dauer des ausschweifenden, stundenlangen Musikkonsums verhält sich dabei umgekehrt zur Intensität des Musikerlebens. Rockmusik verbreitet sich im Zimmer wie ein zäher klanglicher Dunst, der bald anspornt und anstachelt, bald beruhigt und melancholisch stimmt, aber niemals in analytischer Weise beobachtet wird. Der zerstreute Hörer nimmt von der Musik am ehesten Notiz, wenn sie aufhört und durch ihr plötzliches Ende eine akustische Leere aufkommen läßt. Im Innern rastlos und vielleicht von allerlei Alltagsneurosen geplagt, findet der zerstreute Hörer die eingetretene Stille beklemmend. Er braucht ein möglichst lückenloses Pulsieren von Schlagzeug und Baßgitarre, er braucht auch einen dauernden Reizzustand, in den die aufgewirbelten Tonwellen sein Trommelfell versetzen.

Der Motoriker ist von allen Rockkonzerten her bekannt als ein Sondertypus des zerstreuten Hörers. Er schüttelt den Kopf energisch nach vorne und nach hinten, er gestikuliert mit seinen Armen und versetzt die nahe Umgebung in rhythmische Erschütterung mit seinen Füßen. Weibliche Konzertbesucherinnen entsprechen dem gleichen Bewegungsdrang mit mehr oder minder anmutigen Körper- und Armgebärden, die an menschenähnliche Gewächse in Zeichentrickfilmen erinnern. Stets setzt sich die passiv aufgenommene Musik sogleich in motorische Reflexe um, ohne eine Zwischenstufe des Intellekts zu passieren. Es herrscht unmittelbarer und zwanghafter Nachvollzug, dem Nachahmungstrieb wird auf dem kürzesten Wege stattgegeben. Wohl entspricht der phantasievolle, improvisierte Einzeltanz samt den entspannten Begleitgesten bestimmten Gattungen wie Hardrock, Funk und Rock 'n' Roll. Er dürfte sogar im gesamten Rockbereich die angemessene Verhaltensweise sein, solange die Musik nichts enthält, was eines genaueren Hinhörens bedarf. Aber der motorische Hörer zeichnet sich dadurch aus, daß er sich auch bei Rockkompositionen rein körperlich verhält, die eine Wahrnehmung von Einzelheiten in der künstlerischen Formung erfordern. Auch bei differenzierten Stücken wie «Interstellar Overdrive» von PINK FLOYD trommelt er den Takt mit seinen Fingern und gerät dabei in Ekstase, statt zu merken, daß die Schlagzeiten eine Nebensache in der Komposition bilden und zur Mitte hin ohnehin unmerklich in den Hintergrund treten. Der motorische Hörer erliegt einem blinden Nachahmungstrieb, dem Zwang zur Mimesis. Einseitig nach außen gerichtet, ist er unfähig, zwischen seinem eigenen Bewegungsdrang und der objektiven Gestalt der Musik zu unterscheiden.

Eine weitere Unterart des zerstreuten Hörers bildet jener Rockfan, der in Gesellschaft Gleichgesinnter einer aufgelegten Schallplatte nicht einmal eine Minute lang still zuhören kann, sondern gesprächig wird, sobald die Musik einsetzt. Unwillkürlich erinnert er an Pawlows berühmen Hund, dessen Sekret zu fließen beginnt, sobald eine Glocke ertönt. Die motorische Unruhe schlägt sich bei diesem Hörer im sprachlichen Bereich nieder, wobei die angewohnte Zerstreutheit auch hier verhindert, einer Tongestalt sachlich und beobachtend zuzuhören.

So unterschiedlich die genannten und beileibe nicht vollständig aufgezählten Varianten eines zerstreuten Hörers auch sind: sie alle zeigen Verhaltensweisen, die mit der gehörten, konkreten Klanggestalt nichts zu tun haben. Dementsprechend läßt sich die Musik beliebig austauschen, ohne daß Qualitätsunterschiede von ihnen wahrgenommen würden. Bezeichnend für die ästhetische Unempfindlichkeit vieler zerstreuter Hörer ist, daß sie sich zu MAHAVISHNU ORCHESTRA ebensogut unterhalten können wie zu den MONKEES. Für sie ist die Klangkulisse wichtig, nicht die künstlerische Zeichnung auf der Kulisse.

Der Stimmungshörer zeigt manche Gemeinsamkeiten mit dem soeben genannten Typus, vor allem darin, daß auch er außerstande ist, Musikstük-
ke als geformte Klanggestalten wahrzunehmen und jenen inneren Abstand zu wahren, den sie von ihrem Hörer verlangen – sofern sie etwas mit
Kunst zu tun haben. Über musikalische Qualitäten urteilt der Stimmungshörer auf Grund seiner augenblicklichen Launen und Passionen. Zu einer, sei es auch minimalen, Sachlichkeit ist er nicht nur unfähig, sondern
er lehnt jeden Ansatz zur Verbindlichkeit, zur Objektivität mit dem Hinweis ab, ein Streben nach ihr sei «unehrlich». Näher besehen zeigt sich
seine hervorgekehrte «Ehrlichkeit» zumeist darin, daß er sich widerstandslos von Stimmungen einlullen läßt und aus diesem Umstand noch
eine Tugend macht. Musik ist ihm ein Dunstkreis, in den er lustvoll ein-
taucht. Sein Wohlbefinden allein dünkt ihm wichtig, Musikstücke betrachtet er als bloße Lieferanten von Empfindungen.

Wie der Schlagerhörer, liebt auch der Stimmungshörer das Wiederer-
kennen von Melodien und Rhythmen (statt immer wieder auch neue kennenlernen zu wollen), und ebenso wie jener hat er seine «Lieblingsstük-
ke». Von Langspielplatten pflegt er nur das eine Stück zu spielen, das ihm
als Stimulans dient. Er identifiziert sich mit seinen so untermalten Stimmungen bis zur Selbstaufgabe, wobei er glaubt, sich mit den betreffenden
Rockstücken selbst zu identifizieren.

Daß der Stimmungshörer sich auch unter Rockkritikern sehr häufig
findet, beweisen einige immer wiederkehrende Wendungen in Rezensio-
nen. Von einem «warmen Bad» ist da die Rede, das ein Musiktitel dem
Herrn Journalisten bereitet; auch werden untergehende Sonne, laue Lüf-
te und derlei abgedroschene Bilder aus Trivialromanen wachgerufen, um
das eigene Wohlbefinden zu umschreiben. Die Güte der Musik entscheidet sich hier letztlich daran, ob sie dem Rockkritiker in die gerade bestehende Stimmung paßt oder nicht. Solch naive Rücksichtslosigkeit bildet
einen wesentlichen Zug des Stimmungshörers.

Diese Stimmungssucht besitzt in der Drogenszene erstaunliche Parallelen, etwa bei jenem in West-Berlin befragten Heranwachsenden, der
Lou Reeds «Heroin» oder «Sister Morphine» von den ROLLING STONES
nur hören kann, wenn er zuvor eine Dosis Heroin gespritzt hat. Das Musikhören verwandelt sich hier handfest in eine beliebig austauschbare
Form des leiblichen Genusses, die von anderen Genüssen ergänzt werden
muß, um vollwertig zu sein. Der interviewte Junge sagte auch deutlich,
daß ihm alle Rockstücke leer und kalt vorkommen, wenn er ihnen ohne
Drogenrausch zuhört.

Ist der Stimmungssüchtige zufällig ein Kritiker, dann wehe der zu re-
zensierenden Rockplatte, die eine kühle, sachverständige Beurteilung

verlangt, wenn er sich gerade in den Gleittönen einer Pedal Steel-Gitarre «baden» möchte – wehe auch einer Musik, die das feine Rankenwerk unverstärkter Gitarrenklänge bietet, wenn er gerade seinen augenblicklichen Ärger mit polterndem Hardrock betäuben will. Die musik-unempfindliche Tyrannei, die der Stimmungsmensch allen Rockkompositionen gegenüber walten läßt, entspringt einem egoistischen Mißverständnis, als würde die gesamte Rockgeschichte die Befriedigung seiner Launen zum Ziel haben. Daß Rockstücke auch, wie alle musikalischen Werke, einen spezifischen Stimmungscharakter besitzen, verleitet den Stimmungshörer zu der Fehldeutung, der Sinn jedweder Musik erschöpfe sich darin. Zur Beschreibung dessen, was in einem Rockstück gestalterisch geschieht, ist der Stimmungshörer ebensowenig fähig wie der zerstreute Hörer.

Der Fan interessiert sich hauptsächlich für Personen und Ereignisse. Rockmusik ist ihm weniger in Form stilistischer Entwicklungen bewußt, als vielmehr in Form von Geschichtchen und Gerüchten über Stars und Rockgruppen. Er ist ein «Devotee», wobei seine Hingabe nicht der Musik, sondern dem Musiker gilt. Sein Kopf funktioniert besser als jedes Rocklexikon, wenn es um die Frage geht, ob vom Rockmusiker X. Y., der im gegebenen Zeitraum mit den Gruppen Soundso gespielt hat und davor bei der Plattenfirma Z. ein Studiomusiker unter dem Pseudonym Soundso war, eine bestimmte Single mit einem Picture Cover oder ohne es erschienen ist. Mit jenem echten Fanatismus, dessen Begriff dem Kürzel «Fan» zugrunde liegt, registriert dieser alle Berichte über die Lieblingsmusiker, sammelt Fotos, Unterschriften, Buttons, Posters und Fanzines, vor allem aber alle Schallplatten von den offiziellen Pressungen bis zu Bootlegs und zu allerlei entlegenen Lizenzpressungen aus Japan oder Israel.

Der Fan weiß unter allen Rockhörern am meisten und kann sein Wissen am wenigsten organisieren. Wohlinformierte Fans besitzen ein verblüffendes, gestaltloses Wissen, wie es in Quiz-Veranstaltungen gefordert wird. Die zum Hauptthema erhobenen Einzelheiten können nicht kurios und belanglos genug sein. Ein von Edwin Goodgold und Dan Carlinsky 1975 zusammengestelltes *Compleat Beatles Quiz Book*** zum Beispiel verlangt unter anderem auf folgende Fragen eine schnelle Antwort von dem Fan, der diesen Namen verdienen soll:

---

* Edwin Goodgold/Dan Carlinsky: *The Compleate Beatles Quiz Book* (Warner Books, New York 1975).

1. Welcher Beatle trug als erster eine Brille in der Öffentlichkeit?
2. Was geschah mit den BEATLES am 12. Juni 1965?
3. Wie heißt der Untertitel des Songs ‹Norwegian Wood›?
4. Welches orientalische Instrument wird in ‹Love You To› gespielt?
5. Ein Song von dem *Sgt. Pepper*-Album wurde von vielen Radio-anstalten boykottiert, weil er sich auf verbotene Drogen bezieht. Wie heißt dieser Song und wie lautet die beanstandete Zeile in ihm?

Das zitierte Beispiel könnte vermuten lassen, daß der Fan bei aller Nei-gung zum Absonderlichen einen Blick für rockgeschichtliche Bedeutung besitzt (die den BEATLES fraglos zukommt). Davon kann jedoch keine Rede sein, denn die gleiche Detail-Besessenheit läßt sich auch mit den MONKEES, den BAY CITY ROLLERS, John Travolta und weiteren dritt- bis fünftrangigen Musikern beobachten. Etwas übertreibend gilt der Satz, daß der Fan musikalischen Qualitäten gegenüber blind ist. Die sogenann-te Szene, der liebevoll aufgestellte Stammbaum von Musikern und sogar das Gitarrenmodell in der Hand des Stars sind dem Fan wichtiger als die Musik selbst. Es ist, als würde ein Fußballfanatiker alle Bundesliga-Er-gebnisse der letzten zwanzig Jahre samt Namen, Torzahl und Torschie-ßern im Kopf haben, ohne die Spielregeln zu kennen.

Ein solcher absurder Typus ist eigentlich der Fan. Trotzdem wäre es falsch, seine ästhetische Wertblindheit als etwas im Rockbereich Fremdes und Unnatürliches abzutun. Die Konzentration auf ein begrenztes Sach-gebiet, gepaart mit Begeisterungsfähigkeit, ist eine gute Vorstufe zur späteren Kennerschaft. Allenfalls wirkt die überschwengliche Fan-Hal-tung bei älteren Rockhörern absonderlich.

Der informierte Rockhörer besitzt weder das enzyklopädische «Who Is Who»-Wissen des Fans noch das musikalische Begriffsarsenal und spricht daher, wenn es sein muß, in sehr allgemeinen und vielfach anfechtbaren terminologischen Wendungen von «dominantischen Harmonien», von «dichten Rhythmen» und von «kontrapunktischen Melodien». Aber auch ohne ein gesichertes theoretisches Rüstzeug nimmt er klangliche Unter-schiede genau wahr, identifiziert die einzelnen Soundtypen der Rockge-schichte und zeigt einen ausgeprägten Sinn auch dafür, was originell und was bloßer Abklatsch ist. Als Abonnent einer Zeitschrift wie *Sounds, Musik Express, Music Magazin* und *Spotlight*, gar als der gelegentliche Käufer von *The New Musical Express, Melody Maker* oder *Zig-Zag*, ver-folgt er die aktuellen Konzerttourneen und sonstigen Ereignisse, vergleicht die Plattenrezensionen mit seinen eigenen Eindrücken, verkehrt gern in Kreisen, wo er sich über Rockmusik unterhalten kann und spielt eventuell selbst in einer Amateurgruppe. Seinem Interesse haftet nicht die sektiererische Gründlichkeit des Fans an. Er äfft nicht nach, sondern wählt aus, bezieht Konzertereignisse und neue Plattenerscheinungen auf ihren künstlerischen Stellenwert wie auch auf ihre rockgeschichtliche Bedeutung. Modischer Tand und bloße Kuriosa wie Picture Disc, Spielereien mit Umdrehungs-Geschwindigkeiten und dergleichen verfangen bei ihm nicht. In großen Zügen kennt er die wichtigsten Schallplattenfirmen und ihre Produktionslinien, und er hat eine ungefähre Vorstellung vom Funktionieren der Musikinstrumente und vom aufnahmetechnischen Verfahren in einem Studio.

Der informierte Rockhörer ist nicht intolerant, sondern verhält sich anderen Geschmacksrichtungen gegenüber offen und weist auch fremde Argumentationsweisen und Wertschätzungen nicht einfach von sich. Darin unterscheidet er sich vom Dogmatiker, dem die Rockgeschichte samt den Produktions- und Konsumformen dieses Bereichs nur Vorwände für abstrakte weltanschauliche Belehrungen abgeben, wie sie die Bremer Verfasser einer *Geschichte der Pop-Musik* dem Leser erteilen.[*]

Trotzdem stehen auch dem informierten Hörer bestimmte Strömungen und Rockgruppen näher als andere. Mitunter ist er ein intimer Kenner von Kulturrock-Gruppen wie PINK FLOYD, GENESIS, SKY und YES, von New-Wave-Formationen, von gehobenen Mainstream-Bands wie SUPERTRAMP und von elektronischem Rock, eventuell auch von Jazzrock. Die besseren Artikel und Plattenbesprechungen in deutschen Rockzeitschriften wenden sich an diesen Hörertyp und stammen vermutlich von Kritikern, die diesem Hörertypus nahekommen. Den Stellenwert eines bloßen Hobby hat die Rockmusik bei diesem Hörer bereits überschritten. Sie bildet vielmehr einen Teil seiner Lebensart, und das Interesse an ihr bleibt zumeist auch später erhalten, trotz Beruf und Familie. Er fängt sogar mitunter erst als Geldverdiener an, seine Schallplattensammlung auszubauen.

Der informierte Rockhörer als der reifere, distanzierte Typus entwickelt sich häufig aus dem Fan und aus dem Stimmungshörer. Darin wird deutlich, daß die einzelnen Hörertypen vielfach altersbedingte Entwicklungsstufen eines durchgehenden Prozesses darstellen.

---

[*] Klaus Kuhnke/Manfred Miller/Peter Schulze: *Geschichte der Pop-Musik. Band I* (bis 1947) (Eres Edition, Lilienthal 1976).

Der Kenner im Rockbereich ist nicht identisch mit dem «Experten» oder dem «strukturellen Hörer», den manche Musikpädagogen unter Berufung auf Theodor W. Adorno als den einzig legitimen Rockhörer gelten lassen (wobei sie sich selbst zu dieser Klasse zählen).* Es ist ein aus der neueren Bildungsmusik stammendes Vorurteil, daß Musikverständnis im Erkennen von Strukturen und von Beziehungen des Formalablaufs gipfele. In der Rockmusik spielen großangelegte Verläufe mit ausgetüftelten Querverbindungen zwischen den Teilen und dem Ganzen eine recht untergeordnete Rolle und finden sich fast ausnahmslos in den Sondersparten Kulturrock und Jazzrock. In der Regel weisen Rockkompositionen überaus einfache Binnengliederungen auf. Ihre vorherrschende Einteilung in achttaktige Perioden oder in zwölftaktige Bluesabläufe sind so konventionell, daß sie kaum den geeigneten Gegenstand für ein sogenanntes strukturelles Hören abgeben.

Wohl aber bildet der Sound, der elektroakustisch aufbereitete, ausgetüftelte Klang von Konzerten und Schallplatten, eine rockspezifische Eigenschaft. Auf seine möglichst präzise Wahrnehmung kommt es beim Rockhören hauptsächlich an. Dem wird eine sensualistische, also klangsinnlich ausgerichtete Hörweise gerecht, die Reizmoment für Reizmoment punktuell berücksichtigt und dabei nicht in einer unpräzisen «Stimmung» aufgeht, sondern auch die studiotechnischen Prozeduren erfaßt. Ein Rockkenner wäre demnach jemand, der die beabsichtigten Reizwirkungen in einem Musikstück heraushört, sie mit bestimmten elektroakustischen Ereignissen in Verbindung setzt und zugleich den Stellenwert des Gehörten in der technologischen wie auch in der rockgeschichtlichen Entwicklung zu benennen weiß. Der Ästhetik der Rockmusik angemessen verhält sich der Kenner darin, daß er vor allem auf die Eigenschaften isolierter Klänge achtet und dabei mühelos heraushört, daß bestimmte Soundmerkmale mit einem Verzerrer, einem Wah-Wah-Pedal und einem Hallgerät, andere Merkmale mit einem Phase Shifter, einem weißen Rauschen oder einer Random-Notes-Einheit auf dem Synthesizer hergestellt wurden.

Kennerschaft in der Rockmusik setzt also technologisches Wissen voraus, erschöpft sich aber nicht in ihm. Wesentlicher noch erscheint die Fähigkeit, Anspielungen und Zitate als solche zu registrieren, Naivität von Parodie (also von gespielter Naivität) zu unterscheiden, die Rockgeschichte in allen wichtigen Ausprägungen zu überschauen und die einzel-

---

* Theodor W. Adorno: *Einleitung in die Musiksoziologie – Zwölf theoretische Vorlesungen*, Kapitel 1: «Typen musikalischen Verhaltens» (Suhrkamp, Frankfurt/M. 1962).

nen stilistischen Besonderheiten auch begrifflich zu beschreiben. In diesem vielleicht allzu anspruchsvollen Sinn dürfte es nur wenige «Kenner» im Rockbereich geben, am ehesten wohl unter denkenden Musikern, Produzenten und Medien-Leuten, die regelmäßig Zugang zu Schallplatten-Neuerscheinungen und zu Hintergrund-Informationen haben. Eigentlich müßte der beschriebene Rockkenner eine Fiktion bleiben, da die Ansprüche, die begrifflich an ihn gestellt werden, in Wirklichkeit kaum erfüllbar erscheinen. Aber als Leitbild, an dem sich unzählige Rockhörer ausrichten, existiert er – durchaus vergleichbar den stilbildenden, kreativen Musikern, die der Anfänger bewundert, der Kenner verehrt und deren Weg er im Glücksfall ein Stück weitergeht.

Die oben entworfenen Hörertypen unterscheiden sich dadurch voneinander, daß sie jeweils eine Seite der Rockmusik auf Kosten der übrigen überbetonen: der Texthörer nimmt vor allem die sprachliche Botschaft wahr, für den Ressentiment-Hörer erfüllt der Rock die Funktion des Gefühlswärmers und des Ausgleichs für wirklichen Frust oder auch nur für vermeintliches Unrecht, für den zerstreuten Hörer ist vor allem das akustische Ereignis als solches wichtig, der Stimmungshörer erfaßt einseitig nur den jeweiligen Gefühlsausdruck und den Stimmungsgehalt einer Komposition, der Fan trägt dem im Rockbereich herrschenden Starkult Rechnung, während der informierte Hörer wie der Kenner erkennen, daß Rockkompositionen auch eine bestimmte Klangstruktur besitzen und stilistisch in einen geschichtlichen Prozeß eingebettet sind. Von nun an geht es darum, den Blick vom Hörertypus zum Objekt hinzuwenden und diejenigen Sachmerkmale der Rockmusik ins Auge zu fassen, denen das jeweils einseitige Interesse des Hörertypus gegolten hat. Die Elemente des Rock bilden somit nichts anderes als das sachbezogene Seitenstück der Hörertypologie.

Botschaft und Poesie der Sprache

Was sind das für Texte, denen die Aufmerksamkeit des Texthörers vor allem gilt? Was sind Rocktexte überhaupt?

Es sind Texte, die in die Gattung der «Gebrauchsdichtung» gehören und darin mit den meisten Volksliedern, den Bluesgesängen, den Poesiealbum-Versen und den religiösen Liedern verwandt sind. Sie bilden eine Art Interessen-Lyrik, indem sie kollektive Wünsche und Befürchtungen ausdrücken, Ratschläge an andere erteilen, zumeist geschlechtsspezifisch (aus männlicher Sicht) formuliert sind und auch Grenzlinien zwischen «wir» und den «anderen» ziehen. Selbst wenn sie ichbezogene Ausführungen enthalten, sind sie nicht als die Bekundung dieser oder jener Person interessant, sondern als die Stimme einer Gemeinschaft: diese Stimme stammt aus dem Kollektiv Jugendlicher und wendet sich wiederum an das Kollektiv von Jugendlichen. Ihre Durchsicht beschert einem nur bescheidene Erlebnisse literarischer Art. Um so aufschlußreicher dürften sie für Soziologen und Erzieher sein.*

Durch ihre Funktion, vertont und gesungen zu werden, geraten die meisten Songtexte nämlich wie automatisch auf ein mittleres Qualitätsniveau. Allzu langweilig und nichtssagend dürfen sie zwar nicht sein. Aber andererseits wäre es verlorene Mühe, viel poetische Inspiration in sie einzuhauchen, denn die sinnlich packende, aufdringliche Musik (die für die meisten Hörer wichtiger ist als der Text) erdrückt ohnehin alle feineren Gefühls- und Gedankenregungen einer Strophe. Hinzu kommt, daß sich die Bandmitglieder vor allem als Musiker verstehen. Die Aufgabe, Texte zu schreiben, wird entweder auf die einzelnen Mitglieder verteilt, oder eines der Mitglieder übernimmt freiwillig das Dichten, und die anderen sind's zufrieden. Bei dem üblichen Produktionszwang – pro Jahr eine Langspielplatte mit zehn bis vierzehn Einzelstücken – sind die Musiker froh, wenn sie ihre Verpflichtung der Plattenfirma gegenüber rein musikalisch mit einigem Anstand erfüllen. Die Poesie ist da Nebensache und dient mitunter lediglich dazu, die bereits fertige Musik mit einer nötigen Anzahl von Silben zu ergänzen. Die literarische Mittelmäßigkeit vertonter Texte scheint übrigens eine allgemeine Erscheinung, um nicht zu sagen Gesetzmäßigkeit zu sein. Denn auch den meisten Kantaten von Bach, den Oratorien von Haydn und den Liedern von Mozart und Schubert liegen recht mittelmäßige Dichtungen zugrunde. Entschuldigt der Umstand, daß die Texte ja ohnehin vertont werden, deren literarische Mittelmäßigkeit, so scheint andererseits die Musik selbst in manchen Fällen eine ähnliche Alibi-Funktion zu besitzen. Denn da Rock es zumeist mit Texten zu tun habe, könne seine Musik nicht so konzentriert gestaltet sein wie eine rein instrumentale Musik. Von dieser merkwürdigen Logik wird Rock als eine Gebrauchsdichtung wie auch als eine Gebrauchsmusik beherrscht.

Beeinflußt die Sprache der Rockmusik die Masse der Jugendlichen? Prägt sie ihr Bewußtsein in einem nennenswerten Maße, stiftet sie kollektive Leit- und Orientierungsbilder? Wohl kaum, jedenfalls fällt nicht auf,

---

* Aus der neueren Literatur vgl. Peter Urban: *Rollende Worte – die Poesie des Rock. Von der Straßenballade zum Pop-Song. Eine wissenschaftliche Analyse der Pop-Song-Texte* (Fischer Taschenbuch Verlag 3603, Frankfurt/M. 1979).

daß jugendliche Rockhörer Mainstream- oder Hardrock-Texten eine größere Bedeutung beimessen würden. Bemerkenswert erscheint, daß aus den Rocksongs bis heute so gut wie keine geflügelten Worte entstanden sind, obwohl man es im Hinblick auf ihre millionenfache Bekanntheit annehmen würde. Es gibt zwar einige Wendungen, die man mit einer bestimmten Rockgruppe in Verbindung bringt, etwa «I can't get no satisfaction» mit den ROLLING STONES, «A-Wop-Bop-a-Loo-Bop-a-Lop-Bam-Boom» mit Little Richard und «Sex and drugs and rock and roll» mit Ian Dury und seinen BLOCKHEADS. Aber das sind keine geflügelten Worte, sondern Nonsense-Silben, elementare Ich-Bekundungen oder bestenfalls Parolen aus dem Underground, die im Bewußtsein der Rockhörer keine normative Kraft besitzen. Zu den Ausnahmen gehören «Keine Macht für Niemand» und «Macht kaputt, was euch kaputt macht», die beide von TON STEINE SCHERBEN stammen. Charakteristisch dagegen erscheint es, daß die wenigen Losungen, die Ende der sechziger Jahre in aller Jugendlichen Munde waren, entweder von kühl berechnenden Songschreibern und Produzenten in die Welt gesetzt wurden («If you're going to San Francisco, Be sure to wear some flowers in your hair») oder auf Universitätsgeländen als nichtvertonte Parolen entstanden («Traue keinem über dreißig»).

Die Frage läßt sich allerdings auch andersherum stellen. Beeinflußt die Sprache der Jugendlichen und ihrer Subkulturen die Sprache der Rockmusik? Sie kann und muß in doppelter Hinsicht mit Ja beantwortet werden.

Genauso, wie der Blues vor dem Hintergrund einer massiven gesellschaftlichen Diskriminierung sich die doppelbödige Verständigungsmöglichkeit des «double talk» schuf, wo das Gesagte nie das Gemeinte war und der Spaß darin bestand, den Repräsentanten der herrschenden weißen Kultur unwissend zu lassen und zu verspotten (und diese Technik auch beibehielt, nachdem die realen Ursachen dafür sich geändert hatten), schufen sich Kinder und Jugendliche von jeher sprachliche Mitteilungsformen, die den meisten Erwachsenen unzugänglich bleiben sollten. Die Umgehung sexueller Sprachtabus spielte dabei in autoritären Gesellschaften eine wesentliche Rolle, aber auch die symbolische Benennung einer eigenen, abgetrennten Objekt- und Phantasiewelt. Lewis Carroll und Walt Disney haben das wohl begriffen, clevere Rocktexter auch. Udo Lindenbergs Erfolgsrezept beruht darauf, und schon in der Gründerzeit des Rock 'n' Roll versuchten Jerry Leiber und Mike Stoller die Ohren offenzuhalten und mit Mutterwitz und Sympathie zu beschreiben, was unter den Jugendlichen vorging und sich in sprachlichen Stereotypen niederschlug, wobei ihre kreative Leistung darin bestand, Phrasen zu erfinden, die womöglich noch pointierter waren als die der Jugendlichen selber. «Yaketi Yak, don't talk back» und die Geschichte von «Charly Brown» zeigen, wie gut das ihnen das gelang. Daß sie nicht bloß hämische Ausbeuter waren, beweisen Lieder wie «Riot in Cell Block No. 9» und «What About Us», die sich mit sozialen Verhältnissen immerhin so weit und so deutlich auseinandersetzten, wie es schwarzen Musikern zu dieser Zeit kaum möglich gewesen wäre.

Als die Rockmusik sich von der textlichen Bevormundung durch professionelle Hitschreiber zu befreien begann, warteten jugendliche Musiker selber mit Liedern auf, die weniger literarisch gemeint waren, als vielmehr direkt und mit nie zuvor dagewesener Offenheit ihre Forderungen klarmachten («Why Can't We Go on as Three?» von David Crosby, «Don't Step on the Grass, Sam» von STEPPENWOLF, «We Want the World and We Want it Now» von THE DOORS) und ihren Standpunkt und den ihrer Generation polemisch formulierten («One, Two, Three, Four, We Don't Need This Fuckin' War» von Country Joe, «We Are the Other People» von Zappa, «Ev'ry Cop Is a Criminal» von Mick Jagger, «A Working Class Hero Is Something to Be» von John Lennon, «Up Against the Wall, Motherfucker» von David Peel, JEFFERSON AIRPLANE) und keineswegs so naiv waren, politische wie menschliche Niederlagen nicht als solche zu sehen («Four Dead in Ohio» von Neil Young, «Freedom's Just Another Word» von Kris Kristofferson, Janis Joplin, «They Just Won't Let You Be, Oh No» von Robert Hunter, GRATEFUL DEAD).

Daß sie im Grunde derselben Täuschung erlegen waren, wie die aktionistisch orientierten Teile der Jugendbewegung, die vor den Gewehren der Staatsmacht ihrem Selbsterhaltungstrieb zuliebe die Revolte einstellen mußten, daß sie als Rockmusiker, anstatt den Soundtrack zur Umwälzung zu spielen, letztlich Zulieferer einer gigantischen Verwertungsmaschinerie geworden waren, muß nicht bedeuten, daß sie es nicht ernst meinten, wie eine zynische und besserwisserische Kritik ihnen im nachhinein gern vorwirft. Eine Unmenge von Texten, die die innere Struktur des Rockgeschäfts betreffen, legt von dieser bitteren Erkenntnis Zeugnis ab, so «Truckin'» (GRATEFUL DEAD), «If Six Was Nine» (Hendrix), «Business is Business» (John Kay), um nur einige zu nennen. Schließlich fühlten sich viele Rockmusiker, die durch die Unfähigkeit der gewählten Volksvertreter überhaupt erst zu weltanschaulichen und politischen Ersatzfiguren geworden waren, in dieser Rolle durchaus überfordert, dem Ratschlag Bob Dylans entsprechend («Don't Follow Leaders, Watch the Parking Meters») und zogen die überlebensstrategische Konsequenz: «If You Can't Beat Them, Join Them». Sie spielten also weiter Rock, als arme wie als schwerreiche Jungs, jetzt freilich nach dem Motto: «We Won't Get Fooled Again» (THE WHO).

Rockmusiker, auch wenn sie erfolgreich waren, haben die Jahre hindurch nicht aufgehört, die Praktiken des Rockgeschäfts zu kritisieren («Denmark Street» von Ray Davies, THE KINKS, «Hard Rock Town» von Murray McLauchlan, «Business» von Godley/Creme). Sie haben sich immer gezielter und umfassender für Minderheiten eingesetzt, auch für die sprachlosen der Tierwelt: «Last Lonely Eagle» (NEW RIDERS OF THE PURPLE SAGE), «Save the Whales» (Country Joe). Das Gesamtwerk von einflußreichen Musikern wie Capt. Beefheart und Moondog («Enough About Human Rights») ist nur in diesem ökologischen Kontext zu verstehen, viele Lieder von Keith Christmas ebenfalls, Neil Youngs programmatisches «Look At Mother Nature On the Run In the Nineteen-Seventies» sowieso.

Derselbe Neil Young hat mit Liedern wie «Cortez the Killer» einen allgemein zivilisationskritischen Ansatz weitergeführt, der früh bei Richard Fariña deutlich wurde, dessen «Bold Marauder» John Kay auf seiner LP *Forgotten Songs and Unsung Heroes* der Rockgeneration nahebrachte, aber auch durch VELVET UNDERGROUNDS «European Son», «Madman» der ALPHA BAND oder TONIO K.'s «Funky Western Civilization» belegbar wäre. Frauen artikulierten und profilierten sich in zunehmendem Maß, auslösendes Lied war hier wohl Yoko Onos «Woman Is the Nigger Of the World».

Das neue schwarze Selbstbewußtsein verschaffte sich quer durch alle Musiksparten Geltung («Say It Loud, I'm Black And Proud») und setzte der «I'm a Loser»-Mentalität das optimistische «We're a Winner» eines Curtis Mayfield entgegen.

Indianische Rockmusiker vom Kaliber eines Link Wray oder Jerry Riopelle vermittelten Minderheiten-Erfahrungen ohne die Bitternis der Liedermacher Patrick Sky, Floyd Westerman oder Willie Dunn, ohne die veräußerlichten Kundgebungen einer Gruppe wie REDBONE oder die stilistische Unsicherheit von XIT.

Rockmusiker nahmen und nehmen textlich Stellung zum Rassismus («Rock Against Racism»), zur Diskriminierung sexueller Minderheiten (Tom Robinson, FLYING LESBIANS), zur nuklearen Bedrohung («No Nukes»), zu öffentlichen Vorgängen jeglicher Art, so daß die ironische Parole von CHECKPOINT CHARLIE «Rock gegen Alles» nicht jeder Grundlage entbehrt.

Dabei sind die Empfindlichkeiten öffentlicher Medien Rocktexten gegenüber nicht überall gewichen. Je eindeutiger und offener die Sprache der Musiker, die immer häufiger auch die Landessprache im Sinne Enzensbergers ist, Mißstände und Personen benennt, desto klarer wird zensiert. «We Don't Need This Fascist Groove Thong» von HEAVEN 17 wird auf dem Untertitel von *Pop-Stop* im Bayerischen Fernsehen schamhaft zu «Groove Thang», ein zehn Jahre altes Lied wie «Da braune baaz» von SPARIFANKAL ist nach wie vor nicht sendbar, wie etliche andere auch – ein Indiz dafür, daß Literaturfähigkeit vielleicht nicht die entscheidende Qualität von Rocktexten darstellen muß. Denn so, wie Rockmusik selten Kunst ist, sind Rocktexte selten Lesebuchlyrik. Allerdings genügen sie oft zumindest einem Anspruch, den auch engagierte Literatur erhoben hat: sie schauen dem Volk aufs Maul, sie verwenden die Sprache des Alltags, sie sind Sprachrohr populärer Kulturkritik. «I, Rebel Music» (Bob Marley) sagt im Kontext der entsprechenden Musik mehr aus als alle Erklärungsversuche von Pädagogen, Politikern und Literaturwissenschaftlern zusammen beinhalten können.

Denn so klar einerseits die inhaltliche Aussagekraft von Rocktexten seit den 60er Jahren zugenommen hat, gilt nach wie vor die Frage danach, wie diese Aussagen im musikalischen Zusammenhang und durch den jeweiligen Interpreten vermittelt werden. Dieser Umstand bestimmt ihre Glaubwürdigkeit, ihre Überzeugungskraft oder ihre Ablehnung. Die Gleichwertigkeit zwischen textlicher und musikalischer Gestaltung schafft dann jenes Vergnügen für Kopf, Bauch und Beine, das intelligente Rockmusik zu einem Versprechen und einem Vorgeschmack auf bessere Zeiten machen kann.

Die Kraft wie das Unvermögen, gesellschafts- oder sozialpolitische Aussagen zu machen, relevante Utopien einer freieren, gerechteren und lebenswerteren Welt zu entwerfen oder Ausflüge in private Phantasien allgemein nachvollziehbar zu machen, entspringt oft nicht so sehr der dichterischen Potenz der Rocklyriker, als vielmehr ihrem Bildungsstand, ihrer sozialen Herkunft und ihrer Lektüre. Eigenständige literarische Erzeugnisse von Rockmusikern sind selten: Richard Fariñas «Been Down So Long, It Feels Like Up To Me», John Lennons «In His Own Write» und «A Spaniard In the Works», Bob Dylans «Tarantula» waren eher begabte Versuche als literarische Ereignisse. Trotzdem markieren sie einen Einschnitt in der Rockgeschichte. Elvis Presley bei der Lektüre von Joyce, Gene Vincent als Lehrling von Charles Olsen – unvorstellbar. Daß Grace Slick und Captain Beefheart Lewis Carroll gelesen haben, vermuten wir hingegen seit «White Rabbit» und «Alice in Blunderland». Bob Dylan verdankt ein gut Teil seiner Schreibtechnik wie wohl auch seiner Bilder nicht bloß Ezra Pound und T. S. Eliot («Desolation Row») und der lyrischen Tradition Amerikas (Walt Whitman in «I Sing the Body Electric» sowie Carl Sandburg – selber Sammler und Bearbeiter amerikanischer Folklore), sondern auch Rimbaud und den zeitgenössischen Beat-Dichtern wie Kerouac, Ginsberg oder Snyder. Der Einfluß der europäischen Moderne seit den Surrealisten etwa (angedeutet durch «Surrealistic

Pillow» von JEFFERSON AIRPLANE) läuft parallel zur Beschäftigung mit Trivialgattungen wie Comics, Science-Fiction usw., reichhaltig belegbar von Jobriath bis zur INTERGALACTIC TOURING BAND, von Todd Rundgren bis zu RUMPLESTILTSKIN, den MIGHTY GROUNDHOGS oder dem Rock-Comic «The Amazing Spiderman» der WEBSPINNERS von 1972.

Der allgemeinen Interessenlage der «Heads» nach, die ihre Köpfe eben nicht nur mit Pillen, sondern auch mit Lektüre fütterten, nahmen esoterische, exotische, randständige, von der offiziellen Kultur abgewertete Literaturen in der Beschäftigung und als Stofflieferanten Vorrang ein. Der Horror eines Edgar Allan Poe, Ambros Bierce, H. P. Lovecraft oder Ray Bradbury ist in den Rocktexten eher unterschwellig und grundlegend, die Sexualpathologien Leopold Sacher Masochs («Venus in Furs» von VELVET UNDERGROUND) dagegen bestimmen sie genauso entschieden wie die des Marquis de Sade, wenn UNITED STATES OF AMERICA sangen: «Now, listen, baby and try to understand that tying you is fine and whipping you is grand» und damit eine Spur legten, die sich über Zappas «The Torture Never Stops» (das sich, nebenbei bemerkt, nach Frank Zappas Auskunft besonderer Wertschätzung seines Brieffreunds Penderecki erfreut) und Shel Silversteins «Freakin' at the Freaker's Ball» und «Masochistic Baby», bis zu den ROLLING STONES mit «When the Whip Comes Down» und X-RAY-SPEX' entschiedenem «Oh Bondage Up Yours» verfolgen läßt.

Die Düsternis eines William Burroughs prägte John Cales Musik und findet sich als Haltung heute am deutlichsten bei THROBBING GRISTLE wieder. Dazu kamen die ethnologischen Machtphantasien des Carlos Castaneda genauso wie die Schmalspur-Epen des Philologen Tolkien («Ring Thing» von PEARLS BEFORE SWINE), das *Tibetanische Totenbuch*, das *I Ging* und der magische Tarot, satirisch verbraten in Zappas «Overnight Sensation» und «The Belle of Avenue A» von den FUGS, leicht Pornographisches anläßlich Henry Millers *Quiet Days in Clichy* bei Country Joe, kurz, alles was brave Eltern ihren Kindern nicht als Einschlaflektüre hatten gönnen wollen.

Aber auch die literaturhistorisch kanonisierten Schreckensvisionen Kafkas, Huxleys und Orwells blieben ständiger Einfluß, die Zahl der Einspielungen und Zitate zum Thema «1984» allein wäre eine eigene Untersuchung wert. Direkte Umsetzungen waren Donovans naive Shakespeare-Vertonung «Under the Greenwood Tree», Zappas Programm-Musik zu Kafkas *In der Strafkolonie*, Toyahs «Tyger, Tyger» und «How Sweet I Roamed From Field To Field» von den FUGS nach William Blake, «Alabama Song» von den DOORS und «Mandelay Song» von den FLYING LIZARDS nach Brecht, um nur die bekanntesten zu nennen.

Im Gegenzug interessierten sich echte Literaten für das neue Medium

Rockmusik, seiner ästhetischen Dimensionen halber und wegen seiner Breitenwirkung. Robert Hunter schloß sich den GRATEFUL DEAD an, Pete Brown versuchte sich mit PIBLOKTO als Rockmusiker und Sänger eigener Texte («Got a Letter From a Computer», «High Flyin' Bird» etc.). Michael Moorcock, der in seinen Jerry Cornelius-Romanen den Typus des Pop-Heroen, der natürlich auch Rockmusik macht, in die «neue Welle» der britischen Science Fiction einführte, schrieb Texte für die Gruppe HAWK-WIND, nahm 1975 mit seiner eigenen Gruppe DEEPVIX das Album *The New World's Fair* auf und erhoffte sich von den Parolen der SEX PISTOLS auch 1980 noch lektürefördernde Wirkung, wie aus seinem Vorwort zu *The Great Rock 'n' Roll Swindle*, einer Hommage an den Film, hervorgeht: «Der dritte Grund war, daß ‹Anarchy in the U. K.› eine Menge Leute mit der Idee des Anarchismus bekanntmachte und vermutlich wenigstens ein paar davon zur Lektüre von Kropotkin und anderen anarchistischen Theoretikern führte, deren Werk heutzutage zunehmende Beachtung erfährt.»

Anarchisch jedenfalls waren auch die Auftritte der FUGS, deren letzter auf *Golden Filth* von 1970 dokumentiert ist. Ihre sexualpolitischen und realpolitischen Attacken in der Tradition von Lenny Bruce und Lord Buckley fanden so jedenfalls größere Beachtung als die hektographierte Underground-Lyrik von Ed Sanders und Tuli Kupferberg. Auch im Studio erwiesen sie sich als einfallsreiche Produzenten, deren Platten an Engagement, Witz, kultureller Aussagekraft und in der Verwendung ästhetischer Mittel Zappas wie Beefhearts Experimenten in nichts nachstehen. Als ihr englisches Pendant kann LIVERPOOL SCENE angesehen werden, deren treibende Kraft der Lyriker Adrian Henry war und die eine Linie des britischen literarischen Rock-Kabaretts zusammen mit der BONZO DOG BAND eröffneten, die über GRIMMS, SCAFFOLD, DEAF SCHOOL, BURLESQUE letztlich auch zu Mr. Concept, dem unabhängigen Kassetten-produzenten aus Leicester, führt (*The Amazing World of Mr. Concept*). Patti Smith ihrerseits war als Lyrikerin bereits anerkannt, bevor sie sich auf ihr rockmusikalisches Abenteuer einließ. Desgleichen in England John Cooper-Clarke und Linton Kwesi Johnson.

Es wäre jedenfalls insgesamt erfreulich, wenn die literarischen Kenntnisse der Rockkritiker auch nur annähernd so profund wären wie die vieler Musiker. Dann wäre ihnen vielleicht sogar George Gerdes ein Begriff, der den Rock gegen allzuviel Kopflastigkeit schon 1972 witzig verteidigte:

> *Intellectual Baby*
> *When I play the guitar for my baby,*
> *she says it's such a bore*
> *but she thinks it's hip, why she almost flips*

when I quote from Bernard Shaw.
My intellectual baby –
she has me in a daze,
well, she can take a bath
readin' Grapes of Wrath
while whistlin' a Polonaise.
Well, I was watchin' Muhammad Ali on T. V.
and she started to put me down
but she thinks it's great when I meditate
on a poem by Ezra Pound.
My intellectual baby,
she has me in a whirl;
she can dig pop art   (Intereshing Old roid /
and expound on Sartre –   United Artist Music,
man, how I love that girl! ASCAP)

Dann hätten sie vielleicht *The First Third* gelesen und wüßten, was Bob Weir in «Cassidy» meint, warum Willi Alexander «Kerouac» besang und die Hardrockgruppe ALCATRAZ «Ti Jean», verstünden auch, warum TONIO K. mit «Life in the Foodchain» eine Würdigung Kurt Schwitters' verbindet und sich eine Gruppe junger Schotten JOSEF K. nennt.

Es fiele dann auch leichter, dem Schaffen Mayo Thompsons, also den Gruppen RED CRAYOLA und ART & LANGUAGE, gerecht zu werden, die Poesie des Rock auch bei ESSENTIAL LOGIC, WIRE, SWELL MAPS und THE FALL zu orten und festzustellen, daß Avantgarde in der Rockmusik nicht nur an der Organisation von musikalischem, sondern auch von textlichem Material nachzuweisen ist.

Auf Grund der besonderen Umstände, die etwa in *Rock Session 3* (rororo 7270) nachzulesen sind, trifft dies auch auf Egon Bondys Zusammenarbeit mit der tschechischen Gruppe PLASTIC PEOPLE OF THE UNIVERSE zu. In Deutschland wären schließlich noch Kiev Stingl, Wolf Wondratschek und Jörg Fauser zu nennen, die versuchten, von literarischer Seite her dem textlichen Debakel deutscher Rocklyrik abzuhelfen, dabei aber bis jetzt keine wesentlichen Erfolge erzielen konnten.

Das angedeutete Verhältnis musikalisch wie textlich entwickelter Rockmusik zur Literatur insgesamt ist kein Plädoyer für eine Literarisierung des Rock, versucht aber auch nicht, einem borniertem Antiintellektualismus entgegenzukommen, der die Rockmusik in der Klippschule belassen möchte, in der ihr die Marktstrategen immer wieder gern die Lektion vom Spätkapitalismus beibringen möchten, nicht selten mit Erfolg. Denn wie die kurze Geschichte der Rockmusik in aller Deutlichkeit zeigt, hat nicht jede Generation jugendlicher Musikkonsumenten die Möglichkeit, Entschlossenheit oder Fähigkeit, eine zusammenhängende Gegenkultur zu bilden und sich in ihr authentisch darzustellen. Die Zeitdauer bis zur Übernahme einer neuen Musik in den Hauptstrom scheint ein gutes Indiz für die Widerstandskraft von Jugendkulturen zu sein, ein weiteres freilich das Fortwirken ihrer Ideen, wenn auch in entschärfter Form. Die Schnelligkeit, mit der die wilden Provokationen des Punk kommerziell integriert werden konnten, zeigt, wie eng der Spielraum Anfang der achtziger Jahre geworden ist. «Who Are the Brain Police» (Zappa, 1964) könnte das Schlüssellied weiterer Entwicklung werden.

Rocktexte unterscheiden sich voneinander je nach der Sondergattung, zu der sie gehören. So revolutionierend seinerzeit Rock 'n' Roll in musikalischer und gesellschaftlicher Hinsicht wirken mochte: seine Texte setzen den Ton jener «weißgewaschenen» Cover-Versionen fort, die den schwarzen Rhythm & Blues auch für ein weißamerikanisches Publikum annehmbar machten. Parallel zu der Abschwächung des ursprünglichen Schwunges und zu der erneut erlangten Oberherrschaft der großen Schallplattenfirmen in der Teenager-Kultur werden die Songtexte noch harmloser und wirken in den Erzeugnissen des Brill Building Pop, besonders bei den zahlreichen Girl Groups, ausgesprochen infantil und autoritätsgläubig (DIXIE CUPS, SHANGRI-LAS, RONETTES u. a.). Die gleichzeitigen Surf-Gruppen wie THE SURFARIS und die frühen BEACH BOYS variieren mehr oder minder ein einziges zentrales Thema: Fun, Fun, Fun.

Die Texte des britischen Beat zeugen von einem Prozeß der Reifung. Sie enthalten keine glatte Puppensprache mehr, die amerikanische Eltern von ihren Heranwachsenden um 1960 erwarteten, sondern beruhen oft auf persönlichen Beobachtungen und Erlebnissen. Schnell richtet sich diese Tendenz zur Selbständigkeit und zur Absonderung gegen die Erwachsenenwelt, indem deren Schwächen bald sozialkritisch («My Generation» von THE WHO), bald mit überlegenem Sarkasmus oder auch im Stile der älteren sentimentalen Ballade, jedoch mit einem entgegengesetzten Inhalt, bloßgestellt werden («She's Leaving Home» von den BEATLES). Wiederum eine ganz andere sprachliche Haltung ist für die psychedelische Welle um 1967 bis 1970 charakteristisch: verschlüsselte Botschaften in Umschreibungen und Buchstabenspielen («Lucy In The Sky With Diamonds» von den BEATLES), mit einer entwickelten Phantastik (wie bei den frühen PINK FLOYD) und bewußt irreal-weltflüchtig.

Einen weiteren Texttypus verkörpern die Hardrock-Nummern ab 1969, deren Lyrics nur in den seltensten Fällen einer Langspielplatte beigegeben werden, nicht ohne Grund. Denn die Sprache wird im Hard-rock-Kontext erst recht zur Nebensache. Angesichts der hochgeschraub-ten, schrillen Stimme des Sängers (Typ Robert Plant von LED ZEPPELIN) beschränkt sich der Hörer ohnehin auf die Wahrnehmung von Silben und einzelnen Wortfetzen in dem Glauben, der Sänger werde schon wis-sen, was er vorträgt. Hardrockgruppen mit literarischem Ehrgeiz gehö-ren zu den ganz seltenen Ausnahmen, etwa RUSH aus Kanada, deren versponnene, Science-Fiction-ähnliche Gedichte denn auch prompt auf den inneren Plattenhüllen abgedruckt werden. Zur Veranschaulichung eines typischen Hardrock-Textes sei «Little Susy Singer» der früheren Detroiter Gruppe THE FROST gewählt: Text wie Musik stammen von Dick Wagner.

Little Susy Singer's got a smile on her face
She's just been up in old man Murphy's Motel
comin' down the steps with her hair out of place
bet she's got a story to tell

She's been to (having) a party
No one there but her and Dick, and Bob and Gordy and Don
She's been to (having) a party
All we heard her say was fun fun fun fun

Little Linda Lover's got a definite plan
She's going out in Uncle Henry's new Ford
lying in the back seat with a beer in her hand
don't you know she never gets bored

  She's been to (having) a party ...

Little Debbie Dreamer's got her head in the clouds
she's got a ticket to a rock and roll dance
when the dance is over she'll be hanging around
waiting to go home with the band

  She's been to (having) a party ...
                                    (Early Frost Music, BMI)

Welches Mädchen möchte nach einem solchen Song nicht den Konzert-schluß abwarten, um nachher mit den vier Bandmitgliedern Dick, Bob, Gordy und Don gemeinsam nach Hause zu gehen? Der Song ist, wie so viele andere, eine Art pragmatische Zweck-Literatur, die sich an die Groupies wendet und sie inspiriert, etwas Ähnliches wie Susy, Linda und Debbie zu tun.

Läßt man den Mainstream-Rock außer acht, der auch in seinen Texten nur lähmende und nichtssagende Mittelmäßigkeit verbreitet, so bleibt noch der Kulturrock in der Prägung von GENESIS, GENTLE GIANT und YES übrig. Ihre Texte ergehen sich mit Vorliebe in Zukunftsroman-Visionen, in mittelalterlichen Sagen, in Geschichten um Fabelwesen, mitunter auch in feinsinnigen Bildern kultivierter Ich-Lyrik. Im Gegensatz zu Hardrock-Texten ist die Kulturrock-Dichtung auch schriftlich zugänglich, und sie wird sogar in einer sorgfältigen, für den Schreiber wie für den Leser mühevollen Schönschrift präsentiert, etwa bei YES. Peter Gabriel, der ehemalige Dichter-Schauspieler-Sänger von GENESIS, hat mit *The Lamb Lies Down On Broadway* zwei Sprachversionen hinterlassen, deren Vergleich aufschlußreich sein dürfte. Der auf dem Innen-Cover abgedruckte Text in Prosa gibt New Yorker Eindrücke wieder, zwar verflochten mit dem Wunderbaren («the lamb lies down on Broadway»), aber im ganzen erzählend und für den phantasiebegabten Leser ohne Schwierigkeit nachvollziehbar. Die auf den beiden Innenhüllen des Doppelalbums mitgeteilten Songtexte beruhen auf der Prosaerzählung, aber sie enthalten mancherlei Abkürzung, inneren Monolog und auch eine Mystifikation, deren gestalterische Technik man hier sehr gut beobachten kann. So werden aus den Impressionen, die eine gerade erwachende Großstadt entstehen läßt, symbolgeladene Bilder gemacht – ein weit ausholendes, schwer zugängliches, typisches GENESIS-Gedicht wird geboren.

Als ein konkretes Gegenstück zu den Hardrock-Versen oben sei «To Be Over» von YES mitgeteilt, das auf der LP *Relayer* von 1974 enthalten ist. Der Ton ist leise, und trotz der Du-Anrede wird klar, daß jemand hier ein Zwiegespräch mit sich selbst führt. Das Gedicht gehört zu jenen literarischen Ich-Anspornungen, die mit einem «poetischen Seufzer» schließen: die Moral der Gedankenpoesie soll befolgt werden, und eine innere Erneuerung kündigt sich an. Die poetische Haltung, die hier YES einschlägt, erinnert in manchem an Rainer Maria Rilkes «Archaischer Torso Apollos», ganz besonders in der Schlußzeile, deren «Be ready to be loved» bei YES ebenso überraschend wirkt wie der letzte kurze Satz in Rilkes Sonett: «Du mußt dein Leben ändern.»

> *To Be Over*
> *We go sailing down the calming stream*
> *Drifting endlessly by the bridge*
> *To be over*

38

We will see
To be over
Do not suffer through the game of chance that plays
Always doors to lock away your dreams
Think it over
Time will heal your fear
Think it over
Balance the thoughts that release within you

Childlike soul dreamer one journey
One to seek and see in every light do open
True pathways away

Carrying closer go gently
Holding doors will open everyway
You wander true pathways away

After all your soul will still surrender
After all don't doubt your part
Be ready to be loved»

(Topographic Music Ltd / Yessongs)

Die Disco-Bewegung der ausgehenden siebziger Jahre hat das Sprachvermögen der Rockmusik weiter reduziert, häufig sogar auf die Artikulationsebene von Kids. Die Texte wirken wie Werbespots, sie sind kurz und einprägsam, und sie werden unzählige Male wiederholt. «Disco is good», «Come to the disco», «I love you, dancer» und ähnliche Wendungen stehen im Mittelpunkt der Sprachmitteilung. Raffinierter Disco-Klang und beschädigtes Sprachgefühl – kann man sich einen radikaleren Gegensatz zu den Protestsongs der frühen sechziger Jahre bei Dylan und Joan Baez denken?

Sorgfältiger Umgang mit Worten scheint auch in der deutschen Rockmusik eher verpönt zu sein, von den meist schwammigen Ergüssen einer inflationären «Liedermacher-Szene» ganz zu schweigen. So begrüßenswert eine Entwicklung ist, die den Stellenwert einheimischer Rockgruppen inzwischen danach bemißt, ob sie hochdeutsch oder aber im jeweiligen Dialekt texten, so einfältig sind vorerst auch die gelungeneren Ergebnisse bei S.Y.P.H., Der Plan, Mau Mau, Hansaplast, Der moderne Man u. a. Die Rückbesinnung auf Höhepunkte einer jämmerlichen Schlagertradition im eigenen Land mutet bloß krampfhaft an. Die Sprache der Werbung hat längst die Methoden surrealistischer, expressionistischer, konkreter Poesie und der harmloseren Dadaisten zum Sonderangebot erklärt. So sind Peinlichkeiten vorerst an der Tagesordnung (PALAIS SCHAUMBURG, GEISTERFAHRER, D.A.F., XAO, O.R.A.V. usw.).

Die Englischlehrer haben, scheint's, die Chance vertan, auf die Texte eines Captain Beefheart, Robert Hunter (von THE GRATEFUL DEAD), Lou Reed oder auch Kevin Coyne hinzuweisen. Und vom Deutschunterricht in der Bundesrepublik profitieren seit Jahren auch bloß Bert Brechts DDR-abtrünnige Klippschüler.

Pure Freude herrscht demnach am ehesten über wortwitzige Parolen, die die alternative Szene geprägt hat («Angriff aufs Schlaraffenland», «Jung kaputt spart Altersheime», «Zurück zum Beton»), die für bare Münze zu nehmen sich allerdings sogar die Erfinder meist hüten. Den generellen Rückstand zeigen mehr oder weniger gelungene Übertragungsversuche von Rock 'n' Roll-Klassikern ab Mitte der siebziger Jahre: «Liebe machen» von ALU nach Willie Dixon, COASTERS-Hits von SECHSERPACK, «Summertime Blues» von Ernst Schultz (hochdeutsch), B.A.P. (kölsch) und SPARIFANKAL (bairisch). Auch ein sicher originelles Liedchen wie «Fred vom Jupiter» von Andreas Dorau kann entfernte Verwandtschaft mit Sheb Wooleys «Purple People Eater» von 1958 kaum leugnen. Brecht vom Podest geholt haben auch nicht Punks, sondern die an Eisler geschulten Free-Jazzer GOEBBELS/HARTH («Im milden Lichte Jakob Apfelböck ...»).

Schuld an der hiesigen Misere trifft – neben Schulmeistern aller Art – auch die unselige Praxis, Rockmusik als Gleitmittel «fortschrittlicher» Parteipolitik zum Dialog mit der Jugend in die Gehörgänge und in die Hirne zu blasen, vorausgesetzt, die Musiker enthalten sich gröberer Unflätigkeiten und krasser Anarchie, produzieren Gesinnungslieder zu Bierzeltmusik oder Politkitsch. Unter solchen Verhältnissen sind Udo Lindenberg und Nina Hagen ihr Geld schon fast wieder wert. Lieder wie «Guten Morgen» (Nikel Pallat, TON STEINE SCHERBEN), «Rock 'n' Roll Ausverkauf» (ARTISCHOCK), «Kebabträume» (DEUTSCH-AMERIKANISCHE FREUNDSCHAFT) oder «Made in Germany» (SIGURD KÄMPFT) sind allzu seltene Ausnahmen, SCHROEDERS ROADSHOW, TSS und STRASSENJUNGS das letzte Aufgebot.

Rock gegen Frust

1979 warb die deutsche Ladenkette Montanus mit der Parole «Rock gegen Frust» für ihre Schallplatten-Abteilung, in der fast ausschließlich Rockmusik geführt wird. Das aktuelle Angebot umfaßte so unterschiedliche Sondergattungen und künstlerische Niveaus wie Country-Rock (*White*

Mansions), New Wave (Graham Parker), Deutschrock-Sampler (*Brain Festival*), Poprock (THE WINGS) und den raffinierten Studiosound von THE ALAN PARSONS PROJECT. Da der geschäftstüchtige Slogan von Montanus von «Frust» spricht, läßt sich vermuten, daß er sich hauptsächlich an den Ressentiment-Hörer wendet. Nicht nur, weil es Ressentiment-Hörer immer und überall gibt, kann ein Werbegag wie der von Montanus seine Wirkung kaum verfehlen. (Ein beträchtlicher Teil des jugendlichen Rockpublikums dürfte aus diesem Hörertypus bestehen.) Der Spot ähnelt den üblichen Sprüchen einer Wahrsagerin, etwa demjenigen von einem bevorstehenden Unglück. Das nächste beste «Unglück» wird vom leichtgläubigen Kunden im Sinne der Prophezeiung ausgelegt, und so behält die Wahrsagerin grundsätzlich immer recht. Und wer erinnert sich nicht an das eigene «Unglück», wenn er von einem Werbeplakat darauf hingewiesen wird – an den Streit mit der Freundin, an das zu wenige Taschengeld von den Eltern, an das jüngste Versagen in der Schule, an die Fahrschein-Kontrolle in der U-Bahn gestern, an den letzten Putsch der Militärjunta auf der anderen Seite der Erde? All das führt zur Frustration – Grund genug, um eine Rockplatte bei Montanus zu kaufen.

Für die Ressentiment-Hörer besitzt die Musik eine Eigenschaft, die wie eine Therapie wirkt. Sie läßt sie sich austoben, sie bekundet der Außenwelt gegenüber ihren Unmut, oder sie gibt ihnen Gelegenheit, sich in ihr seelisches Schneckenhäuschen zurückzuziehen und dort über das Unverständnis der Welt zu grollen. Die noch unfeste Persönlichkeitsstruktur der Fünfzehn- bis Zwanzigjährigen und die dadurch vorprogrammierten Zusammenstöße zwischen Wünschen und Realitäten bewirken, daß «Frust» sozusagen den Normalzustand dieser Altersklasse bildet. Die betroffenen Heranwachsenden vermögen die Musik noch nicht als einen Gegenstand mit eigenen Zügen zu akzeptieren, und diese Unfähigkeit, genau zuzuhören, verbindet sie untereinander. Trotzdem sind auch Unterschiede in der Verhaltensweise deutlich. Ressentiment-Hörer unterscheiden sich voneinander darin, wie sie Musik jeweils auf ihre Konflikte mit der Umgebung beziehen.

Das Bewußtsein, eine bestimmte Rockplatte zu haben, die der Freund oder gar der Rivale nicht besitzt, verschafft schon eine Art Befriedigung, ein Gefühl der Überlegenheit. Die gekauften Platten dienen hier dazu, einen Wall zwischen der eigenen Person und der Außenwelt zu errichten, hinter dem man sich sicher geschützt fühlt. Und selbstverständlich erfüllen diese Funktion auch andere Zeichen und Symbole, etwa Frisur, Meinungsknöpfe, Kleider, Redensarten und ähnliche persönliche Merkmale. Das geflügelte Wort vom «kommunikativen Wert der Musik» gilt in diesem Fall nicht mehr, im Gegenteil erfüllt die Rockmusik die Aufgabe, eine Phantasiewelt zu sein, in die man sich einschließt. Hierbei verliert die Rockmusik gewöhnlich ihren Charakter, ein bloßes Mittel der Absonderung zu bilden, denn sie verbindet sich eng mit dem jugendlichen Einsiedler und wird zu einem intimen Bestandteil von ihm. Sie bildet ein Identifikationsobjekt, das so sehr wie ein persönlicher Eigenbesitz betrachtet wird, daß jeder Eingriff von «unbefugter» Seite in diese Musik als eine aggressive Einmischung in das eigene Privatleben angesehen wird. Diese starke Identifikation mit der Rockmusik insgesamt oder mit einem Teil von ihr erklärt die gereizte Reaktion, die Fans an den Tag legen, wenn ein Pädagoge oder ein Musikwissenschaftler es wagt, sich über Rockmusik zu äußern. Wird gar eine Rockkomposition analytisch beschrieben, so ist dem Fan, als hätte man ihn seiner höchstprivaten Gefühle beraubt. Das betreffende Rockstück hat sein Geheimnis für ihn verloren, es wurde infolge der sachbezogenen Beschreibung sozusagen entheiligt, und der Fan wendet sich mit der gleichen Identifikationswucht einer anderen Rocknummer zu. Die bekannte Abneigung des Ressentiment-Hörers gegen Rockkritiker, die statt eigener Gefühle auch die Musik beschreiben, geht auf diesen schwierigen psychischen Umstand zurück.

Trotzdem ist die eifersüchtige Reaktion des Fans auf jede Form von unbeteiligter Beobachtung und von «Intellektualisierung» nicht unerklärlich. Man mißversteht die Rockmusik gründlich, wenn man sie nur als eine Musikgattung versteht. Rock ist auch ein außermusikalisches Symbol, genauer gesagt, ein ganzer Komplex von symbolischen Bedeutungen. So stellt er unter andererem ein Symbol der Jugend und der jugendlichen Auflehnung gegen die bestehende Erwachsenenwelt dar. Insofern erscheint es tatsächlich unangemessen und sogar vermessen, wenn sich Erwachsene in dieser Klang- und Vorstellungswelt der Jugend heimisch machen, um distanzierte Sprüche und weise Analysen über sie zu schreiben. Darin wird einer der großen und kreativen Widersprüche der Rockmusik als eines spontanen Lebensgefühls der Freiheit sichtbar. Denn sie wirkt um so echter, je weniger über sie reflektiert wird; andererseits wird sie vom rationalen Denken, das ein Merkmal unserer Gesellschaft bildet, immer wieder eingeholt und gewissermaßen entzaubert. Das ist die Problematik jeder Schriftstellerei über Rockmusik – und nicht zuletzt auch des vorliegenden Handbuches.

Die mimosenhafte Überempfindlichkeit, die viele jugendliche Rockhörer kennzeichnet, findet in der Musik von THE ALAN PARSONS PROJECT eine entsprechende Nahrung. Will man nicht beim zufälligen Aktualitätsangebot von Montanus bleiben, so müßten noch fast alle Kulturrockgruppen wie GENESIS, YES und GENTLE GIANT sowie alle lyrischen Richtungen innerhalb der sogenannten Singer-Songwriter-Gattung genannt werden (Leonard Cohen, Judy Collins, David Ackles usw.). Sie alle errichten in ihren Kompositionen eine relativ geschlossene und selbständige ästhetische Scheinwelt, die wegen ihrer Übersichtlichkeit und Harmonie eine große Anziehungskraft auf die ohnehin zum Rückzug und zum Alleinsein neigenden Heranwachsenden ausübt. Aber auch die andere, lärmende Art von Rockmusik eignet sich dazu, mit Frustrationen aufzuräumen oder sie wenigstens zu überdecken. Hier kommen in erster Linie Hardrock, seit 1977 Punk und New Wave, aber auch Rock 'n' Roll sowohl in seiner ursprünglichen wie in seiner nachempfundenen Revival-Gestalt in Betracht. Im Gegensatz zum Kulturrock, der Frustrationen besänftigt und verinnerlicht, treiben die zuletzt genannten lautstarken Rockgattungen den inneren Zwiespalt zur Oberfläche und lassen diesen bis zu einem Punkt brodeln, wo aus lauter Erschöpfung und Verausgabung nichts mehr von der Aggression übrigbleibt.

Hier wird der symbolhafte Nutzen der Rockmusik für den Ressentiment-Hörer deutlich. Die moderne Wirklichkeit bietet – im Gegensatz zum Wilden Westen und zu den heroischen Einzelkämpfen der Märchen- und Mythenwelt – zumeist keine Gelegenheit zu einem offenen Kampf mit konkreten Personen, zumal die meisten Frustrationen des einzelnen gar nicht von bestimmten Personen, sondern von namenlosen und verdinglichten Einrichtungen und Situationen verursacht werden, gegen die allein zu kämpfen erfahrungsgemäß aussichtslos erscheint. Nichtsdestoweniger sind die anonymen Einrichtungen machtvoll, ja sie üben oft einen mehr belastendenDruck auf den einzelnen aus als dies konkrete Vertreter von wirtschaftlicher, politischer oder ideologischer Macht zu tun vermögen. Das Sich-Austoben bei lauten, aggressiven Rockklängen hat unter solchen Umständen die Bedeutung eines dem Betroffenen gar nicht bewußten Kampfrituals, in welchem er im Sinne einer älteren, auf Faustrecht beruhenden Gesellschaft sein Recht behauptet und den Verursacher seiner Misere besiegt.

«Rock gegen Frust» heißt nicht nur der vorübergehende Werbefeldzug einer westdeutschen Buch- und Schallplattenladen-Kette. So könnte insgesamt auch die Strategie konservativer Vertreter des Establishment lauten, und zwar in der kapitalistischen Welt ebenso wie in der anderen, die sich sozialistisch nennt. Der Förderung von Rockmusikern und Rockkonzerten durch örtliche Kulturdezernate, der Einbeziehung von Rock in den Gottesdienst und in politische Wahlkundgebungen haftet untrennbar eine besänftigende, beschwichtigende Geste an. Solange Jugendliche in der Rockmusik «innere Werte» erleben oder auch nur sich bei deren phonstarken Schallwellen austoben, ist ihre Energie auf eine Weise besetzt, die allen konservativen Ideologen der bestehenden Gesellschaftsordnung nur recht sein kann. Kommt der Musik insgesamt eine von wirtschaftlichen und politischen Mißständen ablenkende Funktion zu (eine Vermutung, die von Thomas Mann wie von Theodor W. Adorno ausgesprochen wurde), so tritt dieser Zug besonders deutlich in der Rockmusik zutage, wie die Rockmusik die engen Verflechtungen mit der sozialen Wirklichkeit überhaupt viel deutlicher kundgibt als etwa die bürgerliche Bildungsmusik. Handele es sich um einen jungen arbeitslosen Angestellten, einen zukunftslosen Lehrling oder einen autoritär behandelten Schüler – sie können keine Gefahr für die bestehenden Institutionen bilden, wenn ihre Frustrationen nach einem entfesselten Rockkonzert oder nach ein paar zu Hause aufgelegten Punk-Schallplatten verfliegen. Der schlichte Tatbestand, daß sich Wut in Klänge verflüchtigt, braucht von den Ordnungsverwaltern dabei nicht einmal bewußt, also manipulativ, eingesetzt zu werden. Er wird vielmehr gewöhnlich durch subjektiv wohlwollende und tolerante Zugeständnisse erreicht. Zielbewußter, hintergründiger wird die besänftigende und ablenkende Funktion des Rock in den staatlichen Diktaturen der Gegenwart eingesetzt. Er soll dort die oppositionelle Stimmung unter den Jugendlichen auffangen und einen kontrollierbaren Rahmen schaffen, in dem sie sich austoben, um am nächsten Morgen in Betrieb und Schule wieder gefügig zu sein.

Der Ressentiment-Musiker ist oder fühlt sich zumindest mit seiner Zielgruppe identisch. Er vertritt sie auf der Bühne anderen Gruppen gegenüber, aggressiv, selbstironisch oder spöttisch, er betont seine Herkunft, indem er die Sprache seiner Szene, ihre Gesten, ihren Habitus kultiviert. Er ist der Punkie von nebenan, der Sponti von gestern, der Tennisschuh-Revivalist von vorgestern, der seine Profilierung innerhalb der eigenen Gruppe mit der Profilneurose nach außen bezahlt. Ohne Feindbild kann er nicht gut existieren. Er ist der geborene Konkurrent, der die technischen Fehlleistungen der Kollegen um so härter kritisiert, je weniger sie seine eigenen Fähigkeiten übertreffen. Seine Anerkennung Autoritäten gegenüber hat etwas Generöses an sich. Häufig sieht er sich als zu Unrecht übersehenen Schrittmacher ihrer Erfolge. (Schließlich hat er das göttliche Riff schon vor sieben Jahren in einem Freizeitheim vor 35 Zuhörern …). Seine musikalische Domäne ist der Effekt, den er, so gut es geht, als Substanz verkauft. An den Grenzen seines Lernwillens meist schnell angelangt, erklärt er Exotik und Dilettantismus zum künstlerischen Programm, alles, was «schräg» klingt, ist ihm Avantgarde, ein langsames Stück eine «Schnulze», technisch entwickelte, handwerklich gekonnte Spielweisen riechen ihm nach «Kommerz», den er erbittert haßt, solange er keine Möglichkeit erhält, daran teilzunehmen. Sollte er aber ein Erfolgskonzept gefunden haben, wird er sich nie mehr davon trennen. Oft zieht er dann die anonyme Vermittlung seiner Klangideen per Schallplatte, möglichst im Heimstudio aufgenommen, dem Tourneestress vor, er ist schließlich genaugenommen der Frührentner unter den Rockern, der sich selber nicht gern auf die Finger schauen läßt, weil er andern zu oft draufgeschaut hat. Und da er trotz radikaler Pose dazu neigt, sich rückzuversichern, finden wir ihn bei Abbruch seiner Musikerlaufbahn nicht selten in ähnlicher Funktion in den einschlägigen Massenmedien wieder.

Rock als Umwelt

Pädagogen klagen, Eltern schimpfen, Mieter in der Nähe von Lokalen beschweren sich bei der Polizei – der Segen der Rockmusik wird zweifellos von sehr vielen Zeitgenossen als ein Fluch empfunden, und zwar nicht nur von solchen, die über vierzig sind. Keine zweite Musikgattung trägt so viel zur musikalischen Umweltverschmutzung bei wie der Rock.

Klagen hilft da nicht; sinnvoller ist es schon, darüber nachzudenken, wie und warum es so gekommen ist. Als ein erster Grund zeichnet sich eine allgemeine und mit der Amerikanisierung der westeuropäischen Kultur Hand in Hand gehende Erscheinung ab: der rapide Verfall von Lesekultur, das Verschwinden des einstigen Vergnügens, zu lesen und möglichst viel zu lesen. Heute verfügen die Bürger im Durchschnitt über mehr Freizeit als etwa in der Wilhelminischen Ära. Trotzdem wird nicht nur weniger als damals gelesen, sondern auch die sogenannte Bildungsschicht ist im Begriff, ihre einstige Lese- (und Schreib-)Passion zu verlernen.

Das hat mancherlei Gründe. Außer der fortschreitenden Verstädterung samt ihrer steigenden Hektik ist etwa der Siegeszug technisch problemloser und preiswerter Kommunikationsmittel wie des Telefons zu nennen, das die langen und stilistisch ausgefeilten Briefe von ehedem überflüssig macht, schneller und insgesamt effektiver ist. Die sprunghafte Ausdehnung des akustischen Bereichs auf Kosten des optischen liegt beim Rock sozusagen in der Musikgattung selbst begründet. Denn anders als die Kunstmusik vom Mittelalter bis zur Avantgarde der fünfziger und sechziger Jahre, beruht die Rockmusik nicht auf Notation, die musikalische Zusammenhänge dem Auge freigibt und damit auch allein, ohne akustische Realisation, einen Zugang zu den klanglichen Strukturen gewährt. Notierte Rockmusik kommt allenfalls in den GEMA-Unterlagen vor, die der Verleger der Musikstücke zur Wahrung von Tantiemen dort einreicht, auch in nachträglich zusammengestellten Klavier- und Gitarrenauszügen, die jedoch schlecht und recht nur die bekannte Platteneinspielung wiedergeben und also lediglich eine Art Protokoll-Notation enthalten.

Etwa 95 Prozent der Rockmusik erschöpft sich in klanglichen Gemeinplätzen, die keinen ästhetischen Informationswert besitzen. Eine Musik aber, die man nach wenigen Takten durchschaut und deren Fortsetzung man sogar mit einiger Bestimmtheit voraussagen kann, wirkt ganz besonders aufdringlich, wenn sie in ihrer Bedeutungslosigkeit nicht sogleich verstummt, sondern vielmehr ihre Plattheiten weiter mit großer Selbstsicherheit ausposaunt. Solche Musik wird dadurch erst überhaupt erträglich, daß man ihr gar nicht richtig zuhört, sondern sie als eine unvermeidliche akustische Kulisse bloß im Unterbewußtsein registriert. Sie macht sich dementsprechend erst dann eigentlich bemerkbar, wenn sie plötzlich aufhört. Solche Musik und der «zerstreute Hörer» sind wie füreinander geschaffen. Die substanzlose Musik verdient ihren Hörer, der sie als Musik gar nicht wirklich ernst nimmt, und umgekehrt verdient der zerstreute Hörer gar nichts anderes als ein solches Plätschern, das ihm unaufhörlich und ohne Qualitätsabstufungen in die Ohren dringt. Bei diesem sehr gerechten Verhältnis von hohler Musik und Weghören erscheint es müßig, nach Ursache und Wirkung zu fragen, nämlich danach, was das andere bedingt. Beide, Gegenstand und Subjekt, haben sich auf das Niveau der gegenüberstehenden Seite gut eingependelt, und beide scheinen mit der Wahl zufrieden zu sein, reproduzieren sie sich doch täglich und immer neu, Hörertyp wie musikalischer Typus. Nichts deutet darauf hin, daß diese geistige Wahlverwandtschaft durch einen unberechenbaren geistigen Höhenflug der einen Seite plötzlich zu Ende gehen könnte.

In der Moskauer Metro hörte man während der fünfziger Jahre laufend klassische und romantische Musik aus den Lautsprechern, zur Belehrung und höheren Kultur der Sowjetbürger, inmitten von Quietschtönen der Räder und von aufgeregten Rufen der Passanten. Wäre in der Sowjetunion Rock frei zugänglich, so würde er solch «fortschrittliches Erbe» von einem Tag zum anderen von der akustischen Fläche verdrängen. Daß die Umwelt bei uns vor allem durch Rockmusik verseucht wird und nicht etwa durch klassische, romantische und moderne Werke, hat seine Erklärung im Wesenszug der Rockmusik selbst, die mit dem genannten Prozentsatz schlicht Zivilisationsabfall und tönender Schund ist, den man nicht anders auf öffentlichen Plätzen und in Verkehrsmitteln ausstreut als leere Papiertüten und Zigarettenschachteln. Der weitere Grund dafür, warum ausgerechnet die Rockmusik am meisten zur Umweltverschmutzung beiträgt, besteht in ihrem Massencharakter, darin nämlich, daß sie als Schallplatte in Millionen von Exemplaren im Umlauf ist, von allen

Rundfunkanstalten gesendet wird und – als eine Musik der Jugend – aus allen Läden, Boutiquen, Kneipen und Spielhallen erschallt, in denen Jugendliche unter sich sind. Und ebenso wie viele Jugendliche es gewohnt sind, Hauswände mit Parolen zu beschmieren, Zigarettenstummel und benutzte Papier-Taschentücher wegzuwerfen sowie unbrauchbar gewordene Gebrauchsgegenstände einfach irgendwo abzustellen und so lustbetont eine Öffentlichkeit zu schaffen (die bald unter Abfällen ersticken würde, hätten wir unsere türkischen Gastarbeiter nicht), ebenso scheinen sie eine Öffentlichkeit zu bevorzugen, in der allerlei akustische Abfälle umherschwirren. Wo sie nicht selber die akustische Verunreinigung bewirken können, übernimmt diese Funktion der Kneipenwirt und der Boutiquenbesitzer. Er schafft einen akustischen «Biotop», der den Jugendlichen einen Aufenthalt im betreffenden Raum erst eigentlich möglich macht.

Zur lustreichen Verschmutzung der Umwelt kommt die von allen Erwachsenen beklagte «entsetzliche» Lautstärke hinzu. Sie ist dabei nicht nur der Niederschlag jugendlicher Aggression, obwohl die natürlich eine sehr große Rolle spielt. Noch mehr jedoch scheint derjenige, der den Lautstärke-Knopf eines öffentlich umhergetragenen Transistorgerätes regelt, unter einem Kollektivzwang zu stehen. Es gehört einfach zum Image eines richtigen Jugendlichen, keine leise Musik zu hören. Aber auch in elektroakustischer Hinsicht bestehen Argumente für eine erhöhte Lautstärke. Die meisten Plattenaufnahmen werden heute unter Bedingungen eingespielt, die bewirken, daß die optimale Klangqualität erst bei gut aufgedrehten Lautsprechern zur Geltung kommt. Insofern bildet der häufige Hinweis auf den Plattenhüllen «Play it loud» und dergleichen keinen schlechten Scherz zum Ärgern der Erwachsenen, sondern eine technische Gebrauchsanweisung, deren Befolgung erst volle Klangpräsenz garantiert.

Stars und Teenager-Geschwätz

Ein ausgeprägtes Spezialinteresse für Rockmusik ist eine Erscheinung, die bei Kindern fehlt und in der Regel erst während der mittleren Teen-Jahre auftritt. Noch später entwickelt sich ein Sinn für die vielfältigen Qualitätsunterschiede innerhalb dieser Musikgattung. Jugendliche und Heranwachsende im Alter zwischen zehn und etwa fünfzehn Jahren besitzen zumeist nicht einmal ein Gespür dafür, was wirklicher Rock und was bloßer Schlager ist – ein Grund dafür, daß der schwammige Begriff «Popularmusik» in musikpädagogischen Kreisen entstehen konnte. Solche Undifferenziertheit ergibt sich dabei nicht nur aus dem Umstand, daß

Angehörige der genannten Altersklasse vorerst über nur geringe Hör- und ästhetische Erfahrung verfügen. Sie beruht vielmehr auch auf dem seit vielen Jahren zu beobachtenden Trend in der Schlagermusik, sich elektrisch verstärkte Instrumente sowie einen pulsierenden Beat zuzulegen, um auch solche zu erreichen, die keine Schnulzen mögen. Der amerikanische wie auch der deutsche Schlagertypus der fünfziger und sechziger Jahre – mit Streichern und Bläsern – tritt immer mehr in den Hintergrund. Dafür gewinnt immer mehr ein verrockter Schlager die Oberhand, den nur geübte und künstlerisch erfahrene Hörer vom wirklichen Rock unterscheiden können.

Wie in jedem Land, gibt es auch in der Bundesrepublik mehrere Zeitschriften mit einem monatlichen oder zweiwöchentlichen Erscheinen, die dem vorherrschenden Unvermögen der Zehn- bis Fünfzehnjährigen zur musikalischen Differenzierung bereitwillig entgegenkommen. In der Regel sind sie, wie etwa *Bravo* schon in den sechziger Jahren, nicht einmal reine Musikzeitschriften, sondern Unterhaltungsblätter mit bunten Seiten und eingefügten großen Posters, die zwar Rock und Pop vorrangig behandeln, aber auch Fragen von Mode, Benimmdich, Drogen usw. erörtern, sogenannte Aufklärungsserien mit Fotos von eindeutiger Tendenz bringen, den Leserzuschriften (wirklichen oder fiktiven) breiten Raum widmen, politische oder wirtschaftliche Probleme aber nur ausnahmsweise berühren (wenn ja, dann mit einer konservativen Neigung).

Die meisten Einzelartikel musikalischer Art gelten Popgruppen mit versteckter oder kaum verhüllter Schlager-Geste. Bei ABBA, THE BAY CITY ROLLERS, KISS, THE OSMONDS, SMOKIE, THE TEENS und WINGS kann jedes Ereignis auf Bekanntgabe und umständliche Erörterung rechnen, betreffe das Ausscheiden eines Mitgliedes, Live-Auftritte, Äußerungen, Urlaubsort oder neue Liebschaft. Um 1978/79 beherrschten Disco-Sterne wie John Travolta und Olivia Newton-John unzählige Spalten und regten junge Fans zu Inseraten wie den folgenden an:

«Hallo! Nettes Mädchen sucht Brieffreunde aus aller Welt. Meine Hobbies: Lesen, John Travolta usw. Alle Zuschriften werden beantwortet. Monika S., ... 4353 Erkenschwick»

«Hallo! Wir sind beide 14 Jahre alt und suchen viele Brieffreunde. Unsere Hobbies sind: Skifahren, John Travolta, Musik und Tiere. Wir werden alle Zuschriften beantworten. Sabine M., ... 8580 Bayreuth»

Der Hauptartikel in derselben Nummer der betreffenden Zeitschrift heißt:

«Unheimlich! Der *Grease*-Supererfolg hat den beiden Stars John Travolta und Olivia Newton-John nur Unglück gebracht!»

Blätter dieser Art, die namentlich zu nennen überflüssig erscheint, wenden sich mehr an Mädchen als an Jungen, was nicht nur von den «Ich suche Dich»-Spalten der zitierten Art, sondern auch von den Leserzuschriften bezeugt wird. Charakteristisch, daß die von solchen Magazinen verzeichneten Fan-Clubs – deren Augenmerk einem einzigen Popstar gilt – fast ausnahmslos von Mädchen geleitet werden, so zum Beispiel:

Jürgen Berger Fanclub (4230 Wesel)
Showadwaddywaddy-Fanclub (6000 Frankfurt a. M.)
Internationaler Smokie-Fanclub (3303 Vechelde)
Dschingis Khan-Fanclub (8601 Hollfeld / Ofr.)
Howard Carpendale-Fanclub (ebenda)
Conny Morin-Fanclub (5090 Leverkusen)

Jüngeren Teens soll hier nicht der Vorwurf gemacht werden, daß sie noch ein unreflektiertes Verhältnis zur Sprache haben. Zu tadeln sind die Medien, die einen allzu oberflächlichen, ja frivolen Umgang mit der Sprache nicht nur leichtmachen, sondern geradezu fördern. Die Sprache über Musik verkommt in den betreffenden Blättern zum bloßen Teenager-Geschwätz, in dem zeit- und papierverschwenderische Sprachfloskeln ohne Inhalt wie «unheimlich», «eigentlich», «echt», «prima», «stark» und weitere Infantilismen immer dann einspringen müssen, wenn es gälte, einen Tatbestand – etwa ein Musikstück – sachlich zu beschreiben. Von der inflationären Aushöhlung der Sprache zeugt, daß es kaum Überschriften mehr in solchen Blättern gibt, die nicht mit Ausrufungszeichen versehen sind. Einige Beispiele:

Spitze!
Jetzt:
Mehr Seiten!
Mehr Farbe!

    10 Poster!

        Led Zeppelin! Björn Borg!
        Gene Simmons (Kiss-Sammelserie)!
        Susan Anton! Brian Jones!

Tommy Ohrner! Charlie Chaplin!
Styx! Concorde! Elefant

Musikstories:
Smokie! McCartney!
AC/DC! Genesis!

ABBA
Schluß mit Konzerten!

Motorsport!
Aufklärung!
Drogenschicksal!

Exklusiv: Teens-Intim-Protokoll!

Geht es in diesen Blättern nicht um «Die Rätsel Deines Körpers» (Foto-Unterschrift: «Britta ist wieder glücklich. Die Pille gibt ihr Sicherheit»), geht es nicht ums «Rollschuh-Fieber!!!», um die Frage «Macht sich Blondie kaputt?» und um «Schlägerei zwischen Leslie und den Rollers!» (alle Titel in ein und demselben Heft!!!!!!!!!), sondern geht es um Musik, dann dient die Sprache nur noch dazu, den Mangel an Kompetenz zu verdekken. Ganz besonders deutlich wird es in den Plattenbesprechungen, die doch weit mehr als Interviews und Tournee-Beschreibungen die Möglichkeit bieten, von der Musik selbst zu sprechen:

Über Bram Tchaikovsky: *Strange Man, Changed Man:*
   «Der ex-Motor der New Wave-**Renner** The Motors ist **in voller Fahrt.** Melodiös (mit deutlichen Anklängen an die 60er Jahre, insbesondere die Beatles und die Who) und zugleich **kraftstrotzend**, wie man's von einem **jugendlichen Rock-Helden erwartet**. Ein durch und durch **antörnendes Losgehalbum**, zum bloßen Zuhören wie auch zur aktiven Gymnastik auf der Tanzfläche. In diesem Sinne bietet Bram auch **echt** eine Alternative zur reinen Discomusik. Dieser Mann hat die seltene Gabe, vielen vieles zu bringen. Und alle zu überzeugen.»

Über Rachel Sweet: *Fool Around:*
   «**New Wave-Süße, echt talentiert**, jedoch ohne die notwendige **Powerstimme**. Ist-Zustand: begabt. Zukunftsaussichten: vorerst noch neblig.»

50

Über Toto: *Toto:*

«Diese sechs Mann starke Newcomer-Gruppe hat in den USA **wie ein Blitz aus heiterem Himmel eingeschlagen**. Zwar galten die einzelnen Mitglieder (vor allem die Gebrüder Porcaro) stets als ausgezeichnete Sessionmusiker, die Gruppe als solche war jedoch brandneu und konnte keinerlei **Vorschußlorbeeren kassieren**. Mit ihrer **schwer zu analysierenden Rock-Mischung** erwischten die Jungs indessen **einen Blitzstart**, nicht unähnlich wie unlängst FOREIGNER. Und ähnlich wie FOREIGNER lassen TOTO ebenfalls eine Vielzahl von **Einflüssen** in ihre Musik **einfließen**. Primär ist Klassik zu nennen – aber dann wird's mit der **Analyse** aber auch schon schwierig. Weil **von jedem Stil nur ein Stückchen mit dabei** ist. Wichtig bleibt letztlich aber auch nur das Resultat, und das ist **schlechthin Spitze**. ‹Toto› bedeutet in der französischen Sprache soviel wie ‹dumm›. Die Gruppe, die sich diesen Namen auf das Banner geschrieben hat, ist alles andere als das. Obwohl das Rock-Jahr noch jung ist, darf man schon heute von ‹der Gruppe des Jahres› reden.»

Dazu vielleicht doch ein Kurzkommentar: die LP von TOTO ist 1978 erschienen, der Verfasser dieser «Kritik» schrieb Anfang 1979, in dem Jahr also, in dem immerhin auch Gruppen wie XTC, PUBLIC IMAGE LTD., YES, KRAAN und hundert andere, mehr profilierte Bands als TOTO tätig waren. Sprachliche Inkompetenz paart sich hier mit einer sachlichen.

Die ergiebigste Quelle für Teenager-Geschwätz über Rockmusik bildet der Rundfunk. Empfängt man aus Qualitätsgründen nur UKW und lebt man in Berlin-West, so ist man neben RIAS auf das Rock- und Jugendprogramm des Senders Freies Berlin angewiesen. Als Abhörmaterial zur Auswertung wurde die tägliche Sendung SF-Beat von 18.05 bis etwa 19.00 Uhr bzw. die wöchentliche Sendung «Sonntags Immer» im SFB II-Programm im Zeitraum zwischen dem Samstag, den 25. Oktober und dem Samstag, den 1. November 1980 gewählt. Niveau und Inhalt der sieben Sendungen dürften dem Durchschnitt – jedenfalls beim SFB – entsprechen und daher von repräsentativem Wert sein. Hier das Ergebnis:

1. Alle Sprecher, der Redakteur W. H. eingeschlossen, haben Schwierigkeiten mit der englischen Aussprache. Daß das Anfangs-«p» in dem vielgebrauchten Wort «psychedelic» durchweg ausgesprochen wird, versteht sich in Deutschland schon von selbst. Der Redakteur spricht den Namen der einheimischen Punk-Formation WHITE RUSSIA beharrlich unrichtig aus. Bedenklicher sind die sprachlichen Infantilismen, die merkwürdigerweise weniger von den telefonisch anrufenden Rockfans stammen, sondern vom Redakteur verwendet werden, vermutlich in der Absicht, die «Sprache der Jugend» richtig zu treffen. Gleich am Samstag,

den 25. Oktober, hört man von ihm (Thema: deutscher Hardrock) folgende Ausdrücke: «unheimlich starke Musik», «irrsinnig viele Hardrock-
Gruppen», «ein bißchen zu sehr», «unheimlicher Hauer, geht wahnsinnig
los in den Discotheken» und dergleichen.

2. Musikalische Einzelheiten werden kaum besprochen, ja selbst Hinweise auf Gruppe und Titel fehlen manchmal ganz. Es wird in der Regel ein
längeres Rockstück aufgelegt, davor oder hinterher nennt man gewöhnlich den Titel, und schon folgt der nächste Titel. In den sieben abgehörten
Sendungen herrschten Mainstream à la Bruce Springsteen und Hardrock
à la AC/DC vor. Die verbindenden Texte zeugen mitunter von Hilflosig-
keit, etwa am 29. Oktober, gesprochen von der Moderatorin Chr. J.:

«Stimmung kann er wirklich machen, der Bob Seger ... Bruce Springsteen, den Namen kennt man. Aber habt ihr schon was von der amerikanischen Gruppe CHEAP TRICK gehört? In Zusammenhang mit diesen
Menschen fallen jetzt klingende Namen. Die Gruppe hat unter anderem
mitgemischt bei der Produktion vom neuen John Lennon-Album, im
Film *Roadie* haben sie mitgespielt und einen Song auch eingebracht, der
sehr gut läuft, und außerdem ist der neue Produzent von CHEAP TRICK
George Martin, Ex-Produzent der BEATLES. Und hier ist CHEAP TRICK
mit einer neuen Single ‹I Can't Stop The Music›.»

Dank der sehr unbestimmten, unverbindlichen Ausdrucksweise («ein
bißchen zu sehr», «eigentlich nicht ganz», «hat einiges Neue gemacht»)
werden grobe sachliche Fehler selten begangen. Zu ihnen gehört die Einordnung von HEART in die Hardrock-Sparte (am 25. Oktober), ebenso die
Etikettierung von CHEAP TRICK als «Heavy Metal» (am 29. Oktober).

3. Am Sonntag, den 26. Oktober, kreiste das Manuskript um ein einziges
Thema herum: die Hörer der wöchentlichen Sendung «Sonntags Immer»
sollten sich kenntlich machen und stadtweit sich für sie beziehungsweise
für deren Moderator einsetzen. Um das Niveau der Sendung abzuschätzen, zitiere ich eine Stelle wörtlich im Zusammenhang:

– Musik (Soul) –

«Freunde, Genossen, Sonntags-Immer-Freaks, ich hab's! Wäret ihr bereit, euch als geheimes Zeichen eurer geheimen Verbundenheit den kleinen Finger amputieren zu lassen, oder ein anderes wichtiges Glied? Wür-
det ihr das tun, mir zuliebe, euch zuliebe, der Sache zuliebe? Ich glaube, diese Sendung verlangt das. Ja. Denn was wir gemeinsam haben, ist ja
nicht irgendein Programm, sondern im tiefsten Wortsinne eine Sendung.
Und was wir brauchen, ist das entsprechende Bewußtsein – Sendungsbewußtsein. Das Sendungsbewußtsein, das über den Ernst hinausgeht, auch

über den eigenen in uns allen. Doch halt! Wer würde diese Amputationen ausführen? Welcher Chirurg wäre in der Lage, diesen Andrang zu bewältigen? Und wichtiger noch: würde die Krankenkasse die Kosten übernehmen? Freunde, Hand aufs Megahertz, ich glaube, wir müssen uns da was anderes überlegen. Laßt mich nachdenken, laßt mich nachdenken!»

– Musik (Hardrock) –

«Ein neuer Vorschlag, hört gut zu. Wie wäre es, wenn ihr einfach als symbolischen Ausdruck eurer Sonntags-Immer-Zugehörigkeit das linke Bein nachzieht? Vielleicht könnt ihr euch eine Bleisohle einlegen oder links einen Skistiefel tragen oder euch eingipsen lassen bis zum Knie. Wäre das nicht eine verblüffende Möglichkeit, eine Lösung, an die bis vor kurzem niemand von uns zu denken gewagt hätte? Doch halt! Was ist, wenn ein wirklich Hinkender, zum Beispiel ein Opfer eines Betriebs- oder Sportunfalls von einem von euch angesprochen wird mit Worten wie

Ick sehe, du hinkst auch, du Schlimmer,
Du bist ein Fan von Sonntags-Immer.

Unsere ganze Strategie würde doch zusammenbrechen wie ein Krankenhaus – ich meine, wie die Kongreßhalle. Laßt mich nachdenken, laßt mich nachdenken!»

– Musik (Pop) –

«So sehr ich auch grüble, mir scheint, es gibt nur noch eine Möglichkeit, eine einzige, die Flucht nach vorn. Doch Freunde, ihr habt richtig gehört: die Flucht nach vorn. Wir bestimmen den Augenblick, einen Augenblick in diesem Jahr, an dem ihr völlig überraschend für die Umwelt massenhaft ausbrecht aus euren Löchern, um in einer gigantischen Manifestation eures Lebenswillens euren Anspruch an diese verrottete Gesellschaft kundzutun. Haltet euch bereit! Wir werden noch einige Sonntage abwarten. Aber achtet auf meine Worte! Eines Sonntags-Immer-Abends werde ich den geheimnisvollen Satz sprechen: ‹Dies ist die Sekunde des Jahres.› Und dies wird euer Zeichen sein. Ihr werdet hinausstürzen aus eurer Verschanzung, ihr werdet auf die Straßen stürmen . . .»

So geht die einstündige Sendung weiter, mit fadem Kalauer (über den sich höchstens der Autor «totlachen» kann) und dazwischen mit Musikstükken, die nicht einmal mit Gruppennamen und Titel kenntlich gemacht, geschweige mit sachverständigen Kommentaren versehen werden.

Welche Chance der Anerkennung besitzen in dieser von geschwätzigen Medien gesteuerten Atmosphäre die «normalen», durchschnittlichen Rockmusiker? Anonym trotz unbestrittener spieltechnischer Fertigkeiten bleibt im allgemeinen innerhalb der rockindustriellen Reserve-Armee der bloß nachvollziehende Musiker. Als schnell begreifender Kopist tritt er öffentlich höchstens am Anfang neuer Moden in Erscheinung, darf kurzfristig das noch nicht oder nicht mehr verfügbare Original darstellen. Ansonsten liefert er als namenloses Mitglied der Begleitband eines Stars (etwa Lindenbergs) oder in den Studios Lohnarbeit, ohne auch nur sozialversichert zu sein. Er ist der «Universal Soldier» der Rockmusik, dem jede musikalische Äußerung zum Zitat gerinnt, und dessen Realitätsverlust sich darin zeigt, daß er es meistens gar nicht merkt.

Und der Star? Sein Leben ist eines der härtesten. Ständig steht er zwischen mindestens zwei Fronten – Image und «street credibility» –, häufig sich selbst im Weg. Kein Wunder, denn er hat Kultfigur wenn nicht zu sein, dann mit aller Kraft darzustellen, er trägt die oft zerstörerischen Mythen notfalls auch am eigenen Leib aus, Heiliger und Hure seiner (oft über den möglichst rockgemäßen Tod hinaus treu ergebenen) Gemeinde: Nur dank seiner Exzesse wird Rockmusik extrem, stößt in menschliche und musikalische Grenzbereiche vor, wird obszönes Abbild neuzeitlicher Existenz oder auch platte Karikatur abgesunkenen Kulturguts.

Er ist der einzige, für dessen Seele sich Gott und Teufel gleichermaßen interessieren und der nie davon abzubringen sein wird, seine Hörer ins Instant-Karma oder zurück zu den Wurzeln des Rock verführen zu wollen. Er ist der Poseur, aber auch der echte Außenseiter, der uns bettelarm so wichtig ist wie als Multimillionär, musikalisch genausooft einfallsreicher und wegweisender Dilettant wie arbeitswütiger, kühl kalkulierender, disziplinierter Profi. Link Wray hat wohl die griffigste Formel dafür gefunden: «Stars, they rise and fall, the artist develops.»

Rock als Stimmungsmusik

Rock erschöpft sich nicht darin, ein Mittel von Ressentiment und eine «Kunst als Provokation» zu sein (immer vorausgesetzt, daß er als Kunst aufgefaßt wird), auch nicht darin, einen unvermeidlichen akustischen Bestandteil des Stadtlebens zu bilden, den man gerade noch wahrnimmt oder an dem man besser einfach vorbeihört (vorausgesetzt, er ist keine Kunst, sondern Muzak-Ware). Rockstücken wohnen auch Stimmungen inne, die zu fühlen und zu erleben einfacher ist, als über sie zu sprechen.

Bei der Stimmung einer Rockkomposition spielt eine große Rolle, was Psychologen und Zeichentheoretiker «Konnotation» nennen. Konnotationen sind Ideen und mehr oder minder gefühlsbetonte Erinnerungsbilder, die regelmäßig auftreten, wenn man mit einem bestimmten Gegenstand konfrontiert wird. Zum Beispiel tauchen mit dem Song «All You

Need Is Love» der BEATLES folgende Konnotationen bei denjenigen auf, die die Zeit um 1967 bewußt erlebten: Blumengirlanden, Flower-Power-Bewegung, Maharishi, Vietnamkrieg und dergleichen, lauter inhaltliche Felder, die zwar nicht die «Bedeutung» des genannten Liedes ausmachen, die sich jedoch fast automatisch einstellen, wenn das BEATLES-Lied erklingt.

Ein solches Erinnerungsfeld von Konnotationen besitzt teils eine überpersönliche Geltung, indem es bei sehr vielen Personen funktioniert, teils ist es rein subjektiv. Zum Beispiel hat «Under My Thumb» von den ROLLING STONES eine bestimmte Einschätzung unter den Fans, die von dem einst kompromißlos harten Auftritt der Gruppe herrührt. Das Stück verkörpert das Ideal einer energisch betonten, hartgemeißelten und auf das Wesentliche zurückgeführten Rockmusik. Die Komposition drückt jugendliche Unbekümmertheit und Stärke aus, sie erinnert an die berühmte Londoner Gruppe in ihrer besten Zeit. Dieser allgemeine Bedeutungskreis kann jedoch mit rein subjektiven Erlebnissen verknüpft und sogar von ihnen überdeckt werden, etwa bei jenem Rockfan, dessen Freundin den Songtext als frauenverachtend empfand und den Freund darüber in eine lange und unerfreuliche Diskussion verwickelte. Die Gesamtstimmung eines bereits bekannten Rockstückes kommt infolge der Eigenschaften und Erinnerungen zustande, die ihm sowohl allgemein wie auch subjektiv-vereinzelt zugeschrieben werden.

Wie verhält es sich aber mit Kompositionen, die man bislang nicht gehört hat und die trotzdem eine bestimmte, eigenartige Stimmung ausströmen?

Viele Rockmusiker und Hörer sind der Überzeugung, daß die sogenannten musikalischen Wirkungen (die sich infolge einer Stimmung einstellen) nicht nur meßbar sind, sondern durch Kalkül sogar erzeugt und präzise eingesetzt werden können. Von ihnen hört man oft die Frage: Warum wirkt ein bestimmtes Rockstück so und nicht anders auf mich? Vorgestellt wird offensichtlich ein Wirkungszusammenhang, der auf einer naturwissenschaftlichen Gesetzmäßigkeit beruht und dessen Erforschung, wie man meint, so weit vorangetrieben sei, daß der Musiker nur zu fragen braucht: Wie muß ich dieses und jenes musikalische Mittel anbringen, damit es in einer gewünschten Weise auf den Hörer einwirkt?

Die Musikpsychologie ist von solcher Beherrschung musikalischer Wirkungsmechanismen weit entfernt, und auch die praktische Komposition beruht nicht auf der Kenntnis angeblicher Gesetzmäßigkeiten dieser Art. Eher schon könnte man bei der Filmmusik Hollywoodscher Machart vermuten, daß deren Komponisten über einen Code melodischer, harmonischer und rhythmischer Motive verfügen und diese bei bestimmten Bildfolgen bewußt einsetzen. Zwar hat die Ton- und Musikpsychologie seit ihrem etwa hundertjährigen Bestehen (man müßte *Die Lehre von den Tonempfindungen* von Hermann von Helmholtz aus dem Jahr 1863 als den Beginn einer wissenschaftlichen Musikpsychologie nennen) manche Gesetzmäßigkeiten der Wahrnehmung erforscht, etwa den Umstand, daß obertonreiche Klänge satt wirken, obertonarme dagegen, wie zum Beispiel die Töne einer Querflöte, einen körperlosen und ätherischen Eindruck hinterlassen. Bekannt ist auch, daß schnelle Musikstücke auf den Hörer belebend und aktivierend wirken und dessen Blutdruck wie Kreislauf mehr ansprechen als langsame Kompositionen. Dergleichen Erkenntnisse muten nur deshalb nicht offensichtlich trivial an, weil sie in der Regel durch allerlei Zahlen und Versuchsdaten untermauert zu werden pflegen. Es ist nicht einmal sicher, daß sie in der Rundfunk- und Fernsehwerbung, die mit Musik kombiniert wird, durchweg beachtet werden. Im Grunde sind die Komponisten der Gegenwart nicht wesentlich weiter als ihre Kollegen im 17. und 18. Jahrhundert, die instinktiv bestimmte Mittel der Steigerung von Massenwirkungen (Händelsche Chöre), der Besänftigung durch bukolische Tonbilder (Bachsche Kantaten) und der musikalischen Nachahmung von Naturvorgängen und von Sprachausdruck eingesetzt haben, um bestimmte Überredungseffekte im Sinne einer «musikalischen Rhetorik» zu erzielen.

Dem unter Rockhörern verbreiteten Glauben, musikalische Wirkungen beruhten auf rein physikalischen, berechenbaren Ursachen, liegt die falsche Vorstellung zugrunde, daß die Menschen geschichtsunabhängige Wesen sind, die vor allem, ja ausschließlich naturgeprägt sind. Es entspricht jedoch der Erfahrung, daß Menschen in verschiedenen Kulturen auf ein und dieselbe Musik sehr unterschiedlich reagieren. Deshalb kann von einer rein kausalen Bedingtheit der Stimmungen durch bestimmte Musikwerke keine Rede sein. Stimmungen als musikalische Wirkungen entstehen vielmehr so, daß einzelne Klang- und Satztypen durch Überlieferung innerhalb einer Kultur mit bestimmten Bedeutungen und Konnotationen verbunden werden. Stimmung ist demnach ein geschichtliches Phänomen, das von einem Ort zum anderen und auch im Laufe der Geschichte Wandlungen unterworfen ist.

Geschichte: das heißt in unserem Zusammenhang Rockgeschichte. Sie hat während ihrer mehr als fünfundzwanzigjährigen Vergangenheit gleichfalls mancherlei Konnotationen hervorgebracht, die sich immer dann einstellen, wenn bestimmte Musiktypen auftreten. Es ist also zu vermuten, daß unsere Kenntnisse der Rockgeschichte stets mit im Spiele sind, wenn wir aus einem Rockstück eine bestimmte Stimmung heraushören. In dem Maße, in dem die Rockmusik Elemente auch anderer Musikbereiche wie etwa der sogenannten höheren Kunstmusik oder des Blues übernimmt, spielen in ihr die eingeübten Stimmungsgehalte auch dieser Musikbereiche eine Rolle. Die geschichtliche Bedingtheit musikalischer Wirkungen schließt freilich nicht aus, daß bei ihr auch anthropologische, geschichtsunabhängige Regelmäßigkeiten mitspielen. Als ein allgemein bekanntes Beispiel könnte dafür «The Fat Man» von Fats Domino genannt werden. Das Stück mit seinem drolligen, auf einen dicken Mann verweisenden Text kommt in der Musik von Dave Bartholomew gut zum Ausdruck. Der stampfende Rhythmus, die wuchtige Betonung von «guten» Taktteilen und der polternde Gesamtcharakter versinnbildlichen einen dicken, nach Luft schnappenden Menschen vorzüglich, doch ohne Parodie – «the fat man» ist eher liebenswürdig ungelenk als lächerlich. Kaum denkbar, daß ein solcher Text mit dem feingesponnenen Laufwerk einer akustischen Gitarre in hoher Lage sich verbinden könnte. Hohe Töne haben eben die Konnotation von «dünn», «leicht», «filigran» und würden der Vorstellung eines korpulenten Mannes widersprechen. Auch die akustische Gitarre mit ihren relativ leisen und schnell verhallenden Klängen wäre nicht das rechte Instrument dafür. Das heißt aber, daß Wirkungen zwar im geschichtlichen Kontext durch fortgesetzte Wiederholung und kulturelle Gewöhnung entstehen. Aber um einleuchtend zu sein, dürfen sie gewissen gleichsam naturhaften Voraussetzungen nicht widersprechen.

Der Stimmungsgehalt eines Rockstückes hängt von vielen Komponenten ab, etwa vom Text, von dem gewählten Zeitmaß, von der Lautstärke, von der Klangfarbe, der Spielweise der Instrumente usw. Der Text von «Julia» der BEATLES ist von einer wehmütigen Schönheit überzogen, die in Erinnerung an ein geliebtes Mädchen, vielleicht auch an John Lennons früh verstorbene Mutter Julia heraufbeschworen wird. Mit diesem Text könnte sich der motorisch durchgehaltene Shuffle-Rhythmus einer Revival-Band wie etwa ROCKPILE von Dave Edmunds und Nick Lowe unmöglich verbinden: verhaltene Erinnerung und draufgängerische Lebensfreude sind zu sehr entgegengesetzte Stimmungen. Und während ein Rock 'n' Roll-Titel nicht leise vorgetragen werden darf, ohne seine Stimmung zu verlieren, paßt die volle Lautstärke zu einem Lied von Joni Mitchell nicht. Auch Klangfarben und instrumentale Spieltechniken haben ihre eigenen Stimmungswerte. Die näselnden, gebogenen Gleittöne eines Synthesizers mit Rechteck-Wellen würden einem verhaltenen Liebeslied keinen guten Dienst erweisen, und das Spiel einer Slidegitarre in dem alten Motown-Hit «Money» wäre ebenfalls ein Unding.

Welches Musikstück welche spezifische Stimmung besitzt, welche musikalische Winzigkeit die Stimmung gänzlich verderben kann – diese Fragen lassen sich nur von Fall zu Fall besprechen und eventuell beantworten. Auch die Rockmusik besitzt ihre ungeschriebenen Gesetztafeln. Ihre Normen, ihre Gebote und Verbote können vom Kenner mit einem unbestechlichen Spürsinn befolgt werden, ohne daß er sich über sie Rechenschaft abgeben könnte. Es sind nicht schriftlich festgelegte Selbstverständlichkeiten des Taktgefühls, der Phrasierung und des Tonfalls, die auch ohne Begriffe verstanden zu werden pflegen, jedenfalls von den Angehörigen der betreffenden Musikkultur. Deshalb erweist es sich immer wieder als schwierig, sie aus dem einen Kulturkreis in einen anderen zu verpflanzen. Denn sie lassen sich nicht so leicht wie Medikamente und elektrische Apparate in ein anderes Land exportieren. Diese Selbstverständlichkeiten, die gar keine sind, gehen nur einem in Fleisch und Blut über, der sie jahrelang kennt, Normen von Abweichungen unterscheiden lernt und am eigenen Verhalten sowie am Verhalten anderer das Spektrum musikalischer Stimmungen erfährt. Bei aller technischen Perfektion hört man etwa einer japanischen Rockplatte an, daß ihre Urheber nicht im angloamerikanischen Kulturraum leben. In einem geringeren Maße läßt sich das gleiche sogar von deutscher Rockmusik sagen.

So sehr Stimmungen zu Rockkompositionen gehören: je nach Charakteranlage haben sie mehr oder minder die Tendenz, sich auf Kosten der musikalischen Gestalt zu verselbständigen und dann auch den Musikhörer zu tyrannisieren. Es gibt viele Rockhörer, die von ihren Stimmungen bedenklich abhängig sind und die ihre Schallplatten nach ihrem Stimmungswert aufzulegen pflegen. Je nach augenblicklicher Stimmung greifen sie zu der entsprechenden Platte, um diese Stimmung zu intensivieren. Man kann hier von «induzierten Stimmungen» sprechen, die nach Ludwig Gieß den Genuß von Kitsch zu begleiten pflegen.* Solche Hörer achten wenig auf die spezifisch musikalischen Unterschiede in den einzelnen Kompositionen, statt dessen gehen sie in allgemeinen Stimmungen auf. Entsprechend schweben sie in rein gefühlsbeherrschten, distanzlosen Zuständen, wenn sie Rockmusik hören.

Es dürfte indessen klar sein, daß Rockstücke noch etwas mehr und vor allem etwas Konkreteres bieten als vage Stimmungen.

Das Problem einer «Stilkunde»

Rockmusik ist mehr als eine bloße Klangfolie zu sprachlichen Botschaften. Sie ist auch mehr als ein Mittel, sich zu berauschen, abzureagieren oder in verschiedene Stimmungen hineinzuversetzen. Rock als Musik be-

* Ludwig Gieß: *Phänomenologie des Kitsches – Ein Beitrag zur anthropologischen Ästhetik* (Heidelberg 1960, S. 48 ff).

sitzt auch eine Gestalt, deren technische Einzelheiten man wahrnehmen muß, um ihn als einen künstlerischen Ausdruck zu erkennen und zu würdigen. Diese musikalische Gestalt bildet den Gegenstand, den der informierte Hörer wie auch der Kenner in erster Linie meinen, wenn sie von Rockmusik sprechen.

Trotzdem erscheint es nicht unproblematisch, eigene musikalische Merkmale im Rock benennen zu wollen. Eine Stilkunde der Rockmusik in der Art zu entwerfen, wie sie in der klassischen Musik und auch im Jazz eine Selbstverständlichkeit bildet, begegnet hier Schwierigkeiten. Diese ergeben sich aus dem Umstand, daß die Rockmusik keinen geschichtlich gewachsenen, spontanen Stil besitzt, sondern bereits bei ihrer Geburt wie ein Retortenbaby anmutet, das auf Grund von individueller Berechnung und von künstlichen Eingriffen entstanden ist. Eine solche Retorte der Rockmusik war zum Beispiel das Sun-Plattenstudio in Memphis, Tennessee, dessen Besitzer Sam C. Phillips von seinen Musikern immer wieder eine Verknüpfung von Hillbilly mit einer schwarz klingenden Stimme und mit einer starken rhythmischen Betonung verlangte, bis Elvis Presley seine Vorstellungen tatsächlich verwirklichen konnte.

Seit seiner Entstehung geht der Rock unbedenklich mit fremden Stilbereichen um. Bald schnappt er einige Züge aus der Country-Musik oder aus dem Barockzeitalter auf, bald läßt er andere Merkmale wieder fallen, und dieser unberechenbare, dynamische Wandel macht eine systematische Beschreibung seiner Stilmerkmale eigentlich von vornherein unmöglich. Was Rock ist, läßt sich daher weniger in einem systematischen Entwurf als vielmehr durch die Schilderung seiner eigenen Geschichte darstellen: um 1955 war Rock dies, zehn Jahre später das, und wiederum heute etwas ganz Verschiedenes von seiner Vergangenheit. Die Definition, was Rockmusik sei, erhält man also aus der vielgestaltigen und chaotisch wirkenden Geschichte der Rockmusik selbst. Deshalb kann man Schülern wie Musikpädagogen – sehr zu ihrem Leidwesen – keine bequemen Faustdefinitionen des Rock-Begriffs in die Hand geben, die sich leicht transportieren und sofort weiterleiten lassen.

Vergegenwärtigt man sich, daß die Rockmusik fast alle heute bekannten Musikgattungen miteinander verknüpft und keinen nur ihm eigenen Stilbereich besitzt, so kann man trotzdem versuchen, einige ihrer wesentlichen Merkmale zu benennen. Doch auch hier macht sich die Schwierigkeit geltend, daß es keine Feststellung ohne Ausnahmen gibt. Definiert man den Rock etwa als eine stark rhythmusbetonte, schwingende Musik, so genügt ein Hinweis auf Formationen wie TANGERINE DREAM, um diese Feststellung relativ erscheinen zu lassen. Und daß TANGERINE DREAM einen Teil der Rockmusik bildet, ersieht man zwar nicht unbedingt aus deren Musik selbst, wohl aber aus der Rezeption: die meisten Hörer fassen TANGERINE DREAM als eine Gruppe auf, die – obwohl am Rande angesiedelt – zur Rockmusik gehört. In den meisten Fällen bildet die Rezeption aber ein sicheres und wirklichkeitsnahes Kriterium dessen, was als Rock anzusehen ist.

Dennoch kann man wiederholen, daß sich der Rock durch einen lebhaften Rhythmus auszeichnet, der in der Regel hauptsächlich vom Schlagzeug, von der Rhythmusgitarre und vom Baß bestritten wird. In dem vorherrschenden ⅝-Takt (oder auch ¼-Takt) gliedern Bass Drum, Snare Drum, Stand- und Hänge-Toms, drei Arten von Becken (Ride, Crash und China) sowie Hi-Hat die durchlaufenden rhythmischen Figuren. Zur Unterstützung der Rhythmuseinheiten kann die Baßgitarre beitragen, sie kann aber zum Grundrhythmus auch gegensätzliche, ergänzende oder synkopierende Gebilde setzen.

Ein wichtiges Merkmal von Rock besteht ferner in der durchgehenden Synkopierung der Taktzeiten auch beim Schlagzeug. Die «normale» Betonung des ersten und des fünften Achtels (des ersten und des dritten Viertels) wird ergänzt und häufig sogar überlagert von einem metrischen Kontrapunkt etwa auf einem Becken, der auf dem dritten und dem siebenten Achtel (dem zweiten und dem vierten Viertel) einsetzt und die Alleinherrschaft der «normalen», akustisch wahrnehmbaren oder nur ideell mitgehörten Betonungsverhältnisse außer Kraft setzt. Damit werden zugleich die Voraussetzungen für einen metrischen Schwebezustand geschaffen, der der jeweiligen Rhythmusgruppe alle Freiheiten offenläßt, Betonungen zu verlagern und zu komplizieren. Die rhythmische Aufteilung des so geschaffenen metrischen Rahmens ist schon eine relativ leichte Aufgabe. Im Rock handelt es sich zumeist um Gruppierungen längerer und kürzerer Zeitwerte, die im ganzen Stück oder jedenfalls auf lange Strecken unverändert bleiben (im Gegensatz zum Jazz, dessen Rhythmisierung vielfältiger ist).

Auch die melodische Gestaltung der Rocksongs läßt sich in stilistischer Hinsicht kaum befriedigend eingrenzen. Vom schlichten Rezitieren auf einem einzigen Ton bis hin zu weiträumigen Gebilden kommt in ihnen eine abenteuerliche Vielfalt vor. Die späten BEATLES zum Beispiel liebten es, einen einzigen Ton zu wiederholen und ihn mit Hilfe wandernder Akkorde harmonisch auszudeuten. Pentatonische Gebilde kommen nicht selten vor, etwa in «Spoonful» der CREAM, dessen Verfasser Willie Dixon mit ihm vermutlich auf eine sehr alte Melodieschicht innerhalb der schwarzamerikanischen Musik zurückgreift. Wesentlich häufiger treten freilich diatonische Dur- und Moll-Melodien auf, von denen die Rockmusik eindeutig beherrscht wird. Wird ihr Tonumfang, wird ihre Ausdrucksskala bewußt eingeebnet, so ähneln sie direkt den Kinderliedern, wie sie ganz besonders im Punk und in der New Wave durchschimmern. Das überaus größte Material der Rock-Melodien wurzelt in der Unterhaltungsmusik des 19. Jahrhunderts, im amerikanischen Tin Pan Alley ebenso wie in den englischen Music Halls, deren strophisch gegliederte Song-Einlagen etwa bei THE KINKS oder noch deutlicher bei Ian Dury notengetreu wiederzukehren scheinen («Bille Ricay Dickie», «Clevor Trever»).

Durch die europäische Kunstmusik vom 18. bis zum 20. Jahrhundert angeregte Rockstücke wiederum verwenden motivische Formeln, die man so oder ähnlich in der Musik von Bach und Wagner (YES), von Tschaikowsky, Bartók und Strawinsky (GENTLE GIANT) wiederfindet. Auch der Jazz hat den Rock durch charakteristische Tonschritte (etwa die übermäßige Quarte) und durch modale und Ganzton-Tonleitern bereichert. Es versteht sich, daß die einzelnen Untergattungen des Rock wie Hardrock, Kulturrock und New Wave ihre eigenen Melodietypen besitzen, ja diese können bei einzelnen Musikern zum leicht erkennbaren Merkmal werden. Man denke etwa an Gary Numan (TUBEWAY ARMY), der mit großer Vorliebe, ja mit einer monomanischen Ausschließlichkeit die lydische Tonart beziehungsweise Dur mit einer kleinen Septime verwendet. Kirchentonleitern kommen dagegen häufig im Folkrock vor, auch übrigens im frühen Songschaffen der BEATLES.

Unter allen Musikgattungen genießt der Rock den zweifelhaften Ruf, mit einer Harmonik auszukommen, deren einförmiger und voraussehbarer Verlauf schon ungewollt humoristisch wirkt – nämlich mit den drei Akkorden auf der ersten, der vierten und der fünften Stufe. Wörtlich stimmt diese Behauptung freilich nicht. Denn die typische Harmoniefolge in den Titeln von Girl Groups um 1960 bis 1963 besteht aus den Stufen 1-6-4-5, und die frühen Kompositionen der BEATLES enthalten manche reizvollen Ausweichungen sowie Parallel- und Wechselakkorde. Aber auf den größten Teil der Rockmusik trifft die obige Behauptung dennoch zu: ihre Harmonik ist bemerkenswert unterentwickelt. Das Sonderbare besteht dabei darin, daß dieser Umstand von der Masse der Rockhörer gar nicht als ein Mangel empfunden wird. Rockmusik würde es auch dann geben, wenn sie wirklich nur die genannten drei Akkorde verwendete.

Freilich, auch der Blues macht nur von drei Akkorden Gebrauch, und der Blues bildet eine der Wurzeln der Rockmusik. Aber bereits die frühen Bluesgitarristen und -pianisten schoben allerlei Zwischendominanten und Parallelakkorde zwischen die drei elementaren Stufen 1, 4 und 5, um die Harmonik reichhaltiger und abwechslungsvoller zu gestalten. Der Jazz, der sich dem Rock ähnlich (teilweise) ebenfalls aus dem Blues entwickelt hat, wußte die schlichte Akkordfolge noch mehr zu bereichern, etwa mit alterierten Tönen und mit Zusatzklängen, die sich zumeist nicht mehr funktional, sondern nur noch als Farben deuten lassen. So wird der überlieferte zwölftaktige Bluesverlauf etwa bei T-Bone Walker zu einem harmonisch sehr komplexen Gebilde. Der Rock dagegen ist zumeist auf der ursprünglichen Entwicklungsstufe der drei Akkorde stehengeblieben, und es wäre nichts als eine Scheinheiligkeit, zu behaupten, daß sich darin die größere Treue des Rockmusikers zum Blues spiegele. Diese Unterstellung überzeugt schon deshalb nicht, weil Rockmusiker auch dort mit drei Akkorden hauszuhalten pflegen, wo sich ein Einfluß des Blues nicht nachweisen läßt. Der britische Punk zum Beispiel ist vom Geist wie von dem Formablauf des Blues denkbar weit entfernt. Dennoch hat er die Welt um 1976 bis 1978 mit einer wahren Flut von C-Dur-, F-Dur- und G-Dur-Akkorden heimgesucht.

Eine reichere Harmonik findet sich im Rock in dessen Grenzbereichen, etwa im Kulturrock à la KING CRIMSON, GENESIS, YES und GENTLE GIANT oder auch im Jazzrock in der Art von MAHAVISHNU ORCHESTRA und BRAND X. Auch in dieser Hinsicht ist die New Wave bemerkenswert, deren Akkordbau freilich häufig gar nicht auf eine bewußte Gestaltung, sondern auf allerlei zufallsbedingte Tonanhäufungen zurückgeht, so durch die Random-Notes-Einheit eines Synthesizers oder durch ein unbekümmertes gemeinschaftliches Improvisieren. Zweifellos aber bleibt die Harmonik – neben einem wenig variierten und überdies übertriebenen Lautstärkegrad – die empfindlichste Schwäche in der Gestaltungsweise der Rockmusik.

Dagegen bildet der «Sound» die größte Stärke des Rock, sofern unter ihm hier vor allem «Klangfarbe» verstanden wird.* Ihn zu erzeugen und zu einem sinnlichen Hörgenuß zu machen, ist mittlerweile ein ganzer Industriezweig von elektroakustischen Wandlern bemüht. Mag der Rockmusiker in jeder anderen Hinsicht benachteiligt sein und den spieltechnischen Stand sowie die musikalische Differenziertheit seiner Kollegen von der «höheren» Kunstmusik und vom Jazz sogar beneiden. Auf dem Gebiet der Sounderzeugung ist er allen überlegen und macht, so glaubt er jedenfalls, alle Gebrechen der Melodiebildung, der Harmonik und des dynamischen Verlaufs in einem Rockstück wett.

Dabei unterliegen auch die einzelnen Soundtypen dem geschichtlichen Wandel, am einfachsten ausgedrückt: der unberechenbaren Mode. Durfte der voluminöse Nachhall in keinem Rock 'n' Roll-Stück der fünfziger

---

* Zum Sound-Begriff vgl. Wolfgang Sandner: «Sound & Equipment» in Wolfgang Sandner (Herausgeber): *Rockmusik – Aspekte zur Geschichte, Ästhetik, Produktion* (B. Schott's Söhne, Mainz 1977, S. 81 ff).

Jahre fehlen, so verbreitete sich der Verzerrer um 1965 in der Rockmusik und prägte besonders ihren «psychedelisch» genannten Zweig, wie er etwa bei Jimi Hendrix in Erscheinung tritt. Etwas später kam Phasing hinzu, mit dessen schwirrenden, verschwommenen Klängen die traumhaft verfließenden Bilder der «psychedelischen» Phantasie noch besser zur Geltung kamen. Um 1970 herum war es wiederum die Pflichtübung eines jeden Leadgitarristen, ununterbrochen das Wah-Wah-Pedal zu betätigen. Häufiger Kanalwechsel von links und rechts, elektronisches Zirpen, neuerdings Vocoder und Harmonizer sind weitere Effekte, auf die eine Rockmusiker-Generation schwört und von denen die Rockplatten der betreffenden Jahre geprägt werden. Ob freilich die stürmische Entwicklung der Elektroakustik auf diesem Gebiet sich für den Rockmusiker nur positiv auswirkt, mag bezweifelt werden. In jedem Fall wird es auch den «soliden Handwerkern», die ihre Musizierweise auf die traditionellen Formen der Rockmusik gründen, nicht erspart bleiben, sich mit neuen Produktionsmitteln auseinanderzusetzen, und sei es nur ein Klangerzeuger im Taschenrechnerformat für 160 Mark, der unter angeblich 80 Millionen programmierbaren Klängen immerhin ein paar interessante enthalten könnte.

Die Instrumente

Die Stimme

«You were born to rock, you'll
never be an opera star» (Neil Young)

Andersrum: der einzige «Opernstar», der Rockpotential besaß, dürfte Florence Foster Jenkins gewesen sein. Sie konnte halt genausowenig «singen» wie Bob Dylan, Annette von HANSAPLAST, Crosby, Stills, Nash und Young insbesondere, Jerry Lee Lewis, Little Richard, Bo Diddley, Udo Lindenberg oder du und vor allem ich. An einer Karriere als Rocksänger braucht das bekanntlich niemand zu hindern. Denn genauso wie der «Sound» und das «Feeling» in der Rockmusik Virtuosität auf einem Instrument bis zu einem gewissen Grad unwichtig machen, zählt Ausdruck mehr als korrekte Atemtechnik und präzise Artikulation. Intensität ist notwendiger als Wohlklang. Wer Rock singt, braucht keinen erweiterten Brustkorb, sondern starke Gesangsanlagen und gezielte Effekte auf dem windgeschützten Mikrofon.

Ein Rocksänger, der sein Salz wert ist, singt vielleicht einmal – im Eifer des Gedröhns oder weil der Monitor streikt – einen Dreivierteltelton daneben, vergißt die Hälfte vom Text oder tanzt rum, anstatt zu singen. Solang er keinen «Break» versaut, wird kein vernünftiger Mensch sich darüber aufregen. Ein Gesangsstar, der sein Playback verfehlt, ist da schon viel peinlicher, gehört aber streng genommen nicht hierher. Das größte vorstellbare Kompliment für einen weißen Rocksänger müßte sein, hinsichtlich der Intensität mit einem der großen schwarzen Sänger verglichen zu werden, ohne daß der Vorwurf der Kopie erhoben werden kann.

Ansonsten ist formal und technisch jeder Trick und jeder Exzeß erlaubt. Nina Hagen hat demonstriert, wie Rocksängerinnen mit konventioneller Ausbildung neuerdings umzugehen in der Lage sind, von Patti Smith weiß man das Gegenteil. Capt. Beefheart, John Lydon und David Thomas von Pere Ubu haben Grenzen überschritten, Ry Cooder dagegen ist über den schwarzen Bluesmann Sleepy John Estes nie hinausgekommen, wahrscheinlich weil er es gar nicht erst versucht hat. Ton Steine Scherben haben hochdeutsche Texte vom Vorurteil der Unsingbarkeit befreit, und daß es im jeweiligen Dialekt noch besser geht, ist inzwischen landauf-landab selbstverständlich. Dagmar Krause kann kompliziertere Strukturen umsetzen als Diana Ross oder die Raincoats, als Rocksängerinnen sind sie jedenfalls unverwechselbar und eigen.

Joe Cocker, Eric Burdon und Rod Stewart müssen sich messen lassen an Ray Charles, Chuck Berry oder James Brown, auch an Mick Jagger, Lou Reed, Mitch Ryder, am frühen Elvis sowieso. Geschmacksache?

Eher doch Fragen des Stils und präziser Definition, Fragen nach Kompetenz und historischer Gerechtigkeit, die auch in der Rockgeschichtsschreibung nicht selbstverständlich ist, von der Willkür alljährlicher Zeitschriftenumfragen einmal ebenso abgesehen wie vom Dogma der ehernen Subjektivität.

Genauso wie nicht «ois Blues» ist, ist nicht alles Rock, was so ähnlich klingt.

Anhaltspunkte im folgenden:

Wichtig die Integration der Stimme als Klangqualität im Gesamtsound der Gruppe. Wichtig die Organisation der Gesangspassagen innerhalb des instrumentalen und rhythmischen Ablaufs. Nicht umsonst spielt die Mehrzahl der Rocksänger ein meist in der Rhythmussektion verankertes vollwertiges Instrument. Wichtig die Interaktion von Sprache und Musikarrangement bis hin zur kollektiven Improvisation beider Bestandteile. Gerade der Rocksänger hat sein Können auf der Bühne hörbar zu machen, im Zweifelsfall existieren jede Menge technischer Hilfsmittel. Je weniger er jedoch darauf angewiesen ist, desto einfacher und im allgemeinen positiver fällt ein kritisches Urteil aus.

Da Rockmusik im wesentlichen vokal-instrumental aufgebaut ist, hat sich das Hauptinteresse der Rockgeschichtsschreiber von Anfang an auf die auch optisch im Vordergrund stehenden Sänger, Sängerinnen oder Vokalensembles gerichtet, so daß ein Nachbeten der Entwicklungsgeschichte selbst in großen Zügen an dieser Stelle überflüssig scheint. Strittig hingegen bleibt fast immer der Rang, den einzelne Interpreten innerhalb der Rockgeschichte nach dem Willen ihrer Chronisten einnehmen sollen, wobei sich nicht in allen Fällen die naheliegende Erkenntnis durchzusetzen vermag, daß das Original, der kreative Musiker, der nicht selten Komponist, Texter, Sänger und Instrumentalist in Personalunion war und ist (wie es der grundlegenden Bluestradition entspricht), dem technisch noch so versierten und kommerziell noch so erfolgreichen Nachahmer vorzuziehen ist. Eine Gesamtdarstellung der Black Music etwa, die seit langem aussteht, wäre sicher imstande, verzerrte Perspektiven zu korrigieren.

Der folgende fragmentarische Abriß soll daher nicht mehr als vorläufigen Hinweischarakter auf die generell unterschätzte Bedeutung schwarzer Interpreten haben.

Stilistisch an der Nahtstelle zwischen Jazz, Rhythm & Blues, Pop und Rock 'n' Roll prägte der Sänger, Pianist und Komponist Ray Charles entscheidend den schwarzen Gesangsstil populärer Musik seit den 50er Jahren, ob als «souliger» Balladensänger, als «Crooner» eingängiger Schnulzen oder als expressiver «Shouter» harter Rock 'n' Roll-Titel wie «What'd I say». In seiner Person vereinigten sich schwarze Tradition mit der Fähigkeit, eine Vermittlerrolle auch über Rassenschranken hinweg zu einem gleichermaßen von seinen stimmlichen Möglichkeiten faszinierten, modern eingestellten Massenpublikum zu übernehmen, eine Rolle, die für den Jazz vergleichsweise lange Zeit Louis Armstrong innegehabt hatte. Bei seinen Auftritten brachte der blinde Sänger zudem die Gospel-Tradition aus der Kirche auf die Show-Bühne, indem er sich von dem RAYLETTES in scharf akzentuierten Wechselgesängen als «Hoherpriester des Soul» abhob oder stimmungsvoll untermalen ließ. Profaner gesehen, dokumentierten die Frauen auf der Bühne die sexuelle Wahlmöglichkeit des kommerziell Erfolgreichen. Spätere schwarze Soul-Interpreten , wie der früh verstorbene Getto-Rocker Sam Cooke, Wilson Pickett, Joe Tex, der etwas überschätzte Otis Redding und schließlich sein prominentester Nachfolger, James Brown, waren letztlich Ray Charles als Vorbild verpflichtet.

Archetyp eines schwarzen Rock 'n' Rollers war der körperlich wie rhythmisch massive Bo Diddley, dessen wirklicher Name Elias Mc Daniel auf dem Etikett zahlloser Cover-Versionen nicht nur der ROLLING STONES zu finden ist. 1928 geboren, war er nicht mehr der Jüngste, als der Rock 'n' Roll breit einschlug; für viele puristisch eingestellte weiße Disc-Jockeys war er sicher zu schwarz. Dazu kam sein unerschütterliches, mit penetrantem Selbstbewußtsein vorgetragenes Standardthema: Mr. Bo Diddley. Die rüde Offenheit, mit der er sich selber als Warenartikel auf einem jungen Markt propagierte, dessen Drahtzieher viel lieber im Hintergrund blieben und Aktien bündelten, machte sich für ihn erst sehr spät bezahlt, als er als Vorläufer einer «I'm black and proud»-Philosophie der späten 60er und frühen 70er Jahre auftreten konnte. Bo Diddley, dessen Gesangsstil sich am harschen Blues eines Howlin' Wolf noch am ehesten messen läßt, schuf auch als Rhythmusgitarrist zeitlose, von so verschiedenen Geistern wie Steve Hillage, AQSAK MABOUL, Alan Vega, DR. FEELGOOD und Marvin Gaye zitierte Formeln.

Kompositionen wie «Road Runner», «Bo Diddley», «I'm a Man» und das dämonische «Who Do You Love» gehören zum eisernen Bestand des Rock 'n' Roll-Repertoires, und «Pretty Thing» gab sogar einen treffenden Gruppennamen her.

Marvin Gaye machte Rockgeschichte mit Liedern wie «Hitch Hike», «I Heard It Through the Grapevine» oder «Can I Get a Witness». Seine Bedeutung für die zeitgenössische Schwarze Musik liegt aber wohl vor allem darin, daß er seit den 70er Jahren neue Themen innerhalb der schwarzen Musikindustrie erfolgreich durchsetzte: Sozialkritik («Inner City Blues»), Umweltfragen («Mercy, Mercy Me – The Ecology») und somit den Verflachungstendenzen Motowns gegensteuerte, das mittlerweile zu Berry Gordys Hitfabrik verkommen war.

Diese neue Dimension schwarzer Unterhaltungsmusik ermutigte Interpreten wie Edwin Starr («War») und Gruppen wie die TEMPTATIONS («Ball of Confusion») zu einer härteren Gangart, die musikalischen Arrangements näherten sich stark an die Rockmusik der Zeit an und bevorzugten einen dichten, von einprägsamen Baß- und Rhythmusgitarrenriffs getragenen Sound mit oft überraschenden technischen Verfremdungen. Insgesamt sicher ein Reflex auf die schwarze Bürgerrechtsbewegung und auf einen allmählich sich etablierenden schwarzen Mittelstand, der die vorangegangenen Kämpfe noch nicht vergessen hatte und durch die Existenz der Gettos überdeutlich an seine Herkunft erinnert wurde – widersetzt sich dieser Strang schwarzer Musik doch deutlich dem Urteil vieler Kritiker, seit den 60er Jahren sei sie auf einem toten Gleis festgefahren.

Bestätigt wurden durch den breiten Erfolg schwarzen Protests Musiker wie Curtis Mayfield, dessen frühe Platten Botschaften vermitteln, deren rebellischer Charakter in der Gettosprache verschlüsselt war, aber auch Sly Stone, der inmitten einer von weißer Subkultur geprägten Westküstenszene mit seiner provokativ aus weißen und schwarzen Musikern bestehenden FAMILY Einfluß zu nehmen versucht hatte mit Titeln wie «I'm the Underdog» und dem kompromißlosen, bitteren Album *Riot.*

Auch die neueren Produktionen des ehemaligen Wunderkindes Stevie Wonder, die in all ihrer studiotechnischen Raffinesse auf die Vermittlung eines sanften, humanen, ökologischen schwarzen Bewußtseins angelegt sind, liegen auf dieser Entwicklungslinie.

Während die bisher genannten Interpreten auf die Enteignung traditioneller Formen schwarzer Musik, vor allem des Blues, durch häufig vergröbernde und verwässernde weiße Interpreten mit einer Hinwendung zum Soul (der nur kurzfristige Modeerscheinung des allgemeinen Musikmarkts war) und dessen inhaltlicher Erneuerung reagierten, betrieb Taj Mahal lange Zeit fast im Alleingang den Versuch, entfremdete Traditionen wieder anzueignen. Im Gegensatz zu eher musealen Bemühungen weißer Handwerker wie Ry Cooder und David Bromberg bemühte er sich, die afrikanischen Wurzeln hörbar zu machen und spieltechnisch weiterzuentwickeln, konsequenterweise in jüngster Zeit durch die Zusammenarbeit mit jazzorientierten Musikern aus dem Umfeld des ART ENSEMBLE OF CHICAGO.

Inhaltliche Kritik am alten wie am neuen schwarzen Bewußtsein betrieben die LAST POETS, schwarze Straßenmusiker aus dem Umfeld der Black Moslems, die zugunsten sprachlicher Komposition und Verständlichkeit auf instrumentales Beiwerk verzichteten und ihre Slang-Texte zu einfachen Perkussionsinstrumenten vortrugen – ein Verfahren, das sich heute in der vokalen Technik des «rap» fortsetzt.

Sly Stones Erbe wiederum führten vital und mit einem Hang zur selbstbewußten Gigantomanie George Clintons Geisteskinder PARLIAMENT FUNKADELIC fort, insbesondere auf der Ebene der gemischtrassigen Funkrock-Familienstruktur auch MOTHER'S FINEST, die trotz überwältigender musikalischer Perfektion und Bühnenwirksamkeit an den konservativen Strategien des Musikmarkts zu scheitern drohen (wie auch EARTH, WIND & FIRE). Desgleichen steht zu befürchten, daß der Versuch der BUS BOYS, dem guten alten Rock 'n' Roll neue Bedeutung auch für ein schwarzes Publikum wiederzugeben («Johnny Has Sold Out», «There Goes the Neighbourhood») kaum Breitenwirkung erzeugen wird.

Zu entdecken bleibt, vor allem in unseren Breiten, der Musiker Gil Scott-Heron, der intelligent wie kaum ein Zeitgenosse den Bewußtseinsstand schwarzer amerikanischer Gegenkultur artikuliert. Sein musikalisches Spektrum schließt dabei Elemente des Jazz genauso ein wie der populären schwarzen Musik, Funk, Reggae bis hin zu den Wurzeln des Delta-Blues («Delta Man», «Where I'm Coming From» auf *Bridges,* 1977). Propagandist einer unblutigen Revolution der Dritten Welt im Sinne von Malcolm X, verweist er einerseits auf die trostlose Lebenswirklichkeit schwarzer Getto-Existenz («Under the Hammer»), auf verbrecherische Machenschaften unter dem Mantel wissenschaftlicher Forschung («Tuskeegee 626» ist ein Lied über Syphilis-Experimente an Schwarzen in Alabama), kritisiert andererseits genauso inhumane Tendenzen der Getto-Mentalität («Gun» auf der LP *Reflections* von 1981), zeigt sich geschichtsbewußt («Jazz») und stolz über Erfolge der schwarzen Musik, die er als Faktor und weltweite Botschaft der Solidarität der Dritten Welt begreift («Storm Music», «Morning Thoughts»).

Der lärmenden Rebellion der weißen Rockmusik entspricht die vom hypnotischen Rhythmus getragene «sanfte» Revolution (nicht nur der Hörgewohnheiten) auf überraschende Weise.

Die kulturelle Bedeutung des Reggae dürfte darin zu sehen sein, daß er beide Strömungen vereint hat. Die von schwarzen Rassisten wie Henderson Dalrymple gegen Bob Marley vorgebrachte Polemik, die ironischerweise vom Standpunkt einer konventionellen weißen Kulturkritik aus formuliert ist («was sich gut verkauft, kann nichts wert sein»), trifft genauso daneben wie die sonstiger Puristen, die Reggae als «ethnische» Musik auf dem Stand einer Bluesmusik für religiöse Minderheiten halten möchten. Bob Marley hat der Jugendkultur wie der Rockmusik ein neues, inhaltlich tiefgehendes Identifikationsmuster geschaffen, indem er die spirituellen Gebrechen materialistischer Weltanschauung in einen thematischen Zusammenhang mit politischem Widerstand brachte (während Bob Dylan, vielleicht ähnlich motiviert, aber wurzellos, zum sektiererischen Betbruder verkam, logischerweise gekoppelt mit einem entsprechenden Verlust an musikalischer Substanz).

Reggae jedoch hat, ungeachtet seiner inhaltlichen Ebene, auch die Produktionsweise zeitgenössischer Rockmusik verändert, insbesondere durch die kreative Anwendung zahlreicher Studiotechniken im sogenannten «Dubbing». Ursprünglich entwickelt, um jamaikanischen Disc-Jockeys einen musikalischen Hintergrund für ihren Persönlichkeitsstil zu schaffen oder um ansonsten unbrauchbares Material von Studioeinspielungen verwertbar zu machen, hat es durch Produzenten wie Lee «Scratch» Perry eine eigenständige ästhetische Dimension erhalten und ist bereitwillig als Mittel experimentierender New Wave-Gruppen (PIL, XTC) angenommen, aber auch dem Klischeevorrat der Unterhaltungsindustrie einverleibt worden.

Die Geschichte der schwarzen Sängerinnen ließe sich anhand der Entwicklungslinie eines Rollenkonflikts wohl am stimmigsten skizzieren, mit deutlichen Analogien zum Jazz. Funktional eingegliedert, als «schöne Stimme» oder als Sexsymbol oder beides, waren ihre kreativen Fähigkeiten auch in der schwarzen Musik zunächst nicht sonderlich gefragt. La Vern Baker etwa hätte sicher besseres Material verdient gehabt als die grobschlächtigen Rhythm & Blues-Fließbandstandards, durch die sie hindurchgehetzt und dabei verschlissen wurde («Voodoo Voodoo», «You're the Boss»). Willie Mae «Big Mama» Thornton verhalf durch die Intensität ihrer Blues-Vortragsweise zunächst der «Komposition» der beiden Schnellverwerter Leiber-Stoller zu einem Durchbruch in den R & B-Charts (von ihrer Version wurden immerhin 500 000 Einheiten abgesetzt), indirekt dadurch dem weißen Sänger Elvis Presley zu einem seiner größten Erfolge und schließlich – als bis in die Lebensweise kopiertes Vorbild – der weißen Rocksängerin Janis Joplin zu einer Karriere, die jedenfalls mehr Beachtung fand als ihre eigene. «Ball and Chain», eine Thornton-Komposition, legt die Vermutung nahe, daß hier eine entwicklungsfähige Musikerin nicht zum Zuge kam.

Aretha Franklin hatte eine schöne Stimme, war eine Pastorentochter und brav und gescheit genug, nachdem sie sich «Respect» verschafft und bißchen verdient hatte, dem Satan des Show-Biz abzuschwören und wieder mehr Gospel zu singen, von dem sie sich als «Lady of Soul» nie allzuweit entfernt hat. Tina Turner war das extrovertierte Gegenteil davon, aber auch nicht mehr. So offensichtlich, wie sie auf der Bühne von ihrem aus dem Hintergrund die Fäden ziehenden Mann Ike gegängelt wurde, vermochte sie ihrer Rolle als weibliches Pendant zur «Sexmaschine» James Brown auch stimmlich nicht gerecht zu werden.

Und während «Markenartikel» wie Dinah Washington, Roberta Flack, Martha Reeves und Gladys Knight all ihre Energie darauf verwenden mußten, wenigstens noch als musikalische Individuen unverwechselbar zu bleiben, regten sich erste Ausbruchstendenzen in den weiblichen Vokalgruppen, die bis dahin in anonymer Beliebigkeit nach den Erfordernissen der Teilmärkte zusammengestellt worden waren.

Kritik an dieser Praxis signalisierte die Entwicklung bei den überaus erfolgreichen SUPREMES, als Diana Ross die Energie aufbrachte, sich eine Solokarriere aufzubauen, ebenso bei Labelle, die mit «Lady Marmalade» gegen die Prostitution schwarzer Frauen Stellung bezog.

Daß schwarze Musikerinnen wie Nona Hendryx, Joan Armatrading, Poly Styrene (X-RAY-SPEX) oder Joyce Kennedy, die Sängerin der MOTHER'S FINEST, unter erschwerten Bedingungen arbeiten, liegt wahrlich nicht an ihrem fehlenden Können, sondern an nach wie vor verhärteten

Strukturen, die der vorbehaltlosen Anerkennung weiblicher Kreativität entgegenstehen – mit Sicherheit kein Problem der schwarzen Musik allein.

Die Gitarre

Man gestatte eine zugespitze Formulierung: Rockmusik würde auch dann existieren, wenn es in der Welt nur die Instrumente Gitarre, Baß und Schlagzeug gäbe. Besonders die elektrisch verstärkte Gitarre gilt als typisches Rock-Instrument, und ihr symbolischer Wert wird überall dort ausgenutzt, wo ein abgebildeter Gitarrist den gesamten Musikbereich Beat und Rock verkörpert (wie etwa auf den «Liverpool Beat»-Platten von Ariola aus den sechziger Jahren). Umgekehrt gibt es Rockgruppen ohne Gitarre höchstens in den Grenzbereichen Jazzrock und «meditative Musik», und man muß schon etwas suchen, um auf solche Formationen wie WEATHER REPORT, ATTILA und XHOL CARAVAN zu stoßen.

Angesichts der überragenden Rolle der Gitarre könnte man erwarten, daß in den drei Jahrzehnten der Rockmusik eine ganze Reihe herausragender Meister dieses Instrumentes hervorgetreten seien. Dem ist erstaunlicherweise nicht so. Vielmehr ragen aus der Unzahl von Rockmusikern, deren Hauptinstrument die Gitarre ist, nur selten große Virtuosen heraus. Man wird wie von selbst auf das Paradox hingewiesen, daß der Jazz prozentual mehr exzeptionelle Gitarristen aufweist als die Rockmusik, obwohl in ihm die Gitarre eine weit untergeordnetere Rolle spielt (aufs Geratewohl seien Joe Pass, Barney Kessel, John McLaughlin und Volker Kriegel genannt). Diese für den Rock ungünstige Relation läßt sich jedoch plausibel erklären. Sie ist durch den gleichen Umstand bedingt, der eine dem Jazz vergleichbare instrumentale Virtuosität im Rock insgesamt nur selten aufkommen läßt. Rock ist nämlich eine hauptsächlich vokale oder genauer: eine vokal-instrumentale (also hybride) Gattung, die der Entfaltung einer selbständigen instrumentalen Kunst im Wege steht. Wirklich große Gitarristen, die zum eigenen Spiel auch singen, sind aus dem schlichten Grund selten, weil es schier unmöglich ist, auf das Spiel wie auf den Gesang mit gleicher Konzentration zu achten. Zu den Ausnahmen scheint freilich ausgerechnet der wohl bedeutendste Rockgitarrist überhaupt, nämlich Jimi Hendrix, zu gehören. Aber beim näheren Zuhören stellt man fest, daß sich das unglaubliche Können von Hendrix nur in den Momenten überzeugend entfaltet, wenn er nicht singt – nämlich in den Pausen zwischen den Textzeilen, in der Art der großen Bluesgitarristen also.

Einen Gitarristen, der Jazzmusikern wie Charlie Christian und Kenny Burrell oder Bluesleuten wie Elmore James an Bedeutung nahekommen würde, kennen wir aus der Rock 'n' Roll-Ära nicht. Versierte Techniker finden sich am ehesten unter den Studiomusikern und in der Backing Group der bekannten Rockstars. Es ist keine Frage, daß Scotty Moore, der Gitarrist von Elvis Presley aus der frühen Rockabilly-Zeit um 1954/55, den in den Vordergrund geschobenen Sänger-Star an musikalischem Sachverstand wie an technischem Können weit überragt hat. Trotzdem erhielt er von Presley lediglich eine minimale Entlohnung für seine Studio-Einspielungen und Live-Auftritte. Ohne den hell eingestellten, nachhallreichen Ton der halbakustischen Gitarre Moores wären diese frühen (und eigentlich besten) Aufnahmen wie «I Don't Care If the Sun Don't Shine», «That's Alright, Mama» und «Good Rockin' Tonight» halb so interessant. Was später von kritiklosen Fan-Millionen Presley zugute gehalten wurde, ist nichts anderes als die gute Arbeit von Session-Gitarristen.

Es scheint sich aus der Gattung Rockmusik zu ergeben, daß überdurchschnittlich fähige Gitarristen zumeist in den Studios arbeiten. Sie sind glänzende Techniker, die entweder kein Talent für die mitunter reißerische Show besitzen oder auch solche, die den wirtschaftlich riskanten Rummel des Rockbetriebs zwischen Millionenvermögen und Ruin nicht mitmachen wollen und sich statt dessen auf ein zwar nicht spektakuläres, aber sicheres Einkommen verlassen. Einer der bedeutendsten Gitarristen, Chet Atkins, hat sich in der anonymen Studiowelt von Nashville heimisch gemacht und dabei auch wirtschaftlich den größten Nutzen gezogen. Von Studiomusikern eingespielte Rock- und Countryrock-Platten verblüffen durch eine ebenso musikantische wie virtuose Gitarrenarbeit. Beim Hören von Studiomusikern wie Ry Cooder, von Studiomusiker-Formationen wie Barefoot Jerry und Area Code 615 drängt sich das Gefühl auf, daß die besten Rockgitarristen diejenigen sein müßten, die die meisten Rockfans nicht einmal dem Namen nach kennen.

Das heißt nun nicht, daß der Rock 'n' Roll keine Musiker vorzeigen kann, die zum einen bekannt wurden und zum anderen Meister ihrer Gitarren genannt werden können. Der vom Bluegrass wie vom schwarzen Blues B. B. Kingscher Prägung gleichermaßen beeinflußte Carl Perkins war im Gegenteil ein gediegener Techniker, der anfänglich im Country-Stil musizierte und später einigen Kompositionen wie «Let The Juke Box Keep On Playing», «Blue Suede Shoes», «Matchbox» und «Honey, Don't!» zum klassischen Rock 'n' Roll-Standard verhalf. Von seiner Plattenfirma Sun in Memphis wurde er als «The Rockin' Guitar Man» apostrophiert.

Der früh verstorbene Buddy Holly mit und ohne Bob Montgomery, mit und ohne THE THREE TUNES und THE CRICKETS hinterließ einige schöne Ornamente auf seiner Stratocaster.

Der bewegliche, dabei weiche Klang seines Instrumentes fällt weniger durch solistische Glanzleistungen als durch eine nahtlose Integration im Gesamtvortrag auf. Nicht Holly freilich, sondern Chuck Berry übte den größten Einfluß auf die kommende Generation aus. Für seine Technik sind motorisch gleichmäßige Achtelbewegung, terzbegleitete melodische Linien und hintereinander drei- bis viermal wiederholte Figuren charakteristisch, die an T-Bone Walker gemahnen und deren Funktion darin besteht, gewisse Taktreste auszufüllen (so in «Carol», «Guitar Boogie», «Johnny B. Goode» und weiteren Eigenkompositionen). Die Auswirkungen von Berrys flüssigem Gitarrenspiel zeigen sich im instrumentalen Surf um 1960 am frühesten. Notengetreue Wendungen, ja ganze Kompositionen von ihm tauchen im Repertoire der einschlägigen Gruppen wie Dick Dale & THE DEL-TONES, THE SURFARIS, THE TRASHMEN, THE SUPER STOCKS und nicht zuletzt THE BEACH BOYS («Surfin' U. S. A.») auf. Der rein instrumentale Surf gehört zu den Randbereichen innerhalb der Rockmusik, in denen sich ein freies und mitunter virtuoses Gitarrenspiel entfalten konnte. Das gleiche gilt für den instrumentalen Rock 'n' Roll von etwa 1965 bis 1967, dessen in den jüngsten Jahren teilweise wieder zugänglich gewordenes Material durch schwungvolle Riffs, gelungene Melodienbögen von Twin Guitars und humoristisch gemeinte Dissonanzen überrascht. Johnny Wallen, FLOYD DAKIL COMBO, Roy Moss, Jack Bailex, THE BIG FOUR, THE RIALTOS – wer kennt schon all diese Namen? Und doch, hinter ihnen steckt beste Gitarrenmusik.

Der Liverpooler Beat besteht fast nur aus Gitarrenmusik. Trotzdem, einen überdurchschnittlichen Gitarrenspieler hat er nicht hervorgebracht. Dafür gibt es eine einfache Erklärung: weder das virtuose Element noch der Gedanke einer Musik um der Musik willen lagen den betreffenden Jugendlichen aus der Mersey-Gegend nahe. Die Vierzehn- bis Achtzehnjährigen, die aus dem Arbeiter- und Angestelltenmilieu stammten und das Gitarrenspiel ganz für sich, ohne fremde Anleitung erlernt hatten, waren froh, wenn ihre mühsam erworbene Technik der paar Akkorde so weit gediehen war, daß sie als Leadgitarrist einer Gruppe akzeptiert wurden. Der Leadgitarrist besaß außerdem keine leitende Funktion. Die Frühgeschichte der BEATLES zeigt im Gegenteil, daß die Leadgitarre dem jüngsten und unerfahrensten Mitglied (nämlich George Harrison) zugeschoben wurde, während die tragenden Mitglieder Lennon und McCartney die Rhythmusgitarre beziehungsweise den Baß wählten, damit sie die wichtigeren Aufgaben, nämlich Gesang und Bühnenshow, ohne die Ablenkung durch ein virtuoses Leadgitarrenspiel versehen konnten.

Die meisten Mersey-Gruppen standen unter dem Einfluß der SHADOWS, und auch in der überwiegenden Besetzung von zwei Gitarren, Baß und Schlagzeug folgten sie der Begleitgruppe von Cliff Richard. Trotzdem machten sie den SHADOWS gegenüber den Vorbehalt, daß sie gesungene Stücke bevorzugten. Ebenfalls entgegen dem Repertoire der SHADOWS, in dem Pop und allerlei mittel- und südamerikanische Rhythmen überwogen, verlegten sie sich auf die Nachahmung importierter R & B-Platten, auf den frühen Motown-Soul und auf einige Girl-Groups-Titel wie «Please Mr. Postman» sowie auf «Twist And Shout» der ISLEY BROTHERS. Einer nennenswerten Selbständigkeit der Instrumente begegnet man lediglich im textlosen Mittelteil, wo die Leadgitarre die Refrainmelodie unverändert oder mit leichten Abwandlungen nachspielt. Etwas zugespitzt könnte man sagen, daß die Gitarre hier überall sich wie eine Ersatz-Vokalstimme verhält, die gleiche Stimmlage (Tenor und Baß) unterstreicht und im Gegensatz zum künftigen Gitarrenspiel nur selten von den höheren Lagen Gebrauch macht. Eine solistische Entfaltung der Gitarre war also im Rahmen des Mersey-Beat weder angestrebt noch möglich. Im Cavern und im Jacaranda, im Iron Door und im Blue Angel Club sollte nicht handwerkliche Perfektion vorgeführt, sondern mitreißende Stimmung erzeugt werden. Selbst aufsässiger Radau erntete mehr Beifall unter den herumstehenden und als Publikum in Liverpool dominierenden Mädchen als eine kühle Artistik. Die lärmende jugendliche Subkultur Liverpools war nicht der geeignete Boden für das Aufkommen von Gitarrenvirtuosität.

Für den Blues ländlicher oder auch Chicagoer Prägung hatten die Liverpooler Beatmusiker nicht viel übrig. Vielleicht hängt mit ihrem Desinteresse zusammen, daß sie das beseelte, nuancenreiche Gitarrenspiel nicht als eine Art Selbstausdruck schätzenlernen konnten. Ganz anders im südlichen England und besonders in der Hauptstadt, wo die großen Gitarristen der Folgezeit zu Beginn der Sechziger im Geiste des Blues-Revivals großgeworden sind und Bluesmännern wie Big Bill Broonzy, Muddy Waters sowie den drei «Kings» B. B., Albert und Freddy manche spieltechnischen Einzelheiten ablauschten. Besonders stark wurde die junge Gitarristengeneration von der Spielweise B. B. Kings beeinflußt, dessen aufheulende, gebogene, gequetschte Töne und rasche Tonkaskaden den Gitarrenstil der YARDBIRDS- und CREAM-Jahre prägen. Ohne die aus den USA herübergekommenen, auf Tourneen und in Studios auftretenden schwarzen Musiker wie T-Bone Walker, Muddy Waters und B. B. King wäre die musikalische Laufbahn eines Eric Clapton, John McLaughlin, Jimmy Page, Jeff Beck und Peter Green ganz anders verlaufen. Ambitioniertes Gitarrenspiel schien im England der sechziger Jahre nur in der Blues-Richtung möglich. Während sich John McLaughlin zunächst zum Jazz hin entwickelte und erst ab 1972 für den Rock befruchtend werden sollte, spielt Eric Clapton als Gitarrist vom Anfang seiner Karriere an eine wichtige Rolle im Rock, die sich im Laufe der sechziger Jahre nur noch weiter steigern sollte. Gitarrist der frühen YARDBIRDS (er löste dort 1963 Anthony Topham ab), dann Mitglied von John Mayalls BLUESBREAKERS, wurde Clapton weltweit als der Gitarrist von CREAM (1966 bis 1968) und der hektisch zusammengestellten «Supergruppe» BLIND FAITH (1968 bis 1969) bekannt und erwarb sich durch sein Spiel eine Reputation, die zuweilen an Schwärmerei und an kultische Verehrung grenzt. Nach dem Rainbow-Konzert von 1973 tauchten auf Londons Hauswänden Graffiti wie «Clapton Is God» auf.

Macht man sich von solcher Massenhysterie frei und hört man dem Musiker in einem Konzert aufmerksam zu, studiert man womöglich die zahlreichen Einspielungen, auf denen Clapton als Studiomusiker oder als Solist vertreten ist, kommt man zu einer Erkenntnis, die dem journalistischen Überschwang geradezu widerspricht. Denn Clapton entwickelt seine Qualitäten am freiesten, wenn er im Hintergrund bleibt und entweder als ungenannter Session Man mitwirkt (wie an einigen Platten von George Harrison) oder die Führung sonst anderen überläßt und sich selber auf die stilsichere und nie aufdringliche Umspielung, Ausschmückung konzentriert (wie in seiner YARDBIRDS-Zeit sowie in einigen Stücken der CREAM- und BLIND FAITH-Jahre («Had To Cry Today»). Dabei ist Clapton nicht einmal ein Virtuose seines Instrumentes zu nennen, auch wenn die scherzhaft-liebevolle Bezeichnung «Eric the Slowhand» übertrieben ist. Claptons wirkliche Stärke liegt in der ruhigen Phrasierung, im geduldigen und einfühlsamen Verknüpfen von Motiven und Zeilenthemen zu einem organischen Ganzen. Es hängt wohl mit der zurückhaltenden, ja zeitweise ausgesprochen menschenscheuen Art Claptons zusammen, daß er sich unfrei fühlt, wenn er sich auf der Bühne oder im Studio als der berühmte Gitarrist zu behaupten hat. Abgesehen davon, daß er insgesamt kein origineller Komponist ist, wirken seine Soloprojekte wegen dieser Erwartungsangst mit Ausnahme einiger Titel auf *461 Ocean Boulevard* nicht sehr überzeugend. Clapton ist der ideale Studiomusiker, dessen Gitarre dann am schönsten aufblüht, wenn er aus dem Hintergrund kontert und kommentiert und nur ausnahmsweise den klanglichen Vordergrund ganz allein bestreiten muß. Die besten, eingebungsvollsten Improvisationen aus Claptons Hand finden sich auf Plattenprojekten, deren namentliche Hauptbeteiligte andere sind. Dabei fällt der musikalische Rang solcher Hauptbeteiligten kaum in die Waagschale. So mag man vom kommerzialisierten Gospel von DELANEY & BONNIE halten, was man will: Claptons Gitarrenarbeit auf dem betreffenden Album (*Delaney & Bonnie*

& *Friends On Tour With Eric Clapton*, 1970) gehört ebenso zum Besten des Gitarristen wie sein Spiel auf dem *Leyla*-Doppelalbum von 1970, auf dem freilich der andere Gitarrist, Duane Allman, ebenfalls beträchtlichen Anteil hat.

Auch Jimmy Page beteiligte sich an zahllosen Platteneinspielungen als ein ungenannter Studiomusiker. Seinem Naturell widerspricht es jedoch nicht, ins grelle Rampenlicht hinauszutreten und dann das ganze Drum und Dran einer Rockshow mitzumachen, reißerisch und aufreizend, zu allerlei Starallüren fähig und zur gleichen Zeit imstande, schwierigste Fingerarbeit mit unauffälliger Eleganz zu bewältigen. Als ein relativ spätes Mitglied der YARDBIRDS spielte er hier zuerst Baß und löste Jeff Beck nach dessen Ausscheiden aus der Gruppe ab, nachdem die beiden als gleichberechtigte Leadgitarristen auch eine Single eingespielt hatten («Psycho Daisies», Oktober 1966). Weit mehr als mit den späteren NEW YARDBIRDS wurde Page mit LED ZEPPELIN bekannt, einer der frühesten Heavy-Metal-Formationen also, deren Einfluß auf den Stil der ähnlich orientierten Musiker der Folgezeit in England und in den USA nicht hoch genug eingeschätzt werden kann. Page ist mit allen Mitteln der Verblüffung und des Schocks vertraut und setzt den Bogen zum Streichen der Saiten ebenso wirkungsvoll ein wie Feedback, Wah-Wah und Verzerrer. In seiner unberechenbaren Art hat Page etwas von einem unsteten Zigeunergeiger, der die Wirkung seiner Musik auf die Zuhörer gern beobachtet, ohne selber dieser Wirkung zu erliegen. Seine dynamische, anstachelnde Spielweise ist dem beschaulichen Meditieren Claptons entgegengesetzt und läßt sich nur mit einem anderen Naturereignis, dem geistigen Zigeuner Jimi Hendrix, vergleichen.

Viel weniger durchschaubar ist die Gitarristenlaufbahn von Jeff Beck, zumal sie von unzähligen Höhen und Tiefen zerfurcht ist. Vielleicht besaß Beck zu viel Ehrgeiz, dem er nicht gewachsen war. Vielleicht ist sein schroffes, selbstherrliches Wesen an den Gruppenkonflikten und persönlichen Auseinandersetzungen schuld, die ihn selbst immer wieder auf den Startpunkt zurückwarfen. Hinter seiner blendenden Fingertechnik spürt man mitunter eine große Unsicherheit, und nicht selten wird eine hinreißende Improvisation von öden, unbeholfenen Figuren abgelöst. Trotz der ungleichen Qualität seiner Leistungen, trotz seiner Posen und der Schwierigkeit seines Charakters gehört Jeff Beck zu den großen Gitarristen der Rockmusik. Er kann dem Hörer Sternstunden bereiten, wenn er von disziplinierten Sidemen wie Max Middleton und Bob Tench umgeben ist. In den letzten Jahren zeigt sich die Beck innewohnende künstlerische Richtungslosigkeit allzu auffällig, indem er sich bald von einem Symphonieorchester begleiten läßt, bald mit dem ganz anders interessierten Pianisten Jan Hammer zusammentut. Um so mehr Anlaß hat man, seine früheren Einspielungen mit der JEFF BECK GROUP sowie mit den beiden ehemaligen VANILLA FUDGE-Mitgliedern Tim Bogert und Carmine Appice zu schätzen. Das in Japan zusammengestellte doppelte Live-Album des Trios BECK BOGERT APPICE enthält harten, virtuosen Bluesrock aus kompetentesten Händen.

Jazzmusiker erreichen den Gipfel ihres technischen Könnens wie auch ihrer musikalischen Reife mit dreißig bis fünfzig Jahren. Deshalb wird die Jugend im Jazz nicht zum Fetisch gemacht. Im Rock dagegen scheint das Schicksal vieler Interpreten darin zu bestehen, daß ihre Laufbahn ein Torso bleibt, weil sie noch vor Vollendung ihres dreißigsten Lebensjahres sterben. Ein klassisches und in seiner Typik geradezu erschütterndes Beispiel dafür bietet Jimi Hendrix (geboren 1942 in Seattle, Washington, gestorben 1970 in London). Seine spektakuläre, wenn auch keineswegs ganz ausgereifte Spielweise war vielleicht von Anfang an, jedenfalls aber in den letzten Jahren, zunehmend mit dem Mal des Unseriösen, Possenhaften, Schmierentheatralischen behaftet und bot daher wenig Aussicht, auch vor einem älteren Kennerpublikum zu bestehen. In dieser unfertigen Jugendlichkeit, in dieser Unreife war jedoch gerade auch ein unverwechselbar rockmusikalischer Zug enthalten. Mag uns Eric Clapton menschlich tiefer und sympathischer erscheinen, mag die virtuose Vielseitigkeit von John McLaughlin den sich doch wiederholenden motivischen Wendungen von Hendrix überlegen sein – Hendrix ist der Rockgitarrist par excellence, dessen Typus man in ihm exemplarisch verklären oder verdammen kann.

Die oft beschriebenen Äußerlichkeiten in seinem Spiel waren für die unkundigen Mitläufer bestimmt, für die kreischenden Fans und für die dicht an der Bühne wartenden Groupies. Man sollte sie im Interesse von Hendrix radikal vergessen, die simulierten Masturbationen auf der Bühne, das gauklerische Zungenspiel auf den Saiten und ähnliche Zirkusnummern. Sie alle zeigen, daß Jimi Hendrix seine wahre Bedeutung für den Rock nicht erkannt hat oder auch, daß er die Ahnung von seiner eigenen Berufung durch allerlei Mätzchen und billige Tricks zu verscheuchen suchte. Schließlich siegte nicht diese innere Stimme der Berufung, sondern jene andere, die für ein haltloses Nichts, für Nihilismus und Selbstzerstörung warb. Übrig bleibt für eine beschreibende Erinnerung folgendes:

Hendrix war der erste Rockgitarrist, der elektroakustische Abläufe bewußt zu Elementen seiner Musik machte. Die akustische Rückkopplung (Feedback) als ein künstlerisch vertretbares, verwertbares Ereignis veranlaßte ihn zu immer wieder neuen Experimenten, unter denen das sozialkritisch gemeinte Zerspielen und Zerpflücken der USA-Hymne auf dem Woodstock-Festival 1969 hervorragt. Mit einer wahren Entdeckerfreude drang Hendrix in die Geheimnisse der mikroskopischen Klangwelt, indem er mit Hilfe eines Verzerrers das Spektrum der Partialtöne abtastete und sein Vergnügen daran hatte, daß die Oberton-Säule plötzlich umkippte, beschädigt weiterhallte und nur noch in einem Fragment hoher, quiekender und bohrender Töne übrigblieb. Im Gegensatz zu solcher Klangreduzierung liebte es Hendrix ebenfalls, länger ausgehaltene Gitarrentöne zu verdicken, undurchdringlich zu machen und sie wie eine akustische Keule gegen seine Zuhörer zu schleudern. All diese Techniken sprechen dafür, daß Hendrix im Grunde aus einer destruktiven Haltung heraus musiziert hat. Zerstörung war sozusagen seine künstlerische Grundeinstellung, und «Zerstörung» meint hier nicht nur das sichtbare Vernichten von Gitarren und Verstärkerboxen, sondern vor allem ein nur hörbares Vernichten gewohnter, von Natur gewollter Tonspektren und allgemein erwarteter Klangumrisse.

Neben diesen ständigen Versuchen mit den physikalischen Eigenschaften des Tones experimentierte Hendrix auch mit dem Blues, den er gleichfalls bis zur Unkenntlichkeit umgestaltete, deformierte und aus ihm einen nur noch erfühlbaren, traumhaft verschwommenen, «psychedelischen» Blues machte. Das Gesamterbe des Gitarristen mutet ebenso unfertig, ungleich und mitunter sogar unreif an wie seine eigene Person. Die authentischen Einspielungen sind *Are You Experienced?* (1967), *Axis: Bold As Love* (1968), *Electric Ladyland* (1968), *Band Of Gypsies* (1970) und das in jeder Hinsicht reifste Plattenwerk *Cry Of Love* von 1970. Sie sind zugleich diejenigen Aufzeichnungen, an die ein faires Gesamturteil anzuknüpfen hat, während die postum zusammengestellten und teilweise manipulierten Veröffentlichungen nicht geeignet sind, die rockgeschichtliche Bedeutung von Jimi Hendrix einzuschätzen oder auch zu revidieren. Möglich freilich, daß die Aufzeichnungen der Jam-Sessions, die Hendrix zuletzt mit John McLaughlin und anderen Jazzmusikern gemacht hat, ein neues Licht auf die künstlerischen Bestrebungen am Ende seines Lebens werfen, sobald diese Aufzeichnungen einmal dokumentarisch veröffentlicht sein werden.

Die musikalischen Anfänge des englischen Gitarristen John McLaughlin liegen ebenfalls im Blues. Aber im Gegensatz zu Hendrix, den es erst spät zum Jazz hingezogen hat, fühlte sich McLaughlin von Anfang an auch und hauptsächlich im Jazz heimisch. Von da aus schritt er in den frühen siebziger Jahren auf die Rockmusik zu. Auch ist McLaughlin nicht einfach ein «großer Rockgitarrist» im gleichen Sinn wie Hendrix einer ist, und zwar aus dem paradoxen Grund, daß der Engländer auch auf dem

Gebiet des neueren Jazz Bedeutendes geleistet hat und daher nicht auf den Rock eingeengt werden kann.

Sein Name begegnet uns in den sechziger Jahren immer häufiger auf Schallplatten. Bereits 1963 Mitglied der GRAHAM BOND ORGANISATION und mit einprägsamen Inprovisationen an langausgedehnten Gruppentiteln wie «The Grass Is Greener» und «Doxy» beteiligt, wirkte McLaughlin auch an der bislang wohl bemerkenswertesten Jazzplatte des schottischen Bassisten Jack Bruce mit (*Things We Like*, August 1968), um 1969 mit einer ersten Soloplatte hervorzutreten, auf der er vom Sopran- und Baritonsax von John Surman, dem Baß von Brian Odges und dem Schlagzeug Tony Oxleys unterstützt wird (*Extrapolation*). Diese Einspielung wie auch die in Frankreich aufgenommene LP *Devotion* – die wegen der uninspirierten Baßbegleitung von Leerläufen durchsetzt und mit «psychedelischen» Phasing-Klängen überladen ist – wurzeln in einer Art Spät-Bebop. Im selben Jahr schloß sich der Gitarrist LIFETIME des New Yorker Schlagzeugers Tony Williams an. Über seine akustisch recht unauffällige Beteiligung an Miles Davis' *Bitches Brew* von 1970 offensichtlich nicht ganz glücklich, blieb er bei LIFETIME, die zunächst in Triobesetzung musizierte (Tony Williams am Schlagzeug, McLauglin als Gitarrist, Larry Young – später genannt Khalid Yasin – an der Orgel), um 1970 durch Jack Bruce am Baß ergänzt zu werden. Die Aufnahmen *Extrapolation*, die erste (Doppel-)LP von LIFETIME mit dem Namen *Emergency* sowie das 1971 veröffentlichte Album *My Goal's Beyond* (mit den späteren MAHA-VISHNU ORCHESTRA-Mitgliedern Billy Cobham und Jerry Goodman) enthalten bereits Wendungen, ja harmonisch wie melodisch weitgehend festgelegte Entwürfe, die im Spielvorrat von MAHAVISHNU ORCHESTRA erneut wiederkehren sollten, gereift und bis ins Detail ausgearbeitet. Man vergleiche etwa «Binky's Beam» auf *Extrapolation*, «One Word» auf *Emergency* sowie «Part Two» auf *My Goal's Beyond* mit dem späteren MAHAVISHNU ORCHESTRA-Material, um zu erkennen, daß McLaughlin schon Jahre zuvor auf eine immer bewußter gesehene Stilsynthese zwischen Jazz und Rock hinarbeitete.

Der Beitrag McLaughlins zum Jazzrock schlägt sich in den beiden Studio-LPs *The Inner Mounting Flame* (1972) und *Birds Of Fire* (1973) am überzeugendsten nieder, ja er hat in ihnen eine Überschneidung zweier Musikgattungen bewirkt, die als das Ergebnis einer einmaligen, begnadeten Konstellation angesehen werden kann und die sich auch bei McLaughlin später nicht mehr wiederholen sollte. In der Gesellschaft fast ebenbürtiger Mitspieler (Billy Cobham, Schlagzeug; Jerry Goodman, Violine; Jan Hammer, Keyboards; Rick Laird, Baßgitarre), erweist sich der Gitarrist als ein ausgereifter Meister des elektrisch verstärkten wie auch des akustischen Instrumentes (zum Beispiel für letzteres vgl. «A Lotus On Irish Streams»). In «Meeting Of the Spirits» kann man einige einschlägige Merkmale des Gruppenspiels beobachten. Über mehrfach unterlegten und voneinander verschiedenen Rhythmen entfaltet McLaughlin eine reizvolle Mischung von Spielweisen und Stilkonzepten, die einerseits auf Charlie Christian, Django Reinhard und T-Bone Walker verweisen, andererseits in der spanischen Flamenco-Musik wurzeln und bei den mehrfachen schnellen Wiederholungen eines kurzen Motivs – häufig eines Tonleiter-Ausschnittes – sogar an Zigeunermusik denken lassen. Auch Hardrock-Elemente sind im Gitarrenpart enthalten, die freilich mitunter in modalen Skalen erscheinen und auf eine unvergleichlich geistigere Ebene gehoben werden. Eine Komposition wie «Down» beruht wiederum auf schwebenden Metren, die zweideutig sind und zwischen Zwei- und Dreiwertigkeit schwanken. Auch wird ein Zielton gern über einen virtuosen Lauf auf der Gitarre erreicht, der gleichsam eine statistische Menge kurz berührter Verzierungstöne enthält und eine virtuose Spielfigur ohne melodische Selbstständigkeit darstellt.

Die spätere Phase des MAHAVISHNU ORCHESTRA wird dem erreichten Höhepunkt um 1972 bis 1973 in keiner Weise gerecht. Schon das in New Yorks Central Park stattgefundene Sommerkonzert zeigte Auflösungserscheinungen, und das Gruppenspiel wirkt stellenweise ausgesprochen chaotisch. (Trotz der beklagenswerten Aufnahmequalität bleibt die Live-LP *Between Nothingness And Eternity* interessant, weil einige früher eingespielte Kompositionen hier umgestaltet und neu er-improvisiert werden.) Das spätere großbesetzte und durch das Londoner Symphonie-Orchester zusätzlich erweiterte MAHAVISHNU ORCHESTRA von 1975 fällt eher durch den bombastischen Klangaufwand als durch konzentrierte musikalische Einfälle auf. *Inner Worlds* in der letzten Besetzung mit John McLaughlin, Narada Michael Walden (Schlagzeug), Ralphe Armstrong (Baß) und Stu Goldberg (Keyboards) schwankt zwischen lateinamerikanisch getöntem Jazzrock und studiotechnischen Spielereien.

Die indische SHAKTI-Episode in der jüngsten Laufbahn des Gitarristen ist musikalisch alles andere als uninteressant, liegt aber gänzlich außerhalb der Rock-Perspektive. Es ist jedoch keine Frage, daß der experimentierfreudige Gitarrist dem Rockpublikum in der Zukunft noch manche Überraschung bereiten wird. Seine Rückkehr zum westlich geprägten Jazzrock um 1979 bis 1981 wurde von Musikern wie Jack Bruce, Stu Goldberg, Tony Smith, dem indischen Geiger L. Shankar und anderen begleitet.

Die weiteren herausragenden Rockgitarristen der siebziger Jahre lassen sich in Hauptrichtungen einordnen, je nachdem, ob sie vorwiegend dem Jazzrock, dem Bluesrock, dem Country- bzw. Folkrock, dem Hard-rock oder dem – in sich wieder reichverzweigten – Mainstream folgen. Solche simplen Einstufungen scheitern, wie immer, gerade an den krea-tivsten Musikern, die wie John McLaughlin sich mit gleicher Sicherheit in mehreren Sonderbereichen bewegen. Jerry Garcia zum Beispiel, Gitar-rist (und Steel-Gitarrist) der San Francisco-Gruppe THE GRATEFUL DEAD, gehört nicht nur zu den einflußreichsten Country- und Folkgitarristen, sondern hat mit den beiden Keyboards-Spielern Merl Saunders und Howard Wales auch Einspielungen gemacht, die teilweise zum Jazz (-Rock) zu zählen sind.

Als einer der ersten Jazzgitarristen, die eine Einengung auf diese Gat-tung als unzeitgemäß und hemmend empfanden, ist Larry Coryell mit und ohne seine Frühformation THE FREE SPIRITS zu nennen. Im Geiste des GARY BURTON QUARTETS, zu dem er davor gehört hatte, vollzog er bereits um 1967 bis 1969 eine Synthese zwischen Jazz und Rock, wiewohl ihm eine ungeteilte öffentliche Aufmerksamkeit der Europäer eigentlich ver-sagt blieb. Der um 1971 bereits fest etablierte Coryell jammte mit einem sehr jungen Gitarristen, der Al DiMeola hieß und dem in der Folgezeit mehr Erfolg beschieden werden sollte als seinem damaligen Mentor Co-ryell. Al DiMeola übernahm 1974 die Leadgitarre in Chick Coreas RE-TURN TO FOREVER (einer Gruppe, die im Gegensatz zu MAHAVISHNU OR-CHESTRA immer mehr und zu großem Unrecht in Vergessenheit gerät). 1976 trat der Gitarrist mit seinem Erstlingsalbum hervor, dem in jährli-cher Folge inzwischen weitere gefolgt sind. Sie alle bieten eine reizvolle Verzahnung von Jazz, Flamenco und Rock, verbinden lateinamerikani-sche Rhythmen organisch mit den verwickeltsten Mehrklängen des Jazz und wirken von Anfang an gelöst und unverkrampft, in jüngster Zeit al-lerdings zugleich immer glatter und unverbindlicher. Daß die jährliche Pflichtproduktion einer Langspielplatte zu einer ungleichmäßigen künst-lerischen Qualität führen muß, beweist nicht zuletzt das Schallplatten-werk von Carlos Santana in San Francisco, der seit seinem sensationell wirkenden Auftreten im Jahr 1969 immer weniger Überraschung bietet, wenn auch die von seiner Gruppe SANTANA vollzogene Kreuzung von hispano-amerikanischer Folklore, Jazz und Rock auch in der Gegenwart verspielte und mit einem unbestechlichen Gehör kontrollierte Klangge-bilde entstehen läßt.

In Kalifornien ist auch Randy California beheimatet, der talentierte Gitarrist von SPIRIT, der sowohl in der Trio-Besetzung wie in der bald melancholisch-weichen, bald aggressiven Spielweise Jimi Hendrix stark verpflichtet ist und dessen Erbe – freilich mit einem geringeren komposi-torischen Vermögen – fortführt. Früher beträchtlich anspruchsvoller in ihrem Geschmack, machen George Benson und Eric Gale wachsende Zugeständnisse an die ereignislose Klangornamentik des amerikanischen Jazz-Rock-Crossover; eine ähnliche Verflachung droht auch bei Steve Khan einzutreten. Das 1972 veröffentlichte Doppelalbum *Darkness, Darkness* weist den Studiomusiker Philipp Upchurch als einen erfindungsstarken und technisch untadeligen Solisten auf.

In England wären im Zusammenhang mit dem Jazzrock etwa Allan Holdsworth (früher bei NUCLEUS und SOFT MACHINE, dann mit dem Schlagzeuger Billy Bruford), Phil Manzanera (ROXY MUSIC, 801 und diskutable Soloalben), James Litherland (COLOSSEUM), Phil Miller (HATFIELD AND THE NORTH, NATIONAL HEALTH) und John Goodsall (BRAND X) zu nennen. Ein gleichbleibendes Niveau kennzeichnet die Spielweise des Deutschen Volker Kriegel, der einen Vergleich mit den großen amerikanischen Jazzrock-Gitarristen ebensowenig zu befürchten braucht wie der Belgier Philip Cathérine, der Schwede Janne Schaffer und der Finne Jukka Tolonen. Eine andere prominente Gestalt in Skandinavien ist Terje Rypdal, der sich freilich mehr im Jazz heimisch fühlt. Jan Akkerman in Holland und der Zigeuner Karl Ratzer in Österreich seien noch wie Roman Bunka stellvertretend für die unzähligen kontinental-europäischen Gitarristen namentlich angeführt, die weiter aufzuzählen einfach aus Raumgründen unmöglich wäre.

Ebenso sparsam muß eine Liste der Bluesrock-Gitarristen ausfallen. Die weiter oben in Verbindung mit England getroffene Feststellung gilt zum großen Teil auch für die Vereinigten Staaten, daß eine bewußte Gitarrenkunst hauptsächlich im Rahmen der Blues-Pflege und in direkter Anlehnung an schwarze Bluesgitarristen wie Muddy Waters, T-Bone Walker, B. B. King, Albert King, Freddie King und Otis Rush aufgekommen ist. Die jungen weißen Gitarristen hatten gegenüber ihren britischen Kollegen den Vorzug, daß sie die schwarzen Bluesmusiker unmittelbar beobachten konnten, so oft sie es wollten. Das Beispiel von Johnny Winter in Texas zeigt dabei, daß sich auch ein Weißer den Blues zu eigen machen kann, wenn nur ein starkes Interesse und ein entsprechender Wille dazu vorhanden sind. Der ländliche Blues seiner texanischen Umgebung ist Johnny Winter so sehr in Fleisch und Blut übergegangen, daß er auf seinem Debutalbum von 1969 bereits als ein fertiger Bluesgitarrist erscheint. Von Anfang an verblüfft er durch eine rasante Fingertechnik, die an ein Perpetuum mobile von Paganini denken läßt. Winter begnügt sich nicht mit der herkömmlichen Aufteilung der Notenwerte in fließende Achtel. Er zerkleinert die Zeitwerte noch mehr und improvisiert in schnellen Sechzehnteln über dem Bluesgerüst mit einer perfekten Gleichmäßigkeit, die schon fast stutzig macht und an den unerbittlich gleichförmigen Lauf eines Zahnrades erinnert. In wechselnder Besetzung zwischen Trio und Brass-Band nimmt sich der hochgewachsene, weißhaarige Winter hauptsächlich fremder Kompositionen an (etwa «Memory Pain» von Percy Mayfield, «Rock & Roll, Hoochi Koo» von Rick Derringer und «Mind Over Matter» von Allen Toussaint), die er in ebenso viele virtuose Etüden verwandelt, nicht immer zum Vorteil der Vorlage.

Winter hat mit seinem raschen, maschinell wirkenden Spiel einen großen Einfluß auf die Gitarristen der Hardrock-Richtung ausgeübt. Seine blitzschnellen Läufe werden von den bereffenden Gitarren-Heroen wie Ted Nugent, Frank Marino (MAHOGANY RUSH), John Nitzinger, Steve Hunter und Steve Walsh (KANSAS) womöglich noch übertroffen und in den Dienst eines alles niederwalzenden, knatternden Ungestüms gestellt, das Hardrock heißt.

Fingertechnik war bei einem anderen Südstaatler, dem 1971 verunglückten Duane Allman, kein Selbstzweck, sondern bildete die gediegene Basis für eine vertiefte, intelligente Blues-Interpretation. Duane Allmans Gitarreneinwürfe auf Eric Claptons *Leyla*-Album, ebenso seine inspirierten Duette mit Richard Betts (einem weiteren Mitglied der ALLMAN BROTHERS BAND) sind auch heute gültige Beispiele für einen authentischen Bluesvortrag. Im nördlichen Blueszentrum, nämlich in Chicago, wuchs Michael Bloomfield zu einem überlegenen und auch geschichtlich kundigen Bluesgitarristen auf. Von seinem erstaunlich reifen City-Blues-Verständnis konnte die PAUL BUTTERFIELD BLUES BAND schon um 1965 bis 1966 profitieren. Er gründete anschließend THE ELECTRIC FLAG, um sich nachher ad-hoc-Einspielungen mit Al Kooper, Steve Stills und anderen sowie späteren Soloplänen zuzuwenden. Hatte der Engländer Chris Spedding (ehemals bei NUCLEUS und SHARKS) in einem «Guitar Jamboree» 1976 die Spielweise von B. B. King, Chuck Berry, Jimi Hendrix und anderen einschließlich Eric Clapton, Jimmy Page und Jeff Beck vorgeführt, so veröffentlichte Bloomfield im selben Jahr eine Art Unterrichtsplatte, die in die verschiedenen Gitarrenstimmungen und in die Spielweise großer Bluesmänner einführt (*If You Love These Blues, Play 'em As You Please*). Bedeutend als Gruppengitarristen und/oder Solisten sind in den USA auch Harvey Mandel und Robbie Robertson (THE BAND), in Großbritannien Peter Green (SHOTGUN EXPRESS, BLUESBREAKERS, FLEETWOOD MAC), Rory Gallagher (TASTE), Tommy Bolin (DEEP PURPLE) und andere, die hier gleichfalls ungenannt bleiben müssen.

Einige Hardrock-Gitarristen wurden oben bereits genannt. Zu ihrer fragmentarischen Aufzählung müßten mindestens noch Stephen Dees, Charles Ainley, Sammy Hagar, Van Halen und Robin Trower hinzugefügt werden. Auch von den Folk- und Countryrockern können nur wenige erwähnt werden. In den frühsechziger Jahren noch durchweg akustisch, steht die Gitarre ab Mitte des Jahrzents bald akustisch, bald schon elektrisch verstärkt im Klangvordergrund von Gruppen wie FAIRPORT CONVENTION und PENTANGLE in England sowie bei den Vertretern der Folk- und Protestbewegung in den Vereinigten Staaten. Bob Dylan, der 1964 im Newport-Festival seine akustische Gitarre gegen eine elektrisch verstärkte eingetauscht und sich von der (elektrischen) PAUL BUTTERFIELD BLUES BAND hatte begleiten lassen, wirkte auch in dieser Hinsicht befreiend, trotz des Protestes unzähliger Fans: der dogmatische Folklore-Purismus verlor seine Bedeutung für die Massen.

Beim frühen Countryrock à la BYRDS, BUFFALO SPRINGFIELD und LOVIN' SPOONFUL spielt die Frage keine Rolle mehr, ob die Gitarre akustisch oder elektrisch verwendet wird. Schon diese Gruppen machen einige Sonderformen wie die zwölfsaitige Gitarre (Roger McGuinn von THE BYRDS), ferner Dobro, Mandoline, Banjo und Busuki nutzbar (Gram Parsons, Gene Clark, DILLARDS, DILLARD & CLARK); hierbei wurde vielfach der «Finger Picking Style» des Bluegrass übernommen. Unter den Dobro- und Steelguitar-Virtuosen der siebziger Jahre finden sich Mike Auldridge, Buddy Emmons und Sneaky Peter Kleinow. Die brillantesten Vertreter der Folkrock-Gitarre in England seit den späteren Sechzigern sind Bert Jansch und John Renbourn, die als PENTANGLE-Mitglieder wie auch als Solisten ein feingegliedertes, durchhörbares Stimmenspiel in der Folkszene heimisch machten. Ihnen stehen ebenbürtig John Martyn, Richard Thompson und Martin Carthy gegenüber.

Zum Schluß mögen einige jener unzähligen Gitarristen genannt werden, die man nicht in eine bestimmte Richtung einordnen, sondern höchstens mit recht dubiosen Begriffsmarken wie «progressiv», «elektrisch» und «Mainstream» belegen kann. Rick Derringer, Les Dudek, Leo Kottke, Timo Laine, Nils Lofgren und ... und ... und ... gehören zu dieser Schlußgruppe, nicht zuletzt, gegen Ende des Alphabets mit dem Buchstaben Z, eben Frank Zappa, der nicht nur Komponist, Arbeitgeber und Showmaster, sondern auch ein bemerkenswerter Gitarrist ist, der in seinen Ein-Ton-Improvisationen Quartenstrukturen mit orientalisch klingenden Melismen verbindet, unkonventionelle Dissonanzen nicht scheut und auch vom Wah-Wah-Gerät originellen Gebrauch macht (*Hot Rats*, 1970). Ein Zappa-Gitarrensolo ist wegen dieser Merkmale nach wenigen Takten identifizierbar (vgl. die 3-LP-Kassette *Shut Up'n Play Yer Guitar* von 1981).

Die Baßgitarre

Die Baßgitarre, das klangliche Fundament der Rockmusik, steht immer etwas im akustischen Schatten der menschlichen Stimme wie auch der Melodieinstrumente. Aber bei manchen Unstimmigkeiten, die uns bei einem Gruppenspiel stutzig machen, muß man den Baß verantwortlich machen. Man kann das Gehör nicht genug schärfen für die unterste Stimme, zumal sie in der Regel auch die Qualität des Zusammenspiels verrät. Neben ihrer wichtigsten Funktion als ein harmonisch grundierendes wie auch ein rhythmusgebendes Instrument, bringt die Baßgitarre mitunter auch die Melodie zur Geltung. Dies ist ganz besonders im Reggae der Fall, und das motivisch bewegte, pointierte Spiel von Reggae-Bassisten wie Lloyd Parks und Robbie Shakespeare bildet tatsächlich so etwas wie eine «Bass Culture».

Am Anfang der Rockmusik steht indessen nicht die elektrisch verstärkte Baßgitarre, sondern der Kontrabaß, der im Rockabilly um 1953–1955 rein akustisch, ohne ein Kontaktmikrofon, verwendet wurde. Bill Black, der Bassist von Elvis Presleys berühmten Sun-Einspielungen, spielte dieses Instrument ebenso konventionell wie ein anderer Studio- und Begleitmusiker in Memphis, Marcus Van Story. Während die Sologitarre den Riesenhallen und dem Massenpublikum längst Rechnung trug, stand das Baßinstrument selbst im Rock 'n' Roll ohne eine elektroakustische Verstärkung auf der Bühne, sich auf seinen riesigen Umfang verlassend. Der Bassist machte höchstens – wie etwa Al Rex von den COMETS Bill Haleys – allerlei Clownerien auf der Bühne, um besser aufzufallen. Auch die Spielweise des unhandlichen Instruments mutet altertümlich an. Sie stammte über die Vermittlung von R & B entweder aus dem Spätswing und dem Bebop und erging sich in mehr oder minder einfallsreichen Walking-Bass-Figuren. Oder sie wurde einfach aus der Hillbilly-Musik übernommen und bewegte sich in der Art, die Country-Musiker wie Norbert Putnam bis zum heutigen Tage praktizieren, nämlich in tonal festen Quart- und Quintschritten, bald die sogenannten «guten» Taktzeiten eins und drei hervorhebend, bald schon zukunftweisend allerlei Synkopen verwendend und die Akzente auf dem zweiten und vierten Viertel setzend.

Gegen Ende der fünfziger Jahre wurde der Kontrabaß als schwerfällig und zudem allzu leise immer seltener gespielt. Um 1962 galt es bereits als kurios, daß die irische Beatgruppe THE BACHELORS in Hamburgs Star-Club mit einem Kontrabaß auf die Bühne traten. Der Elektrobaß in der Form der Baßgitarre verbreitete sich in den ersten Jahren der Sechziger immer mehr, und zwar in der Gestalt der oben gewölbten Baßgitarre von Gibson («Arch Top»), die baumäßig einen Übergang vom Kontrabaß zur

Baßgitarre aus Massivholz bildet. Den ersten Bassisten der BEATLES, Stuart Sutcliffe, sieht man noch mit einem gewölbten Modell auf den zeitgenössischen Fotos. In der Hand von Donald «Duck» Dunn von der US-Gruppe Booker T. & THE MG's prangt um die gleiche Zeit dagegen schon ein Fender-Exemplar, dessen Massivholz-Konstruktion gegen unerwünschte Feedback-Effekte besser gefeit ist. Ungeachtet der Vorteile des E-Basses wurde er von Jazz- und Bluesmusikern als ein Instrument vulgärer Tanzmusik bis in die siebziger Jahre hinein gemieden. Der Kontrabaß wird schon wegen seines ausdrucksreichen, größter Feinheiten fähigen Tones selbst von Vertretern des «Electric Jazz» nicht gänzlich aufgegeben.

Im Abschnitt über die Gitarre wurde hervorgehoben, daß deren früheste britische Meister wie Eric Clapton, Jimmy Page, Jeff Beck und John McLaughlin durchweg aus der Rhythm & Blues-Revival und den Traditional-Jazz-Zirkeln der frühsechziger Jahre hervorgetreten sind. Eine ähnliche Feststellung kann man im Hinblick auf die Bassisten machen. Wohl finden sich auch im Mersey-Beat (der vom authentischen Blues wenig beeinflußt war) einige Musiker, die später zu anerkannten Meistern ihres Instruments werden sollten. Da ist etwa an John Gustavson zu denken, dessen Anfänge bei den BIG THREE in Liverpool liegen und der über die MERSEYBEATS sowie über QUATERMASS sich zu einem geschätzten Bassisten entwickelt hat, dem sogar die Ehre zuteil wurde, einer der sich pausenlos ablösenden Baßgitarristen von ROXY MUSIC zu sein.

Aber nicht Gustavson, auch nicht der andere Liverpooler Paul McCartney wurde zum führenden Baßgitarristen der sechziger Jahre in London, sondern der Schotte Jack Bruce. In der GRAHAM BOND ORGANISATION und in John Mayalls BLUES-BREAKERS reif geworden, stieg Bruce kurzfristig auch bei MANFRED MANN ein, bevor er zum Solosänger und zum bühnenwirksamen Bassisten von CREAM wurde. Hier verfügt er bereits über mehrere Begleitmuster und Phrasierungsarten, die teils im Traditional Jazz, teils im Blues und im Rock 'n' Roll wurzeln und die seinem Spiel eine überlegene Wendigkeit geben. Auch leistet er in zwei Richtungen der Baßbegleitung Bedeutendes: zum einen im beweglichen und linear entworfenen Walking Bass, zum anderen in einem ruhigen Harmoniespiel, in welchem lediglich die wichtigsten Gerüsttöne von ausgehaltenen Akkorden betont werden. Am Ende seiner CREAM-Zeit spielte Jack Bruce unter Mitwirkung von McLaughlin, Heckstall-Smith und Hiseman eine reine Jazzplatte ein (*Things We Like*, 1968). Er hat seitdem in unregelmäßigen Abständen weitere Soloalben hervorgebracht, die sich fortschreitend sowohl vom konzentrierten Bop von *Things We Like* wie auch vom inspirierten Bluesrock von CREAM entfernen. Es liegt eine gewisse Konsequenz darin – mag diese Konsequenz für die ehemaligen Anhänger wie für Bruce selbst mißlich sein –, daß der Bassist nach der zweiten Trio-Episode in WEST BRUCE & LAING in seichten Pop-Gewässern gelandet ist. THE JACK BRUCE BAND von 1977 mutet wie der unbegreifliche Ruin einer vielversprechenden Karriere an, und eine deutliche Wende zeichnet sich auch in seiner Band von 1980 nicht ab (JACK BRUCE AND FRIENDS mit Clem Clempson, Billy Cobham und David Sancious). Auf der Europa-Tournee 1979/80 mit John McLaughlin, Stu Goldberg und Billy Cobham wirkte das Baßspiel von Bruce wie ein störender Pop-Fremdkörper inmitten beflügelter Jazzrock-Klänge.

Als Mitglied einer berühmten Rockgruppe kann ein Baßspieler selber bekannt sein, ohne zugleich als ein bedeutender Instrumentalist zu gelten, der neue Spielweisen und Klangkonzepte einführen würde. Er braucht nicht einmal über ein außergewöhnliches Können zu verfügen. Solche «berühmten» Bassisten gibt es im Rock der sechziger und siebziger Jahre in Hülle und Fülle, etwa Bill Wyman von den ROLLING STONES, John Entwistle von THE WHO, Roger Waters von PINK FLOYD, Greg Lake von KING CRIMSON und ELP, Jack Casady von JEFFERSON AIRPLANE bzw. HOT TUNA und unzählige mehr. Nicht diese Musiker haben Technik und Klangwelt der Baßgitarre ausgeweitet, sondern einige andere in Großbritannien und in den USA, die entweder vom Jazz herkommen oder aber sich im Jazz- wie auch im Rockbereich mit der gleichen Leichtigkeit bewegen. Als Jazzer wurden sie dadurch für den Rock bedeutsam, daß sie Rockmusikern wie Rockhörern eine neue Welt differenzierter und anspruchsvoller Spielweisen öffneten.

Hier ist außer dem genannten Jack Bruce in England an zwei sich ablösende Bassisten von SOFT MACHINE, nämlich an Hugh Hopper und Roy Babbington, zu denken. Der eigentlich erste, früheste Bassist der britischen Jazzrock-Formation, Kevin Ayers, ist für die Rockmusik hauptsächlich durch seine verspielten Soloalben interessant, auf denen er jedoch nicht die Baßgitarre spielt. Um so mehr wegweisend ist sein Nachfolger Hugh Hopper, davor ein Roadie der Band, der im Gruppenspiel und besonders in seinen zahlreichen eigenen Kompositionen ein originelles, jazzrocknahes Spiel vertritt. Er liebt es, die Töne eines ausgehaltenen Akkordes auf drei, ja sogar alle vier Saiten zu verteilen und dem Stimmengeflecht der sonstigen Instrumente so eine zur Tiefe hin abgestufte Weiträumigkeit zu geben. Dagegen steht Roy Babbington dem Jazz der vierziger und fünfziger Jahre nahe, was sich schon darin bekundet, daß er die Baßgitarre immer wieder an den Nagel hängt und zu seinem ursprünglichen Instrument, dem Kontrabaß, zurückkehrt. Babbingtons Stärke liegt in einem wendigen Figurenwerk, das besonders in schnellen, aufgeregten Passagen gut zur Geltung kommt. Auch er hat SOFT MACHINE inzwischen verlassen, ohne jedoch – im Gegensatz zu seinem Kollegen Hopper, der bei ISOTOPE musizierte und seitdem mehrere eigene Gruppen leitete – eigene Soloprojekte zu verwirklichen. Um 1978/79 konnte man ihn in der Begleitgruppe der britischen Saxophonspielerin Barbara Thompson sehen. Parteibewußte Jazz-Anhänger wie etwa Joachim E. Berendt, die gern auf die Überlegenheit der Jazzmusiker gegenüber ihren Rock-Kollegen hinweisen, können hinsichtlich der Baßgitarre eine besonders große Genugtuung empfinden. Bassisten der Rockmusik vermögen tatsächlich von der faszinierenden Vielfalt vorerst nur zu lernen, die das Spiel von Jimmy Blanton und Oscar Pettiford, von Charles Mingus und Miroslav Vitous kennzeichnet. Es ließe sich geradezu die Formel aufstellen: wenn ein Rockbassist interessant und abgestuft zu spielen anfängt, bewegt er sich auch schon auf den Jazz zu. Diese für den Rock harte Tatsache läßt sich besonders bei Musikern beobachten, die anpassungsfähig genug sind, um bald dem Stimmungscharakter eines Rockstückes und bald dem größere Freiheiten bietenden Jazzidiom gerecht zu werden. Die Probe kann man gleich im eigenen Land machen. Hellmut Hattler von KRAAN, Norbert Dömling, Frank Fischer und weitere dem Kaliber nach vergleichbare Bassisten bereiten dem Hörer dann die schönsten Augenblicke, wenn sich ihr Instrument plötzlich verselbständigt, in großen und harmonisch überraschenden Bögen zu singen beginnt oder sich in schnellen, am Bebop orientierten Figuren ergeht. Der Rockbaß verrichtet gewöhnlich Fronarbeit, während sich der Baß im Jazz frei entfalten kann: er ist hier ein gleichberechtigter Individualist. Der Unterschied hängt damit zusammen, daß sich der Baß als unterstützendes Instrument in die Spielkonventionen eines Musikstückes fügen muß, im Gegensatz etwa zur Leadgitarre oder zu den Keyboards, die von Zeit zu Zeit aus den engen Schranken einer ziemlich festgelegten Musikgattung ausbrechen können. Versucht die Baßgitarre, das Gleiche zu tun, so wirkt das Ergebnis meist gekünstelt, das Zusammenspiel desintegriert. Hier liegt ein vorerst kaum zu lösendes Dilemma für alle E-Bassisten der Rockmusik, die sich weiterentwickeln möchten. Mögen sie alle Noten von Jaco Pastorius auswendig lernen, mögen sie sich eine rasante Fingertechnik und das «Know-How» von Sustainer und Compressor aneignen, wie sie sich bei Alphonso Johnson, Stanley Clarke und Pastorius selbst beobachten lassen – im Rock werden sie das blitzschnelle Spiel und die wie Glöckchen klingenden Flageolet-Mehrklänge kaum anwenden können, es sei denn, sie wollten textlosen Jazzrock spielen und damit sich doch vom eigentlichen Rock entfernen.

Stumpfes Wum-Wum auf einem gleichbleibenden tiefen Ton oder aber einsame Höhenflüge im Geiste von Charlie Mingus – nun, die Engländer wissen auch zwischen diesen beiden Extremen zu vermitteln, ohne sich dabei auf künstlerische Halbheiten einzulassen. Sie eilen mitunter sogar den Amerikanern voraus, so etwa im mehrstimmigen Akkordspiel, das Colin Hodgkinson von dem Trio BACK DOOR bereits um 1970 herum meisterlich handhabte und damit den verblüffenden Kniffen eines Jaco Pastorius auch sonst um einige Jahre vorausgriff. Hodgkinsons phänomenale Technik konnte man 1980 live erleben, als er im Duo mit dem «Bluesvater» Alexis Korner auftrat. Ein Kronzeuge für die Bedeutung der Briten (auch) auf diesem Gebiet ist ferner Richard Sinclair, dessen genauer, warmer, melodiöser Ton auf den frühen Alben von CARAVAN festgehalten ist. Sinclair bildete nachher das intelligente Klangrückgrat von HATFIELD AND THE NORTH sowie von CAMEL und ist einer der gesuchtesten englischen Bassisten. Britische Baßgitarristen gehören zu den kreativsten Rockmusikern der Gegenwart überhaupt, die neue Techniken erproben und nicht selten sogar den Gesamtklang einer Gruppe prägen. Unter ihnen finden sich Percy Jones (BRAND X), Bill McCormick (MATCHING MOLE, QUIET SUN, ferner mit Eno und Phil Manzanera), John G. Perry (CURVED AIR, QUANTUM JUMP), Andy Pyle (BLODWYN PIG, SAVOY BROWN, JUICY LUCY) und John Wetton (FAMILY, KING CRIMSON, MOGUL THRASH, STREETWALKERS). Zum Beispiel würde der impressionistische Klangzauber von BRAND X ohne die melodisch nur andeutenden, seufzenden Glissandi auf der bundlosen Fender von Percy Jones halb so geheimnisvoll wirken, und ohne John G. Perrys eigenwillige Baßlinien würden die beiden Studioplatten von QUANTUM JUMP weit weniger Reiz besitzen. Nicht zuletzt kann man von den englischen Bassisten Ehrgeiz lernen: nicht zufrieden mit ihrer jeweiligen Gruppenbeteiligung allein, haben Michael Rutherford (GENESIS), Chris Squire (YES), Roger Waters (PINK FLOYD), Nick Lowe (BRINSLEY SCHWARZ) und andere auch Soloprojekte vorgelegt, in denen sie ihre voll entfaltete Technik wie auch ihre kompositorische Fähigkeit unter Beweis stellen. In der Bundesrepublik haben etwas Ähnliches bislang nur Hellmut Hattler und Lothar Meid gewagt.

Nicht nur in der Jazzrock- und Kulturrock-Szene finden sich beachtliche englische Bassisten. Auch unter den Bluesmusikern des Landes haben sich einige durch ihr Spiel hervorgetan, so Chas Chandler von den ANIMALS (der freilich mehr durch seine spätere «Entdeckung» und kommerzielle Ausnutzung von Jimi Hendrix bekannt wurde), so auch John McVie, der nach einer Übergangszeit bei den BLUESBREAKERS von Mayall zum Mitgründer und zum auch heute aktiven Bassisten von FLEETWOOD MAC wurde. So nicht zuletzt Rick Grech, der in stilistisch so unterschiedlichen Formationen wie FAMILY, BLIND FAITH, Ginger Baker's AIRFORCE und TRAFFIC spielte und zeitweilig sogar mit dem sehr talentierten ex-

BYRDS-Musiker Gram Parsons und mit der US-Gruppe KGB musizierte. Ergänzend genannt seien noch Klaus Voormann, Muff Winwood, Ronnie Lane und Glenn Hughes. Der aus Hamburg stammende Klaus Voormann, mit den BEATLES noch aus deren Star-Club-Zeit befreundet, bediente die Baßgitarre bei MANFRED MANN und musizierte zusammen mit den BEATLES, mit Bob Dylan, B. B. King und Howlin' Wolf. Muff Winwood war, wie sein älterer Bruder Steve, eine Zeitlang Mitglied der SPENCER DAVIS GROUP, während Ronnie Lane als der ehemalige Bassist der SMALL FACES und Glenn Hughes als Mitglied von DEEP PURPLE bekannt wurden. Im Folk- und Folkrockbereich Englands haben sich in verschiedenen Formationen Ashley Hutchings, Rick Kemp und Danny Thompson als Baßspieler einen Namen gemacht.

Die besten Baßspieler in den Vereinigten Staaten finden sich in den Aufnahmestudios und in der Begleitgruppe bekannter Stars. Nur selten treten sie als regelrechte Mitglieder von Gruppen auf. Solche Musiker sind etwa Harvey Brooks (dessen Name auf unzähligen Schallplatten auftaucht und der nicht nur Mitglied einer namhaften Soulrock-Formation, THE ELECTRIC FLAG, war, sondern auch an Einspielungen von Miles Davis mitwirkte), dann James William Guercio (der freilich als der Produzent von CHICAGO bekannter sein dürfte) und schließlich Felix Pappalardi, den man etwa auf Leslie Wests Debutalbum sowie auf den Einspielungen von MOUNTAIN hören kann (und der ebenfalls viele Gruppen produziert hat, unter ihnen CREAM). Um die Liste dieser Namen auch hier etwas zu vervollkommnen, seien noch Rick Danko (THE BAND), Bruce Palmer (BUFFALO SPRINGFIELD), Skip Battin (THE BYRDS, NEW RIDERS OF THE PURPLE SAGE), Bob Mosley (MOBY GRAPE), Phil Lesh (GRATEFUL DEAD), Tim Bogert (CACTUS, BECK BOGERT APPICE) und Carl Radle genannt. Die Bemerkung mag von Interesse sein, daß in der Frühgeschichte des Jazz der Kontrabaß eine ähnliche stimmliche Aufgabe wie die Tuba erfüllte, bis letztere von ihm immer mehr verdrängt wurde. Auf die Ähnlichkeit der Aufgaben weist auch der Umstand hin, daß viele Bassisten als Zweitinstrument die Tuba meistern konnten. Diese altehrwürdige Gepflogenheit aus New Orleans-Tagen wurde bei der US-Bluesrockgruppe CANNED HEAT wieder lebendig, denn einer ihrer Bassisten, der bärtige Riese Richard Hite, bediente zuweilen auch die Tuba.

Und die Baßgitarre auf dem europäischen Festland? Hellmut Hattler und einige seiner Kollegen in der Bundesrepublik sind oben bereits genannt worden. Von den Holländern muß wenigstens auf Rinus Gerritsen (GOLDEN EARRING) und Martin Bakker (GRUPPO SPORTIVO) hingewiesen werden. Am Ende dieses Abschnitts möchte ich aber ganz besonders auf den Polen Andrzej Pluszcz von der Jazzrockgruppe CRASH aufmerksam machen. Pluszcz, ein unscheinbarer Mann, dessen kurze und fleischige Finger jeder volkstümlichen Vorstellung von «Künstlerhänden» hohnsprechen, erhielt 1977 den ersten Preis der Instrumentalisten beim Jazzfestival von San Sebastian (den ersten Preis für Gruppen bekamen CRASH). Auf seinem bundlosen Instrument, einer polnischen Imitation von Fender Precision, bringt er Töne hervor, die mitunter an Jaco Pastorius gemahnen. Sie singen beseelt, sie näseln wie die Töne eines Baritonsaxophons, sie enden in langsamem Vibrato, und sie können ebenso behäbig auf der Tonleiter wandern wie den Tonraum in weitgespannten Intervallen gleichzeitig besetzen. In seinen Soloepisoden ergeht sich Pluszcz auch in Terzengängen und in geschwinden, chromatisch aufgelösten Läufen. Ein begnadeter Poet der Baßgitarre, verdient dieser Musiker das ungeteilte Interesse der Rockpresse. Vollkommen angeeignet hat sich Pluszcz übrigens auch die aus der schwarzen Musik stammende Funky-Spielweise, bei der die Saite mehr geschlagen als gezupft, auch häufig nach oben gerissen wird und dann gegen das Griffbrett zurückprallt. Die Töne bewegen sich bei dieser Spielart in allerlei humorvollen Oktavsprüngen und Gleittönen.

Dank studiotechnischer Möglichkeiten vereinigt die Baßgitarre heute alle Klangeffekte – wenn auch nicht alle Spieltechniken – des Kontrabasses in sich. Mag in ihrer Intonation auch jene letzte Delikatesse fehlen, die sich aus dem direkten Fingerkontakt des Kontrabassisten zu seinem unverstärkten Instrument ergibt, so überflügelt sie den älteren Klangerzeuger dafür in anderen Bereichen, etwa an Lautstärke und an interessanten Klangverfremdungen. Mit einem verzögerten Sustainer-Klang versehen, kann die Baßgitarre den Urahn des Jazz-Kontrabasses nachahmen, der bekanntlich mit einem Bogen gestrichen wurde. Auf einem bundlosen Modell können Glissandi erzeugt werden, die denen des Kontrabasses in nichts nachstehen. Mit Hilfe eines Kompressors können auch dynamische Extreme eingeebnet werden, so daß die Töne perlend aus dem Instrument hervorsprudeln. Daß das tiefste Rockinstrument wie eine Leadgitarre eingesetzt werden kann, wurde in den siebziger Jahren entdeckt, die für die Baßgitarre insgesamt mehr technische Entwicklung gebracht haben als für irgendein anderes Rockinstrument, mit Ausnahme des Synthesizers. Colin Hodgkinson macht sie sogar in der Funktion einer Rhythmusgitarre nützlich, indem er das Saxophon mit ihr akkordisch begleitet. Trotz allem scheint es, daß die spieltechnischen wie studioklanglichen Möglichkeiten noch keineswegs ganz ausgeschöpft sind, die in der Baßgitarre schlummern. Von der Disco-Musik der siebziger Jahre mag man künstlerisch halten, was man will: nicht zuletzt hat sie – als eine ausgesprochen baß-orientierte Gattung – zur sprunghaften Entwicklung des

Basses im vergangenen Jahrzehnt beigetragen. Individuell gestaltete Phantasie-Modelle (wie die Kombination von Kontrabaß und E-Baßgitarre von Eberhard Weber) sowie das «Stick» genannte Gitarren-Baßgitarren-Instrument, das eine Annäherung an das Keyboard bildet, sind Beispiele für weitere bautechnische Möglichkeiten.

Schlagzeug und Perkussion

Trommel und Pauke waren in Europa jahrhundertelang der Militärmusik vorbehalten. Ihnen haftete dementsprechend der Geruch von marschierenden Soldaten, von musikalischer Roheit und Primitivität an. Im 18. Jahrhundert bildeten sie einen Teil jener «Janitscharenmusik», in der alle Feinheiten der Phrasierung im lautstarken Radau untergingen. Seriöse Komponisten wie Mozart ahmten sie gelegentlich nur nach, um sich über sie zu belustigen. In der späteren symphonischen Musik bildet das Schlagzeug (Trommel, Kesselpauke) ein Mittel dramatischer Steigerung, bei der – zum ergötzlichen Augenschmaus des Publikums – jemand in der letzten Reihe der Musiker auch zwei freie Becken gegeneinander stößt. Seit etwa Gustav Mahler wird der Klangfarbenwert von Perkussionsinstrumenten wie Triangel, Kuhglocken und Röhrenglocken voll erkannt und ausgeschöpft.

Eine grundsätzlich andere Rolle spielen die Schlaginstrumente im Jazz. Um 1900–1910 kann man ihren doppelten Ursprung bei den Marching Bands von New Orleans beobachten. Einerseits ist ihre afrikanische Herkunft unverkennbar, andererseits leben sie als kuriose Überbleibsel aus der Militärmusik französischer Kolonialisten fort. Die optisch gewichtige Baßtrommel macht sich auf fast allen zeitgenössischen Fotos bemerkbar. Sie wurde seitlich getragen, wenn die Band etwa bei einem Begräbnis («Funeral») auf der Straße schritt. Im geschlossenen Raum stand sie den Hörern/Tänzern gut sichtbar auf dem Musikerpodium, und auf dem Trommelfell pflegte der Name der Formation zu stehen, zum Beispiel «Buddie Petit Jazz Band, New Orleans» oder «George Williams Brass Band, Telefon-Nr. soundso». Noch Jahrzehnte später dient die Baßtrommel zugleich als ein Werbeschild, auf dem in sorgfältig gepinselten Buchstaben etwa «The Beatles» oder «The Clash» zu lesen ist.

In dem Maße, in dem sich der Jazz von der weißen Bevormundung loslöste und sich zu einer schwarzen Musikgattung befreite, wurde die militärmusikalische, hauptsächlich beim Schreiten disziplinierende Aufgabe der Trommel immer mehr verdrängt. Sie übernahm dafür eine weit sinnvollere Funktion. Sie wurde nämlich zu einem Instrument, das die metrische, zeitgliedernde Grundlage abgibt, zu welcher die anderen Instrumente rhythmisch kontrapunktieren und Gegenakzente setzen. Die entwickelte Off-Beat-Phrasierung der solistisch hervortretenden Instrumente setzt die Existenz eines stetigen Zeitflusses geradezu voraus. Zum anderen entfaltet sich das Schlagzeug selber zu einem Soloinstrument, das übriggebliebene Zeitwerte ausfüllt, Phrasen umdeutet, ihnen den entgegengesetzten Sinn gibt und somit in einen richtigen «Kampf» mit den anderen Instrumenten gerät. All diese Funktionen umschreiben nur annäherungsweise die eigentliche «raison d'être» des Schlagzeuges: Drive, Spannung, Action zu erzeugen und dem Vortrag seine Würze zu geben. Die aufregende Geschichte der Schlaginstrumente des Jazz (von Baby Dodds über Gene Krupa, Jo Jones und Max Roach bis zu Art Blakey, Elvin Jones und Ed Blackwell) ist nichts anderes als eine auf das Wesentliche reduzierte Geschichte des Jazz selbst, die Geschichte einer fortwährenden Differenzierung der Taktzeit und – im Free Jazz – der Auflösung des Taktgefüges, an dessen Stelle ein zeitlich frei organisierter Schwebezustand tritt.

Wie der Jazz, ist auch die Rockmusik eine rhythmusbetonte, an der pulsierenden Zeit ausgerichtete Gattung. Um so erstaunlicher mutet es an, daß eine der lebenspendenden Wurzeln des Rock, nämlich Rockabilly um die Jahre 1954/55, in der ursprünglichen, unverfälschten Musizierweise ganz ohne Schlagzeug gespielt wurde und darin ihrer Herkunft vom Country Rechnung trug. Typisch für Besetzung und Musizierform von Rockabilly sind die berühmten Einspielungen von Elvis Presley auf dem Sun-Label in Memphis, auf denen der Sänger außer von seiner eigenen Rhythmusgitarre nur von einer elektrisch verstärkten Gitarre und von einem Kontrabaß begleitet wird. Die wuchtige, unüberhörbare Taktgliederung wird vom Baß besorgt, während ein eigenes Schlagzeug fehlt. Allerdings lassen sich zumeist helle, sparsam eingesetzte Perkussionstöne vernehmen, die bald von einem Triangel stammen und bald wie ein Holzblock klingen. Aber von Trommel, Bass-Drum und Toms findet sich im Klangbild keine Spur. Die gleiche durchhörbare, schwebende Klangaufteilung kennzeichnet auch die späteren Rockabilly-Stücke, nicht zuletzt die dem Rockabilly verwandten Einspielungen der EVERLY BROTHERS um 1960–1962. Es beruht daher auf einem späteren Mißverständnis, wenn Rockabilly-Revivalisten um 1980 wie das New Yorker Quintett LEVI AND THE ROCKATS mit harten Snare-drum-Schlägen das zweite und vierte Viertel hervorheben und außerdem noch ein Crash-Becken ins Spiel bringen.

Es läßt sich nicht ausmalen, wie die weitere Entwicklung der Rockmusik verlaufen wäre, hätte sich der schlagzeuglose Rockabilly-Stil durchgesetzt und den Rock der sechziger und siebziger Jahre bestimmt. Daß Rockmusik auch ohne Schlagzeug denkbar ist, beweisen einige spätere Formationen wie etwa DAN HICKS AND HIS HOT LICKS um 1970, bei denen die Aufgabe der herkömmlichen Rhythm Section hauptsächlich der Rhythmusgitarre und dem Baß (zumeist Kontrabaß) zufällt. Wie gerade die San Francisco-Gruppe von Dan Hicks zeigt, vermag eine solche Musik mehr zu swingen als das meiste, das aus der Batterie der schwer und einförmig gliedernden Hardrock-Schlagzeuger hervorgeht. Rockmusik wäre heute unter der genannten Voraussetzung eine aggressivere Variante des Western Swing, und tatsächlich lassen sich die frühesten Kompositionen der Musiker um Dan Hicks dem Western Swing oder «Hillbilly Jazz» zuordnen.

Fest steht jedoch, daß der spätere Rock nicht von der leichteren und zweifellos eleganteren Musizierweise des Rockabilly geprägt worden ist, sondern vom City-Blues-Zweig des Rhythm & Blues. Seine um 1952–1954 bereits voll entwickelten Stilmerkmale, darunter die schweren und überdeutlichen Akzentschläge, leben zunächst im Rock 'n' Roll und einige Jahre später in der hemdsärmeligen Musik britischer Beatgruppen fort. Daß der Rock 'n' Roll immer noch leichter und graziöser wirkt als der Mersey-Beat um 1962, geht auf den Umstand zurück, daß er rhythmisch von reiferen und technisch geschulten Studiomusikern begleitet wurde, zu deren musikalischem Erfahrungshorizont nicht zuletzt die differenzierte Schlagtechnik des Jazz gehörte. (Im Rhythm & Blues lassen sich manche Eigentümlichkeiten des zeitgenössischen Jazz beobachten.) Solche Erfahrungen fehlten den jugendlichen Schlagzeugern in Liverpool und London dagegen vollkommen. Sie waren Autodidakten und Selfmade-men, die halt so schlugen und phrasierten, wie ihnen eben Arme und Hände gewachsen waren. Ihnen ist zu verdanken, daß der Rockmusik bis heute eine draufgängerische, ungeschminkte und um Differenzierung zumeist wenig bekümmerte Schlagweise zugrunde liegt.

Weil die frühesten Schlagzeuger des Rock 'n' Roll in der Regel erwachsene Studiomusiker waren, sind ihre Namen nur selten überliefert, und wenn sie bekannt sind, besagen sie heute nichts. Eine konkrete, namentliche Beziehung zur Rockgeschichte haben erst die englischen Beatmusiker, vor allem einige in Liverpool und in der Hauptstadt, die im Laufe der sechziger Jahre Mitglieder bekannter Formationen werden sollten. Der berühmteste unter ihnen ist natürlich Ringo Starr (mit dem bürgerlichen Namen Richard Starkey), der ursprünglich in der Liverpooler Gruppe RORY STORM AND THE HURRICANES trommelte und erst später zu den BEATLES stieß, als diese bereits an der Schwelle zum Weltruhm standen. Sein Glück, innerhalb kürzester Zeit weltbekannt und vermögend zu sein, trug Ringo mit Fassung, konnte es aber auch später nicht recht verstehen. Andere wohl auch nicht. Denn der mittelmäßige Drummer wurde durch einen Umstand zum vierten Beatle, der weniger sein musikalisches Geschick als vielmehr die Allmacht des Produzenten um 1962 zeigt. Es sollte die erste Single der BEATLES bei EMI-Parlophone eingespielt werden, doch gefiel der ursprüngliche Beatles-Drummer Pete Best dem Produzenten George Martin nicht. Ihm wurde auf Anraten Martins von den übrigen drei BEATLES gekündigt. Zum Nachfolger wählten diese Ringo Starr, den sie nicht zuletzt vom Hamburger Star-Club her als einen verläßlichen, wiewohl nicht gerade glänzenden Techniker kannten. Obgleich der im Dezember 1962 erschienene Titel «Love Me Do» die vier BEATLES als Interpreten verzeichnet, wirkte tatsächlich nicht Ringo Starr, sondern ein ungenannter Studiomusiker als Schlagzeuger mit. Ringo durfte lediglich die Maracas schütteln. Das gediegene Mittelmaß übertraf Ringo Starr auch später nicht, seine Tugend blieb die Zuverlässigkeit. Die spätere Behandlung der Trommel mit Hilfe von Tüchern, mit denen er reizvolle Gleitwirkungen erzielen konnte, wurde zwar nicht von ihm erfunden, aber doch in weiten Kreisen durch ihn bekannt gemacht. Am deutlichsten hört man sie in George Harrisons «Living In A Material World» heraus.

Pete Best, Ringo Starr und andere in Liverpool, ebenso die altersgleichen Schlagzeuger in London und in den übrigen Provinzstädten wie etwa Roger Powell von THE ACTION, Keef Hartley von THE ARTWOODS und Carl Palmer von CHRIS FARLOWE & THE THUNDERBIRDS begleiteten die Musik ihrer jeweiligen Band mit rhythmischen Mustern, die sie zumeist nicht selber erfanden, sondern den importierten R & B- und Rock 'n' Roll-Singles abgelauscht hatten. Modisch wurden gewisse Wendungen und Abschlagarten, die man bis zu einigen verbreiteten US-Titeln zurückverfolgen kann. In «Stagger Lee», einem Hit von Lloyd Price aus dem Jahr 1959, füllt das Schlagzeug den zeitlichen Rest des letzten Taktes in jeder Strophe mit folgender Formel aus:

Die gleiche Formel prägt um 1962–1965 unzählige Stücke von britischen Gruppen, von den SEARCHERS bis zu den ANIMALS. Andere rhythmische Wendungen wie

spiegeln den Einfluß der sogenannten Brill-Building-Musik, also einer harmlosen (und oft infantilen) Highschool-Musik samt den Titeln von Girl Groups wie THE SHANGRI-LAS und THE CRYSTALS. Erst allmählich löst sich die Schlagtechnik der britischen Drummer von der unpersönlich perfekten, mitunter auch witzigen Zeitgliederung der Amerikaner, um eigene und dem mittleren Beat sowie den beginnenden Klangexperimenten mehr entsprechende Rhythmusmuster zu entwerfen.

Der bedeutendste Rockschlagzeuger der späteren sechziger Jahre in England ist zweifelsohne Ginger Baker, und auch heute gehört er noch zu den führenden, selbst von Jazzkennern geschätzten Drummern. Bakers Anfänge liegen bei Alexis Korners BLUES INCORPORATED und beim GRAHAM BOND TRIO (wo er mit dem Organisten Bond und dem Bassisten Jack Bruce zusammen spielte). Graham Bond löste seine inzwischen in ORGANISATION umbenannte und erweiterte Gruppe auf, und Ginger Baker gründete – mit dem ebenfalls freiwerdenden Bruce – CREAM, deren drittes Mitglied Eric Clapton werden sollte. Bakers männlich energische und in der Lautstärke wie in der Farbengebung vielfach abgestufte Schlagtechnik erreicht bei CREAM einen ersten Höhepunkt, mancher würde sogar sagen: den Höhepunkt in seiner bisherigen Laufbahn überhaupt. Was in den Einspielungen des Trios sofort auffällt und was später mit einer beinahe manischen Folgerichtigkeit weiter ausgebaut und vervollkommnet wurde, ist eine unerbittliche Genauigkeit. Sie wirkt aus dem Grunde nicht steril, weil Baker einzelne Farbwerte, die er dem Crash-, dem Ride- und dem China-Becken, dem Hi-Hat und den Hänge-Toms abgewinnt, niemals überstrapaziert, sie vielmehr durch immer neue Klangreize ablöst oder untereinander kombiniert. Jene schwer beschreibbare und dennoch äußerst wichtige Eigenschaft, die man Drive nennt, kann man bei Baker wie sonst nur noch bei einigen Jazztrommlern studieren: das organische Eigenleben rhythmischer Werte, ihre planvolle Steigerung, ihre Beruhigung und den Anlauf zu einem neuen Intensitätsgipfel.

Bei Live-Auftritten kommt noch der optische, nicht minder faszinierende Eindruck hinzu, den der rothaarige, nervös agierende und stets sprungbereite Hüne hinterläßt. Er ist gewiß kein bequemer Mitspieler, und an dem gereizten Verhältnis zwischen ihm und dem Baßgitarristen Bruce mußte CREAM zu einem guten Teil scheitern. Die Konzerte wie die Plattenwerke der Folgezeit mit AIRFORCE mögen durch die Einbeziehung weiterer, vor allem afrikanischer Perkussionsinstrumente fesseln. Musikalisch aber muten sie nicht selten flach und spannungsarm an, da ein bescheidener melodischer oder rhythmischer Einfall in Klangstücken von epischen Ausmaßen wiederholt und bis zum Überdruß ausgeschlachtet wird. Zu all diesen Umständen – die sich auch in seiner späteren Formation ENERGY beobachten lassen – kommt erschwerend eine steigende Trinklust hinzu, was nicht selten dazu führt, daß der Schlagzeuger seine Musiker tyrannisiert und auch sein Publikum nicht gerade sanftmütig behandelt. Man kann vermuten, daß dieser große und wirklich schöpferische Schlagzeuger der Rockmusik sein künstlerisches Ziel irgendeinmal aus den Augen verloren hat.

Neben Ginger Baker profilierte sich Jon Hiseman, ebenfalls bei Graham Bond zu Beginn der sechziger Jahre, als ein ausgezeichneter Drummer. Mehr noch als Baker, bewegt sich Hiseman seitdem stilistisch in der Nähe zum Bebop, was man aus seinen hell getönten, fein umrissenen und häufig nur angedeuteten Becken-Klängen wie auch aus der vielfältigen Aufgliederung größerer Zeitwerte unschwer heraushört. Die wichtigsten Stationen seiner bisherigen Karriere sind COLOSSEUM, TEMPEST und neuerdings UNITED JAZZ + ROCK ENSEMBLE.

Es ist ein vielverbreitetes Vorurteil, daß der Schlagzeuger ein zweitrangiges Mitglied einer Rockgruppe sei, das allenfalls in seinem heute fast unvermeidlichen langgedehnten Solo die ungeteilte Aufmerksamkeit des Publikums verdient. Entgegen diesem populären Irrtum ist zu betonen, daß es auf den Drummer ankommt, welchen musikalisch-künstlerischen Stellenwert das Schlagzeug im Gruppenspiel einnimmt. Das seelenlose Einerlei mancher Drummer verdient es in der Tat nicht, eigens beachtet zu werden. Man fragt sich bei einer solchen phantasielosen Schlagtechnik sogar, ob die Musik ohne den Drummer nicht interessanter und spannender sein würde. Bei anderen Formationen wiederum sind Schlagzeug und Perkussion jene Klangmittel, die musikalisch allein von Interesse sind und die übrigen Instrumente wie Gitarren und Keyboards überlegen in den Schatten stellen. Ein ausgeglichenes, integriertes Spiel aller Instrumente bildet gewiß das Ideal, das ein gelegentliches Hervortreten einzelner Gruppenmitglieder nicht ausschließt.

Es gab und es gibt zahlreiche Formationen, deren künstlerische Richtung von einem Schlagzeuger oder von einem Perkussionisten bestimmt wird. Zu ihnen gehören bzw. gehörten AIRFORCE und ENERGY von Ginger Baker, AINSLEY DUNBAR RETALIATION des britischen Drummers Ainsley Dunbar, der nach Auflösung seiner Bluesrock-Formation übrigens eine Zeitlang das rhythmische Rückgrat der MOTHERS OF INVENTION war und nachher Schlagzeuger von JOURNEY in den USA wurde. THE KEEF HARTLEY BAND trug ihren Namen nach einem ehemaligen Mitglied von Mayall's BLUESBREAKERS, und benannt wurde THE DAVE CLARK FIVE ebenfalls nach dem Schlagzeuger-Mitglied. Graeme Edge von THE MOODY BLUES, Dave Holland von PINKERTON'S ASSORTED COLOURS, Carl Palmer, Jim Gordon, Jim Capaldi und weitere Drummer musizierten in den siebziger Jahren in Bands, die entweder von ihnen geleitet wurden oder in denen sie eine maßgebliche, auch künstlerisch bestimmende Rolle innehatten (zum Beispiel Carl Palmer bei EMERSON LAKE & PALMER, Jim Capaldi bei TRAFFIC).

Im Bereich des Jazzrock fällt die aktive, gruppenbildende Rolle des Schlagzeugers geradezu auf. Auch hier sollen einige Namen genannt werden. Tony Williams leitete LIFETIME, eine Gruppe von New York, der bei der Enstehung des Jazzrock um 1970 eine Schlüsselstellung zukommt; Mitglieder zu jener Zeit waren auch John McLaughlin und Jack Bruce. Jon Hiseman gründete mit anderen Anfang 1969 COLOSSEUM und anschließend TEMPEST, zwei Formationen, die so etwas wie die britische Antwort auf den US-amerikanischen Brassrock bilden. Ehemals unter den Gründungsmitgliedern von SOFT MACHINE, ließ Robert Wyatt 1971 MATCHING MOLE entstehen und brachte unter diesem Gruppennamen (=«Machine molle» ist der französische Name für «Soft machine») zwei Alben hervor. Nach der Auflösung des ursprünglichen MAHAVISHNU ORCHESTRA bringt dessen einst revolutionierender Schlagzeuger Billy Cobham mit jährlicher Regelmäßigkeit eigene Langspielplatten hervor, auf denen sein präzises, feinnerviges Spiel naturgemäß im klanglichen Vordergrund steht. Nicht zu vergessen Phil Collins, der noch vor seiner Zugehörigkeit zu GENESIS eine Gruppe namens FLAMING YOUTH leitete und mit dieser ein interessantes Oratorium ARK 2 konzipierte, das einen Raumflug zum Thema hat. 1976 gründete Collins sogar, neben seiner Verpflichtung bei GENESIS, die Jazzrockgruppe BRAND X, die zu den niveaubeständigsten dieser Zwischengattung in der jüngsten Zeit zählt. Erwähnt werden muß in England noch Chili Charles, auch der Poet und Perkussionist Pete Brown, dessen unkonventionell musizierende Gruppen BATTERED ORNAMENTS und PIBLOKTO nicht zuletzt wegen der Talking drums ihres Leiters Aufsehen erregten. Um 1978–1980 brachte Bill Bruford (früher unter anderem bei YES) dicht organisierte und auch musikalisch inspirierte Schallplatten-Werke hervor.

Hört man kreativen Schlagzeugern wie Tony Newman, Cozy Powell, Carmen Appice und Michael Walden aufmerksam zu, so wird man kaum die Befürchtung teilen, daß die elektronisch gesteuerte Rhythmusmaschine eines Tages den lebendigen Drummer ablösen könnte. Die maschinell oder elektronisch erzeugten rhythmischen Muster bei Eno, KRAFTWERK und TUBEWAY ARMY (Gary Numan) wirken bloß roboterhaft und sind einer wahren Steigerung des Vortrags und insgesamt des oben erwähnten Geheimnisses von «Drive» nicht fähig. Am ehesten können sie dort mit Gewinn eingesetzt werden, wo die Musik Menschenferne, Bedrohung oder eine marionettenhafte Possierlichkeit ausdrücken soll.

Tasteninstrumente (Keyboards)

Klavier, Orgel, Mellotron, Synthesizer

Das Klavier spielt im Rockbereich, im Gegensatz zum Jazz, eine untergeordnete Rolle; allenfalls in Form des E-Pianos beherrscht es das Klangbild vieler Jazzrock-Gruppen. Rock als eine musikalische Gattung wurde in dem Maße selbständig, als im instrumentalen Surf um 1960 sowie im frühen britischen Beat sowohl das Klavier wie das Saxophon immer mehr verdrängt wurden. Die Gitarre gilt heute als das eingentliche, klassische Rockinstrument, während dem Klavier immer noch eine musikhochschulhafte, aufgesetzte Note anhaftet.

Anders war es freilich um das Klavier an der Wiege der Rockmusik bestellt, im Rhythm & Blues und im frühen Rock 'n' Roll um die Mitte der fünfziger Jahre. In den einschlägigen Musikstücken tritt es bald solistisch hervor, bald und weit häufiger bleibt es im klanglichen Hintergrund als Teil der Rhythmussektion. Wie die meisten Instrumentalisten, waren auch die Klavierspieler häufig Studiomusiker, die von Fall zu Fall an Live-Konzerten und an Platteneinspielungen beteiligt waren. Unter ihnen finden sich nicht wenige, die sich später im Rock einen Namen machen sollten, so etwa der aus New Orleans stammende Mac Rebennack (bekannter unter dem Namen Dr. John The Night Tripper), der an einer Vielzahl von Sessions in seiner Heimatstadt wie auch in Los Angeles mitwirkte.

Die vorherrschende Spielweise des Klaviers in den fünfziger Jahren beruhte auf dem Boogie Woogie. Die linke Hand markiert die Baßlinie und bestimmt das diszipliniert durchgehaltene Zeitmaß, indem sie gleichmäßige oder – in der Art des Shuffle-Rhythmus – punktierte Achtel zu einem Walking Bass verbindet oder aber sich in gebrochenen Akkorden ergeht. Dieser bewegliche, motorisch gleichförmige Baß beherrscht den musikalischen Satz; die rechte Hand gibt die eigentliche Melodie hinzu und stattet diese mit allerlei Trillern und Tremoli aus. Beliebt ist es auch, den steigenden Baß mit einem fallenden melodischen Motiv zu konfrontieren und umgekehrt, wodurch plastische, räumlich empfundene Kontrastbewegungen entstehen. Setzt sich die Komposition aus zwei thematischen Blöcken A und B zusammen, die einen Gesamtablauf wie AABA/AABA ergeben, so setzt das Klavier – wie in anderen Fällen etwa das Tenorsaxophon – nach dem mittleren Strich solistisch ein und improvisiert über dem Thema – das in der Regel eine zwölftaktige Bluesstrophe ist – in virtuosen Wendungen, um mit dem Wiederaufgreifen des A-Teils erneut in den Hintergrund zu treten.

In New Orleans und Umgebung beschränkte sich das Klavier allerdings nicht auf eine bescheidene Begleitfunktion, es beherrscht vielmehr die

meisten R & B-Kompositionen. Die jahrzehntelange Tradition des baß-
betonten Boogie-Spiels mit dem gemütlich schaukelnden Shuffle-Rhythmus setzte sich Ende der vierziger und während der fünfziger Jahre unter
den Händen von Fats Domino, Huey Piano Smith und anderen fort. Man
kann den R & B New Orleansscher Prägung geradezu als Klaviermusik
bezeichnen, und Pianisten wie der genannte Dr. John und Allen Toussaint haben diese klavierbetonte lokale Musiktradition in den Rock der
sechziger und siebziger Jahre einfließen lassen.

Eigentlich sind es nur zwei Musiker, die als Klavierspieler im Rock 'n'
Roll von Einfluß waren: Little Richard und Jerry Lee Lewis. Keiner von
ihnen erreicht dabei die pianistische Originalität früherer Jazz- und Boogie Woogie-Spieler, wobei «Originalität» hier in einem musikspezifischen
Sinn und nicht etwa als eine zirkusnahe Clownerie gemeint ist. Wohl haben beide Pianisten ihre Konzertauftritte mit auf das Instrument aufge-
setzten Beinen, mit Spielhänden hinter dem Rücken und mit ähnlichen
Mätzchen gewürzt, dabei jedoch weder musikalisch, noch technisch eine
exzeptionelle Stufe erreicht. Besonders gern trat Lewis als ein Klavier-
akrobat hervor und traktierte sein Instrument mit Handflächen, Fäusten,
Ellbogen und Füßen, zog schnelle Glissandi nach oben auf den weißen
Tasten und kämmte sich inmitten der schnellsten Figuren der einen Hand
blasiert die Haare mit der anderen. Außer einem technisch makellosen
und auf große Geschwindigkeit gedrillten Fingerspiel fällt in seinem Vortrag trotzdem nichts Bemerkenswertes auf; im Gegenteil wirkt die ständige Wiederkehr einmal bewährter Gags geradezu lähmend. Die unleugba-
re Sterilität in seiner und auch in Little Richards Spielweise hat darin ihre
Erklärung, daß beide Musiker vor allem Rock 'n' Roll-Sänger waren und
das eigene Klavierspiel daher lediglich als eine Ergänzung zu Show und
Gesang zur Geltung bringen konnten. Ihr Beispiel verallgemeinernd
kann man sogar die These aufstellen, daß der Rock als eine gesungene
Musikgattung das Klavier besonders dann nicht zur Entfaltung kommen
läßt, wenn der Sänger-Star zugleich auch den Klavierpart übernimmt.
Das Instrument kommt dann stets zu kurz.

Weitgehend ohne das Klavier entfaltet sich der frühe Beat in England,
sowohl in den Provinzstädten wie auch in London. Nicht das Klavier, sondern die Hammond-Orgel wird dagegen von zahlreichen Gruppen verwendet, wobei Fotos belegen, daß der zweimanualige Typus bevorzugt
wurde. Die Orgel stammt aus dem Gospel- und Soulbereich, und ihre
Übernahme lag für Gruppen nahe, deren Repertoire zum großen Teil der
schwarzen Musik gewidmet war. Zu den wenigen Formationen in der
Mersey-Gegend, die ein Klavier oder häufiger eine elektrische Orgel verwendeten, gehören GERRY & THE PACEMAKERS mit Leslie Maguire, THE

MOJOS mit Terry O'Toole und THE REMO FOUR mit Tony Ashton, dessen Laufbahn sich auch im darauffolgenden Jahrzehnt verfolgen läßt. In London häufen sich die Beispiele für Bands mit Orgelklang, was angesichts des R & B-Booms in der Hauptstadt nicht weiter verwundert. Solche Gruppen waren THE ARTWOODS mit Jon Lord (dem späteren DEEP PURPLE-Organisten), THE GRAHAM BOND ORGANISATION natürlich mit Graham Bond an der Orgel, Georgie Fame & THE BLUE FLAMES mit Georgie Fame (bürgerlich Clive Powell), Alexis Korner's BLUES INCORPORATED mit Ian Armit und später mit Johnny Parker bzw. Graham Bond, MANFRED MANN mit dem Namensgeber an der Orgel, THE MARK LEEMAN FIVE mit Terry Goldberg, John Mayall's BLUESBREAKERS mit John Mayall, THE ZOOT MONEY BIG ROLL BAND mit Zoot Money (bürgerlich George Money), SHOTGUN EXPRESS mit Peter Bardens und schließlich Brian Augers verschiedene, sich ablösende Formationen STEAMPACKET, TRINITY und OBLIVION EXPRESS, die – entschieden dem Jazzrock zugewandt – bereits in die siebziger Jahre hineinreichen.

Während in Liverpool und Umgebung Tasteninstrumente nur selten in einer Rockband verwendet wurden, steht eine Orgel häufig im klanglichen Mittelpunkt bei Beat- und Bluesgruppen, deren Ursprünge in Newcastle, Birmingham, Manchester oder in anderen Provinzstädten liegen und die auch weiterhin in ihrem Heimatort blieben oder aber von dem magisch anziehenden Musikleben Londons aufgesogen wurden. Unter den betreffenden Keyboardspielern, die später auch solistisch oder mit eigenen Gruppen hervorgetreten sind, finden sich Alan Price (THE ALAN PRICE SET, THE ANIMALS), Steve Winwood (THE SPENCER DAVIS GROUP, TRAFFIC, BLIND FAITH), Mike Pinder (THE MOODY BLUES), Gary Brooker (THE PARAMOUNTS, PROCOL HARUM), Rod Argent (THE ZOMBIES, ARGENT) und Ian McLagan (THE SMALL FACES).

In der zweiten Hälfte der sechziger wie zu Beginn der siebziger Jahre erfüllen die Tasteninstrumente, grob unterteilt, zwei Funktionen in der Rockmusik. Entweder stehen sie im Dienste psychedelischer Wirkungen, wobei dann am häufigsten die Hammond-Orgel mit ihren satten Farben, mit Schwelleffekten, Glissandi und dem Wah-Wah-Gerät verwendet wird. Oder sie sind an der Entstehung des Kulturrock oder Classic Rock beteiligt, und dann handelt es sich zumeist um einen Pianisten, der eine Konservatoriums-Ausbildung hinter sich hat und im Spiel mit allerlei Zitaten von Bach, Mozart und Beethoven aufwartet. Beide Varianten verdienen es, näher betrachtet zu werden.

Die psychedelisch ausgerichteten Bands, deren Texte sich mit Vorliebe surrealistischer Bilder bedienen, setzen die Orgel mitunter als ein Mittel der Schockerzeugung ein, um auch so trip-ähnliche Zustände heraufzubeschwören. Ebenso häufig dient die Orgel dazu, die sprachliche Erzählung mit musikalischen Mitteln zu untermalen und auf diese Weise eine Art Programmusik zu liefern. Beide Verwendungsarten lassen sich im Orgelspiel des Engländers Vincent Crane gut beobachten. Als Mitglied von Arthur Browns CRAZY WORLD schlägt er quietschende, heulende Akkorde aus seinem Instrument heraus, hält sie im Tremolo fest und hört unvermittelt auf, unberechenbar und beklemmend («Nightmare»). In der Erzählung «Fire» schildert er suggestiv das allmähliche Aufflackern roter Zünglein, die sich in Crescendo lauffeuerartig in ein Flammenmeer verwandeln. Auch sonst führt Crane, so etwa in seiner späteren Formation ATOMIC ROOSTER, die mannigfaltigen Ausdrucksmöglichkeiten vor, die in dem scheinbar schwerfälligen, wie gepanzerten Klang der elektrischen Orgel schlummern. Programmatisch unerwartete, auf der schockartigen Änderung der Lautstärkegrade beruhende Klangverläufe lassen sich auch bei anderen einschlägigen Formationen beobachten, in den USA etwa bei ATTILA (einem New Yorker Duo, dessen Organist Billy Joel war) und bei Al Kooper, dessen Liebe zu unvorhersehbaren Klangfiguren schon häufig an Effekthascherei grenzt, handele es sich um eine bluesorientierte Spielweise mit THE BLUES PROJECT, mit BLOOD SWEAT & TEARS und mit Michael Bloomfield oder um die eigenen, mehr pop-beeinflußten Soloprojekte. Das gleiche gilt mehr oder weniger von Mark Naftalin bei THE PAUL BUTTERFIELD BLUES BAND, von Barry Goldberg bei THE ELECTRIC FLAG und von Ray Manzarek bei THE DOORS.

Je nachdem, ob man Bach- und Beethoven-Zitate in der Rockmusik als eine sinnvolle Bereicherung oder aber als ein hohles Gestikulieren mit unverdautem Bildungsgut beurteilt, wird man auch die Verdienste des Klaviers für den Rock um 1967–1972 anders sehen. Denn es ist bemerkenswert, daß in den einschlägigen Gruppen wie EKSEPTION, THE NICE, RENAISSANCE und BEGGARS OPERA es ausnahmslos Klavierspieler waren, die Zitate und Arrangements dieser Art pflegten. Wenn auch kaum am frühesten, trugen SOUNDS INCORPORATED aus Kent mit dem Keyboards-Spieler Barrie Cameron immerhin schon 1964 Titel wie «William Tell» und «Light Cavalry» vor und zeigten mit ihnen anderen den Weg, wie man Rossini und Suppé mit einem Beat versehen und als einen gefälligen Pop verkaufen kann. Ihrem Beispiel folgten einige Jahre später BEGGARS OPERA, deren Tastenmann Alan Park gleich auf der frühesten Gruppen-LP von 1971 ein Potpourri aus dem 19. Jahrhundert in der Art englischer Promenadenkonzerte zusammenstellte. Keith Emerson bei THE NICE und später bei EMERSON LAKE & PALMER sollte zum bekanntesten Vertreter dieser Gattung werden, und gerade an seinen Bearbeitungen, Abkürzungen und Erweiterungen von Kompositionen Bachs, Mussorgskys, Bartóks,

Debussys und Janáčeks kann man Sinn und Unsinn der synthetischen Gattung am besten ermessen. Doch ist es nicht überflüssig, auch auf John Hawken bei RENAISSANCE hinzuweisen, deren Komposition «Island» von 1969 aus Zitaten merkwürdig verlangsamter Beethovenscher Klavierwerke besteht, ebenso auf die beiden Holländer Thijs van Leer (FOCUS) und Rick van der Linden (EKSEPTION), die das Bild vom «Classic Rock», der Beethoven-Zitate aneinanderreiht, auf dem europäischen Kontinent am nachhaltigsten geprägt haben. Es überrascht nicht, daß ähnliche Versuche einer Angleichung von Rock und europäischer Kunstmusik auch in den Vereinigten Staaten von einigen klassisch geschulten Pianisten ausgegangen sind, zu denen Michael Kamen (NEW YORK ROCK & ROLL ENSEMBLE), Mark Stein (VANILLA FUDGE) und einige Klavierspieler in Boston gehörten. Würde es sinnvoll sein, könnte man einige betroffene Musiker auch in Frankreich, Italien (PREMIATA FORNERIA MARCONI) und in der Bundesrepublik (THE BLACKBIRDS mit Peter Bely) aufzählen; doch erscheint es interessanter, in der Bundesrepublik eine Ausnahme zu beobachten. Der eifrigste und von vornherein kommerziell planende Verfechter der in Frage stehenden Musikrichtung war hier nämlich kein Pianist, sondern der Saxophonspieler Klaus Doldinger unter dem Decknamen Paul Nero.

Das beunruhigende Fragezeichen, das die Instrumente Klavier und Orgel dem Rockhistoriker aufgeben, verschwindet erst recht nicht, wenn man sich den großen Einfluß einiger britischer Pianisten auf die Rockmusik vergegenwärtigt, deren Geschmack kaum anders als kitschig und bombastisch bezeichnet werden kann. Dieser in großen Klangmassen schwelgende Geschmack wird von Rick Wakeman gleichsam idealtypisch vertreten, so daß der bekannte YES-Organist auch stellvertretend für andere charakterisiert werden kann. Sohn eines Big-Band-Musikers und bereits mit sechzehn Jahren Schüler am Londoner Royal College of Music, schloß sich Wakeman zunächst der Folkrockgruppe STRAWBS an, um auf deren drittem Album *Just a Collection Of Antiques And Curios* von 1970 mit einem fünfminutigen virtuosen Stück allein zu brillieren. Ein Jahr später löste er den scheidenden Tony Kaye bei YES ab und entfaltete hier danach – mit Ausnahme einer kurzen Unterbrechung – eine üppige Klangpracht auf einer Reihe gleichzeitig bedienter Keyboards. Seine feierlichen Orgelsoli, seine perlenden Klavierpassagen und die auftrumpfenden Mellotronkadenzen unterstreichen (und persiflieren unbeabsichtigt) die hochpriesterliche Erhabenheit, die dem Kunstverständnis von YES und besonders von dessen Sänger Jon Anderson gemäß ist. Gleich auf dem ersten Album *Fragile* von 1971, das unter seiner Mitwirkung entstand, zeigt Rick Wakeman, wes Geistes Kind er ist – nämlich Keith Emersons. Die Komposition «Cans And Brahms» bildet eine auseinandergestückelte Taktfolge aus dem dritten Satz der e-Moll-Symphonie von Brahms. Das Arrangement beruht auf folgendem Verfahren: das E-Piano übernimmt die Streicherstimmen, der Flügel entspricht den Holzbläsern, auf der elektrischen Orgel ertönen die Stimmen der Blechblasinstrumente, ein elektrisch verstärktes Cembalo übernimmt die Aufgabe der Rohrblattinstrumente, während die Kontrafagottstimme einem Synthesizer anvertraut wird. Schon wegen seiner nervösen Kürze wirkt das bearbeitete Stück wie eine Comic-Zeichnung gegenüber einem Rubensschen Originalgemälde. Die verblüffende Geschmacksunsicherheit Wakemans schlägt sich indessen nicht hier, sondern in seinen zahlreichen Soloprojekten am anschaulichsten nieder. Mit einer blendenden, nur eben undisziplinierten musikalischen Intelligenz zeichnet er bald die sechs Ehefrauen von Heinrich VIII. in ebenso vielen Klangporträts nach, bald donnert er Gershwin und Tschaikowsky mit Hilfe kaum weiter zu überbietender Tonmassen auf, um dann noch mit einem anderen Liebhaber des Bombasts, dem Filmregisseur Ken Russell, sich zu dem Mammutkitsch *Lisztomania* zu vereinen. Dabei verfügt Wakeman über eine bewunderungswerte, perfekte Spieltechnik ebenso wie über einen ausgeprägten Sinn für klangfarbliche Kontraste und für die Verteilung von Tongewichten. Aber sein Kult einer permanenten und schon erschlagenden Monumentalität, die trotz allem verzuckert und kraftlos wirkt, macht Wakeman zu einer irritierenden Komponistengestalt. Er gehört zu den technisch untadeligen und andererseits wiederum doch belanglosen, weil bloß geschwätzigen Perfektionisten, denen die New-Wave-Musiker um 1977 bis 1980 ihre harte, schnörkellose Musik entgegensetzten.

Die siebziger Jahre haben manche technisch versierten Rockpianisten hervorgebracht, denen auch internationale Zustimmung und kommerzieller Erfolg zuteil wurden. Dave Greenslade als der Keyboardsmann von COLOSSEUM wie auch als Leiter einer eigenen, nach ihm benannten Formation, David Sinclair bei CARAVAN und MATCHING MOLE, William Lyall als der klangkultivierte Pianist von PILOT und als Solist auf einem eigenen Album voller eingängiger Kompositionen, selbstverständlich auch Elton John, Nicky Hopkins, Paul Fishman und andere sowohl als Sidemen wie auch als Solisten mit eigenem Recht haben zu einer rockmusikalischen Pianistik beigetragen. Allerdings muß man ihren Beitrag nüchtern als recht bescheiden einschätzen. Sie alle huldigen dem gesicherten, ja breitgetretenen Mainstream, statt in neue Bereiche technischer wie stilistischer Art vorzustoßen. Das gleiche muß man – auch wenn die Bedingungen anders liegen – von den meisten amerikanischen Fusionisten sagen, die sich in der zweiten Hälfte der siebziger Jahre mit zunehmender Selbstzufriedenheit in einem «Crossover» genannten Zwischengebiet angesiedelt haben, das indessen weder Jazz noch Rock, sondern einen austauschbaren gefälligen Pop bildet. Billy Preston landete bei Disco; auch die anderen wie George Duke, Herbie Hancock, Jan Hammer, Bob James und in der Bundesrepublik Joachim Kühn zeigen eine konsequent absteigende künstlerische Linie, der freilich eine steigende Kurve verkaufter Einspielungen entspricht.

Weit bemerkenswerter sind jene europäischen Musiker, die ursprünglich vom Jazz kommend sich dem Rockidiom angenähert haben, ohne in dem so eroberten Zwischenland lediglich eine Goldgrube zu sehen. Zu ihnen gehört Mike Ratledge, der als ehemaliges Mitglied und als Mitgründer von Soft Machine sowohl die perkussive Spielweise des Bebop wie auch die hypnotisch wirkende Minimal Music von Terry Riley einer staunenden und erlebnisfähigen Rockwelt um 1971–1973 nahebrachte. Zu den eigene Wege gehenden Pianisten gehört auch der Pole Niemen (bürgerlich Czeslaw Wydrzycki), der vom traditionellen Jazz ausgehend eine sehr persönliche Sprache in den Siebzigern fand, die mit ihren langgedehnten Tönen und leidenschaftlichen Ausbrüchen an slawische Kirchengesänge erinnert und die Niemen in den jüngsten Jahren auf seinem Polymoog farbenreich untermalt.

Es ist ein offenes Geheimnis in der Rockwelt, daß die wie unter Zeitlupe kriechenden Klänge einer sogenannten meditativen Musik um 1970–1975 vielfach darin ihren Ursprung haben, daß der betreffende Keyboardspieler dem Standard pianistischen Handwerks nicht voll gewachsen war und aus seiner Not eine Tugend machte. Dies von Gruppen wie Popol Vuh, Tangerine Dream, Xhol Caravan, Quintessence und Ash Ra Tempel direkt zu behaupten, wäre gewiß unfair. Immerhin haben diese Gruppen keine nennenswerten Proben von einer entwickelten pianistischen Technik abgegeben, obgleich Tasteninstrumente in ihnen im Vordergrund stehen. Aus diesem Grund müssen sie unter dem hier besprochenen (einseitigen) Gesichtspunkt als unergiebig angesehen werden.

Das Saxophon

Der ebenso bewegliche wie sinnliche Klang des Saxophons spielt im Rock bei weitem nicht die überragende Rolle, die ihm seit den vierziger Jahren im Jazz zukommt. Dazu verlangt es, dem Klavier ähnlich, eine allzu intensive, zeitaufwendige Ausbildung, um von sechzehn- bis zwanzigjährigen Rockmusikern eingesetzt zu werden. Die großen Saxophonisten des Jazz, die ihre Meisterschaft bis ins hohe Alter hinein praktiziert haben, sind in der hektischen Glitzerwelt einer Rockbühne kaum denkbar. Dementsprechend wird das Instrument im Rock häufiger im Plattenstudio als live verwendet. Diese Einschränkung gilt nicht für den frühen Rock 'n' Roll und seine R & B-Ahnlinie. Das Alt- und besonders das Tenorsax prägen geradezu – und prägten auch optisch – die Rockmusik der fünfziger Jahre, begleiteten den Rock bis in die Sechziger hinein, um während der Herrschaft des britischen Beat und der psychedelischen Jahre eine Randexistenz im Soul, im Londoner Blues-Revival und in einigen Avantgarde-Formationen wie SOFT MACHINE zu führen. Erst der weitverzweigte Jazzrock der siebziger Jahre brachte das Instrument erneut zur Geltung. Nach ROXY MUSIC und SUPERTRAMP sind es um 1981 vor allem New-Wave-Gruppen, die das Saxophon soundprägend verwenden, so etwa ESSENTIAL LOGIC, neben ihnen auch die Rock-Steady-Revivalisten um die gleiche Zeit (MADNESS und andere).

Der Grund, warum das Saxophon und speziell das Tenorsax im Rock 'n' Roll als ein Instrument mit Mitspracherecht, ja zuweilen mit Vorherrschaft eingesetzt wurde, erklärt sich aus der Nähe des Rhythm & Blues zum Jazz. Um 1950 bis 1955 war R & B (wie die einstige «Race Music» zu heißen begann) eine Art populärer Jazz, mit dem wesentlichen Unterschied allerdings, daß er zum Tanzen, zum wirbelnden Jitterbug, dagegen der Jazz als eine entwickelte Hör-Kunst nur noch zum Hören bestimmt war. Beide Gattungen wurden vornehmlich von Schwarzen gepflegt, und beide wandten sich an Schwarze, der Rhythm & Blues freilich mehr als der Jazz. Weiße Cover-Versionen von R & B-Stücken erfreuten sich unter den Schwarzen dabei ebenfalls großer Beliebtheit. Die Tradition des Saxophonspiels lag somit in den gleichen Händen, und es war oft nur eine Frage des Zufalls und freilich auch eine Frage größerer oder geringerer Instrumentenbeherrschung, ob ein schwarzer Tenorsaxspieler in einem Jazzorchester oder in einer R & B-Tanzcombo Beschäftigung fand. Noch durchlässiger waren die Grenzen zwischen R & B und Jazz bei Platteneinspielungen. Firmen wie Atlantic in New York, ABC an der Westküste und Mercury in Chicago, die mit dem gleichen Eifer Jazz, Rhythm & Blues und Doo-Wop förderten, zogen häufig dieselben Musiker als Session Men bei Plattenaufnahmen heran.

Freilich, überragende Tenorsax-Spieler begegnen uns auf R & B- sowie Rock 'n' Roll-Einspielungen nur selten. Jeder Vergleich mit den zeitgenössischen Großen des Instruments wie Gene Ammons, Dexter Gordon, Coleman Hawkins, Illinois Jacquet, Ike Quebec, Sonny Rollins, Buddy Tate und Lester Young verbietet sich daher von selbst. Kein Wunder: denn das Sax beschränkt sich in den populären Gesangsstücken auf einige Akzente setzende Töne und entfaltet sich in bescheidenen Grenzen erst, wenn die erste Hälfte des Musikstückes (mit der schematischen Gliederung AABA) zu Ende geht und die Reihe am rein instrumentalen Zwischenspiel ist. Dann umspielt das Saxophon die Harmonien des zwölftaktigen Blues-Chorus ein- oder höchstens zweimal und schmückt das Thema des A-Gliedes linear aus. In diesen klischeehaften Zwischenspielen wird ein überdurchschnittliches spieltechnisches Können ebensowenig verlangt wie ein Höhenflug improvisierender Eingebung. Um so leichter konnten sich die Plattenfirmen leisten, den Saxophonspieler ungenannt zu lassen. Für den Historiker der Rockmusik sind die betreffenden Namen daher ein für allemal verloren. Nur in seltenen Fällen lüftet sich diese drückende Anonymität. Die Wortkargheit der Plattenfirmen kann man auch sonst einfach erklären. Das heute übliche, kunstvoll gestaltete und informationsreiche Plattencover war in den fünfziger Jahren unbekannt. Die einfache Papierhülle, in der eine 78er oder 45er Platte steckte, enthielt entweder überhaupt keinen Text, oder sie wies nur den Firmen- und eventuell noch den wichtigsten Interpreten-Namen samt Kompositionstitel auf. Für die Aufzählung der Sessionmusiker fand sich auf dem runden Label der Platte erst recht kein Platz. Und wer wollte überhaupt die Namen der Begleitmusiker wissen?

Fest steht, daß Lee Allen und Herbert Hardesty auf manchen New Orleans-Einspielungen von Fats Domino und von Huey Piano Smith um die Mitte der fünfziger Jahre verewigt sind. Lee Allen hatte 1958 sogar einen eigenen Hit namens «Walkin' With Mr. Lee» auf Ember. Vor allem ist er auf unzähligen Singles des Südstaaten-Labels Ace zu hören, etwa in «Silly Dilly Woman» von Jimmy (Mercy Baby) Mullins, in «Looped» mit Joe Dyson und in dem humoristischen «Rockin' Behind The Iron Curtain» von Bobby Marchan & THE CLOWNS von 1958. Als weitere Studiomusiker betätigten sich Rusty Bryant, Charlie Calhoun alias Jesse Stone, Al Sears, Sam «The Man» Taylor und Jimmy Wright. Ein weiterer, Red Prysock, wirkte beim Chicagoer Mercury-Label, wo er mit Hits wie «Finger Tips», «Hand Clappin'» (beide 1955) und «Rock 'n' Roll Party» (1956) Erfolge erzielte. «Hand Clappin'» ist eine rein instrumentale Komposition und gehört zu den zahllosen textlosen Stücken, die vom Tenorsax beherrscht werden. Sie entsprechen dem ausgeprägten Tenorsax-Kult des Publikums um diese Zeit in ausgiebigen und schwelgerischen Passagen. In «Slow Walk», einem ebenfalls untextierten Musikstück von 1956, stellt Sil Austin das Thema frei vor und variiert es in mehreren Anläufen mit einer Intensität, die schon fast an die genannten Jazz-Giganten denken läßt. Außer «Hand Clappin'» und «Slow Walk» boten weitere, äußerst populäre Stücke wie «Honky Tonk», «All Night Long» und «7–11» dem Tenorsax breiten Raum für aufblühende Melodik. Auch «Leap Frog» von

Chuck Alaimo gehört in diese Gattung (1957, MGM Records). Nicht zuletzt war Boots Randolph ein geschätzter Tenorsaxophonist, der sich vom Ende der fünfziger Jahre an als Studiomusiker in Nashville betätigte und auf Monument Records sogar mit eigenen Hits aufwartete («Yaketi Sax» 1963, «Hey, Mr. Saxman» ein Jahr später).

Der 1971 erstochene King Curtis (bürgerlich Curtis Ousley) war neben Sam Taylor zweifellos jener Saxophonist, der durch sein Wirken bei Atlantic Records am meisten dazu beigetragen hat, daß man heute unter dem «Sound der Fünfziger» auch einen vom Tenorsaxophon gesättigten Klang versteht. Bevorzugte Curtis die Tenor- oder die Altlage des Saxophons? Die Frage stellt man sich mit doppelter Neugier, da er im Buch *Making Tracks* von Charlie Gillett ein Altsaxophonist genannt, aber auf dem Foto mit einem Tenorsax gezeigt wird. Umgekehrt wird er in Norm N. Nites Enzyklopädie *Rock On* als ein «gewaltiges Talent des Tenorsaxophons» vorgestellt und auf derselben Seite mit einem Alt-Instrument abgebildet.

Nun, beide Behauptungen sind richtig, nur haben die genannten Verfasser jeweils das falsche Foto erwischt. Curtis bevorzugte dabei eindeutig das Tenorsaxophon. Einst Mitglied des Orchesters von Lionel Hampton, war er unter seinen Jazzkollegen besonders von Gene Ammons und Coleman Hawkins beeinflußt und brachte bei zahlreichen Atlantic-Aufnahmen gern den voluminösen, männlich singenden Tenorklang von Hawkins zur Geltung. Bereits den frühen Doo-Wop-Gruppen stand er helfend bei und macht heute deren schmachtende, sentimentale Melodiezeilen nur noch allein genießbar, indem er ihnen kräftig phrasierte und mehr «schwarz» empfundene Zwischenspiele aufsetzt. In «Good Lovin'» der CLOVERS von 1953 ist der Saxspieler sehr wahrscheinlich er selbst, auch auf Joe Turners Version von «Shake, Rattle And Roll» von 1954. Eindeutig identifizierbar wird er aber in den rein instrumentalen Passagen bei den COASTERS, deren zumeist von Jerry Leiber und Mike Stoller geschriebene Stücke King Curtis Gelegenheit geben, sein Instrument mit humoristischer Absicht einzusetzen. In den Kompositionen wie «Riot In Cell Block Number Nine», «Shoppin' For Clothes» und «Charlie Brown» bleibt der Instrumentenklang in der Regel sonor. Aber allerlei Teilton-Mixturen, quietschende Zwischentöne und Gleitton-Techniken werden in die flotten Liedchen aufgenommen. Sie geben den witzigen Szenen ebenso Leben wie der erzählende, bald klagende und bald umwerfend komische Vokalbaß, dessen Technik an eine frühere und ebenfalls schwarze Formation, die INKSPOTS, erinnert. Doch konnte Curtis plötzlich auch anders sein und in lange ausgekosteten Tönen schwelgen, wie «Smoky Joe's Café» der ROBINS von 1956 beweist – unter diesem Gruppennamen sangen bekanntlich keine anderen als die früheren COASTERS. In den sechziger Jahren wandte sich Curtis dem Soul zu und trat mit und ohne die KINGPINS auf mehreren Einspielungen auch solistisch hervor («Soul Twist», 1962 auf Enjoy; «Soul Serenade», 1964 auf Capitol; «Memphis Soul Stew», 1967 auf Atco, einem Unterlabel von Atlantic). Er leitete die Begleitgruppe von Aretha Franklin und ist maßgeblich auf deren Album *Bridge Over Troubled Water* von 1971 beteiligt. Seine spätere Rolle läßt sich somit derjenigen von Trevor Lawrence gleichsetzen, dessen Tenorsax die Musik von Marvin Gaye begleitet.

In den fünfziger Jahren schien das Tenorsaxophon unentbehrlich, einerlei, ob es sich um Rhythm & Blues-Stücke wie «Wallflower» von Etta James handelte (1954 auf Modern, mit der berüchtigten Aufforderung «Roll with me, Henry . . .») oder ob es um augenverdrehende Doo-wop-Musik ging. So konnten «Oh What A Night» von THE DELLS (1956, Vee Jay), «Get A Job» von THE SILHOUETTES (1957, EMBER) und «In The Still of The Night» der FIVE SATINS (1958, Ember) auf kurze oder auch längere Zwischenspiele mit dem Tenorsaxophon ebensowenig verzichten wie hundert andere, weniger bekannte Stücke der Zeit. Sogar im Südstaaten-Rockabilly taucht das Instrument auf, obwohl äußerst selten. Aber Hank Snows «I'm Movin' On» in der Rockabilly-Version von Warren Smith ist Zeuge solcher Kuriosität (1956 auf Bopcat in Memphis). Sogar der Name des Saxspielers ist überliefert: er hieß Martin Willis.

Bis in die späteren sechziger Jahre hinein kommt das Tenorsax, wie ja das Saxophon überhaupt, fast ausschließlich in Verbindung mit schwarzer Musik zur Geltung, sei es im amerikanischen Soul, sei es im britschen Blues-Revival. Die weißen Beatgruppen haben den Saxophonklang als etwas ihrer Gitarrenmusik Wesensfremdes angesehen. Als einfühlsamer Begleitmusiker wie auch im Vordergrund seiner Gruppe THE ALL STARS ist Junior Walker auf unzähligen Motown-Einspielungen zu hören, während Jerry Martini den Gruppensound von SLY AND THE FAMILY STONE gestalten half.

Künstlerisch beachtlicher ist schon die Rolle, die dem Instrument zur gleichen Zeit in England zugedacht war. Vor der 1964 einsetzenden Beatles-Manie waren die Londoner Clubs vom Jazz wie vom Rhythm & Blues beherrscht, wobei dieselben Musiker häufig in beiden Gattungen sich heimisch fühlten. Diese stilistische Gewandtheit erklärt, warum Musiker wie John McLaughlin und Jack Bruce und speziell die beiden Saxophonspieler Dick Heckstall-Smith (s, t) und Graham Bond (a) das Hauptgewicht ihrer Aktivität bald auf den Jazz und bald auf den R & B beziehungsweise auf den frühen Bluesrock verlegen konnten.

Dick Heckstall-Smith war Jazzmusiker, bevor er sich zunächst Alexis

Korners BLUES INCORPORATED anschloß und danach vier Jahre in Graham Bonds ORGANISATION verbrachte. Hier spielte er Sopran und Tenor abwechselnd, ja sogar gleichzeitig, wie die simultane Verwendung zweier Instrumente unter seinen Fachkollegen um diese Zeit zur Mode wurde. Außer mit solistischen Einwürfen, die linear entworfen sind und an die Kurzatmigkeit der Bebop-Phrasierung erinnern, trat er mit dem tieferen Instrument auch duettierend hervor, so etwa 1963 mit Graham Bond als Altisten in Korners Komposition «Rockin'». Heckstall-Smith wirkte inmitten junger R & B-Musiker wie Mick Jagger, Jack Bruce und Charlie Watts relativ alt und hatte daher manche Schwierigkeiten psychischer Art mit seinem Publikum zu bestehen. Einer breiten Öffentlichkeit wurde er erst eigentlich 1968 bekannt, als er anläßlich der Frühlingstournee von John Mayall (in dessen BLUESBREAKERS er ein Jahr lang mitwirkte und auch auf dem *Bare Wires*-Album beteiligt ist) unter amerikanischen Kritikern viel Anerkennung fand. Als Jon Hiseman 1969 COLOSSEUM ins Leben rief, war sein langjähriger Freund Dick von Anfang an dabei, um in dieser britischen Variante von BLOOD SWEAT & TEARS und CHICAGO ein breites Spektrum von Blues- wie auch Cool-Spielweise, aber auch von Free-Jazz-Techniken in den Gruppenklang einzubringen. In TEMPEST, der späteren Formation von Hiseman, spielte Heckstall-Smith allerdings nicht mehr. Seine spieltechnische Virtuosität kommt erst auf seinem Soloprojekt *A Story Ended* von 1973 wieder voll zur Geltung.

Während Dick Heckstall-Smith zu keinem Zeitpunkt ein reiner Rockmusiker genannt werden kann (darin ähnelt er dem Tenorspieler Lol Coxhill und dem Bariton-, später Sopransaxophonisten John Surman), steht Alan Skidmore einem jazzhaft erweiterten Rhythm & Blues nahe. Um 1965 gleichfalls Mitglied der BLUES INCORPORATED, machte er hier mit selbständig bestrittenen instrumentalen Episoden auf sich aufmerksam. Seine makellose, geschmeidige Phrasierung beeindruckt etwa in Charles Mingus' «Oh Lord, Don't Let Them Drop That Atomic Bomb On Me». Skidmore spielte anschließend mit John Mayall und – rein jazzorientiert – mit Mike Westbrook, um sich danach mit verschiedenen Soloprojekten zu versuchen. Weitere Tenorspieler, deren Wurzeln im R & B-Revival der sechziger Jahre liegen, sind Chris Mercer (BLUESBREAKERS, JUCY LUCY), Johnny Almond (BLUESBREAKERS) und Clive Burrows.

Es ist bemerkenswert, daß in dem 1967/68 einsetzenden Brass-Rock das Saxophon lediglich eine untergeordnete Rolle spielte, ja von etlichen Formationen einfach ignoriert wurde. Letzteres trifft besonders für Gruppen wie CHASE zu, deren Klang von Trompeten beherrscht wird. So unglaublich es erscheint, selbst bei CHICAGO – einer der meistzitierten Jazzrock-Bands – war das Saxophon von Anfang an nicht vertreten, und auch bei BLOOD SWEAT & TEARS erhält es ausgesprochen untergeordnete Aufgaben, wiewohl das Spiel von Fred Lipsius (der indes bald ausschied) einen größeren Anteil am Gruppensound verdient hätte. Erst in der Besetzung von 1979/80 bekommt das Instrument mehr Gewicht, ja sein Funky-Stil dringt mitunter auch in den Vordergrund, dank den beiden Spielern Earl Seymour (t, bar) und Vernon Dorge (s, a). Auch sonst erhebt sich das Tenorsax nur ausnahmsweise über die Funktion eines bloß tonfüllenden, eher koloristisch eingesetzten Klangerzeugers. Dies trifft auf THE CRUSADERS, ELEPHANT'S MEMORY (die als die Backing Group von John Lennon zunehmend rockiger wurde) und FLOCK ebenso zu wie auf NUCLEUS und IF, auch auf die Dänen von BURNIN' RED IVANHOE und auf die kanadische Formation LIGHTHOUSE. Selbst bei SOFT MACHINE erhielt das Instrument nur vorübergehend ein größeres Gewicht, nämlich während der obengenannte Skidmore zur Avantgarde-Formation gehörte. (Der bekanntere Elton Dean bediente zur gleichen Zeit Alt beziehungsweise Saxello.) Das eigentliche Interesse des späteren SOFT MACHINE-Gruppenleiters Karl Jenkins (s, bar) galt zunehmend dem Keyboardspiel, und in der jüngeren Besetzung erfüllt auch Alan Wakeman, ein Neffe des einstigen YES-Organisten, lediglich eine klangstützende Funktion. Da wirkt WEATHER REPORT schon fast wie eine Ausnahme. Ihr Mitglied und Mitgründer ist der Sopran- und Tenorspieler Wayne Shorter, der in den ausgehenden sechziger Jahren unter Miles Davis spielte. Er bevorzugt das Sopraninstrument.

Wenn dem Tenor eine Art Randexistenz bei den bekannteren Jazzrock-Formationen zugewiesen wurde, so entfaltete es sich um so freier bei einigen anderen Gruppen, die man nicht oder jedenfalls nicht vorbehaltlos dem Jazzrock zuzählen kann. Da ist nicht nur FAMILY zu nennen, auf deren ersten beiden Alben der saxophonspielende Gruppengründer Roger Chapman zusätzlich von Jim King (s, t) unterstützt wird, sondern zu nennen ist vor allem BLOWYN PIG, deren Mitglied Jack Lancaster zu den kultivierten und vielseitigen Reed-Spielern in England zählt. Auf dem Debut-Album der von Mick Abrahams geführten Gruppen bläst Lancaster in guter Heckstall-Smithscher Manier Sopran und Tenor gleichzeitig und erreicht durch das Vielspuren-Verfahren einen kompakten Saxophonklang (s, zwei t, bar). In dem Stück «The Modern Alchemist» stellt er seine Spielfertigkeit in launigen Einwürfen unter Beweis. Lancaster bewegt sich im Hardbop mit dem gleichen sicheren Heimatgefühl wie in Free Jazz. Eine verhaltene Legato-Phrase entschlüpft ihm nicht minder leicht als eine chaotisch anmutende Toneruption in der Hot-Spielweise. Auf der zweiten (und letzten) Langspielplatte von BLODWYN PIG zwingt er das Tenorinstrument bis zur hohen Altlage hinauf und entlockt ihm so kaum gehauchte, zarte Töne. Dasselbe Album freilich verrät bereits, warum die Formation sehr bald auseinanderfallen mußte. Während Lancaster der jazzgeprägten Phrasierung treu bleibt (etwa in «San Francisco Sketches», die in der Gefolgschaft von Miles Davis' *Sketches Of Spain* stehen), neigt Abrahams immer mehr zum Hard- und Bluesrock. Später hat Lancaster mit dem Pianisten Robin Lumley zusammengearbeitet und zusammen mit ihm einige gefällige Einspielungen herausgebracht, so *Peter And The Wolf* (1975), *Marscape* (1976, wo er Lyricon, Sopran, Alt und Tenor spielt) und *Skinningrove Bay* aus dem Jahr 1980.

Außerhalb des Jazzrock-Idioms im engeren Sinn wirkten beziehungsweise sind noch tätig Mel Collins (KING CRIMSON, STREETWALKERS, KOKOMO), Dave Jackson (VAN DER GRAAF GENERATOR), Keith Gemell (AUDIENCE, STACKRIDGE) und Johnny Anthony Helliwell, der als früheres Mitglied von THE ALAN BOWN SET und ab 1974 als der elegant phrasierende Saxspieler von SUPERTRAMP zu den bekanntesten Instrumentalisten Englands gehört. Womöglich noch einflußreicher ist Andrew (Andy) Mackay dadurch, daß er den Klang von ROXY MUSIC – einer der Schlüsselgruppen der siebziger Jahre – mitformen half. Längere Soloepisoden hatte er hier freilich nicht zu bewältigen, eher waren Zitate und verfremdende Quietschgeräusche seine Spezialität. In «Re-Make/Re-Model» auf dem ersten Gruppenalbum von 1972 überrascht er den Hörer bald mit einem humoristischen Hühnergackern, bald mit einem notengetreuen Zitat aus Richard Wagners *Walküre*. (Stan Bronstein, Tenorsaxbläser von ELEPHANT'S MEMORY in New York, brachte das Siegfried-Motiv bereits 1969 auf der Debut-LP seiner Band.) Ansonsten beschränkt sich Mackay gern auf Haltetöne und auf unauffällig begleitende Oberterzen. Ausnahmen lassen sich immer dann beobachten, wenn ROXY MUSIC von der damals modischen Nostalgie erfaßt wird und entweder Rock 'n' Roll oder den leicht infantil wirkenden Stil amerikanischer Girl Groups um 1962 nachahmt. Durchaus stilecht, wagt sich das Saxophon in solchen Fällen mehr in den Vordergrund («Would You Believe»). Auf seinem ersten Soloalbum *In Search Of Eddie Riff* von 1974 dagegen behauptet sein Tenor das klangliche Vorfeld. Auch hier zitiert Mackay ausgiebig von Schuberts «An die Musik» bis hin zum «Walkürenritt» Wagners, daneben ergeht er sich auch in langsamen, sinnlich ausgekosteten Eigenkompositionen in der Art von «The Hour Before Dawn». In einem weiteren Soloprojekt *Resolving Contradictions* (1978) wird auf ausgedehnte Solopassagen erneut verzichtet, und Mackay begnügt sich mit einem instrumentalen Klang, der als ein zusätzlicher Farbwert in den aufwendigen Gesamtsound integriert ist. Er bedient dabei auch Englisch Horn und Oboe. Um

1980 konnte man ihn auf der Konzertbühne neben Bryan Ferry in der wiedererstandenen Roxy Music-Formation sehen.

Unübersehbar ist die Anzahl von Rockgruppen, die außer den genannten ebenfalls ein Tenorsaxophon beschäftigen, etwa Bloodrock, Climax Blues Band, Delaney And Bonnie, Rare Earth, Paul Revere & The Raiders, Sweet Smoke, Hawkwind, Keef Hartley Band und Tower Of Power. Das Saxspiel von Jim Sherwood und Ian Underwood begleitet ein gut Stück Entwicklungsgeschichte der Mothers Of Invention beziehungsweise von Frank Zappa. Andere Spieler sind eher als Studiomusiker bekannt, so etwa Raphael Ravenscroft, dessen elegische Phrasierung in Gerry Raffertys «Baker Street» um 1978/79 viel zum Welterfolg dieses Stückes beitrug. Bemerkenswert ist, daß auf den konservativen, jedenfalls stark traditionsbeladenen Klang des Tenorsaxophons auch einige New Wave-Gruppen wie Grow-Up, The Psychedelic Furs und Martha and The Muffins zurückgreifen. Seltsamer noch, daß in diesem Stilbereich besonders Frauen es sind, die sich dem etwas unhandlichen Instrument zuwenden (Lora Logic, Lene Lovich). Einen unerwarteten Aufschwung erlebt der Tenorsax-Klang um die Jahrzehntwende auch in den stilimitierenden Ska- und Rock Steady-Formationen Großbritanniens.

Die Flöte

Ihr zerbrechlicher und etwas fleischloser Ton mag erklären, daß die ins Mikrofon geblasene akustische Querflöte bis in die zweite Hälfte der sechziger Jahre hinein so gut wie keine Rolle in der Rockmusik spielt. Auch später und bis heute hat sie im Rock kein volles Bürgerrecht erwerben können. Sie wird vielmehr von vielen Fans und auch von Kritikern als ein Kuriosum, ja als ein klanglicher Fremdkörper inmitten einer polternden, auf breite Massenwirkung bedachten Musiksprache angesehen. Charakteristisch für ihren verhältnismäßig geringen Verwendungsbereich ist der Umstand, daß sie von den meisten Rockhörern mit dem Namen Ian Andersons von Jethro Tull – und mit ihm allein – in Verbindung gebracht wird.

In Wirklichkeit tritt die Flöte spätestens mit «Fool On The Hill» der Beatles Ende 1967 in Erscheinung, zu dessen surrealer Stimmung das Quer- und Blockflötenspiel von Paul McCartney viel beiträgt. Solistisch, als Hauptinstrument des Gruppenleiters, ist das Instrument bei Jeremy & The Satyrs ebenfalls bereits 1967/68 in Funktion, einer US-Formation, deren Namensgeber Jeremy Steig sich später dem Jazz zuwandte und Ende der siebziger Jahre etwa mit dem Bassisten Eddie Gomez (einer der einstigen «Satyrs») zusammen inspirierte Einspielungen hervorbrachte. Die stilistische Richtung einer Anfang 1968 erschienenen LP der Gruppe läßt sich freilich nicht auf «Rock» im engstirnigen Sinn festlegen. Vielmehr wohnt ihr jene Amalgamierung von Rock, Jazz, Blues und Avantgarde inne, die in Europa erst einige Jahre später manche Anhänger finden sollte. Dominierend und ungewöhnlicherweise in Verbindung mit dem Blues trat das Querflötenspiel von Andy Kulberg in der New Yorker Bohemiens-Gruppe THE BLUES PROJECT hervor.

Ermutigt durch die BEATLES, verwendeten um 1968–1970 zahlreiche Rockgruppen das bis dahin kaum beachtete Instrument, wobei es in der Regel als ein Zweit- und Dritt-Instrument von Musikern bedient wurde, die hauptsächlich Saxophon spielten. Dies gilt von Johnny Anthony Helliwell (Blockflöte bei THE ALAN BOWN) ebenso wie von Clive Burrows (bei THE ALAN PRICE SET) und auf dem Kontinent von Didier Malherbe (GONG). Exemplarisch für das Gesagte kann der Engländer Ian McDonald genannt werden, wohl der vielseitigste Musiker in der Frühbesetzung von KING CRIMSON mit Saxophon, Flöte, Klarinette, Vibraphon, Mellotron und Gesang (nicht zu verwechseln mit Ian MacDonald, dem späteren Ian Matthews). Seine ebenmäßige, warme Intonation prägt nicht nur einzelne Stücke wie «I Talk To The Wind», sondern das gesamte Gruppenrepertoire um 1969. Der von vielen Kritikern beklagte Qualitätsverlust, der die zweite Langspielplatte von KING CRIMSON kennzeichnet, hängt nicht zuletzt mit dem Ausscheiden von McDonald zusammen (und freilich auch mit dem von Michael Giles, der zusammen mit McDonald bald darauf eine gemeinsame LP einspielte, deren Passagen den späteren TUBEWAY ARMY-Feldherrn Gary Numan Note für Note inspirieren sollten). Die Tradition des KING CRIMSON-Klanges setzte Mel Collins mit seinem Flöten- und Saxophonspiel freilich bald vollwertig fort.

Von Anfang an ist die Flöte übrigens auch bei weiteren, vergleichbaren Formationen wie GENESIS, VAN DER GRAAF GENERATOR und GENTLE GIANT gegenwärtig. Daß sie dabei nicht nur bei den sogenannten Kulturrock-Gruppen wie den soeben genannten beliebt war, sondern sogar im Hardrock erprobt wurde, beweisen BLACK WIDOW in England, wo Clive Jones neben Tenorsaxophon und Klarinette auch eine Flöte spielte, ferner GOLDEN EARRING in Holland mit Barry Hay als Saxophon- und Flötenspieler. Auch bei ATOMIC ROOSTER wird der Flötenton am Anfang – als noch Carl Palmer mit der Gruppe spielte – in den kollektiven Sound einbezogen, und zwar durch Nick Graham, der die Gruppe ebenfalls bald verließ. Freilich kommt sein Spiel weniger in den harten, von der Orgel beherrschten Abschnitten als vielmehr in einigen verhaltenen Titeln wie

«Winter» zum Zuge. Das Experimentieren mit der Flöte im Hardrock-Kontext ging freilich nach zwei bis drei Jahren zu Ende.

Um die Wende der sechziger zu den siebziger Jahren lassen sich drei Stilbereiche voneinander unterscheiden, in denen die Flöte mit entsprechend unterschiedlicher Funktion eine gewisse Enfaltungsmöglichkeit bekommt. Bevor diese genannt werden, soll derjenige Flötenspieler ins Auge gefaßt und gleichsam in den Mittelpunkt dieses Abschnittes gestellt werden, der die Querflöte zwar nicht als erster, wohl aber am spektakulärsten auch im Rock zur Geltung brachte. Die Rede ist natürlich von Ian Anderson, der sich seit 1967/68 mit einer wahren Besessenheit auf dieses Instrument konzentriert und sich durch diese Ausschließlichkeit von den meisten seiner Kollegen abhebt, die außer der Querflöte auch noch Saxophon und eventuell weitere Instrumente spielen. Andersons auf mehr als ein Jahrzehnt zurückblickende Gruppe JETHRO TULL (ursprünglich hieß sie JETHRO TOE) kann mit den oben erwähnten GENESIS, GENTLE GIANT usw. gleichfalls zum Kulturrock gerechnet werden, nicht nur wegen umfangreicher Zitate aus der älteren Bildungsmusik (vergleiche etwa seine «Bourrée», deren Verfasserschaft durch J. S. Bach in der Musikwissenschaft umstritten ist), sondern auch wegen des ehrgeizigen «Werk»-Charakters der Kompositionen Andersons, von denen besonders *Aqualung* und *Thick As A Brick* als Musterbeispiele eines Concept Album angesehen werden können. Im Gegensatz jedoch zum vorherrschenden Legato-Spiel anderer Kulturrock-Vertreter wie etwa Dick Remelink von EKSEPTION und seines Landsmannes Thijs van Leer von FOCUS, bevorzugt Anderson das schnelle, synkopierte Staccato-Spiel und bewirkt durch seine nervöse, zackige Gliederung der Melodiebögen, daß die Flöte besser in den rockmusikalischen Ausdrucksbereich integriert wird.

Schnelle Akkordbrechungen, Flatterzunge, vernehmliches Summen zum eigenen Spiel, Nutzbarmachung des Geräuschbereichs mit Hilfe von Überblasen und unzählige weitere Manieren beleben Andersons Auftritte auf der Bühne. Das sonst sanfte, eher bukolischen Stimmungen zugerechnete Instrument bekommt in Andersons Händen eine unerwartete Schärfe, einen die anderen Instrumente mit sich reißenden und treibenden Schwung, der nicht im Dienste harmonischer, passiv ausgekosteter Schönheit steht, sondern von einem aggressiven Selbstausdruck wie von einer akustischen Schauspielfreude getragen wird. Mögen Jazzfanatiker hämisch auf das Niveaugefälle hinweisen, das zwischen Andersons tatsächlich auffallend begrenztem Improvisationsvorrat und der Eingebungsfülle einiger Jazzflötisten besteht.* Der Brite ist nach wie vor – neuerdings neben dem Deutschen Lenny Mac Dowell – der wichtigste Repräsentant des Flötenspiels in der Rockmusik. Zwar haben seine Auftritte samt den jüngeren Schallplatten – nicht überraschend – manches von der einstigen Neuartigkeit eingebüßt, und auch die bekannten akrobatischen Balance-Akte des 1946 geborenen «Rattenfängers» auf der Bühne ringen nur noch Achtungsapplaus einem verwöhnten Publikum ab. Doch ist Andersons technisches Können auf dem unscheinbaren Instrument größer, verläßlicher in den achtziger Jahren als jemals zuvor.

Die oben erwähnten drei Richtungen, in denen das Flötenspiel verwendet wird, sind Folkrock, meditative Musik und Jazzrock. Es ist schwer zu erklären, warum die Folkrocker der Flöte nicht mehr Aufmerksamkeit zuwandten und auch heute noch zuwenden. Denn die Flöte läßt sich bestens in den Folk-Sound integrieren, handele es sich um eine Block- oder eine Querflöte. Die gelegentlichen Flöten-Episoden von Mike Heron in den Musikstücken von THE INCREDIBLE STRING BAND gehören ebenso zu den Ausnahmen wie die Blockflöten-Passagen inmitten der vergangenheitsbezogenen Klangwelt von AMAZING BLONDEL. Eine weit auffälligere Rolle war dem Instrument in jenem zu Beginn der Siebziger gepflegten Stilbereich zugedacht, der mangels eines treffenderen Ausdrucks bald meditative, bald kosmische Musik heißt. Stellvertretend für den endlos fließenden, sich in Kollektivimprovisationen ergehenden Sound der hier tätigen Gruppen kann die Musik der deutschen XHOL CARAVAN genannt werden. Hier spielte das spätere EMBRYO-Mitglied Hansi Fischer die Flöte (neben Sopran- und Altsax) und prägte mit seinem vielfach durch Echo und Nachhall angereicherten Spiel weite Strecken der umfangreichen, episch ausholenden Kompositionen. Dieser sich verströmende, halbwegs mystische Klang war um die genannte Zeit eine Art deutscher Spezialität. Ihr huldigten weitere Formationen wie YATHA SIDHRA (Flöte: Peter Elbracht, indische Flöte: Rolf Fichter) und EMTIDI (F-Altflöte: Maik Hirschfeldt). Doch beweisen einige nichtdeutsche Bands wie JADE WARRIOR und die stark experimentelle THIRD EAR BAND in England (Blockflöte und Oboe: Paul Minns), daß der langgedehnte «meditative» Sound auf einer internationalen Mode beruhte. Daß er in Deutschland besonders stark ausgeprägt war und hier nicht nur die Flöte, sondern – wie bei POPOL VUH – auch das Klavier einbezog, dürfte sich aus einer berechtigten Scheu deutscher Rockmusiker erklären, die Konkurrenz mit Engländern und Amerikanern auf zentralen Stilgebieten aufzunehmen.

*   Joachim E. Berendt: *Das Jazzbuch – Von Rag bis Rock* (Fischer Taschenbuch Verlag 6246, Frankfurt 1975, S. 227).

Am freiesten hat sich die Querflöte im Jazzrock der siebziger Jahre entfaltet, und bis heute erhält sie zugleich die differenziertesten, anspruchsvollsten Aufgaben dort. Nucleus mit Brian Smith und If mit Dick Morissey in Großbritannien, Burnin' Red Ivanhoe mit Kim Menzer in Dänemark und nicht zuletzt Embryo mit Hansi Fischer, später Edgar Hofmann und mehrfach mit dem Amerikaner Charlie Mariano als Gast, schließlich Missus Beastly mit Jürgen Benz und Friedemann Josch in der Bundesrepublik sind einige Gruppen, in denen die Flöte mit vielfältigen Spiel- und Klangvarianten in Erscheinung tritt. Doch der Umstand, daß das Instrument am ergiebigsten ausgerechnet im Jazzrock verwendet wird, der im ganzen gesehen doch nur ein Randgebiet des Rock bleibt, bestätigt die anfangs getroffene Feststellung, daß die Flöte einen bloß ergänzenden und keineswegs zentralen Klangkörper in der Rockmusik bildet. Charakteristisch auch, daß sie von den zuletzt genannten Musikern lediglich als ein Zweitinstrument gespielt wird.

Die stilistischen Wurzeln

Rockmusik ist eine Art synthetischer Musik, die trotzdem echt wirkt. Sie entstand in den fünfziger Jahren aus den in Amerika damals vorherrschenden Gattungen Blues, Country & Western und Tin Pan Alley. Die großzügige, um nicht zu sagen bedenkenlose Verwendung von Elementen fremder Musikrichtungen ist auch in der Folgezeit ihr Merkmal geblieben. Es gibt kaum einen Musikbereich, von dem der Rock nicht entlehnt hätte, angefangen mit dem Blues über das Barockzeitalter bis hin zu indischen Ragas. Rock ist ein Bastard der Zivilisationsgeschichte, darin liegen seine Geschmacklosigkeiten, liegt aber auch seine Vitalität begründet. Ein echtes Kind des Spätkapitalismus, ist er durch und durch kosmopolitisch gesonnen, heimisch in jeder Landschaft und (fast) in jeder Nation. Auch in geschichtlicher Hinsicht ist er völlig unbefangen. Er springt ungeniert in der Musikgeschichte hin und her, verbindet Bachsche Cembalowerke mit Boogie-Woogie-Figuren, überträgt Tschaikowsky auf den Synthesizer und ergeht sich lustvoll in respektlosen Stilparodien. Obwohl dieses musikalische Kauderwelsch seit den 25 bis 30 Jahren seines Bestehens zu einem erkennbaren Idiom, zu einer eigenen Muttersprache wurde, kann die Herkunft stilistischer und gattungsmäßiger Elemente auch in den abgeschlossensten Rockkompositionen verfolgt werden.

Die folgende Übersicht dient dazu, die wichtigsten Quellen zu benennen, aus denen sich der Rock mit wechselnden Vorlieben speist. Fünf Richtungen lassen sich dabei auseinanderhalten, fünf große Gattungsbereiche, in denen der Rock wurzelt: der Blues, Country & Western beziehungsweise Folk, Schlager (Tin Pan Alley, Music Hall, Kabarettsong), die europäische Kunstmusik («Bildungsmusik»), und schließlich exotische Musikkulturen. Keine eigene Gattung, sondern eine besondere Art der Klangerzeugung ist die Elektronik, die an die spätromantische Harmonik Anton Bruckners ebenso anknüpft wie an Rock 'n' Roll und an die Elektronik Stockhausens.

Der Blues

Rhythm & Blues am Beispiel von New Orleans

Der ländliche Blues («rural blues») mit seinem vielfach unregelmäßigen, dem sogenannten Bluesschema hohnsprechenden Verlauf hat die Rockmusik erst verhältnismäßig spät beeinflußt. Sieht man von den Londoner Blues-Revivalisten der beginnenden sechziger Jahre einmal ab, so greifen erst spätere Gruppen wie FLEETWOOD MAC und CANNED HEAT, Musiker wie Eric Clapton und Johnny Winter auf die großen Bluesmänner Big Bill Broonzy, Blind Lemon Jefferson, Sam Lightnin' Hopkins und andere direkt zurück. Die anfängliche – und man kann sagen: auch später vorherrschende – Kontaktlosigkeit zwischen ländlichem Blues und Rock erklärt sich daraus, daß die elektrisch verstärkte, die Taktzeiten mit Hilfe des Schlagzeuges durchlaufend betonende Rockmusik und der besinnliche, nicht immer in ein arithmetisches Zeitmaß einzwingbare und obendrein ohne elektrische Verstärkung auskommende Country-Blues zwei entgegengesetzte musikalische Welten darstellen. Zur Zeit seiner Entstehung war Rock zudem vor allem eine Tanzmusik, während der ältere Blues sich durch einen erzählenden, reflexiven Ton statt durch direkte Tanzbarkeit auszeichnet. Mississippi Fred McDowell, ein weiterer Vertreter des ländlichen Blues, sagt es in der Einleitung einer seiner Plattenaufnahmen geradeheraus: «I do not play no rock and roll, y'all. I just play straight'n'natchel blues» (Capitol ST-409).

Um so befruchtender wirkte der neuere City- oder Urban Blues auf die Rockmusik. Er kann in den späten vierziger und beginnenden fünfziger Jahren bereits als die früheste Rockmusik angesehen werden, wiewohl er diese Bezeichnung nicht trug. Ein Stück wie Roy Browns «Good Rockin' Tonight», eingespielt 1947 von Wynonie «Blues» Harris und einer kleinen, Saxophon, Trompete und Posaune umfassenden Jump Band (King

4210), ist voll ausgeprägter Rhythm & Blues. Es brauchte später nur noch von Buddy Holly und Elvis Presley aufgegriffen zu werden, um volles Heimatrecht in der Rockmusik zu erlangen. (In einem Zwischenruf des Sängers hört man deutlich – 1947! – den Ausdruck «rock and roll around» heraus, also lange bevor Alan Freed die Bezeichnung «erfunden» hat.) Ein energischer Sänger vom Schlag Harris' oder Joe Turners, eine elektrisch verstärkte Gitarre, ein durchgehender Trommel-Beat und eventuell Klavier sowie Saxophon erzeugen einen lärmenden, städtisches Leben widerspiegelnden Schwung, der den überkommenen Blues-Rahmen immer wieder zu sprengen droht. Aber die zwölf Takte mit der bekannten akkordischen Abfolge lassen sich durchzählen, und nur selten ergibt sich eine Unregelmäßigkeit. Die Stücke des städtischen Blues wirken im Vergleich mit der Vielfalt seiner ländlichen Vorform einheitlich und geradezu uniformiert. Hätte der Rock seinen ersten kräftigen Anstoß nicht vom standardisierten Rhythm & Blues erhalten, sondern vom ländlichen Blues, wie er bereits in den zwanziger Jahren in einigen Liedern von Jimmie Rodgers und später im Rockabilly der Fünfziger zugegen ist, wäre er heute vielleicht differenzierter und swingender als er ist.

Bekanntlich wurde der City Blues der Nachkriegszeit, der von Louis Jordan, T-Bone Walker, Muddy Waters, Joe Turner und anderen entwickelt, ursprünglich von schwarzen Musikern für schwarze Hörer hervorgebracht und daher mit dem ominösen Ausdruck «race music» versehen wurde, erst gegen Ende der Vierziger in Rhythm & Blues umbenannt (angeblich von Paul Ackerman, dem damaligen Herausgeber von Billboard). Man muß sich dabei hüten, R & B mit dem musikalisch-akkordisch verstandenen Blues gleichzusetzen. R & B umfaßt viel mehr als nur City Blues. Unter ihm versteht man nicht nur den modernisierten, von kleineren Jump Bands vorgetragenen Stadtblues, sondern auch andere, von der Bluesstruktur unabhängige Formabläufe, so vor allem jene sentimentalen Gebete und Liebesergüsse, die im Repertoire sogenannter Doo-Wop-Gruppen wie THE PLATTERS, THE ORIOLES und THE RAVENS enthalten waren. Der City Blues, von dem als einer Wurzel der Rockmusik im folgenden allein die Rede ist, war also nur ein Teil des Rhythm & Blues, und er war nicht einmal der erfolgreichste. Die meisten Hits der R & B-Listen, die in die amerikanischen Charts der Popular Music drangen und also zu nationalen Erfolgen wurden, weisen nicht die Struktur des Blues auf (etwa «The Great Pretender» und «My Prayer» der PLATTERS von 1956). Selbst im regional begrenzten R & B-Bereich hatten viele Hits mit dem Blues nichts gemein, etwa «Earth Angel» von THE PINGUINS, «Only You» von THE PLATTERS, «Why Do Fools Fall In Love» von Frankie Lymon & THE TEENAGERS sowie «Sh-Boom» von THE CHORDS.

Wie der Blues selbst unzählige lokale Ausprägungen in den USA gefunden hat, besaß auch der Rhythm & Blues seine örtlichen Szenen mit einer eigenen Entwicklung. In den USA-Charts wurde der R & B, in der offenen Sprache des Kommerzes «negro market» genannt, bis 1955 ausschließlich regional verzeichnet. Dieser Umstand wirkte seinerseits auf die Entwicklung örtlich begrenzter Musikszenen zurück. Die Regel war, daß auch ein erfolgreicher schwarzer Musiker nur in der betreffenden Umgebung mit seinem Hit bekannt wurde. Der übrige Teil des Landes nahm von ihm nur in seltenen Fällen Kenntnis.

New Orleans zum Beispiel, allen als eine Stadt des Jazz (fälschlicherweise sogar als die Geburtsstadt des Jazz) bekannt, beherbergte seit dem Kriegsende eine Vielzahl vollblütiger Saxophonspieler, Gitarristen und vor allem Pianisten, für die die großen Plattenfirmen jedoch kaum ein Interesse zeigten.* Erst in dem Maße, wie die «unabhängigen» kleinen Unternehmen – die «Indies» – wie Ace, Aladdin, Atlantic, Imperial, Modern und Specialty auf ihren turnusmäßigen «Talentsuchen» auch die Clubs, Bars und Barrelhouses von New Orleans durchkämmten, wurde die Stadt in ganz Amerika als ein fruchtbares Gebiet für Rhythm & Blues bekannt. Die Big-Band-Mode der Swing-Ära war vorbei, und die Musiker, die sich in einem der bescheiden ausgerüsteten Aufnahmestudios von Cosimo Matassa einfanden, spielten in Combo-Besetzung. Sie bestand in der Regel aus einem Pianisten, einem Gitarristen, einem Kontrabaßspieler, einem oder wenigen Saxophonspielern und einem Schlagzeuger. In den späteren Vierzigern beherrschte der Trompeter Dave Bartholomew mit seiner Band die Club-Szene. Er diente auch als der Verbindungsmann zwischen den schwarzen Musikern der Mississippi-Stadt und den eifrigen Talentforschern aus New York, Cincinnati und Los Angeles.

Bartholomew leitete nicht nur eine Band, in der so versierte Instrumentalisten wie Salvador Doucette am Klavier, Ernest McLean als Gitarrenspieler, Frank Fields am Kontrabaß und Earl Palmer am Schlagzeug mitwirkten. Uns ist er vor allen Dingen als Förderer und Arrangeur von Antoine «Fats» Domino erinnerlich. In den meisten Fats-Interpretationen wird er zugleich als Mitverfasser genannt. Hauptsächlich auf ihn geht auch der stark geglättete, kommerzielle Zug in den Titeln von Fats Domino zurück, der nachträglich deutlich macht, daß Domino nicht als der wichtigste Vertreter des bluesorientierten R & B in New Orleans angesehen werden kann. So manche Stücke in seinem Repertoire wie «Blueberry Hill» und «Be My Guest» haben mit Blues nichts gemein, sondern sind

* John Broven: *Walking to New Orleans – The Story of New Orleans Rhythm & Blues* (Flyright, Bexhill-on-Sea 1977).

dem weißen Schlager verpflichtet. «My Blue Heaven» stellt sogar eine triefende Schnulze aus der Zeit vor dem Zweiten Weltkrieg dar, allerdings in einer lockeren, beschwingten Version. Dennoch fehlt der Blues nicht unter den Titeln Dominos, und wenn er auftaucht, besitzt er reizvolle, bemerkenswerte Züge. Im zehntaktig gegliederten «The Fat Man», Dominos erstem großen Erfolg aus dem Jahr 1949, werden die Viertel mit gleichförmiger Wucht im tiefen Bereich des Klaviers betont, und darin treten ebenso einfache wie sinnfällige Mittel zur Untermalung des Textes zum Vorschein. Bereits aus späterer Zeit, nämlich aus dem Jahr 1960, stammt «My Girl Josephine», dessen flinker, in großen Intervallen hüpfender Baß an den künftigen Reggae gemahnt. Auch sonst klingen einige Kompositionen, die während der fünfziger Jahre zum Spielstandard in New Orleans gehörten, wie jamaikanische Nachspielungen aus den Siebzigern.

Neben Fats Domino tritt unter den Pianisten Huey «Piano» Smith hervor, der 1957 zu Earl Kings Band gehörte und der eine spätere Phase des Rhythm & Blues vertritt. Dieser Umstand verrät sich in zwei Eigenschaften. Erstens übernimmt Smith einige pianistische Elemente, die sich mit dem Namen Fats Dominos verknüpfen, so vor allem die Boogie-Woogie-Manieren der linken und rechten Hand sowie den swingenden, unbeschwerten Shuffle-Rhythmus, bei welchem die Viertel nicht in zwei, sondern triolisch in drei Achtel aufgelöst werden und zumeist in der Form

erscheinen. (Von den Vorbildern, die wiederum auf Fats Domino eingewirkt haben, wäre vor allem Roosevelt Sykes in St. Louis bzw. später in Chicago zu nennen.) Zweitens macht Smith mit seiner eigenen Band The Clowns weitere, noch größere Zugeständnisse an den weißen Geschmack, indem er sich in jenen kindlichen Possen ergeht, die für die von Jerry Leiber und Mike Stoller stammenden Titel im Repertoire der Coasters charakteristisch sind. Ein Stück wie «Don't You Just Know It» mag stellvertretend für diese Gattung genannt werden. In «Well I'll Be John Brown» hallt sogar der numoristische, trocken kommentierende Vokalbaß von «Charlie Brown» der Coasters wider. Die bekannteste, auf dem Blues fußende Schöpfung von Huey Smith bleibt jedoch «Rockin' Pneumonia And The Boogie Woogie Flu» von 1957, das von zahlreichen Musikern nachgeahmt wurde und dessen nationalen Erfolg zu wiederholen Smith selbst immer wieder unternahm, so etwa mit «Tu-Ber-Cu-Lucas And Sinus Blues».

Kein Pianist, sondern ein – mittelmäßiger – Gitarrenspieler war Smiley

Lewis, bürgerlich Amos Overton Lemmon. Als Sänger läßt er sich durchaus mit Fats Domino vergleichen: seine ebenso hohe und deutlich artikulierende Stimme besaß sogar einen Schuß «Schwarzer» Tönung mehr als Domino. Wie in New Orleans kaum überraschen kann, griff Smiley Lewis gelegentlich auch auf den Dixieland-Stil zurück, so in «Down Yonder We Go Ballin'»; auch sonst enthalten seine Einspielungen viel lokales Kolorit, im ganzen gesehen freilich in einem etwas begrenzten Ausdrucksbereich.

Der Weltruhm von Fats Domino läßt leicht vergessen, daß außer ihm eine ganze Reihe ausgezeichneter Musiker in New Orleans lebte, die dem Blues sogar näherstanden als er – Musiker wie Champion Jack Dupree (der ab 1940 allerdings in Chicago und New York und später in England aufhielt), Walter «Fats» Pichon, Roy Brown, Lloyd Price, Sugar Boy Crawford und der spieltechnisch bahnbrechende Gitarrist Guitar Slim. Sie hielten sich dauernd oder zeitweilig in der Stadt am Mississippi-Delta auf. Vor allem aber lebte hier ein Pianist, der es weder finanziell «schaffte» noch einen großen Ruf erlangte und uns heute trotzdem origineller und bedeutender erscheint als die meisten R & B-Pianisten von New Orleans. Die Rede ist von Professor Longhair – mit bürgerlichem Namen Roy Byrd –, der mit seiner gebrechlichen Stimme und einem Ansatz zum Jodeln, hauptsächlich aber mit seinem Klavierspiel nicht nur ein Kauz und eine Stadtattraktion ersten Ranges war, sondern auch ein bedeutender Klavierstilist, auf den sich viele Jüngere in der Stadt als auf ihren eigentlichen Musiklehrer beriefen.

Professor Longhairs Spezialität bestand in einer nahtlosen und fast witzig wirkenden Verwebung des Blues mit Rumba-, Mambo- und Calypso-Rhythmen – einer Spielweise, die Longhair freilich kaum selbst «erfand» (Jimmy Yancey in Chicago hat sie bereits früher angewandt, möglicherweise aber auch in New Orleans aufgelesen, da er mit einer Varieté-Truppe häufig unterwegs war). In «Tipitina», einem der von Atlantic Records 1953 aufgezeichneten Stücke, werden die zwölf Bluestakte in fortlaufende Achtel aufgelöst, wobei der Akzent jeweils auf das erste, vierte und siebente Achtel fällt. Hierdurch wird ein lateinamerikanischer Tanz suggeriert:

In «Hey Little Girl», aber auch in «Mardi Gras In New Orleans», rollt ein Boogie Woogie mit Achtelverzierungen in der rechten Hand vor uns ab. Aber die linke Hand bringt den sonst gewohnten, auf Akkordbrechung beruhenden Walking Bass wieder in einer bluesfremden, eben dem Mambo entlehnten Betonung:

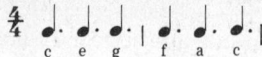

Schon im Titel programmatisch, vermischt die Komposition «Longhair's Blues-Rhumba» zwei Musikkulturen untereinander. Der Blues erhält hier die rhythmische Grundierung durch einen hell klingenden Holzblock, der das Metrum wiederum ungewohnt unterteilt, etwa

und

Das Klavier steht im klanglichen Vordergrund. Die anderen Instrumente wie Tenor- und Bariton-Saxophon, Kontrabaß und Schlagzeug ordnen sich dem Spiel und dem Gesang des Professors unter.

Bekannter als die R & B-Szene in New Orleans dürfte jene in Chicago und in New York sein. Sie und der ganze regional zerklüftete Rhythm & Blues der frühen fünfziger Jahre bilden den Nährboden, aus dem um die Mitte des Jahrzehnts der Rock 'n' Roll hervorging. Er bildet einerseits eine direkte Fortsetzung des Rhythm & Blues, andererseits weist er – vor allem soziologisch – neue Merkmale auf, die es rechtfertigen, zwischen R & B und R & R zu unterscheiden.

Rock 'n' Roll

Während Rhythm & Blues sehr vielschichtige Ausdrucksebenen besitzt und zum Beispiel ein Doo-Wop-Quartett ebenso umfaßt wie den saxophon- und trompetenbegleiteten City Blues in Kansas City und den Klavier-Boogie in New Orleans, engt sich der Rock 'n' Roll auf einen schnellen Tanztypus ein, dem in der Regel das zwölftaktige Bluesschema zugrunde liegt, der die bewegten Baßfiguren des Boogie-Woogie auf den Kontrabaß (später auf die elektrisch verstärkte Baßgitarre) überträgt und auf der Gegenüberstellung von aufgeregtem männlichem Sologesang und begleitenden Instrumenten beruht (Gitarre, Schlagzeug, in der Anfangszeit auch Klavier und Tenorsaxophon, während die Mundharmonika bezeichnenderweise verschwindet). Die Gesamtform folgt dem R & B-Muster: nach zwei jeweils zwölftaktigen Strophen tritt eine rein instrumentale Episode von zwölf oder vierundzwanzig Takten auf, um danach mit einer Schlußstrophe zu enden beziehungsweise zwei bis drei weitere Strophen nach sich zu ziehen. Das Soloinstrument des Zwischenspiels ist das Tenorsaxophon, später auch das Klavier und zunehmend die elektrische Gitarre, die im späteren, rein instrumentalen Rock 'n' Roll um 1960 bereits vorherrscht.

Rock 'n' Roll gibt sich somit, rein musikalisch gesehen, als eine Abzweigung aus dem Sammelbecken des R & B zu erkennen. Aber er ist trotzdem nicht einfach eine verselbständigte und wirtschaftlich unerhört erfolgreiche Variante des R & B. Vielmehr unterscheidet er sich von diesem in soziologischer wie auch in ideologischer Hinsicht beträchtlich. Folgende seiner Merkmale lassen sich benennen:

Der Rock 'n' Roll verläßt die Enge der schwarzen Gettos und der nur regional geführten R & B-Charts, um den nationalen und von Weißen beherrschten Musikmarkt zu betreten. Und weil das in den USA der fünfziger Jahre nicht anders gehen konnte, wurde er sogleich von weißen Musikern beschlagnahmt. Schwarze oder Kreolen mochten von der Rock 'n' Roll- Welle eine Zeitlang mitgetragen werden – Fats Domino vor allem –, nach Abebben der stürmischen Jahre 1955–1958 zogen sie sich wieder in den R & B zurück und stiegen eventuell in den beginnenden Soul von Motown und anderen Plattenfirmen ein.

Immerhin ist es bemerkenswert, daß Little Richard und Chuck Berry tatsächlich Rock 'n' Roller und nicht etwa nur R & B-Musiker waren. Berry kann sogar füglich als die zentrale Gestalt des Rock 'n' Roll angesehen werden, wohl nicht unbedingt während der fünfziger Jahre und erst recht nicht in kommerzieller Hinsicht, aber doch rezeptionsgeschichtlich und als kreative Kraft. Denn seine perlenden Girarrenläufe, seine Texte und schalkhafte Vortragsweise bilden den Inbegriff eines flüssigen, aufregenden und dabei für alle weißen Jugendlichen akzeptierbaren Rock 'n' Roll.

Geboren 1931 in St. Louis, wurde Berry von mehrfachem Pech verfolgt, das ihn hinderte, gemäß seiner Bedeutung anerkannt zu werden. Er war ein Schwarzer, und als solcher konnte er in den USA nicht zu einem Superstar aufgebaut werden. Überdies stand er beim Chicagoer Chess-Label unter Vertrag, das sich nicht den gigantischen Werbefeldzug leisten konnte, den RCA-Victor für den aufgekauften Presley in Gang setzte. Vor allem war Berry, seit er 1952 seine früheste Combo gegründet hatte, ein echter Rock 'n' Roller, der sich im Privatleben nicht jenes sterile Lächeln und Wohlverhalten auferlegen mochte, das Presley seit dessen RCA-Zeit so unleidlich macht. Chuck Berry fühlte sich innerlich frei und benahm sich unkonventionell. 1961 entschied ein Gericht, nicht ohne hämische Kommentare der Presse über Rock 'n' Roll und zügellose Schwarze, daß Berrys Unkonventionalität in einem Fall sogar gesetzwidrig war. Der Musiker verschwand im Gefängnis und erschien erst Jahre später, als die internationale Landschaft der Rockmusik gänzlich anders aussah. Die frühen Beatgruppen in England erkannten die musikalische Bedeutung Chuck Berrys und nahmen seine Songs in ihr Repertoire auf. Die BEATLES sangen «Roll Over, Beethoven» und «Rock And Roll Music», und noch ihr

«Back In The U.S.S.R.» auf dem weißen Doppelalbum von 1968 bildet ein fernes Echo von Berrys «Back In The U.S.A.» aus dem Jahr 1959. Die ANIMALS, die ROLLING STONES, die YARDBIRDS und andere folgten ihrem Beispiel.

Berrys Lieder beruhen in der Regel auf dem zwölftaktigen Bluesmodell. Trotzdem zeigen einige Songs interessante Abweichungen von der zum Schema erstarrten Regel, etwa in «Carol», wo die ersten vier Anfangstakte in der Grundtonart rein instrumental ausgeführt werden und die Vokalstimme erst im fünften Takt – und folgerichtig auf der vierten Stufe – einsetzt. Auch sonst eröffnet ein viertaktiges Gitarrenvorspiel viele Stücke. Seine Blues-Intonation wirkt dabei regelrecht pianistisch, weil die darin vorkommende große und kleine Septime beziehungsweise große und kleine Terz oft gleichzeitig gespielt werden. Berry bevorzugt in Boogie Woogie-Manier auf allen Stufen Septakkorde, so auch auf der vierten Stufe in den Takten 5–6, was dazu führt, daß diese Takte im Vortrag der Sologitarre wie eine Mollvariante der vorangehenden Takte 1–4 wirken. Man nehme etwa den Beginn von «Johnny B. Goode» von 1958, das in F-Dur steht. Im 5.–6. Takt taucht, scheinbar überraschend, der Ton as auf, der jedoch nicht etwa die Mollterz von f, sondern die kleine Septime des Akkordgrundtones b bildet:

Chuck Berrys Lieder gehören zur Rock-Weltliteratur, trotz oder wegen der Enfachheit ihrer musikalischen Bauweise. Ihre frischen Texte nehmen einige spätere Trends vorweg, etwa Highschool-Themen («Oh Baby Doll», 1957 und «School Day», 1957), Surf («Surfin' U.S.A., 1958) und sogar Hot Rod («No Money Down», 1956). Um 1955–1959 konnten sie von einer ganzen Jugendgeneration akzeptiert werden, zumal sie nicht das rassisch und landschaftlich Trennende, sondern das Gemeinsame und Vereinigende in der Bevölkerung hervorheben. Im Refrain von «Sweet Little Sixteen» (1958) etwa werden weit auseinanderliegende Landschaften der Vereinigten Staaten zu einem lustigen Gesamtbild all-amerikanischer Tanzparties verbunden:

«They're really rockin' in Boston, in Pittsburgh P.A.,
Deep in the heart of Texas, and 'round the Frisco Bay,
All over St. Louis, 'way down in New Orleans,
All the cats wanna dance with Sweet Little Sixteen.»
(Copyright ARC Music, N.Y.)

Plastisch geformte Gestalten treten aus dem amerikanischen Traum hervor, etwa jener Junge von Louisiana, dem allein durch seine Liebe zu Musik und zu Gitarre ein gesellschaftlicher Aufstieg beschieden wird («Johnny B. Goode»). Schulalltag, Aufregung und Herstellung des guten Einvernehmens zwischen Eltern und Heranwachsenden vor dem Rock 'n' Roll-Abend bilden scharf beobachtete, eher gutmütig als sarkastisch geschilderte Verhaltensformen der Middle class («Sweet Little Sixteen»). Sogar Beethoven wird burschikos zum Rock 'n' Roll-Reigen der Jugend eingeladen und aufgefordert, seinem Kollegen Tschaikowsky über die neueste Musikmode Bescheid zu geben («Roll Over, Beethoven»; in dem Song spiegelt sich die kuriose Tatsache wider, daß im gesamten USA-Orchesterrepertoire der vierziger und fünfziger Jahre Tschaikowsky an zweiter Stelle hinter Beethoven stand).

In dem Film *American Graffiti* von 1973, dessen Handlung um 1962 spielt, meint einer der beteiligten Jugendlichen, mit der Rockmusik gehe es nach dem Tode von BUDDY HOLLY (1936–1959) nur noch abwärts. Rein chronologisch gesehen stimmt diese Feststellung gewiß, denn in den Jahren nach 1958 feierten die Großen der amerikanischen Plattenindustrie, die sogenannten Majors, ihre erneut errungene Vormachtstellung und damit das – vorläufige – Ende des Rock 'n' Roll. Trotzdem mutet die Nennung von Buddy Holly im Film merkwürdig an, nahm er doch eine eher untypische Stellung im Rock 'n' Roll ein. Während die Kompositionen von Chuck Berry, auch Bill Haleys «Rock Around the Clock» und «Blue Suede Shoes» von Carl Perkins die typische, hart pulsierende Hauptader der frühesten Rockmusik darstellen, sind die Musikstücke von Buddy Holly stilistisch eher am Rande angesiedelt. Zwar befinden sich unter den frühesten Aufnahmen, die Holly in Wichita Falls während der Jahre 1954 und 1955 gemacht hatte, auch zwei bemerkenswerte Rockabilly-Titel, nämlich «Down the Line» und das etwa zur gleichen Zeit von Elvis Presley ebenfalls eingespielte «I Wanna Play House With You». Aber nach seinen Country- und Rockabilly-Anfängen fand Buddy Holly in einem Stilbereich endgültig seine Heimat, der zwischen Volkslied und Schlager liegt und jedenfalls unter den weißen Stadtbewohnern heimisch war, während das Country-Element und erst recht der Blues-Einschlag beim Musiker immer mehr in den Hintergrund rückten.

Darüber ein paar Worte mehr. Die meisten Kompositionen, die Buddy Holly solistisch oder im Kreise der CRICKETS einspielte, sind sanftmütig und spiegeln den Einfluß kleinstädtischer Sentimentalität mit erstaunlich wenig Abstand wider. Ihr Stil setzt sich aus unzähligen Manierismen zusammen – aus nicht schwer ins Gewicht fallenden Unarten, wie sie etwa im schluchzenden Überschlagen der Stimme und in der ungewollt komisch wirkenden Ausde-he-he-hehnung der Silben auftreten, etwa bei «Girl On My Mind» und «Mailman, Bring Me No More Blues». Die Stimme näselt, als gälte es, eine Country-Schönheit zu freien, und bei Stücken wie «Send Me Some Lovin'» triefen die Augen noch hemmungsloser als bei «Only You» von den PLATTERS.

Und dennoch, neben diesen an weißen Pop gemahnenden Entgleisungen besitzt Holly auch einen Blick für den außerordentlich großen Reichtum an formaler Gliederung, den die meisten zeitgenössischen Musiker nicht haben. Dem allzu einfachen, mechanischen Rezept von Bill Haley folgt der Texaner nicht, wonach aus einem Country- ein Rock 'n' Roll-Stück entsteht, sobald die zweite und dritte Schlagzeit (statt der ersten und dritten) markiert wird. Wie wenig diese simple, auch von anderen Musikern beherzigte Empfehlung für sich ausreicht, beweist etwa «Baby, It's Love» aus Hollys sängerischer Frühzeit. Interessanter als solche bloßen Akzentverschiebungen erscheinen die mannigfaltigen Blues-Versatzteile, die Holly verwendet, etwa indem er den Harmonieverlauf des Blues ins achttaktige Gerüst einzwängt («Rock Around With Ollie Vee») oder achttaktige Gesangszeilen mit einem zwölftaktigen, rein instrumentalen Mittelteil kombiniert («That'll Be the Day» in der zweiten Fassung mit den CRICKETS). Der reizvolle stilistische Schwebezustand so mancher Stücke ergibt sich aus deren langsamem Zeitmaß. Würden sie schneller vorgetragen, so entstünde Rockabilly, wenn nicht gar Rock 'n' Roll; man mache die Probe mit einem Titel wie «Don't Come Back Knockin'».

Buddy Holly erweist sich im Hinblick auf die Combo-Besetzung als bahnbrechend, denn sein Quartett mit Leadgitarre, Rhythmusgitarre, Baß und Schlagzeug sollte (neben der Quintettstärke) zur Standardbesetzung der Liverpooler Bands werden. Auch sonst nahm er Späteres vorweg, zum Beispiel bildet «Words Of Love» wohl das früheste Beispiel eines Duetts mit sich selbst durch das Overdubbing-Verfahren. Vor allem fällt die swingende Lockerheit, die Entspanntheit und eine wieder gewagte Einfachheit in den Songs auf, die Jahre später bei den BEATLES und den KINKS wiederkehrt, und diese klassische, formvollendete Einfachheit mochte später BLIND FAITH bewegen, «Well Allright» auf ihre einzige LP von 1969 aufzunehmen. Von Hollys aufbauendem Eklektizismus, der keine Stil- und auch keine Geschmacksschranken anerkannte, zehrt die nachfolgende Rockmusik zu nicht geringem Teil.

Der beleibte und gar nicht mehr junge BILL HALEY (geboren 1927) bereitete den Rock 'n' Roll vor. Sein harmloses Grinsen und das Aussehen seiner Musiker in karierten Jacketts erinnern an freundliche Biedermänner, die Sprengstoff über die Grenze schmuggeln. Wären Chuck Berry oder gar Little Richard als Pioniere des Rock 'n' Roll aufgetreten, hätte die neue Musik kaum Chancen gehabt, von den vielen Millionen weißer Jugendlicher wie von einem Teil der Medien begeistert aufgegriffen zu werden. An den Erfolgstiteln von Haley läßt sich dabei, außer dem genannten Afterbeat-Verfahren, ein weiteres Verfertigungsrezept von Rock 'n' Roll-Stücken beobachten. Zugrunde liegt das zwölftaktige Bluesschema, das in seinem Verlauf jedoch voraussagbar ist und daher ein Minimum an ästhetischer Information enthält. Um den immer wiederkehrenden Rahmen abwechslungsreicher zu gestalten, erweisen sich zum einen – auch schon bei den schwarzen Musikern – allerlei Ausschmückungen der klanglichen Oberfläche als unumgänglich, etwa möglichst erinnerungswürdige Rhythmen, die in Riff-Manier aneinander gereiht werden, auch solistisch vorgetragene Gitarrenschnörkel und einfallsreiche Saxophoneinlagen im rein instrumentalen Mittelteil der durchschnittlich 2–3 Minuten dauernden Stücke.

Zum anderen mußte der Komposition durch den Text und hauptsächlich durch ihn eine unverwechselbare Individualität gegeben werden. Dies geschah nun nicht zuletzt in der Weise, daß irgendein auffallender, schlagzeilenartiger Ausdruck zum Bestandteil des sich wiederholenden Refrains gemacht und am besten zugleich zum Titel des ganzen Stückes erhoben wurde. Diese Ausdrücke entstammten dem Halbstarken-Jargon («Crazy Man Crazy», 1953), oder sie stellten verblüffende Reime und Worte zusammen («See You Later, Alligator», «Ida, Sweet As Apple Cider», «Rock Around The Clock»). Schließlich, wenn es nicht anders ging, bestanden sie aus schlichten Nonsens-Silben wie «Razzle-Dazzle» und «Bama Lama Bama Loo». Da in den bluesorientierten Stücken die melodische Linie häufig nur aus Akkordbrechungen oder Tonwiederholungen und insgesamt aus wenig ausgeprägtem Material bestand, fiel solchen verbalen Wendungen die Rolle zu, ein «Thema» oder – was das gleiche bedeutet – ein leicht merkliches, sofort wiedererkennbares Motto der Musiknummer zu sein. Dieses Verfahren der Motto-Bildung wurde natürlich nicht von Bill Haley erfunden. Neben ihm, vor und nach ihm bedienten sich unzählige andere einer so einfachen Methode, wie das Titel wie «Shake, Rattle And Roll», «Yaketi Yak» und «Ram Lama Ding Dong» der

COASTERS beziehungsweise der EDSELS (1958 bzw. 1961) belegen. Eines
der bekanntesten Exemplare dieser musikalisch-literarischen Gattung ist
«Tutti Frutti» von Little Richard, geboren 1932 in Macon, Georgia, als
Richard Penniman, der übrigens auch «Good Golly, Miss Molly» und das
spätere «Bama Lama Bama Loo» popularisieren half.

Daß Rock 'n' Roll nicht bloß als Musik wirkt, sondern zugleich und
häufig in erster Linie eine optische Aufregung bietet, erweist sich bei einem Kronzeugen wie LITTLE RICHARD ganz besonders. Während das einstige Fieber in vielen Aufnahmen von Bill Haley gut festgehalten werden
konnte – während die Musik im Gesamtschaffen von Buddy Holly und
zum geringeren Teil auch von Elvis Presley ein selbständiges Gewicht besitzt, muten die Originalaufnahmen von Little Richard, aber auch von
JERRY LEE LEWIS (geboren 1935), heute wie energisch knatternde Spiel-
dosen an, bei Little Richard mit der Würze einer von maßlosem Exhibi-
tionismus zeugenden Stimme, bei Lewis mit den Vokal- und Klavierglis-
sandi eines nie in Verlegenheit kommenden Technikers. Den Aufzeichnungen beider Musiker fehlt heute die optische Begleitung, die den wohl
größten Anteil an ihrem Erfolg trug: der kleine Körperwuchs, die wahllos
gemischten grellen Kleider- und Krawattenfarben bei Little Richard, der
es liebte, sein linkes Bein auf das Klavier zu setzen, und das kühle, arro-
gante Lächeln bei Lewis, der seine Haare mit provozierender Langsam-
keit nach hinten kämmte, während seine andere Hand schnellste Boogie-
Figuren machte. Zugegeben, all diese Mätzchen waren billige «circenses»
für eine großstädtische Masse. Aber Rock 'n' Roll war halt auch dies:
Unkultur und verwüstete Kinosäle, pubertäre Aufsässigkeit und egoisti-
sche Tanzwut auf Kosten all jener «Werte», die in der Schule, im Eltern-
haus und auf dem Arbeitsplatz bis dahin gegolten hatten.

In den frühen, in den USA entstandenen Aufnahmen von GENE VIN-
CENT (1935–1971) ragt ein außergewöhnlicher Musiker hervor, nämlich
Cliff Gallup, Leadgitarrist der Gene Vincent begleitenden BLUE CAPS.
(Die im C & W-Bereich beheimateten BLUE CAPS besaßen, entgegen dem
Rock-Lexikon von Siegfried Schmidt-Joos und Barry Graves, keinen
Baßgitarristen, sondern einen Kontrabassisten.) Gallups hell eingestell-
ter, nachhallgesättigter Gitarrenklang, die überlegene Technik einfühlsa-
men Improvisierens und die humoristisch angebrachten «falschen» Töne
des Gitarrenspielers stellen den Sänger beinahe in den Schatten. Vin-
cents einziger großer Hit «Be-Bop-A-Lula» ist heute vor allem wegen der
Gitarrenarbeit Gallups hörenswert, und auch in anderen Stücken wie
«Cat Man», «Red Bluejeans» und «Hold Me, Hug Me, Rock Me» werden
Proben unbeschwerten Gitarrenspiels festgehalten. Doch ist die Rockwelt, scheint es, vorerst nicht reif genug, um über die Schultern eines

künstlich aufgebauten Stars zu schauen und Studiomusiker wie Cliff Gallup sowie einen anderen großen Gitarristen, den Presley-Begleiter Scotty Moore, nach ihren Verdiensten zu würdigen.

Gene Vincent selbst fesselt eher psychologisch als in musikalischer Hinsicht, denn in dem Bemühen, der hochgestochenen Erwartung seiner Plattenfirma Capitol gerecht zu werden, begreift er sich als den gleichwertigen Gegenpol zu Elvis Presley und wirkt dabei gequält und verkrampft. Seinen Heimatboden betritt er in Nummern wie «Unchained Melody» und «Blues, Stay Away From Me», also in langsameren und etwas gefühlsseligen Titeln, zu denen seine klare, wiewohl kraftlose Stimme besser paßte als zu den hektischen Rock 'n' Roll-Stücken, die mit ihrem zumeist achttaktigen Periodenbau übrigens eine Zwittergattung darstellen. Trotz allem hinterließ der Sänger, der nach 1959 in England lebte und in seinem Privatleben viele Widrigkeiten zu verarbeiten hatte, einige feine Einspielungen für die Nachwelt, etwa «Cruisin'», «Double Talkin' Baby», «I Sure Miss You» und das launige «Pink Thunderbird».

Carl Lee Perkins (geboren 1932) wird nicht ohne provozierende Absicht als letzter der großen Rock 'n' Roller genannt, weil diese Reihenfolge trauriger- und ungerechterweise seiner äußeren Laufbahn entspricht. Ein bedeutender Gitarrist und ein vollblütiger Country-Rocker, dem die Rockabilly-Musik mehr Muttersprache war als irgendeinem anderen, dazu ein fruchtbarer Songschreiber, aus dessen Feder unvergessene Stücke wie «Matchbox», «Honey Don't» und «Everybody's Trying To Be My Baby» stammen (später alle drei im Repertoire der BEATLES), verstand Perkins es nicht, die dollargepflasterte Laufbahn zu betreten, die ihm Presley und Jerry Lee Lewis – beide, wie er selbst, Sun-Musiker – vorgezeichnet hatten. Der spätere Vertrag mit Columbia drohte sogar, sein originelles Musikverständnis und sein spontanes Lebenselement aus Country und Blues zu verschütten. Carl Perkins ist in Wirklichkeit, neben Chuck Berry, der eigentliche Star der frühen Rockmusik, wenn das Wort «Star» ausnahmsweise nicht die Belohnung durch unmusikalische Firmenbosse und durch hysterisch kreischende Mädchen, sondern musikalische Originalität und schöpferische Potenz bedeutet. Der witzige Text von «Blue Suede Shoes» verdient gewiß, berühmt zu sein. Aber Kompositionen wie «Turn Around», «Gone, Gone, Gone» und «All Mama's Children» verdienen es nicht minder durch die in ihnen enthaltene Gitarrenarbeit und durch die vollendete Harmonie rockiger Rhythmen und ruhiger Countrymelodien. Die verzerrte, gespenstisch widerhallende Klangwelt von «Her Love Rubbed Off» nimmt die psychedelische Musik um zehn Jahre vorweg.

Die weiße Haltung, die der Rock 'n' Roll besitzt, prägt auch dessen Texte. Viele echte R & B-Stücke sind in ihrer Aussage «anstößig», weil sie sich unverhüllt mit Sexualität befassen. Diese teilweise noch aus dem älteren ländlichen Blues stammende Thematik hat ihre Erklärung zunächst einmal darin, daß die weiße (christliche) Moral im ganz privaten Bereich der schwarzen Bevölkerung sich nie wirklich behaupten konnte, dann aber auch darin, daß in einer armen, unterdrückten und auch geistig unterprivilegierten Bevölkerungsschicht, die selbst durch Fleiß und Willen nicht zur gesellschaftlichen Anerkennung gelangen kann, das sexuelle Vergnügen zu einem wesentlichen Lebensinhalt und zum Erfolgsersatz wird. In der Filmbranche heißt das «Liebe – Brot der Armen». Das unbefangene Verhältnis zur Sexualität, ja das sexuelle Protzen («Sixty Minutes Man») schlägt sich in den Texten des Stadtblues der dreißiger und vierziger Jahre ebenso unverhüllt nieder wie in der berüchtigten «Annie»-Serie von Hank Ballard & THE MIDNIGHTERS um 1954/55, hier allerdings schon etwas künstlich und provokativ. In seiner Monographie *Sound Of The City* beschreibt Charlie Gillett einige Beispiele dafür, wie solche «Anzüglichkeiten» in den weißen Cover-Versionen ausgemerzt wurden, um den gewünschten Hit-Effekt in den nationalen Charts zu erreichen. Die Texte des Rock 'n' Roll sind denn auch aseptisch, und die Beziehung der Geschlechter reduziert sich in ihnen auf Tanz, Flirt und auf die üblichen Nettigkeiten des Mittelstandes, wodurch ihnen von Anfang an eine gewisse Verlogenheit innewohnt. Die Tendenz der Rock 'n' Roll-Texte, das Ideal einer «sauberen» amerikanischen Jugend heraufzubeschwören, verstärkt sich in den Jahren des Surf, der Girl Groups und des Brill-Building-Pop bis zur Fadheit. Auch in dieser Hinsicht ist Berry ein vorzüglich angepaßter Rock 'n' Roller, jedenfalls in seinen Texten, weniger in seinem Privatleben. Denn seine Texte drücken dieses künstliche Ideal mit beispielhafter Prägnanz aus: die Themen kreisen um Tanz, Rock 'n' Roll-Musik, Surf, Motorfreuden und dergleichen.

Daß es sich dabei wohl eher um ein cleveres Kalkül Berrys handelte, zeigte sich spätestens bei seinem Comeback Anfang der 70er Jahre. Gleich auf *The London Chuck Berry Sessions* wartete er mit einer alles andere als stubenreinen Version von «Reelin' and Rockin'» auf und spielte sich genüßlich am eindeutigen «My Dingaling», seinem Hit von 1972. Für seine Gefängniszeit hatte er sich übrigens schon zuvor, ohne freilich viel Beachtung zu finden, mit Liedern wie «Have Mercy, Judge» und «Some People» ironisch zu rächen versucht.

Es steht zu vermuten, daß außermusikalische Faktoren, Machtstrukturen innerhalb der Plattenindustrie, Erfolge wie Mißerfolge emanzipatorischer Bewegungen – etwa das «Free Speech Movement» der Hippie-Zeit – sich anhand der Textgestaltung nachweisen ließen. Die These von der «populären Kultur als populärer Rache» findet hier durchaus Bestätigung in der Tatsache, daß trotz der beschriebenen massiven und auch erfolgreichen Bemühungen der Zensurinstanzen des Rock 'n' Roll – das Wort schon bedeutet schließlich das «eine», ungehemmte sexuelle Betätigung – immer wieder Mittel und Wege gefunden wurden, die subversive Botschaft zu vermitteln. Durchaus übrigens in der Blues-Tradition des «double-talk», der etwa bei der liebevollen detaillierten Beschreibung automobilistischer Vorgänge («keep your motor runnin'» oder «I'm gonna get deep down in this connection, keep on tangling with your wires» in Robert Johnsons «Terraplane Blues» usw.) an Zweideutigkeit nichts zu wünschen übrig ließ. Somit konnte zumindest bei den «Eingeweihten» durch die bloße Erwähnung einer Automarke («Jaguar and Thunderbird») in späteren Rock 'n' Roll-Songs die entsprechende Verbindung geschaltet werden.

Obwohl die außermusikalischen Unterschiede zwischen R & B und Rock 'n' Roll die eigentlich entscheidenden sind, läßt sich in der Machart der Rock 'n' Roll-Stücke auch musikalisch ein Zug zum unverbindlichen, nur noch mechanischen Nachplappern beobachten. Von der unverkennbar «weißen» Stimmfärbung der Sänger einmal abgesehen, fällt ein beschleunigtes Zeitmaß auf, das zuweilen an Hektik grenzt. Der behagliche Shuffle-Rhythmus des R & B New Orleansscher Prägung wirkt bereits wie ein altväterliches, überholtes Stilmerkmal. Nach einer kurzen Anfangszeit wirklich individueller Musikstücke, die sich identifizieren lassen («Rock Around The Clock», «Tutti Frutti», «Blue Suede Shoes» und andere), tritt die Phase ein, in der alle Titel irgendwie bekannt und unprofiliert vorkommen. Sehr viele von ihnen verwenden eine viertaktige Figur, die interessanterweise recht selten im Rhythm & Blues vorkommt, sondern direkt dem älteren Boogie-Woogie fürs Klavier entlehnt ist. Diese Figur in den Takten 9 bis 12 besitzt einen Übergangs- oder Füllselcharakter auf der dominantischen Ebene, etwa in C-Dur so:

An der Gleichförmigkeit dieser Serienprodukte ändert wenig, daß manche Musiker sie durch individuelle Spiel- und Singtechniken (um nicht zu sagen: Manierismen) sowie durch Bühnengags beleben, etwa Jerry Lee

Lewis mit seinen unausbleiblichen Klavier-Glissandi von unten nach oben, Little Richard durch das Überschlagen seiner Stimme (sein Falsett am Schluß von Verszeilen wurde später von den BEATLES dankbar aufgegriffen) sowie durch das Aufsagen gleichbleibender Redewendungen («Oh my soul!»), Chuck Berry durch seinen Entengang («duck walk») auf der Bühne, durch Saxophon- und Kontrabaßspiel, liegend, auf dem Rükken und sonstwie. Der schmalspurige Ausdrucksbereich der Musik macht verständlich, daß der vom Rock 'n' Roll aufgegriffene und veräußerlichte Blues in musikalischer Hinsicht weitgehend uninteressant wird, obwohl – und weil – gerade er alle früheren kommerziellen Erfolge des R & B tief in den Schatten gestellt hat.

Der rein instrumentale Rock 'n' Roll ist eine Erscheinung der Spätphase ab 1959 und geht hauptsächlich darauf zurück, daß unzählige Haus- und Schülerbands über keinen Sänger verfügten, der mit einer eindrucksvollen stimmlichen Leistung hätte aufwarten können.

Das überlieferte Plattenmaterial vor Augen, haben etwa 90 Prozent dieser Gruppen den zwölftaktigen Blues gespielt, wobei die rhythmische Grundierung des Schlagzeugs eine im ganzen Musikstück durchgeführte Figur aufweist, etwa

Die Solo- und Rhythmusgitarren arbeiten mit Nachhall, Tremolo und einem hell eingestellten Sound. Insgesamt wird der Klang von den Möglichkeiten der halbakustischen Gitarre geprägt. In den meisten Fällen dominiert die Leadgitarre, doch spielen zuweilen zwei Gitarren eine gleichberechtigte Rolle und ergehen sich dann in einer erbarmungslos präzisen, keine Pausen zulassenden Motorik gleichförmiger Achtel, in allerlei wiederholten und versetzten Tonfiguren, die im fließenden Gitarrenstil von Chuck Berry gehalten sind. Um die Gleichförmigkeit des vielfach bloß heruntergeleierten Bluesablaufs aufzulockern, werden auch schon Studiogimmicks angewendet, die meistens mit dem Musiktitel und dem Programm der Komposition in Verbindung stehen. Heißt ein Stück von THE RIALTOS zum Beispiel «Like Thunder», so wird eben Donnergeräusch auf den Track gelegt. «Outa Tune» von THE BIG FOUR enthält, der Überschrift entsprechend, witzige Sekundreibungen und sonstige «schräge» Dissonanzen. Weitere Beispiele ließen sich seitenweise aufzählen.

Die Gruppen, die einen textlosen, nunmehr von Gitarren beherrschten Rock 'n' Roll vortrugen , bestanden bis zur Mitte der sechziger Jahre, eventuell sogar in die späteren sechziger hinein, etwa in Deutschland, wo man durch sie das leidige Sprachproblem elegant überspielen konnte. Ihre Zahl wie ihre Namen (THE RIALTOS, THE TEEN BEATS, INTRUDERS, THE EXPORTS usw.) in den USA und anderswo lassen sich nicht auflisten, und allein der Versuch ihrer Katalogisierung wäre eine unfruchtbare Fleißarbeit. Ihre rockgeschichtliche Bedeutung besteht darin, daß aus ihnen sich die sogenannte Surf-Musik entwickelte. Surf-Rocker wie Dick Dale And His DEL-TONES, THE SUPER STOCKS, THE SURFARIS, THE TRASHMEN und viele andere (die nicht immer Meereswellen in ihrer Nähe zu haben brauchten, um als eine «Surfgruppe» zu gelten: es gab Surfmusik schließlich auch im mittleren Westen der USA) übernahmen den instrumentalen Rock 'n' Roll-Sound, um diesen immer häufiger und um 1962 in der Regel Songs über die sommerlichen Vergnügungen der Mittelstandsjugend zu unterlegen, hauptsächlich über Surfing selbst und etwas später auch über gewagte Motorradfahrten an der Küste.

Es überrascht nicht, daß die Surf-Musik sich zum guten Teil ebenfalls auf den Blues stützt. THE BEACH BOYS, JAN & DEAN und andere verwandte Gruppen um Los Angeles haben somit den Blues noch eine Weile fortgeführt, um ihn bald zugunsten modischerer, schickerer Musizierformen aufzugeben. Ab und zu taucht der Blues noch in der New Yorker Folk- und Protestbewegung auf, und besonders Bob Dylan hat ihn mehrfach mit Einfühlungsvermögen zum Vehikel seiner Texte gemacht. Aber es waren Europäer und nicht weiße Amerikaner, die sich des Blues-Erbes mit Liebe und Verständnis annahmen.

Blues-Revival in Großbritannien

Die Vertreter des Chicagoer Stadtblues wie Muddy Waters, Howlin' Wolf und Sonny Boy Williamson standen während der fünfziger Jahre noch nicht im Vordergrund des Publikumsinteresses. Um so mehr Bedeutung sollten sie im folgenden Jahrzehnt erlangen, als in London ein R & B-Revival aufblühte und als schwarze Blues- und R & B-Musiker in England wie auch auf dem europäischen Kontinent zu gern gesehenen, in den Konzerten umjubelten Gästen wurden. Am Anfang dieser Bewegung steht Leadbellys Frankreich-Aufenthalt im Jahre 1949, kurz vor seinem Tod. 1957 begleitete der englische Jazzmusiker Chris Barber auf mehreren Tourneen Big Bill Broonzy und später Sonny Terry, Brownie McGhee, Sister Rosetta Sharp und Muddy Waters. Auch das 1962 von den Frankfurter Konzertunternehmern Horst Lippmann und Fritz Rau sowie vom Jazz- und Blueskenner Joachim E. Berendt initiierte American Folk Blues Festival ist nicht hoch genug einzuschätzen für die Popularisierung des Blues in Europa, hat es doch Musiker wie Buddy Guy, T-Bone Walker, Lightnin' Hopkins, Otis Rush und unzählige andere Bluesleute nach Europa herübergeholt und ihr Spiel auf Schallplatten aufzeichnen lassen. Einige der Musiker, die sich selber am meisten darüber wundern mochten, daß ihre Musik von einer jungen Generation in Europa als «Kunst» gefeiert wurde, spielten auch mit englischen und später amerikanischen Rockbands, so Sonny Boy Williamson mit den YARDBIRDS, Otis Spann, Willie Dixon und andere mit FLEETWOOD MAC, John Lee Hooker mit GROUNDHOGS und CANNED HEAT, B. B. King mit Alexis Korner usw.

Aus der Londoner R & B-Szene der Frühzeit sind vor allem Alexis Korner, Graham Bond und John Mayall zu nennen, die zuweilen auch «Väter des britischen R & B» heißen und diese Bezeichnung – durch jeweils andere Gründe – auch verdienen. Der in Paris geborene Korner lenkte, zusammen mit Cyril Davies, bereits Mitte der Fünfziger die Aufmerksamkeit vorerst nicht sehr zahlreicher Blues-Enthusiasten auf Big Bill Broonzy, John Lee Hooker, Brownie McGhee, Sonny Terry und Muddy Waters und musizierte in deren Geist bald jazzorientiert, bald in der mehr volkstümlichen Spielweise des Skiffle, wie sie zur gleichen Zeit etwa von Ken Colyer's SKIFFLE GROUP (mit Lonnie Donegan als Banjo- und Gitarrenspieler), THE CITY RAMBLERS, Bob Cort's SKIFFLE GROUP und Ray Bush AND THE AVON CITIES' SKIFFLE gepflegt wurde. Im Jahr 1961 gründeten Korner und Cyril Davies BLUES INCORPORATED, eine elektrische Gitarren verwendende Formation, zu deren frühesten Mitgliedern – außer Korner und Davies – etwa Charlie Watts am Schlagzeug, Art Wood als Sänger und Keith Scott am Klavier gehörten. BLUES INCORPORATED trat außer im eigenen *Ealing Rhythm And Blues Club* vor allem im *Marquee Club,* damals noch in der Oxford Street, auf. Später wirkten vorübergehend etwa Jack Bruce (Kontrabaß), der Tenorsaxophonist Dick Heckstall-Smith, der Schlagzeuger Ginger Baker, der Gitarrist John McLaughlin, die Saxophonspieler Graham Bond und John Surman sowie die Sänger Mick Jagger und Long John Baldry in der mittlerweile namhaften Gruppe mit. Korner war der große Anreger und selbstlose Förderer. Weniger bedeutend ist er als Musiker, besonders als Sänger überzeugt er wenig. Seine Musiker, die in BLUES INCORPORATED mitwirkten, poltern zumeist dort, wo es Drive zu entfalten gälte.

Eine Interpretation wie die von Willie Dixons «I'm A Hoochie Coochie Man» aus dem Jahr 1962, die von Cyril Davies regelrecht zerschrien wird, ist heute nur noch von geschichtlichem Interesse. Korner hat seine Blueskenntnisse im Laufe der Jahre wesentlich vertieft, sie in nachfolgenden Formationen wie FREE AT LAST, NEW CHURCH (mit dem Dänen Peter Thorup) beziehungsweise CREATIVE CONSCIOUSNESS SOCIETY (CCS) und in Soloprojekten zur Geltung gebracht.

Auch der Altsaxophonist Graham Bond spielte eine Zeitlang in BLUES INCORPORATED. Sein Spiel ist etwa in dem Stück «Rockin'» aus dem Jahr

1963 überliefert, das außer von ihm und Korner noch von Ginger Baker, Jack Bruce, Dick Heckstall-Smith und dem Pianisten Johnny Parker interpretiert wird. Bond gründete im selben Jahr die GRAHAM BOND ORGANISATION und brachte dort unüberhörbar seine Jazzorientierung ein. Auch Bond blieb, Alexis Korner ähnlich, im Schatten erfolgreicherer jüngerer Musiker, welche aus seiner Gruppe hervorgegangen sind (Bassist Jack Bruce, Gitarrist John McLaughlin und Drummer Jon Hiseman). Angesichts seiner Jazz-Vergangenheit und seiner instrumentalen Vielseitigkeit (später bevorzugte er die Orgel beziehungsweise, wohl als erster überhaupt, das Mellotron gegenüber dem Saxophonspiel) hätte Graham Bond ein früher Vorläufer des erst um 1967/68 sich abzeichnenden Jazzrock werden können. Ob dieser Schritt ihm wegen seines richtungslosen Musikkonzeptes nicht gelang oder weil ihn Konflikte mit dem Gesetz beziehungsweise seine satanistischen Vorstellungen davon ablenkten, ist eine Sache von Mutmaßungen. Tatsache bleibt, daß trotz einer relativ umfangreichen Konzert- und Plattenaktivität fast alle Kompositionen, die aus seiner Hand hervorgegangen sind, gekünstelt und reizlos klingen.

Der dritte und jüngste «Bluesvater», John Mayall (Gesang, Keyboards, Mundharmonika und Gitarre), zeigte in der späteren Zeit einen Hang zur dogmatischen, festgefahrenen Auffassung vom Blues. In der Anfangszeit neigte er eher zu einer am Pop ausgerichteten Gleitton- und Betonungstechnik, wie von einem Ende 1964 live im Klook's Kleek (Hampstead, London) aufgezeichneten Konzert belegt wird. Der Blues bekommt unter seiner Hand etwas Ratterndes, ungeduldig Motorisches und Gleichförmiges, auch später vorherrschende Merkmale seines Bluesstils. Zugleich wird ihm eine penetrant weiße, fast schon schmierige Intonation zuteil, die dem Geist des wirklichen Blues ebenso widerspricht wie das frisch-fröhliche Staccato-Spiel Mayalls auf einem Cembalett genannten Tasteninstrument. Die Mehrzahl der Kompositionen stammt bereits in dieser Frühzeit von Mayall selbst, und ihr eingeengter Ausdrucksbereich, der Spuren von Serienfertigung verrät, dürfte einer der Gründe dafür sein, daß in Mayalls Gruppe THE BLUESBREAKERS eine recht rege Fluktuation stattfand. Aber die jungen, ehrgeizigen Musiker, die vorerst keinen etablierten Namen besaßen, trieb es immer wieder zu Mayall, der ihnen offensichtlich so etwas wie Spieldisziplin und Gruppenbewußtsein beibrachte und also eher in der Methode als in der Ausweitung ihres musikalischen Horizontes weiterhalf. Die meisten BLUESBREAKERS spielen denn auch in den späteren sechziger und den siebziger Jahren eine wichtige Rolle im britischen Bluesrock, angefangen mit John McVie und Hughie Flint in der Frühbesetzung bis hin zu Eric Clapton, Peter Green, Aynsley Dunbar, Mick Taylor und Keef Hartley. Die späteren Soloprojekte Mayalls, einschließlich seines musikalischen Flirts mit Los Angeles, zeigen eine wachsende Entfremdung vom Blues. Was er einst auf Tourneen von John Lee Hooker und Sonny Boy Williamson gelernt hat, ist bei ihm heute weitgehend verschüttet, jedenfalls stark verwässert und kommerzialisiert.

Nach dem First Rhythm & Blues Festival in England, das Ende Februar 1964 in der Stadthalle von Birmingham stattfand und an dem unter anderen das SPENCER DAVIS R & B QUARTET (!), THE ROADRUNNERS, Rod Stuart beziehungsweise Long John Baldry mit den HOOCHIE COOCHIE MEN, vor allem aber Sonny Boy Williamson unter Begleitung der YARDBIRDS (noch mit Eric Clapton) beteiligt waren, verwandelte sich das musikalische Hobby einiger weniger Clubmusiker in einen allgemeinen R & B-Boom. Nicht nur in der Hauptstadt, sondern auch in Manchester, Newcastle, Birmingham und anderswo entstanden Gruppen mit Gitarre, elektrischem Baß, Schlagzeug und mit Vorliebe auch einer Hammond-Orgel, deren Repertoire hauptsächlich aus Stücken wie «What'd I Say», «Smokestack Lightin'», «I'm A Man», «Confessing The Blues», «Stormy Monday Blues» und «Rockin' Pneumonia» bestand. Angesichts der Clubatmosphäre, in der sich die interessierten Musiker fast zwangsweise kennenlernen und eventuell gleich auf die Bühne steigen, um mit den anderen zusammen zu improvisieren, überrascht der Umstand kaum, daß viele Bluesrock-Gruppen der sechziger, ja teilweise noch der siebziger Jahre mit direkten persönlichen Fäden zu Alexis Korner, Graham Bond oder/und John Mayall verbunden waren, indem zumindest ein Mitglied von ihnen irgendwann einmal mit einem der genannten «Väter» zusammengespielt hatte. Die Liste dieser Gruppen umfaßt den größten Teil des britischen Bluesrock, nämlich die Formationen Georgie Fame & THE BLUE FLAMES, Chris Farlowe And THE THUNDERBIRDS, THE ROLLING STONES, THE ANIMALS, THE HOOCHIE COOCHIE MEN, MANFRED MANN, STEAMPACKET, Zoot Money's BIG ROLL BAND, FLEETWOOD MAC, CREAM, BLIND FAITH, AIRFORCE, THE ARTWOODS (die zwar keine Bluesstrukturen, wohl aber Blueswendungen verwendeten), THE CLIMAX CHICAGO BLUES BAND, COLOSEUM, TEMPEST, THE NICE, McGUINESS FLINT, AYNSLEY DUNBAR RETALIATION, KEEF HARTLEY BAND und sogar akustisch spielende Formationen wie PENTANGLE und MARK-ALMOND. Diese Aufzählung könnte man noch fortsetzen, so daß es fast zweckmäßiger erscheinen könnte, die späteren R & B- beziehungsweise Bluesrock-Gruppen zu benennen, die nicht in direkter Verbindung mit den drei britischen Bluesvätern stehen. Hinzuweisen wäre da auf die 1963 formierten, dann aufgelösten und neuerstandenen GROUNDHOGS unter Tony McPhees Leitung, auf Simon Dupree And THE BIG SOUND, die JEFF BECK GROUP, DOWNLINERS SECT und FREE.

Der Blues wurde in den USA später von den Rockmusikern «entdeckt» und für den Rock nutzbarer gemacht als in England. Dafür verlor das britische Publikum früher sein Interesse an der Gattung, die bald Rhythm & Blues, bald Rock 'n' Roll oder später allgemeiner Bluesrock genannt wurde. Um die Mitte der siebziger Jahre sind Rockmusiker, die sich überwiegend dem Blues verschrieben haben, ziemlich selten anzutreffen. Es ist symptomatisch, daß Eric Clapton und Jeff Beck mit amerikanischen Musikern spielen und daß sie und weitere Bluesmusiker wie Rory Gallagher und FLEETWOOD MAC in den Vereinigten Staaten fast populärer sind als in ihrem Heimatland. In England blüht dafür ein Ableger des Soul auf, den man getrost Soulrock nennen kann. Er verwendet die ekstatischen Ausrufe, die chorische Beantwortung, eine Funky-Spielweise von Klavier und Baßgitarre sowie weitere Merkmale des Motown- und Philadelphia-Sounds in einem durchgeschlagenen Beat. Die einschlägigen Soulrock-Gruppen wie KOKOMO und HUMMINGBIRDS sowie die kurzlebige Formation SHOOT fanden bei spezialisierten Kennern viel Anerkennung (einige hier zentrale Musiker wie Max Middleton, Clive Chaman und Bobby Tench musizierten früher in der JEFF BECK GROUP). Doch nur der ironisch so benannten AVERAGE WHITE BAND gelang es, ein größeres Publikum anzusprechen und sich in die achtziger Jahre herüberzuretten.

KOKOMO selbst zählen zum sogenannten Pub-Rock, zu einer Kategorie also, die sich mehr soziologisch, nämlich als ein Zirkel («pub circuit»), denn musikalisch-stilistisch umschreiben läßt. Einige Vertreter des Pub-Rock pflegten fast ausschließlich Rhythm & Blues und sammelten ihre spieltechnischen Erfahrungen in Bierkneipen, um eventuell am Ausgang der siebziger Jahre vom neuerlichen Rock 'n' Roll- und R & B-Boom zu profitieren. DUCKS DELUXE spielten einen an Chuck Berrys flüssigen Rhythmen ausgerichteten Rock 'n' Roll. Über zwei hörenswerte Alben hinaus brachten sie es jedoch nicht. Aber ihr Sänger-Gitarrist Sean Tyla setzte die gleiche schmissige, mit manchen Taktverschränkungen und sonstigen Freiheiten aufwartende Rock 'n' Roll-Spielweise in seiner späteren TYLA GANG fort. Erst in der Punk-Ära kamen DR. FEELGOOD und EDDIE AND THE HOT RODS zur Geltung. Ebenfalls am Ende der siebziger Jahre entfalteten sich Wilko Johnsons SOLID SENDERS, LEW LEWIS REFORMER und THE (COUNT) BISHOPS. In Londons Hope & Anchor und in sonstigen Pubs und Clubs finden manche der einschlägigen R & B-Bands auch in der Gegenwart eine freundliche Aufnahme.

In scharfem Gegensatz zum Pub Rock zeigen Punk und New Wave so gut wie keine Spuren vom Blues. Und hier wird ein grundsätzlicher Unterschied zwischen dem London der Jahre um 1962–1964 und demjenigen um 1977–1979 sichtbar, mögen auch im Hinblick auf die allgemeine Aufbruchsstimmung und auf das kollektive Gefühl, ein musikalisches Neuland zu erobern, sonst starke Ähnlichkeiten zwischen den beiden rockmusikalischen Situationen bestehen. Zu Beginn der sechziger Jahre lebten noch die großen Bluesmusiker in Chicago und anderswo, von denen die jüngere Generation den Geist eines authentischen Blues kennenlernen konnte. In der zweiten Hälfte der Siebziger waren jedoch diese älteren, vor 1920 geborenen Bluesmusiker nicht mehr am Leben. Ihr Erbe war ohnehin weitgehend auf Schallplatte und Tonband aufgezeichnet, ja sie hätten sich sogar als ein Hemmschuh für die Weiterentwicklung des Rock erweisen können. Unter den meisten Schwarzen lebte der Blues andererseits nur noch in einer abgeleiteten, um nicht zu sagen korrumpierten Form weiter, nämlich als Spät-Soul und als Discomusik, sofern man letztere als einen heruntergekommenen und vollends für den Kommerz ausgeschlachteten Soul ansehen kann. Und da Punkbewegung und New Wave insgesamt militant kommerzfeindlich eingestellt waren, lag es nahe, dem gesamten Blues- und Soulbereich den Rücken zu kehren und an andere, bluesferne Wurzeln wie Glitter, Sixties' Punk und Elektronik anzuknüpfen.

Blues-Revival in den USA

In den USA transformierte sich der einst lebensstrotzende Rhythm & Blues um 1960, das zugleich das Gründungsjahr von Motown in Detroit werden sollte, immer mehr in eine gospelorientierte und in ihrer Call- and Response-Technik stark theatralisch wirkende Musik, die bald das Markt-Etikett «Soul» bekam. Die Bluesstruktur trat in den Hintergrund, dafür wurden Merkmale des Blues- und Gospelvortrags wie chorische Zwischenrufe, gesprochene Texte und vor allem jene Off-Pitch-Intonation verselbständigt, von der einige Jahre später besonders bei imitierenden weißen Rockgruppen nur noch ein abgeschmacktes Marktgeschrei übrigbleiben sollte. Mit feineren, verhaltenen Mitteln schien es nicht mehr weitergehen zu wollen. Der Star auf der Bühne mußte sich auf dem Boden wälzen, vor Leidenschaft zerbersten und ins Mikrofon schreien, um ein unreifes Publikum zu beeindrucken. Der große Ausverkauf der Gefühle begann mit dem Soul, und dieser Ausverkauf dauert bis in unsere Tage hinein; man erinnere sich nur an die abgeschmackten Bühnenauftritte von Bette Midler. Es tröstet wenig dabei, daß dies alles nicht nur von WEA, sondern auch und vor allem von Plattenfirmen getragen wird, die – wie Tamla-Motown und später Philadelphia International – in den Händen von Schwarzen sind. Gewinnsucht ist nicht das Privileg Weißer. Die betreffenden schwarzen Produzenten haben reichlich dafür gesorgt, daß ihr wertvolles musikalisches Erbe, der Blues, prostituiert wurde.

138

Die Zeit um 1960–1963 war in den USA eine Übergangszeit. Auch wenn sie alle Merkmale von Verwässerung aufweist, ist sie ausnehmend wichtig für die Rockgeschichte, nicht zuletzt, weil ihre Zwitterprodukte auf die britischen Beatgruppen eine jahrelange Faszination ausübten. Vor allem die für die Sechziger zentrale Beatrichtung der Mersey-Gegend blieb vom R & B-Revival Londons so gut wie unberührt. Sie huldigte statt dessen der frühen Motown-Musik und den aus dem New Yorker Brill Building stammenden Musikstücken, die mit Blues nichts oder jedenfalls geistig nichts zu tun hatten. Dies belegen die zahlreichen, von Jerry Leiber und Mike Stoller in zwölfaktigen Strukturen verfertigten Blues-Nachahmungen (etwa «Poison Ivy» in der Interpretation der COASTERS) ebenso wie der größte Teil des Repertoires der Girl Groups sowie die smarten, nunmehr ausschließlich Teenagerprobleme behandelnden Maßarbeiten von Ellie Greenwich und Jeff Barry, von Cynthia Weil, Barry Mann und Gerry Goffin, Carole King und Neil Sedaka, Doc Pomus und Mort Shuman. Zwar liegen die Anfänge der BEATLES auch, neben Skiffle, im Rock 'n' Roll Chuck Berryscher Prägung. Doch ihr frühestes, auf Schallplatten zugängliches Material läßt davon nur wenig ahnen. Vielmehr finden sich unter den eingespielten Kompositionen etwa «Chains» von Goffin/King, der ISLEY BROTHERS-Hit «Twist And Shout», «Baby, It's You» von David/Williams/Bacharach, «Please Mister Postman» von B. Holland/R. Bateman u. a. und «Money» von J. Bradford/B. Gordy Jr. Weitere Mersey-Gruppen wie THE SEARCHERS standen der Blues-Tradition nicht näher als die BEATLES.

Propheten gelten nichts im eigenen Lande. Daß die schwarzen Bluesmusiker ausgerechnet in den USA am spätesten von der weißen Bevölkerung rezipiert wurden, vermag die schlichte Volksweisheit freilich nicht allein zu erklären. Die nicht gerade ruhmreiche Geschichte der Rassendiskriminierung in den Vereinigten Staaten macht es vielmehr hauptsächlich verständlich, warum schwarze Bluesmänner wie Muddy Waters, Sonny Boy Williamson und B. B. King erst einmal in Europa Anerkennung finden mußten, um auch im eigenen Land als schöpferische und sensible Künstler akzeptiert zu werden. Der junge Paul Butterfield, der das Blues-Harmonikaspiel im Blue Flame und im 1015 Club an der Südseite von Chicago Musikern wie James Cotton und Little Walter abgelauscht hatte, hätte ohne die europäischen Tourneen von Muddy Waters und Howlin' Wolf sich kaum zugetraut, mit einer eigenen Bluesgruppe – der PAUL BUTTERFIELD BLUES BAND – in Big John's in der Chicagoer Wells Street aufzutreten, einige Jahre später sogar mit Muddy Waters eine gemeinsame Einspielung zu machen (*Fathers And Sons*, 1969). Butterfield spielte das neben der Gitarre wichtigste Bluesinstrument, die Mundharmonika, begleitet unter anderen von den beiden Schwarzen Jerome Arnold (Baß) und Sam Lay, der später von Dave Davenport ersetzt wurde. Bei der ersten, heute schon klassisch zu nennenden Platteneinspielung von 1965 wirkten außerdem Elvin Bishop (Rhythmusgitarre), Mark Naftalin (Tasteninstrumente) und ein schon hier beachtlicher Slidegitarrist von sicherem Bluesgefühl, nämlich Mike Bloomfield mit. Junior Parkers «Mystery Train» und «I Got My Mojo Working» von Muddy Waters – letzteres eine Standardnummer auch unter den britischen R & B-Musikern – finden sich neben eigenen Kompositionen der Bandmitglieder in diesem frühen Repertoire.

Man kann sicherlich den Kopf schütteln darüber, daß der Blues als eine musikalische Gattung wie als ein Lebensausdruck in den USA später als in Europa verstanden wurde. Dafür jedoch wirkt gleich der erste Beitrag einer weißen amerikanischen Band zum Blues reifer, tiefer, kongenialer als das meiste, was von englischen Gruppen an nachgeahmtem Material erspielt wurde. Butterfield und Bloomfield improvisieren frei und mit langem Atem im Bluesidiom, als wäre es ihre eigene musikalische Muttersprache. In Nat Adderleys Komposition «Work Song» auf der zweiten LP der Bluesgruppe (*East-West*, 1966) treten nacheinander Bloomfield, Butterfield, Naftalin und Bishop mit ausgedehnten Improvisationen auf. Beide frühen Einspielungen setzen mithin ein bleibendes, bemerkenswertes Dokument verständiger und verständnisvoller Bluesrezeption. Nach diesen authentischen Blues-Nachempfindungen schied Mike Bloomfield aus der Formation aus, und deren Besetzung wurde durch Bläser beträchtlich erweitert und 1971 sogar um Frauenstimmen vermehrt. Der Trend zum Soul ist in der restlichen Geschichte der Band unverkennbar. Butterfields zweite, spätere Formation BETTER DAYS meidet das Wort «Blues» sogar im Namen.

Das filigrane Tonfiguren enthaltende Gitarrenspiel von Mike Bloomfield gehört zu den konstanten Höhepunkten in der Musik der PAUL BUTTERFIELD BLUES BAND (später wurde der Vorname aus der Gruppenbezeichnung gelöscht). Nach seinem Ausscheiden gründete Bloomfield THE ELECTRIC FLAG, zu deren Mitgliedern unter anderen der schwarze Schlagzeuger Buddy Miles, der Bassist Harvey Brooks und vier Trompeten- beziehungsweise Saxophonspieler gehörten. Es ist ungewiß, was Bloomfield bei der Gründung einer eigenen Gruppe (die sich etwas rätselhaft «An American Music Band» nannte) stilistisch vorschweben mochte. Tatsache ist, daß er jene Entfernung vom authentischen Blues, die sein Freund Butterfield erst im Laufe der Jahre zurückgelegt hatte, hier mit einem Schlage vollzog, indem er in einigen Stücken dem polternden, Leidenschaftlichkeit bloß vorgaukelnden Kommerz-Soul Raum gibt. Zu allem Überfluß sind auch der Synthesizer-Fachmann Paul Beaver mit einem Moog-Gerät, sodann Richie Havens mit einer Sitar, Streicher, sogar ein Gesangsquartett in die Besetzung aufgenommen worden. Ob Bloomfield mit dem klanglichen Ergebnis der Einstandsplatte zufrieden war, bleibt zu bezweifeln, denn er verließ die Gruppe nach einigen Monaten und überließ ihre Leitung dem eigenwilligen Buddy Miles. Dieser veräußerlichte die Musik weiter und ließ aus dem Blues nur noch lärmende «Seelen»-Rufe werden, deren Verbindung mit einem massiven Blechklang leider unter den US-Rockmusikern Schule machen sollte. Bloomfield selbst betätigte sich mit unterschiedlichem künstlerischem Gelingen als Studio- und Solomusiker, spielte mit Al Kooper und Stephen Stills eine sogenannte Supersession-Platte ein, deren Studio-Tracks nachträglich eine Bläserverstärkung ertragen mußten, und nahm mit Kooper nochmals eine improvisationsreiche, dem Blues jedoch nicht weiter förderliche LP auf. In seiner späteren Entwicklung überzeugt Bloomfield am meisten, wo er zu den Wurzeln, zu seinen Chicagoer Blues-Anfängen zurückkehrt und die kommerzialisierende Neigung seiner Freunde wie seiner Produzenten wenig beachtet. Sein 1976 entstandenes, halb erzieherisches Projekt mit dem Namen *If You Love These Blues, Play 'em As You Please* (Guitar Player Records) belegt diese These ebenso lehrreich wie unterhaltsam. Gitarrenstimmungen und Blues-Spielweisen à la B. B. King, T-Bone Walker, Blind Blake, Guitar Slim und anderen werden hier vorgeführt.

Etwa gleichzeitig mit Butterfields Formation entstand in New York THE BLUES PROJECT, eine bis auf den Sänger aus jüdischen Bohemiens bestehende Gruppe mit Residenz im Cafè au Go-Go (Roy Blumenfeld, Tom Flanders, Danny Kalb, Steve Katz, Al Kooper und Andy Kulberg). Das Verhältnis der Musiker zum Blues kann als interessiert-amateurhaft bezeichnet werden. Dafür spielten sie vielseitiger, draufgängerischer als ihre Chicagoer Gesinnungsgenossen, die, nebenbei, überwiegend ebenfalls Juden sind. Die Formation, deren Anfangsschicksale Al Kooper in seinen amüsanten Erinnerungen *Backstage Passes* beschreibt, erwies sich als recht unbeständig. Sie wurde 1967 aufgelöst, erlebte 1971 eine kurze Auferstehung und umfaßte zuletzt Mitglieder, deren Mehrzahl mit dem ursprünglichen BLUES PROJECT nichts mehr zu tun hatte. Prominentestes Bandmitglied der Anfangszeit war der Orgelspieler Kooper selbst, der 1967 BLOOD SWEAT & TEARS mitgründen und später sich eigenen sowie – als Produzent – auch fremden Plattenprojekten zuwenden sollte. Sein Bluesverständnis zeichnet sich von Anfang an durch publikumswirksame Einfälle, wenn auch zuweilen durch zu viel Theatralik aus.

Ausschließlich dem südlichen Blues verpflichtet ist Johnny Winter und

141

– in geringerem Maße – sein Bruder Edgar. Der Gitarrist aus Beaumont, Texas, verbündete sich 1968 mit Columbia Records und unternahm von solcher gefestigten Position aus sensationelle, auch fürs Auge aufregende Konzerte. Seine Blues-Auffassung richtete sich von vornherein an den Möglichkeiten virtuoser Gitarrentechnik und massenwirksamer Shows aus. Mit zunehmender Popularität wandte sich Johnny Winter auch dem Rock 'n' Roll zu und erlangte bei einem dafür empfänglichen jugendlichen Publikum stürmischen Jubel für seine nie versagende, rasante Fingerfertigkeit. Der Blues verwandelt sich bei ihm in einen unpersönlich wirkenden, aber in der Technik absolut verläßlichen Automaten. Johnnys jüngerer Bruder, der Klavier- und Altsaxspieler Edgar Winter, wählte einen anderen (Ab-)Weg, indem er seinen jazzbetonten, experimentierfreudigen Anfängen immer mehr den Rücken kehrte und sich dem Soul und sogar einem verrockten Musical-Stil zuwandte.

Was Freiheit der kollektiven Improvisation und schöpferische Umgestaltung betrifft, gebührt um 1970 ein besonderer Rang der ALLMAN BROTHERS BAND aus Florida, speziell dem ein Jahr später verunglückten Duane Allman. Er und sein jüngerer Bruder Gregg spielten um 1967 in HOURGLASS und gründeten 1969 die nach ihnen benannte Bluesgruppe. Ganz besonders eindrucksvoll ist das frühe Plattenwerk der Band, auf dem noch Duane zu hören ist, eindrucksvoll auch dessen *Leyla*-Einspielung. In den einzelnen Stücken wird die Bluesstruktur mitunter so stark durch Zwischenharmonien und Tonkaskaden bereichert, daß der gewohnte akkordische Verlauf erst bei näherem Zuhören in Erscheinung tritt (vgl. etwa «Midnight Rider»). Die beschwingte, für den Southern Rock typische Rhythmuszubereitung zweier Schlagzeuger im Hintergrund, entfalten Duane Allman und der zweite Sologitarrist Dicky Betts ein sich ablösendes, faszinierendes Solowerk, miteinander duett- und duellierend. Ihre Soli lassen sich dabei leicht identifizieren. Während Betts den härteren, kernigeren Ton erzeugt, bevorzugt Duane einen weich eingestellten Sound, als ob auf seine Gitarre Nylonsaiten gespannt wären. Die herkömmliche Zwölftaktigkeit des Blues wird beim Duettieren zuweilen aufgegeben, und beide Instrumente schmücken einen liegenden Grundakkord der ersten Stufe aus. Die zumeist von Gregg Allman stammenden Kompositionen bevorzugen die Moll-Variante des Blues, wodurch dieser einen wehmütig-süßen Gesamtcharakter bekommt. Besonders wirkt die Moll-Subdominante im fünften oder sechsten Takt durch eine eigenartige Melancholie. Daß unter den Taktarten recht häufig die Dreiviertel-Einteilung vorkommt, ist ein weiteres Merkmal des Gruppenspiels; stellvertretend für viele sei «Whipping Post» genannt.

Es mag aufschlußreich für das Bluesverständnis der Allman-Brüder sein, wenn man ihre Interpretation von Willie Dixons «Hoochie Coochie Man» mit derjenigen Alexis Korners aus dem Jahr 1963 vergleicht. Während in der früheren Fassung Korners zackige, energische Vokalstimme im Vordergrund steht und sich eigentlich nur von der Mundharmonika begleiten läßt (Baß und Schlagzeug werfen lediglich kurze Abschlagskadenzen ein), wird der Gesang in der Allman-Version vom perlenden Gitarrenwerk umgeben und zugunsten des instrumentalen Klanges mehr in den Hintergrund gestellt. Der wichtigste Unterschied jedoch besteht im ausgiebigen Improvisieren beider Gitarren von Duane Allman und Dicky Betts, während die gleiche Komposition bei Korner eine knappe, beinahe skelettierte Gestalt erhält. Man mag bedauern, daß das Live-Doppelalbum aus Fillmore East nicht auch den genannten R&B-Titel enthält. Denn in Konzerten pflegte die ALLMAN BROTHERS BAND noch reicher und ausführlicher zu improvisieren.

Nach dem Tod zweier Bandmitglieder ist der Schwung, die südliche Lockerheit im Gruppenmusizieren ebenso geblieben wie das versierte Handwerk der ersten Tage. Doch beherrschen Gitarrenduelle nicht mehr das klangliche Vorfeld. Gewöhnung tat ihre dazu, daß die Rockhörer auch über diese doch exzeptionelle, die US-Rockmusik nachhaltig beeinflussende Bluesformation zur Tagesordnung übergegangen sind.

Gelegentlich wird die Musik von Jimi Hendrix dem Blues zugerechnet. Das ist, wenn auch nicht vollkommen falsch, so doch unzulässig vereinfachend und verkürzend. Während seiner England-Zeit besaß Hendrix ein durchaus negatives Verhältnis zum orthodoxen Blues. Vermutlich war er auch früher kein Bluesmusiker aus Überzeugung. Denn die wenig bekannte Aufzeichnung einer gemeinsamen Session mit Little Richard aus dem Jahr 1965 verhilft nur dem zum Rock 'n' Roll reumütig heimgekehrten Penniman zur lautstarken Geltung, während Hendrix in R&B-Stükken wie «Lucille» und «Hound Dog» recht passiv im Klanghintergrund bleibt. Den regelrechten, traditionellen Blues hat Hendrix sowohl in der ländlichen Ausprägung wie auch in seiner aggressiven städtischen Form nur ausnahmsweise gespielt. Die Eigenkomposition «Red House» etwa gehört zu solchen Seltenheiten in Hendrix' Gesamtwerk. In ihr verrät sich deutlich der Einfluß von B. B. King, in den freier ausholenden Improvisationen auch derjenige von T-Bone Walker.

Auf der anderen Seite kann man Hendrix sinnvollerweise tatsächlich nur beim Blues einordnen, vorausgesetzt, man bezeichnet die Sondergattung, die er hierbei zustande brachte, als «psychedelischen Blues». Trotz seiner Vagheit kann der Ausdruck hilfreich sein, weil er verdeutlicht, was hier gemeint ist. Auch wenn der konventionelle (städtische) Blues nicht Hendrix' Sache war, kann man sein Musikverständnis am ehesten begreifen, wenn man es – und zwar negativ – auf den Blues bezieht. Hendrix spielte lauter Abweichungen vom Blues, aber der Blues ist gerade dadurch überall gegenwärtig, daß er negiert wird. Wie man die nordamerikanische Nationalhymne «Star Spangled Banner» kennen muß, um abzuschätzen, wie Hendrix sie auf dem Woodstock-Festival 1969 zerfetzt und in ein Feedback-Geheul verwandelt hat, um das akustische Zerrbild amerikanischer Bomber über Vietnam zu vergegenwärtigen, ebenso muß der Hörer die imaginäre Bluesvorlage im Ohr haben, um etwa «I Don't Live Today» zu verstehen. Diese Komposition stellt nämlich einen ebenso verwandelten, verunstalteten, zerfetzten Blues dar.

Nicht notengetreu also, aber gleichsam zwischen den Takten dachte Jimi Hendrix doch in Blues-Begriffen, zumindest in Blues-Intonationen und Blueswendungen. Selbst der verhältnismäßig kurzatmige Bluesverlauf, der nur zwölf oder allenfalls sechzehn Takte umfaßt, erschien dem Gitarristen zu konstruktiv, zu dogmatisch. Mit einer anarchischen Unbekümmertheit hat er den Blick von der Bluesgestalt abgewendet, und er konzentrierte sich in der Regel auf kleingliedrige Einheiten von jeweils zwei Takten, den tragenden Zellen seiner Musik, aus denen sich seine Kompositionen zusammensetzen. Durch die Addition lauter zweitaktiger Gebilde kann gelegentlich ein Verlauf entstehen, der dem wirklichen Blues sehr ähnelt. Aber das ist ein Zufall. Auch kann nach 2 + 2 Takten ein Harmoniewechsel eintreten, aber er ist nicht die erwartete, bekannte Wendung zur Subdominante (auf der vierten Stufe), sondern ein ganz anderer Akkord, dessen Stellenwert sich mit dem fünften oder sechsten Takt des Blues-Urbildes nicht vergleichen läßt.

Die Regel sind somit sechs, acht oder zehn Takte als Ergebnis zusammengefügter Zellen, zuweilen mit einem eingeschobenen oder angehängten Einzeltakt, in dem typischerweise eine Kadenz ausgesponnen und abgeschlossen wird. Bezeichnend in dieser Hinsicht ist «Angel», dessen Hauptteil einmal zwölf Takte umfaßt. Aber ein Takt wird hinzugefügt, und in der Wiederholung fällt die Taktzahl schon anders, nämlich kleiner, aus.

«Psychedelic Blues» bei Hendrix: Der Ausdruck impliziert auch ein gestörtes, sich nur noch schwach erinnerndes Bewußtsein vom einstigen Blues. Die Erinnerung an ihn erscheint wie beschädigt. Wohl verläuft «Belly Botton Window» im Shuffle-Rhythmus, wohl ertönt in «My Friend» sogar eine Mundharmonika. Aber der Bluesverlauf ist nicht mehr intakt, sondern lebt wie in einem bruchstückhaften Gedächtnis fort, und auch die Mundharmonika ist nur noch eine undeutliche Erinnerung an eine große musikalische Gattung.

Der Jazz

Der alte und mittlerweile abgerissene Cavern-Club in Liverpools Mathew Street gilt als eine der Geburtsstätten des Mersey-Beats, der ab 1962 die Welt erobern sollte. Dieser Glaube ist einer der zahlreichen Mythen der Rockgeschichte, die Wahres und Unwahres zu einem gefälligen Ganzen werden lassen. Gewiß, die BEATLES traten in dem Lokal insgesamt 282mal auf, und in ihm wurden sie von ihrem späteren Manager Brian Epstein «entdeckt». Aber in den fünfziger Jahren war der Cavern ein reiner Jazzclub, in dem Rockmusik nicht gespielt werden durfte und in dem das jugendliche, tanzhungrige Publikum der Straßen nicht gern gesehen wurde. Die BEATLES selbst, vor allem John Lennon, besaßen schon zu jener frühen Zeit ein gereiztes Verhältnis zum Jazz und zu dessen Publikum, das über den Rock 'n' Roll und seine musikalische Ungeschliffenheit schon damals gern die Nase rümpfte. Jazz und Rock galten in Liverpool als zwei entgegengesetzte Musikbereiche.

Zu Beginn der Rockmusik in den Fünfzigern war die Kluft zwischen Jazz und Rock freilich noch nicht unüberwindbar. Im Gegenteil, im Rhythm & Blues und im frühen Rock 'n' Roll wurden Tenorsaxophon und Klavier ausgiebig beschäftigt, zwei im Jazz beheimatete Instrumente also, die erst mit dem Auftreten des europäischen Beat aus dem Instrumentarium der Rockmusik verdrängt wurden. Das Tenorsaxophon, dessen Klang die fünfziger Jahre im Jazz, im Rhythm & Blues und auch im Rock 'n' Roll prägt (man denke an Bill Haleys COMETS), ist auf unzähligen Einspielungen früher Rockmusik zu hören. Dieser Umstand erklärt sich dadurch, daß bei den Aufnahmen von R & B-Schallplatten zumeist Studiomusiker herangezogen wurden, die bald in Jazzclubs, bald in R & B-Kreisen auftraten und zwischen diesen beiden Musikgattungen keine grundsätzlichen Unterschiede, allenfalls Abstufungen im spieltechnischen und improvisatorischen Anspruch erblickten. Und freilich auch eine Differenz in der gesellschaftlichen Funktion: während R & B eine frischfröhliche, erotisch geladene Tanzmusik der amerikanischen Schwarzen bildete, erklomm der Jazz bereits die Stufe zur Kunst, zu einer Musik zum ausschließlichen oder vorwiegenden Hören. Eine Aufnahme wie «Slow Walk» des Tenorsaxspielers Sil Austin verdeutlicht, daß differenzierte Soli auch im R & B möglich waren (Austin schrieb übrigens einen Song «Ping Pong» für Ella Fitzgerald). «Caldonia», Louis Jordans berühmter Titel auf Mercury, mag ebenfalls beweisen, daß die Blechchöre der Swing-Ära samt den gelegentlichen instrumentalen Soloeinwürfen im R & B vollständig integriert waren.

London um 1960–1964: die Szene wechselt, aber die gutnachbarliche

Beziehung zwischen Jazz und Rock, genauer gesagt, zwischen Jazzmusikern und Rockmusikern, bleibt die gleiche. Zwar sahen auch die Londoner Clubbesitzer den Namen Rock 'n' Roll nicht gern. Aber wenn eine Gruppe sich eine Bluesband nannte, konnte sie praktisch alle Musikbereiche in ihr Repertoire aufnehmen, auch Rockstücke. Noch genauer gesagt: Im Gegensatz etwa zu Liverpool, wurden in London Blues, Jazz, Rhythm & Blues und Rock 'n' Roll gar nicht scharf voneinander unterschieden. Das britische Blues-Revival wird vielmehr von Musikern geprägt, von denen es schon damals nicht feststand, ob sie Blues-, Jazz- oder Rockmusiker oder alles zusammen waren, etwa von den drei Saxophonisten Graham Bond, Dick Heckstall-Smith und John Surman, von den Gitarristen Alexis Korner, John Mayall und John McLaughlin, von dem Bassisten Jack Bruce, von den Schlagzeugern Ginger Baker und Jon Hiseman, von den Sängern Georgie Fame, Chris Farlowe, Mick Jagger, John Long Baldry und anderen. Das von ästhetischen Dogmen nicht eingeengte Zusammenspiel dieser Musiker in immer neuen Besetzungen und Formationen erklärt sich teils durch die vielfach gemeinsame Herkunft vom Skiffle (in welchem Blues, Rock und ein hemdsärmeliger Jazz ungetrennt enthalten sind), teils durch die gemeinsame Liebe zum schwarzen Blues als dem Ursprung aller späteren Abweichungen in Jazz, Rhythm & Blues und Rock 'n' Roll – zu dem in den USA übersehenen und mißachteten Blues, der als ein fesselnder und stilistisch weitverzweigter Ausdruck einer Lebenshaltung und einer Musikkultur hier in Londons Club-Zirkeln zum erstenmal verständnisvoll erkannt wurde.

Der Saxophonspieler Graham Bond war eine wichtige Gestalt in diesen Londoner Blues- und Jazz-Zirkeln. In seiner GRAHAM BOND, ORGANISATION spielten viele Musiker, die sich später im Jazz wie im Rock einen Namen machen sollten. Mitte 1963 bildeten außer Bond, der Gitarrist John McLaughlin, der Bassist Jack Bruce und der Schlagzeuger Ginger Baker die Mitglieder der ORGANISATION. Ihre Live-Einspielung von «The Grass Is Greener» im Club At Klooks Kleek belegt die starke Verwurzelung dieser späteren Rock-Größen im Blues und besonders im Bebop. Die Solopassage von McLaughlin, die sich nach einer ausgedehnten Altsax-Eröffnung Bonds entfaltet, weist bereits zahlreiche modale Wendungen auf, die durch McLaughlins MAHAVISHNU ORCHESTRA um 1972 allgemein als «Jazzrock» bekannt wurde. Interessant übrigens, daß auch der Titel «The Grass Is Always Greener» auf dem zweiten Album einer Gruppe auftaucht, die um 1970 als eine bahnbrechende Jazzrock-Formation gefeiert wurde: COLOSSEUM. Es ist ironisch, daß fast die gleiche Musik, die in der ersten Hälfte der sechziger Jahre als Londoner Blues-Revival und als Jazz gegolten hatte, einige Jahre später ohne weiteres die absatzfördernde Bezeichnung «Jazzrock» annehmen konnte.

«Jazzrock» – ist das überhaupt möglich? Oder ist er bloß durch Firmenwerbung und durch bequeme Journalisten zu einem Begriff geworden, mit dem man gedankenlos umgehen kann? Zwischen Jazz und Rock bestehen so große Gegensätze in entstehungsgeschichtlicher, sozialer und musikalischer Hinsicht, daß die Wortprägung «Jazzrock» fast wie eine Ungeheuerlichkeit erscheint:

1. Rock ist eine jugendliche Musikkultur, eine Musik von Jugendlichen für Jugendliche. Im Jazz dagegen spielt der Kult der Jugend keine Rolle, im Gegenteil: die meisten großen Jazzmusiker entfalteten ihr Können erst mit vierzig und fünfzig Jahren. Auch das Jazzpublikum ist altersmäßig wie im Hinblick auf ihr Musikverständnis reifer als die große Masse der jugendlichen Rockhörer.

2. Bedingt durch das reifere Alter der Jazzmusiker beherrschen sie ihre Instrumente unvergleichlich besser als die meisten Rockmusiker. Bei Jazzmusikern ist es möglich und erwünscht, daß man ihre individuellen Fähig- und Fertigkeiten im Instrumentenspiel wie auch in der Improvisation beurteilt. Jazz ist die gesamte Leistung großer individueller Könner. Dagegen sind Rockmusiker in der Regel mittelmäßige Spieler, die als Musikerpersönlichkeiten kein Interesse wecken, schon deshalb nicht, weil zwischen ihrem Spiel und dem Publikum elektronische Verwandler eingeschaltet sind, mit deren Hilfe sie die Gebrechen ihrer Spieltechnik überdecken und den Hörer manipulieren können. Aus diesem Grunde spielt im Rock nicht das spieltechnische und improvisatorische Vermögen des einzelnen, sondern der Gruppen-«Sound» die zentrale Rolle.

3. Mit wenigen Ausnahmen besteht der Rock aus Textvertonungen, der Jazz dagegen mit wenigen Ausnahmen (meist aus der Frühzeit) aus rein instrumentalen Klanggebilden.

4. Jazz wird in der Hauptsache improvisiert, Rock besteht in der Regel aus arrangierten Musikstücken.

5. Der Jazz verfügt über ein differenziertes und entwickeltes Material von motivischen Wendungen, Akkordstrukturen und Rhythmen, an denen gemessen der melodische, harmonische und rhythmische Vorrat der Rockmusiker armselig anmutet. Die meiste musikalische Entwicklung haben (ehemalige) Jazzmusiker und auch Tontechniker in den Rock gebracht.

Die Unterschiede zwischen Jazz und Rock ließen sich fortsetzen. Schon sie lassen vermuten, daß es nicht unproblematisch ist, von Jazzrock zu sprechen.

In dem Maße, als der Jazz der sechziger Jahre metrisch und tonal ungebunden wurde und allmählich alle handfesten Spielregeln über Bord warf, die zum Spielcharakter einer Kunstgattung nun einmal gehören (sie waren jedenfalls für den Hörer nicht mehr erkennbar), wurde unter Jazzmusikern der Wunsch lebendig, ihre Musik erneut auf ein fest umrissenes Taktgefüge, auf sinnfällige Rhythmen und Melodien zu gründen – auf Eigenschaften also, mit denen es die Rockmusiker immer schon zu tun hatten. So entstand der Jazzrock der Jazzmusiker, den Lothar Jänichen in dem Sammelband *Rock in den 70ern* (rororo 7385) ausführlicher und kenntnisreicher verfolgt, als es in früheren Darstellungen der Fall ist (einschließlich *The Rolling Stone Illustrated History Of Rock & Roll* von Jim Miller).

Auf der anderen Seite, nämlich im Rockbereich, vollzog sich bei Gruppen wie den BEATLES und den MOTHERS OF INVENTION eine zunehmende Komplizierung durch unregelmäßige Taktgliederung, Collage-Technik und großformale Gestaltung, so daß der Rock erwachsen genug erschien, eine hoffnungsvolle Verbindung mit dem Jazz einzugehen, der seinerseits lange schon gesellschaftsfähig war und als ein Teil der etablierten Kultur angesehen wurde; nicht zuletzt wurde er durch das Interesse von Komponisten wie Strawinsky, Ernst Křenek und Kurt Weill bereits in den zwanziger und dreißiger Jahren geadelt. Der wirtschaftlich wohlsituierte Rock dagegen, als vulgär beargwöhnt, sehnte sich nach Höherem. Die Situation glich mithin derjenigen in Molières *Bürger als Edelmann*, wo der ungebildete, aber reiche Emporkömmling Jourdain sich nach der Gesellschaft von Aristokraten sehnt. Die Ehe zwischen Jazz und Rock, für die alle Vernunftgründe zu sprechen schienen, begann stürmisch, um mit Abkühlung und Entfremdung zu enden. Schon in den ausgehenden siebziger Jahren beruht ihr Weiterbestehen – jedenfalls in den USA – nur noch auf wirtschaftlichen Erwägungen.

Zu den älteren Stiftern des um 1970 unter allgemeiner Anteilnahme geschlossenen Lebensbundes gehören Graham Bond und sein Londoner Zirkel, die kalifornischen JAZZ CRUSADERS (später einfach THE CRUSADERS genannt), sodann der Vibraphonspieler Gary Burton und der Gitarrist Larry Coryell mit seiner und ohne seine Formation THE FREE SPIRITS. Doch zum gesellschaftlichen Gerede wurde die Sache erst durch das Auftreten einiger amerikanischer Groß- und Mittelgroßgruppen, die eine Bläser-Sektion beschäftigten. Von diesem sogenannten Brass-Rock soll zunächst die Rede sein.

Blechbläser-Rock

Hier gehört den New Yorker BLOOD SWEAT & TEARS der zeitliche Vorrang. Als eine Nachfolge- oder besser Splittergruppe von BLUES PROJECT wurde BS & T zwar von Al Kooper gegründet, aber die Idee, eine Rockformation durch eine Brass Section zu ergänzen, stammt von Bobby Colomby und Jim Fielder, zwei Mitgliedern der frühesten Band (über die Entstehung von BS & T berichtet unterhaltsam Al Kooper selber in seinen Erinnerungen *Backstage Passes* von 1977). Mit den Blasinstrumenten Trompete, Posaune, Flügelhorn und Saxophon gaben BS & T Ende 1967 ein Vorbild für einige bald nachrückende Bands ab, die einer Synthese von Jazz und Rock den Weg ebneten.

Unter all diesen Gruppen gelang die angestrebte Synthese BLOOD SWEAT & TEARS am wenigsten, trotz ihrer verdienstvollen Pioniertat. In der Musik der Urbesetzung, in der übrigens auch Randy Brecker mitspielte, überwog neben Soul, Blues und einem gefälligen Rock jener sentimentale Pop, der in Tim Buckleys Arrangement von «Morning Glory» beispielhaft – und zugleich warnend – dasteht. Von Jazz läßt sich auf der ersten LP *Child Is Father To the Man* von 1968 kaum etwas spüren. Schwingt sich das Stilgefühl der Musiker einmal höher, so wird bestenfalls eine flüssige Cocktailmusik erreicht, die nur ein ins städtische Barlokal verirrter Provinzler ehrfürchtig für Jazz halten kann. Als Kooper nach der ersten Einspielung freiwillig ging, erhielt das Repertoire mehr Merkmale von Professionalität, dank den kundigen Bearbeitungen von Fred Lipsius und Dick Halligan, für die eine plastische Gegenüberstellung der Bläserabteilung, der Rhythmusgruppe, der Solobeiträge der Instrumentenspieler sowie des Sologesangs von David Clayton-Thomas charakteristisch ist. Doch auch auf den späteren LPs, von denen die zweite bis vierte die wohl reifsten Bekundungen der BS & T-Klangästhetik bilden, spielt der Jazz eine untergeordnete Rolle und kommt am ehesten noch in den Soloimprovisationen des Altsaxophons («Blues, Part II») und des Klaviers zur Geltung («He's a Runner»). Und auch dieser Jazz entspricht nicht dem zeitgenössischen Standard des Free Jazz, sondern beruht im wesentlichen auf dem Swing der dreißiger und vierziger Jahre.

Rückblickend erscheint deutlich, daß BS & T vor 1979 nicht Jazzelemente mit Rock verbanden, sondern das Prinzip der vom Blech getragenen massiven Klangblöcke auf einen schwermütigen, sentimentalen Rockpop übertrugen. Das ständige Kommen und Gehen der Mitglieder verhinderte ohnedies ein stilistisch geschlossenes, folgerichtig durchgeführtes Konzept. In der späteren Phase, etwa ab *No Sweat* aus dem Jahr 1973, fällt außerdem ein Versiegen der kompositorischen Erfindung auf. Immer mehr werden fremde Musikstücke in den Spielvorrat aufgenommen, und das gekonnte, für Studienzwecke unbedingt zu empfehlende Arrangement verwandelt sich in die Hauptsache. Auf *New City* von 1975 spielt die Gruppe bereits funky und austauschbaren Konfektionsjazz der Soulrichtung, und sogar frühe Ansätze zur Disco lassen sich beobachten. «I Was a Witness To a War» ist eine triefende Schnulze, die allerdings mit einigen pikanten Septimen, Nonen und unaufgelösten Vorhalten garniert wird. Um 1979 reformierte sich die Band radikal, wechselte die Plattenfirma und trat 1980 mit einem Album *Nuclear Blues* hervor, das zum erstenmal die Bezeichnung Jazzrock verdient; der Sänger ist wieder David Clayton-Thomas.

CHICAGO erweist sich anfänglich, so auf dem Doppelalbum von 1969, als eine Formation, die dem Jazz wie auch dem Rock näherstand als BS & T. Die Auffassung von Robert Palmer (in der von Jim Miller herausgegebenen *Rolling Stone Illustrated History Of Rock & Roll*) ist ein Fehlurteil, wonach die Bläserarrangements der Gruppe näher dem Mainstream (oder Middle Of the Road) stehen als dem Jazz. Den durchgehenden Rocksound gewährleistet das rhythmisch betonte Gitarrenspiel von Terry Kath, und er beherrscht sein Instrument glänzend, während die spieltechnischen Fertigkeiten des BS & T-Gitarristen Steve Katz selbst von seinem Freund Al Kooper zurückhaltend beurteilt wurden. Das Jazzelement wiederum pulsiert in dem swingenden, synkopenreichen Staccatospiel der Bläser. Diese werden dabei nur sparsam eingesetzt, und in der Regel beschränken sie sich auf Einwürfe, während das herkömmliche Rockinstrumentarium, allen voran die Gitarre, dominierend hervortritt. «Poem 58», das beste CREAM-Tradition weiterführt, ist ein Beispiel für diese Klangstrategie.

Das Erstlingsalbum von CHICAGO (ursprünglich CHICAGO TRANSIT AUTHORITY) ist auch in ästhetischer Hinsicht herausfordernder als jede beliebige LP von BLOOD SWEAT & TEARS (wie gesagt, bis 1979). Als rhythmische Grundlage für «Someday, August 29, 1968» dient ein Sprechchor während der denkwürdigen Chicagoer Demonstration an diesem Tag: «The whole world is watching». In «Free Form Guitar» sogar, einem der progressivsten Stücke innerhalb dessen, was man dem Jazzrock zuzählt, werden die vielfältigen Klangmöglichkeiten einer Fender Stratocaster unter Zuhilfenahme eines Vorverstärkers und eines Showman-Verstärkers erprobt. Bedarf der Leser weiterer Belege, um sich vom fortgeschrittenen Tonmaterial der Chicagoer Musiker zu überzeugen, so höre er sich den ersten Bläsereinsatz in «Liberation» nach einer ausgedehnten Gitarrenimprovisation an. Aber insgesamt und auch angesichts solcher Stellen erscheint zwar nicht das Urteil von Robert Palmer, wohl aber die Auffassung gerechtfertigt, daß CHICAGO nicht so sehr Jazzrock hervorbrachte, als vielmehr einige bemerkenswerte Kompositionen bald im Jazz-, bald im Rockidiom spielte. Jazz und Rock stehen, statt zum Jazzrock zu verschmelzen, in gesonderten Tracks nebeneinander.

Nach dem verheißungsvollen ersten Album legte sich CHICAGO auf eine in jeder Hinsicht falsche Strategie fest. Nicht nur wollten sie die Verkaufserfolge von BS & T wiederholen, und zwar ohne einen Sänger, der Clayton-Thomas und später Jerry Fisher ebenbürtig gewesen wäre. Die Musiker (oder der Produzent James William Guercio) wollten auch die Jahresproduktion von BS & T an Einspielungen überflügeln und brachten nach dem Debut-Doppelalbum gleich zwei weitere Doppel-LPs sowie eine Live-Kassette mit vier LPs heraus. Es überrascht nicht, daß die Qualität den Anfängen nicht entsprach. Schon die von Bläsern beherrschte Musik auf *Chicago II* lähmt durch ihre Uninspiriertheit, und einige packende Stellen auf *Chicago III* können nicht darüber hinwegtäuschen, daß den Grundton nunmehr Durchschnittsrock und Punk-Jazz bildeten. Das auf Countryrock frisierte Stück «Free Country» zeigt an, daß der Jazzrock von CHICAGO in Atemnot geraten ist. Und das politische Engagement für Bürgerrechte und Demokratie, das sich auf dem Erstlingsalbum niederschlug, weicht auf *Chicago VIII* dem flotten Liedchen, das die Präsidentschaft von Harry S. Truman herbeiwünscht. Die spätere Spielweise der Formation entfernte sich vom Anfangsniveau noch mehr, und um 1980 ist sie kaum anders als eine bessere Disco zu nennen. CHICAGO hätte sich und der Rockwelt ein Verdienst erwiesen, hätte sie statt jährlich ein Doppelalbum lieber alle zwei Jahre eine einzige LP herausgebracht.

Der Gesamtklang von CHASE, einer dritten hier interessierenden Gruppe, wirkt heller und schärfer als derjenige von BS & T und von CHICAGO, dank den vier Trompetenspielern (einer unter ihnen war der Bandleader Bill Chase), die zwar unter sich einen integrierten, leuchtenden Klangstreifen erzeugen, doch zum Rockinstrumentarium der Gitarren einen schroffen, übergangslosen Gegensatz bilden. Weicher intonierende Blasinstrumente wie Saxophon und Posaune, die sich zum Verschmelzen eignen, fehlten in der Gruppe. Während BS & T hauptsächlich gekonnt arrangierten Pop und CHICAGO bald Jazz, bald Rock spielten, stoßen CHASE in den Hardrock mit Blechbläsern vor («Livin' In Heat», «Hello Groceries»), und darin lassen sie sich mit GOTHAM vergleichen. In «Reflections» wird die Trompete, wie ein Jahr früher auf Miles Davis' *Bitches Brew*, an eine Echokammer angeschlossen. Obgleich einige Musiker von CHASE zuvor in namhaften Jazzorchestern gespielt hatten, geben sie wirklich überzeugende Proben einer Synthese von Jazz und Rock nicht. Die Kompositionen, darunter der ehrgeizige Zyklus «Ennea» auf dem gleichnamigen Album, muten so an, als würden sie von einem Rockquintett mit Gesang, Gitarre, Baß, Hammondorgel und Schlagzeug gespielt, dem ein schriller Trompetenchor von Zeit zu Zeit Akzente beigibt. Dennoch zeichnen sich ab 1974 und bereits auf dem Album *Pure Music* neue Bahnen ab, die jedoch wegen eines Flugzeugabsturzes jäh abbrachen, dem Bill Chase und weitere Bandmitglieder zum Opfer fielen.

Systematisch übertrieben wurde in der internationalen Presse seinerzeit die Bedeutung einer weiteren Gruppe aus Chicago, der siebenköpfigen FLOCK mit zwei Tenorsax- und einem Trompetenspieler. «Was wir spielen, ist wahrscheinlich musikalischer als alles, was bisher unter dem Etikett Rock angeboten wurde» – solche nicht gerade bescheidenen Sprüche der Musiker wurden von den Journalisten dankbar aufgegriffen, und sie philosophierten in bewährtem Covertext-Überschwang: «Der Rock schlug mit den FLOCK seine Brücke zur avantgardistischen Musik.» Heute wird in den meisten seriösen Rocklexika nicht einmal der Name der Gruppe verzeichnet, und das mit Recht. Denn in Wirklichkeit ist auf den beiden Alben, von denen *Dinosaur Swamp* von 1970 bei weitem inspirierter wirkt, von Jazzrock und Avantgarde nicht viel zu spüren. Vielmehr bieten sie jene sinn- und ziellose Aneinanderreihung von Versatzstücken aus Rock, Pop, Jazz, Country und Bildungstradition, die die Rockkritiker zu «Collagen» adelten. Das Hantieren von Jerry Goodman, dem vorgeblichen «Jimi Hendrix der Geige», mit Paganini-Etüden und ähnlichem Blendwerk mutet heute peinlich wie ein Ausverkauf musikalischer und spieltechnischer Konservatoriumskenntnisse für Niedrigpreise an. Für die Nachwelt würde der Geiger eine recht unglückliche Figur abgeben, hätte er sich den Rockhörern nicht durch sein späteres, begnadetes Spiel in John McLaughlins MAHAVISHNU ORCHESTRA eingeprägt. Der Baß, gewöhnlich Gradmesser der Intelligenzstufe eines Zusammenspiels, bei FLOCK phantasielos und regelrecht amateurhaft, hätte den überschwenglichen Kritikern schon damals zeigen können, daß sie einem raffinierten Bluff aus Amerika gegenüberstanden.

BLOOD SWEAT & TEARS, CHICAGO, CHASE, FLOCK, aber auch HEAVEN in England (*Brass Rock 1*, 1971) standen bei Columbia unter Vertrag, wobei CHASE auf dem Schwesterlabel Epic geführt wurde, damit keine ungewollte Konkurrenz innerhalb ein und derselben Firma aufkommen sollte. Die anderen großen Plattenfirmen beobachteten eifersüchtig die A & R-Politik des Abteilungspräsidenten Clive Davis und versuchten ihrerseits von dem plötzlich erwachten Geschmack für Brass-Rock zu profitieren. Warner-Kinney nahm eine dritte Chicagoer Band, nämlich THE IDES OF MARCH, unter die Fittiche und förderte den Vorsatz des Bandleaders James M. Peterik, die seit etwa 1966 bestehende Formation dem neuen Trend folgend durch Bläser zu ergänzen. Stilistisch stehen THE IDES OF MARCH etwa zwischen BS & T und CHICAGO, allerdings in reduzierter Besetzung: anfänglich gehörten sieben, später sechs Mitglieder zu der Formation. Der Bläserklang verbindet sich gleich auf dem Debütalbum *Ve-*

hicle von 1970 enger mit der Rhythmus-Sektion, also dem rockenden Instrumentenkern, als bei CHASE, und CHICAGO ähnlich übernahm der Gitarrist auch solistische Aufgaben. Die Ausdruckspalette reicht von kalifornisch empfundenen, verhaltenen Episoden (etwa in «Wooden Ships») bis zu hart pulsierenden Kompositionen («Bald Medusa», «Time For Thinking», «Ogre») und bis zu einer neuneinhalb Minuten langen Phantasie über «Eleanor Rigby» der BEATLES, leider auch bis zum süßlichen Streicherarrangement («Home»). Das streckenweise ausgezeichnete zweite Album *Common Bond* von 1971 wurde noch von Warner herausgebracht; dann übernahm RCA, ihren Anteil am Brass-Rock-Kuchen erhoffend, die dritte LP *World Woven* (1972), die mit gutem Gespür für Kommendes die Bläsersektion fallenließ und sich dem perfekt hergestellten und künstlerisch belanglosen USA-Mainstreamrock der siebziger Jahre zuwandte. Eine vierte LP *Midnight Oil* erschien 1973.

Zweifellos angeregt von den amerikanischen Small-Bigbands BS & T und CHICAGO, doch ohne ihnen sogleich in den Popbereich zu folgen, formierten sich IF 1970 als eine Sieben-Mann-Gruppe in England. Außer den üblichen Rock-Zutaten waren in ihr auch Sopran-, Alt- und Tenorsaxophon sowie Flöte durch zwei Musiker vertreten. Das Jazzverständnis der Mitglieder speist sich zwar auch hier aus dem Mainstream, dennoch spiegelt die Musik von IF einen fortgeschritteneren Jazz wider als die der vergleichbaren US-Gruppen. Das rockmusikalische Element ist vor allem im Gitarrenspiel von Terry Smith gegenwärtig, so in «I Couldn't Write And Tell You» der zweiten LP und «Forgotten Roads» auf *3*, hier begleitet von schnellen Sechzehntelfiguren des Basses. Das 1970 vorgelegte Erstlingsalbum enthält ein überzeugendes Konzept mit integriertem Bläserklang. Von den allesamt hörenswerten Alben ist wohl das dritte dasjenige, in welchem das künstlerische Vermögen der Instrumentalisten und des Sängers J. W. Hodkinson mit einer metallisch klaren Stimme gipfelt. Unsentimentale, dabei einfallsdichte Stücke wie «Upstairs» und «Here Comes Mr. Time» verlaufen auf einem gleichmäßig hohen Niveau, wie es sich im gesamten Repertoire von BLOOD SWEAT & TEARS zum Beispiel nicht findet. Erwähnenswert ist auch ein Live-Album, das Ausschnitte einer Deutschland-Tournee im April 1972 enthält. Die nachfolgende, stark veränderte Besetzung spielte rockiger, ja bluesiger, doch nicht minder Ansprüche an den Hörer stellend. Wegen dieser Ansprüche, aber auch weil eine mittelgroße Plattenfirma wie Island (und später United Artists) eine weltweite Promotion sich nicht leisten konnte, besteht auch heute ein Mißverhältnis zwischen der Bekanntheit und der musikalischen Qualität dieser erinnerungswürdigen Formation.

Auf die gleiche Ausführlichkeit, mit der soeben die wichtigsten Vertreter des Brass-Rock beschrieben worden sind, können andere Gruppen keinen Anspruch erheben. Von ihnen seien wenigstens DREAMS um 1970/71 in New York mit einem vergleichbaren Konzept genannt, das dem spontanen Zusammenspiel von Anfang an viel Entfaltungsmöglichkeit einräumte (unter den Mitgliedern waren Michael und Randy Brecker, Bill Cobham und John Abercrombie). In diesen Zusammenhang gehören weiter SWALLOW in Boston, die REVOLUTIONARY BLUES BAND sowie die achtköpfige GAS MASK mit dem später bekannt gewordenen italienischen Trompetenspieler Enrico Rava, in England HEAVEN mit neun Musikern (davon fünf Bläser) mit einem an CREAM geschulten Hardrock-Sound, sowie WEB.

Musiker um Miles Davis

Eine der im Rockbereich verbreiteten Legenden will, daß dem Jazztrompeter Miles Davis eine Schlüsselstellung bei der Entstehung des Jazzrock zukomme, ja daß sein Doppelalbum *Bitches Brew* von 1970 den Anfang wie zugleich den künstlerischen Gipfel dieser Gattungsmischung bilde. Besagter Legende dürfte die Logik zugrunde liegen, daß Jazzmusiker, die ihre Instrumente elektrisch verstärken, aus eben dem Grund schon Jazzrock spielen. (Die Kehrseite dieser eigenartigen Logik lautet, daß eine Rockmusik, an der Bläser mitwirken, automatisch zum Jazzrock zählt.) Bei Miles Davis handelte es sich nachweislich darum, daß er von seiner Plattenfirma inspiriert wurde, mehr Absatz zu erreichen, indem Instrumente elektrisch verstärkt und stilistische Zugeständnisse an die mehr rock-orientierte jüngere Generation gemacht werden sollten.* Den Anfang dieser Wende zum volkstümlichen Geschmack bildete dabei nicht *Bitches Brew*, sondern schon *Filles de Kilimanjaro* beziehungsweise *In a Silent Way* von 1968/69, und zusätzliches Interesse beansprucht der Umstand, daß in den Live-Auftritten von Davis der ältere, weniger kommerzielle Musizierstil beibehalten wurde.

Zeitweilig unter der Leitung von Davis spielte auch der Schlagzeuger Tony Williams, dessen eigene Formation LIFETIME für den Jazzrock insofern bedeutsam wurde, als zu deren frühester Besetzung (die das Album *Emergency* von 1969 eingespielt hat) auch der englische Gitarrist John McLaughlin und um 1970 zusätzlich der schottische Bassist Jack Bruce gehörten (zu hören sind beide Briten auf dem wohl ausgewogensten Album von LIFETIME *Turn It Over* von 1970). Wie die Einspielungen bewei-

---

* Siehe darüber Franz Kerschbaumer: *Miles Davis – Stilkritische Untersuchungen zur musikalischen Entwicklung seines Personalstils* (Akademische Druck- und Verlagsanstalt, Graz 1978, S. 104 f).

sen, entfalten sich McLaughlin wie auch Williams hier freier als unter Miles Davis, und schon aus diesem Grund könnte man die Ansicht vertreten, die Gruppe LIFETIME sei für den späteren Jazzrock wichtiger gewesen als die Formation um Davis ein Jahr später. Besonders eindrucksvoll verkörpert sich aber der Jazzrock in John McLaughlins Kompositionen wie freien Improvisationen. Differenzierte Kreuzrhythmen, schwungvolle melodische Linien, häufig auftretende unregelmäßige Taktarten, eine mit Terzenschichtung und freien Dissonanzen arbeitende Harmonik werden von einem durchgehenden, dabei differenzierenden Schlag untermauert, und das Ganze wird im Feuer eines beseelten, technisch makellosen Spiels veredelt. So jedenfalls auf *The Inner Mounting Flame* (1972) und auf *Birds Of Fire* (1973) des von McLaughlin geleiteten MAHAVISHNU ORCHESTRA, zu dem auch Jerry Goodman (v), Jan Hammer (keyb), Rick Laird (bg) und der in Panama geborene Schlagzeuger Billy Cobham (seine Herkunft von DREAMS wurde oben genannt) gehörten. Die von den fünf Musikern entwickelte Tonsprache ist dabei nicht nur für sich bedeutsam, sondern auch wegen des nachhaltigen Einflusses, den sie bis in die Gegenwart hinein auf unzählige Rock- und Jazzmusiker ausgeübt hat, außer in England und den USA besonders in der Bundesrepublik, in Frankreich und in den skandinavischen Ländern.

Nicht Mangel an Begabung, sondern fehlende Selbstforderung war es, die Jack Bruce es verwehrt hat, eine der künstlerischen Entwicklung von John McLaughlin gleichwertige Laufbahn zurückzulegen. Die vier Soloalben des EX-CREAM-Bassisten Bruce enthalten einige Kompositionen im Jazzrock, noch mehr freilich zeugen sie von der talentierten, aber richtungslosen Vielseitigkeit des Musikers. Das im August 1968, also kurz vor der Auflösung von CREAM, eingespielte Album *Things We Like* erschien zwar erst zwei Jahre später; dessenungeachtet stellt es ein Dokument dafür dar, daß sich Bruce bereits inmitten der Blues- und Hardrock-Klänge von CREAM nach einer anderen Art gehaltvoller Nahrung sehnte. Die mit John McLaughlin, Dick Heckstall-Smith und Jon Hiseman zusammen aufgenommene LP bewegt sich denn auch im Bebop (der Albumtitel dürfte programmatisch sein). Auf *Songs For a Tailor* von 1970 huldigt der Bassist in drei Nummern einem jazzigen Brass-Rock mit zwei Trompeten, zwei Saxophonen und einer Posaune, während seine Gesangsrolle sich am Rock ausrichtet. Aus Rock und Rockparodien setzt sich *Harmony Row* von 1971 zusammen («Postwar», «A Letter Of Thanks»), es enthält aber auch einige reizvolle spätimpressionistische Züge sowie verrockte moderne Kunstlieder auf Texte des englischen Dichters Pete Brown (der in THE BATTERED ORNAMENTS und PIBLOKTO übrigens bald eigene, zum Experimentieren neigende Gruppen gründete). Im bisherigen solistischen Ertrag von Jack Bruce, so auch auf der LP *Out Of the Storm* von 1974, läßt sich eine stete Annäherung an einen gefälligen, dem Publikum allzu entgegenkommenden Pop-Rock beobachten, der bei WEST BRUCE & LAING sowie anschließend in der JACK BRUCE BAND sowie neuerdings bei JACK BRUCE & FRIENDS in einen kommerziell lohnenden Mainstream einmündet.

Aus dem Umkreis von Miles Davis stammt auch der Sopransaxspieler Wayne Shorter, der wiederum zum Mitgründer von WEATHER REPORT werden sollte. WEATHER REPORT unter der Leitung Shorters und des österreichischen Pianisten Joe Zawinul stellt nicht Themen auf, um sie zu variieren und zu entwickeln. Ihre Motive bleiben vielmehr unverändert und werden so oft wiederholt, daß sie Gefahr laufen, ihre musikalische Qualität einzubüßen und zum bloßen akustischen Teppich zu werden. Übrig bleibt ein vornehmlich perkussiv gerichtetes Klangdekor, bei dessen längerer Fortdauer man unwillkürlich zu einer Lektüre greift oder ein Gespräch beginnt. Tatsächlich stellt WEATHER REPORT funktionale Musik her (der Ausdruck Muzak wäre zu grob und daher unangemessen), und wie in jeder funktionalen Kunst, herrscht auch in der Musik der Gruppe die Machart über die Individualität der einzelnen Kompositionen, so daß letztere unter sich beliebig austauschbar erscheinen. Eines der Konzerte und die ersten beiden Langspielplatten von WEATHER REPORT gehört zu haben heißt, alle Konzerte und alle LPs von ihr zu kennen. Unter nicht wesentlich anderen Voraussetzungen musizieren Jaco Pastorius, Alphonso Johnson, Alphons Mouzon und andere (ehemalige) Bandmitglieder auf ihren Soloalben. Die wichtigsten Vertreter jener Fusion oder Crossover Music, die in der zweiten Hälfte der siebziger Jahre immer glattere und kommerziellere Züge aufweist, sind – außer den soeben genannten – George Benson, Stanley Clarke, Billy Cobham, Deodato, Al DiMeola, George Duke, Herbie Hancock, Jan Hammer, Steve Khan, Neil Larsen und Les McCann.

Die Hauptvertreter des Jazzrock

Auf lange Sicht sollte nicht der Brass-Rock, auch nicht der elektrische Jazz Miles Davisscher Prägung am fruchtbarsten für die Jazzrock-Gattung werden, sondern jene Vielzahl britischer und kontinentaleuropäischer Gruppen, in denen Blasinstrumente entweder nicht vertreten sind oder nur ausnahmsweise eine herrschende Rolle übernehmen. Spielweise und Besetzungsform lassen sich in diesen Formationen auf keinen gemeinsamen Nenner bringen, vielmehr bewegen sie sich bald im Grenzbereich zur Avantgarde, wie etwa SOFT MACHINE in ihrer anfänglichen und mittleren Phase, bald greifen sie auf die Rhythm & Blues-Revival der frühen sechziger Jahre zurück, wie etwa Brian Augers Oblivion Express und Colosseum, um eine Spielweise zum «Jazzrock» zu stilisieren, die man bereits viele Jahre früher ohne diese Begriffsmarke praktiziert hat. Weitere Gruppen haben versucht, durch eine rhythmische und harmonische Differenzierung der Rocksprache eine Angleichung an den Jazz zu erzielen. Es versteht sich, daß diese Gruppen nicht einmal lückenlos aufgezählt, geschweige ihren Leistungen entsprechend gewürdigt werden können. Stellvertretend auch für sie sollen einige Bemerkungen über Soft Machine, Caravan und Nucleus stehen.

Der von William S. Burroughs entliehene Gruppenname Soft Machine deckt unterschiedliche Besetzungen und damit verbunden mehrere Stilbereiche, so daß es der Genauigkeit dient, zu sagen, von welcher Formation jeweils die Rede ist. Was um 1967 in Kompositionen wie «Jet-Propelled Photograph» (mit Mike Ratledge am Keyboard, Robert Wyatt am Schlagzeug, dem Gitarristen Daevid Allen und dem Bassisten Kevin Ayers) als englischer Studentenulk begann und noch auf der ersten Langspielplatte von 1968 in «We Did It Again» und «Box 25/4 Lid» als Dada sich einer stilistischen Einordnung widersetzt, entwickelt sich ab 1969 unversehens bald zum dichtgewobenen Jazz, bald zu einem verbindlichen Jazzrock, um mit dem Beitritt von Karl Jenkins vorübergehend zu einer dahinplätschernden Fusion Music, dann aber und bis heute zu einem gelungenen Ausgleich zwischen Qualität und Verkäuflichkeit zu führen. Die puristische Jazzrichtung kündigt sich bereits in «Hibou Anemone And Bear» auf der zweiten LP an, in dem kurz auch Bläser aus Keith Tippetts fünfzigköpfigem Großorchester Centipede als Gastmusiker in Erscheinung treten. Eine entschiedene Wendung zum Free Jazz brachte der Altsax- und Saxellospieler Elton Dean in die Gruppe. Das unter seiner Mitwirkung entstandene Doppelalbum *Third* von 1970 stellt die Weiche für die nächsten Jahre: die erste Albumhälfte wurzelt im Jazz, Robert Wyatts ganzseitiges «Moon In June» stellt einen sehr persönlich geprägten Jazzrock dar, und die vierte LP-Seite kombiniert Jazz mit jener Minimal Music, die – aus sequenzierten Kurzmotiven zusammengesetzt und zum reliefartigen Klanghintergrund verarbeitet – auf dem sechsten Album in «Soft Weed Factor» ihren kombinatorischen Höhepunkt erreicht.

Weist die dritte LP vokale Kompositionen ebenso wie rein instrumentale Stücke auf, so hört der Gesang mit der folgenden Einspielung ganz auf. Gepflegt wird nunmehr ein rein instrumentaler Free Jazz (*Four*, 1971) beziehungsweise Jazzrock, letzterer etwa in «Drop» auf dem fünften Album, und zwar beides einmal in rein akkordischer Bauweise, dann mit einer Solostimme im Vordergrund (wie in «Pigling Bland»). Jenkins, dessen Jazzrock-Vorstellung stark von Weather Report geprägt war, verunsicherte zunächst das musikalische Profil der Gruppe, indem er unentwegt wiederholte Riffs und einen hauptsächlich dekorativ wirkenden Leerlauf einführte, bis spätestens auf *Bundles* (1975) entschieden wurde, daß er faktisch die geistige Führung der Formation übernahm. Mike Ratledge schied aus und mit ihm der letzte Mitgründer der Band. Heute erinnert Soft Machine kaum an die ursprüngliche Formation, deren Humor und Liebe zum Understatement nunmehr von makelloser Professionalität und auch von massenwirksamen, doch immer noch anspruchsvollen Kompositionen verdrängt worden sind (nach Ausweis der in Paris aufgenommenen Live-LP von 1978). «Soft Space» könnte die Musik zu einem Science-fiction-Film in der Art von *Krieg der Sterne* sein.

Soft Machine's einstige Mitglieder haben bis heute auch Soloalben mit unterschiedlichem künstlerischem Erfolg hervorgebracht und in ihnen jene Züge, die sie vorübergehend in die Gruppe eingebracht hatten, noch mehr betont und weiterentwickelt (Hugh Hopper, Elton Dean; Robert Wyatt mit seiner Matching Mole), der Name des Bassisten Roy Babbington taucht in verschiedenen Formationen auf, wie etwa in Barbara Thompson's Paraphernalia. Daevid Allens künstlerische Karriere verläuft sich in qualitativ ungleichen Soloprojekten. Wie er, setzt der früheste Machine-Bassist Kevin Ayers den bohemenhaften und musikalisch undogmatischen Zug der aus Canterbury nach London übergesiedelten frühen Soft Machine fort.

Wie jeder journalistische Gemeinplatz, ist auch die Behauptung fragwürdig, Nucleus sei schlechthin die Formation des englischen Trompetenspielers Ian Carr. Die 1969 gegründete Gruppe steht zunächst nämlich weniger unter dem Einfluß von Carr als vielmehr von Karl Jenkins, von dem die meisten Titel des Repertoires stammen und nach dessen Kompositionen auch die ersten beiden Alben von Nucleus benannt worden sind: *Elastic Rock* und *We'll Talk About It Later* (beide 1970 eingespielt). *Solar Plexus* von 1971 ist freilich die Komposition von Ian Carr allein, und die Besetzung der Gruppe wurde auf der LP verdoppelt, so mit Hilfe weiterer Bläser und eines Synthesizer-Spielers. Vor der sich anbahnenden Entwicklung zum bläserbetonten Free Jazz wich der von Anfang an jazzrock-orientierte Jenkins in der oben genannten Weise aus, indem er zu Soft Machine überwechselte; ab *Labyrinth* wirkte er nicht mehr mit den Nucleus-Musikern zusammen. Gleichfalls zu Soft Machine ging zeitweilig der Nucleus-Bassist Roy Babbington.

Verbinden Soft Machine in ihrer späteren Entwicklung persönliche Fäden mit Nucleus (und, wie erwähnt, mit der Großfamilie der Tippettschen Centipede), so war sie am Anfang um so stärker mit Caravan verwandt. Beide Gruppen, Soft Machine und Caravan, stellen Splittergruppen der WILDE FLOWERS aus Canterbury dar, und nicht zufällig erinnern manche liedhaften, weich getönten Stücke auf CARAVANS zweitem Album an die Gruppe um Mike Ratledge. (Von diesem stammt übrigens eine Komposition, die CARAVAN auf der LP *For Girls Who Grow Plump In the Night* von 1973 arrangiert hat.) Den Höhepunkt von CARAVANS Jazzrock kann man im zweiten und dritten Album erblicken, wobei «Jazzrock» bei dieser Formation einen anderen Sinn besitzt als bei SOFT MACHINE. Er ist sangbarer und lyrischer, wird von weit ausladenden Melodien getragen und von einem einschmeichelnden, dabei nicht süßlichen Schönklang umgeben. CARAVAN haben später, nach dem Fortgang des Baßgitarristen Richard Sinclair, sich von Streichern, ja von einem ganzen Symphonieorchester begleiten lassen. Der Kulturplüsch des 19. Jahrhunderts, den sie dabei ehrfürchtig heraufbeschworen, verdient gutgemeinte Prädikate wie «Experiment» und «Avantgarde» wohl kaum; eine Wiedervereinigung der Musiker in der Frühestbesetzung zum Zwecke einer Konzerttournee 1980 zeigte keine neuen musikalischen Perspektiven auf. CARAVANS sanfte, in langen Strophen erzählende Kompositionen, für die etwa «Winter Wine» auf *In the Land Of Grey And Pink* charakteristisch ist, unternahm Richard Sinclair mit seiner späteren Formation HATFIELD AND THE NORTH weiterzuspinnen, leider nur für kurze Zeit (Richard Sinclair: Gesang und Baß, Phil Miller: Gitarre, Dave Stewart: Keyboards und Pip Pyle: Schlagzeug). Dennoch bilden die beiden LPs der Gruppe von 1973 und 1975 erfreuliche Nachwirkungen der CARAVAN der ersten Stunde.

Während sich in den USA nur selten Gruppen von dem Niveau SOFT MACHINES und CARAVANS finden (die Ausnahmen wie SPIRIT in Kalifornien und STEELY DAN in New York besitzen dafür um so mehr Gewicht), gibt es in England viele Solomusiker wie auch unzählige Gruppen von reduzierter Besetzung, deren Namen mit dem Jazzrock der endsechziger und der siebziger Jahre untrennbar verknüpft sind. Nur die wichtigsten unter ihnen ergeben schon eine stattliche alphabetische Liste: BACK DOOR, BLODWYN PIG, Graham Bond, BRAND X, Bill Bruford, CAMEL, EGG, EIGHT-O-ONE (801), HIGH TIDE, Allan Holdsworth, 'IGGINBOTTOM, KHAN, MAN, MIRAGE, MOON, NATIONAL HEALTH, Elton Dean's NINESENSE, ROOGALATOR, QUIET SUN, SASSAFRAS, SECOND VISION, SHAPE OF THE RAIN, TEMPEST, Julie Tippetts (früher Driscoll), U.K., WILD TURKEY, Darryl Way's WOLF und ZZEBRA. Starke Jazzrock-Einflüsse lassen sich gelegentlich auch bei Musikern aufspüren, die sonst anderen stilistischen Trends folgen oder gefolgt sind, so etwa bei THE ALAN PARSONS PROJECT, ART BEARS, GENTLE GIANT, Steve Hillage, KING CRIMSON (*Islands*, 1971), ROXY MUSIC, SLAPP HAPPY, SUPERTRAMP, 10 CC, VAN DER GRAAF GENERATOR und YES (*Relayer*, 1974). Während die amerikanische Fusion Music um 1980 herum hoffnungslos festgefahren zu sein scheint, lassen sich für den Jazzrock der achtziger Jahre hauptsächlich von britischen und kontinental-europäischen Musikern weiterführende Anregungen erhoffen.

Das Volkslied
(Folk, Country & Western)

Schon ihre Namen bekunden, daß Folkrock und Countryrock zwei Richtungen innerhalb der Rockmusik darstellen, die bewußt Elemente aus der britischen beziehungsweise US-amerikanischen Volksmusik und volksliedhaften Musik übernehmen. Beide Richtungen entstanden in den ausgehenden sechziger Jahren unter verschiedenen Bedingungen. Der Folkrock von PENTANGLE, FAIRPORT CONVENTION, STRAWBS und vielen anderen britischen Gruppen wuchs aus den Folk-Clubs besonders in London hervor und entstand als ein künstlerisches Ergebnis jener Polarisierung, die sich zwischen den Traditionalisten und den «Neutönern» mit ihren elektrisch verstärkten Instrumenten vollzogen hatte. Der amerikanische Folkrock griff auf die Tradition von Woody Guthrie, Pete Seeger und der Folkbewegung der beginnenden sechziger Jahre zurück. Bob Dylan, ein einflußreicher Vertreter dieser Folk- und Protestbewegung, überschritt selber die Grenze, die auch hier von traditionsbewußten Dogmatikern zwischen Folk und Rock gezogen wurde, indem er seine Gitarre elektrisch verstärkte und sich immer mehr dem Rock zuwandte. Einige West-Coast-Gruppen wie THE BEAU BRUMMELS und besonders THE BYRDS spielten zunächst eine Art Folkrock, um dann unversehens in eine neue Gattung, den Countryrock, einzumünden. Der Schritt vom Folkrock zum Countryrock kann in ihrem Album *Sweetheart Of The Rodeo* von 1968 erblickt werden. Der Unterschied zwischen dem amerikanischen Folk- und dem Countryrock läßt sich vereinfachend so formulieren: Während der Folkrock der frühen BYRDS und der LOVIN' SPOONFUL noch eher akustisch konzipiert ist, in der ländlichen und besonders direkt europäisch beeinflußten Volksmusik wurzelt und deutlich unter dem Einfluß der BEATLES steht, ist der Sound des Countryrock massiver, elektrisch verstärkte Instrumente dominieren in ihm, und die Anlehnung an die stark kommerzialisierte Country-Musik der Festivals und der Studios in Nashville ist unverkennbar. Die Übergänge sind fließend, und Ausnahmen von den gennanten «Regeln» finden sich immer wieder. Trotzdem kann man mit Bestimmtheit sagen, daß etwa die Musik von MICHAELANGELO Folkrock ist, die Musik von MASON PROFFIT dagegen Countryrock.

Diese Seite einer programmatischen Vermischung von Volksmusik und

Rock ist weitgehend bekannt, und ihr gelten inzwischen zahlreiche, mitunter gründliche Untersuchungen.* In diesem Abschnitt sind jedoch nicht Folkrock und Countryrock gemeint, sondern jene zahlreichen Spuren, die die Volksmusik im Rock insgesamt hinterlassen hat und die es rechtfertigen, daß auch das Volkslied zu den Wurzeln der Rockmusik gezählt wird.

An der Wiege des Rock 'n' Roll steht, außer dem Blues und der Tin Pan Alley, auch die Country-Musik. Rockabilly, eine reizvolle Früh- und Sonderform des Rock 'n' Roll, ist nichts anderes als eine bald spontane, bald kalkulierte Verbindung des ländlichen Blues mit Country-Elementen. Eine solche Verknüpfung liegt schon im Schaffen von Jimmie Rodgers (1897–1933) und von Hank Williams (1923–1953) in Ansätzen vor, denn zahlreiche Countrystücke im Liederrepertoire beider verzahnen sich mit den zwölftaktigen, noch häufiger freilich mit einem verkürzten und erweiterten Blues und mit dessen Blue Notes, dem charakteristischen Wechsel kleiner und großer Intervalle. Ganz besonders häufig sind die Lieder von Jimmie Rodgers von allerlei Unregelmäßigkeiten in der Taktzahl, der inneren Taktgliederung und der Betonung durchsetzt, etwa in den Blue Yodels und in weiteren, vom Blues geprägten und von Country-Instrumenten vorgetragenen Stücken wie «T. B. Blues» und «Whippin' That Old T. B.». Aber seine Interpretationsart ist beschaulich, das rhythmische Element kommt in ihr zu kurz und ist zumeist lediglich in den gleichmäßig durchgeschlagenen Gitarren-Akkorden gegenwärtig. Von dieser langsamen Vortragsart unterscheidet sich der Rockabilly der Südstaaten um 1954 durch eine straffere rhythmische Untermauerung und durch zahlreiche Vortragsmanieren, die während der vierziger und fünfziger Jahre zu festen Merkmalen des C & W geworden sind, etwa durch eine übersichtliche formale Gliederung, die häufige Verwendung des Dreiviertel-Taktes und durch die behende Bewegung des Kontrabasses in Quarten- und Quintenschritten, wie sie auf den gleichzeitigen Einspielungen von Elvis Presley, Roy Orbison, Johnny Cash und anderen auf dem Sun-Label zutage treten.

Trotz der zahlreichen Beziehungen zwischen Volksmusik und Rock bildet erstere wohl die schwächste «Wurzel» der Rockmusik, sieht man einmal von den Sonderausprägungen Folkrock und Countryrock in den USA, Großbritannien und seit etwa 1970 auch in den kontinentaleuropäischen Ländern ab. Eine Erklärung dafür könnte der soeben genannte

---

* Vgl. etwa Joachim Deicke: «Auf der Suche nach den verlorenen Akkorden»: *Folk, Folkrock und Rock auf den britischen Inseln*, in Tibor Kneif (Herausgeber): *Rock in den 70ern* (rororo 7385).

Umstand liefern, daß sich die Volksmusik weitgehend in den Händen von Erwachsenen befindet und dementsprechend zum großen Teil verfälscht und kommerzialisiert wurde. Ein weiterer Grund liegt im Wesen des Rock selbst begründet, der eine städtische, großstädtische Musik bildet und mit seinen hektischen, vorwärtstreibenden Rhythmen sowie mit seiner zweifellos vorhandenen Oberflächlichkeit der – einst – beschaulichen Welt des Landes entgegengesetzt ist.

Schlager, Kabarettsong, Music Hall, Tin Pan Alley

Der Einfluß der sogenannten Popular Music auf den Rock ist bedeutend. In einem sehr allgemeinen Sinn gehört zwar auch der Rock zur populären Musikkultur, nicht anders als etwa der Jazz.* Aber im engeren Sinn versteht man unter Popular Music eine in sich wiederum differenzierte Gattung, deren Merkmale denjenigen der Rockmusik geradezu entgegengesetzt sind. Zu solcher Unterscheidung sind die meisten Musikpädagogen einstweilen noch nicht bereit, und deshalb bezeichnen sie Schlager wie Rock als «Popmusik». Diese Gattung umfaßt in einer groben Aufzählung den europäischen Schlager und Gassenhauer, den Kabarettsong, die Musik der englischen Music Halls und Vaudevilles, die amerikanische Tin Pan Alley sowie das Musical. All diese Sonderbereiche der Popular Music unterscheiden sich vom Rock hauptsächlich durch folgende Punkte:

– Sie gehen nicht auf den schwarzamerikanischen Blues beziehungsweise auf die weißamerikanische C & W-Musik, sondern auf die einzelnen Formen der (weißen) Unterhaltungsmusik im 19. und 20. Jahrhundert zurück. Dementsprechend kennen sie weder den Blues-Verlauf noch die Eigentümlichkeiten der Blues-Intonation wie Blue Notes und Off-Pitch. Sie enthalten ausschließlich dur-moll-tonale Melodik und Harmonik.

– Sie weisen zwei grundlegende Formtypen auf: erstens den strophischen Gesang, der aus einer Anzahl von Versen und gleichgebauten Strophen besteht, wie er etwa im schlichten Bänkellied aus dem vergangenen Jahrhundert vor uns steht; und zweitens den zusammengesetzten Refrain-Gesang, wie er im Kabarett- und Vaudeville-Gesang gern verwendet wird. Hier schließt die einzelnen Strophen von unterschiedlichem Texte und gleicher Musik jeweils ein Refrain ab, der textlich wie musikalisch gleich bleibt und überdies häufig von einem Chor interpretiert wird (daher heißt er auch Chorus), im Unterschied zur vorangestellten Strophe

* In diesem allgemeinen Sinn wird der Begriff verwendet bei Tony Palmer: *All You Need Is Love – The Story Of Popular Music* (Futura, London 1977).

(Couplet), die solistisch oder im Duett vorgetragen zu werden pflegt. Die meisten Faschingslieder in Deutschland entsprechen diesem Typus.

– Schlager, Kabarettsongs usw. wenden sich nicht hauptsächlich an ein jugendliches Publikum. Im Gegenteil sprechen sie vor allem Erwachsene an und weisen dementsprechend gefällige, alle Schroffheiten meidende Melodien, eine mitunter abgestufte Harmoniefolge sowie eine Instrumentation auf, die mit ihren Streichern und sonoren Bläsern nicht motorisch anstacheln, sondern besänftigen und eine angenehme Stimmung erzeugen will.

Um die Mitte der fünfziger Jahre entstand der Rock 'n' Roll als eine spezifische Jugendmusik mit einer deutlichen Spitze gegen den von großen Plattenfirmen wie RCA und Columbia verbreiteten musikalischen Sirup, dessen Verbreitung Sängerinnen und Sänger weißer Hautfarbe wie Tony Bennett, Rosemary Clooney, Perry Como, Doris Day, Eddie Fisher, Guy Mitchell, Johnny Ray und viele andere besorgten. Unter den Sängern trugen viele ursprünglich einen italienischen Namen, und sie stammten aus den italienischen Bezirken von Bronx und Queens in New York. Verglichen mit diesen ebenso kraftlosen und sentimentalen wie gekonnt arrangierten Popstücken, in deren Themen die Wirklichkeit des amerikanischen Alltags – erst recht die sexuellen Beziehungen zwischen Mann und Frau – peinlichst gemieden wurde, wirken die Rock 'n' Roll-Titel erfrischend rebellisch, verhältnismäßig ehrlich und offen. Daß die Rockmusik dennoch sehr bald Elemente der Popular Music in sich aufnahm und sie auch bis heute von sich nicht immer fernhalten kann, hat mehrere Gründe. Die seichte Popmusik sickerte und sickert durch mehrere Kanäle beständig in den Rock ein:

– Stellt der Rock eine Art popularisierten und für Weiße annehmbaren Rhythm & Blues dar, so war ihm von Anfang an zugleich eine Richtung des R & B nahe, die von schwarzen Doo-Wop-Gruppen wie The Dominoes, The Drifters, The Chords und The Platters vertreten wird. Doo-Wop ist nichts anderes als eine musikalische Annäherung, um nicht zu sagen Anbiederung der schwarzen Bevölkerung der USA an die weiße Tin Pan Alley, vorherrschend in Quintett- und Sextett-Besetzung und mit den Instrumenten des Rhythm & Blues, also Gitarre, Kontrabaß, Schlagzeug, Klavier und Saxophon. In ihrem Tonfall gleicht sich die gesamte Doo-Wop-Gattung der Sentimentalität des weißen Schlagers nicht nur vollkommen an, sie übertreibt und überflügelt ihn sogar in dem Bemühen, von den Weißen akzeptiert zu werden. Quart- und Septvorhalte, Seufzermotive, allerlei Spannungsdissonanzen und ein schmachtender Leadtenor bilden wichtige Merkmale dieser schwarzen Schnulzen-Musik. Sie hat den Geschmack auch des Rockpublikums nachhaltig geprägt und findet sich in manchen Wendungen der frühen Beatgruppen wie auch der späteren Rock 'n' Roll-Revivalisten wieder.

Als der draufgängerische Impuls des Rock 'n' Roll um 1958/59 nachzulassen begann, griffen die großen Plattenfirmen wieder zu und bemühten sich, ihre frühere Vorherrschaft – und das heißt im Hinblick auf ihr Repertoire: die Vorherrschaft der Tin Pan Alley – wieder herzustellen. RCA gelang es innerhalb kurzer Zeit, aus dem einstigen Rebellen Elvis Presley einen artig lächelnden Schmalzsänger zu machen, dessen «Heartbreak Hotel» und «Love Me Tender» (beide 1956) auch heute noch von vielen, die nicht richtig hinhören, für Rock 'n' Roll gehalten werden. Der Brill-Building-Pop überschwemmte die Welt mit raffiniert zubereiteten Produkten, deren Texte sich mit Vorliebe an Teenager wenden, musikalisch jedoch im handwerklich gediegenen Schlager wurzeln. Zur Verwechslung dieser Songs mit Rockmusik trägt der Umstand bei, daß Charts und sogar rockgeschichtlich angelegte Hit-Zusammenstellungen auch heute zwischen diesen beiden stilistisch doch weit auseinanderliegenden Gattungen nicht weiter differenzieren. Joseph Edwards' *Top 10's And Trivia* zum Beispiel bezeichnet die Hit-Singles vom Mai 1961 «Runaway» von Del Shannon, «I've Told Every Little Star» von Linda Scott, «Travelin' Man» von Ricky Nelson, «You Can Depend On Me» von Brenda Lee und «Running Scared» von Roy Orbison unterschiedslos als «Rock & Roll».[*] Manche Songs aus der New Yorker Schlagerfabrik wurden auch von britischen Rockmusikern zu Beginn der sechziger Jahre in Cover-Versionen gesungen und gespielt, wobei die betreffenden Formationen in der Regel nicht in London, sondern in den Provinzstädten wirkten. Zu ihnen gehörten selbstverständlich auch die BEATLES. In ihrem frühen Repertoire findet sich etwa «Till There Was You», ein tränenreiches Herzensbekenntnis, das im Sommer 1959 von «Miss Oklahoma» Anita Bryant zur Kenntnis der Musikwelt gebracht wurde. Auch andere Beatgruppen huldigten den einschlägigen amerikanischen Songschreibern und Produzenten, so etwa gleichfalls in Liverpool THE SEARCHERS, denen mit «Needles And Pins» von Jack Nitzsche Anfang 1964 ein großer Hit gelang. Merkwürdig auch, daß Eric Burdon & THE ANIMALS immer noch als leidenschaftliche Verfechter der schwarzen Musik gelten; in Wirklichkeit wurden sie mit weißen Schnulzen wie «We've Gotta Get Out Of This Place» von Mann-Weil und «Don't Let Me Be Misunderstood» von Marcus-Benjamin-Caldwell populär.

Im Verlauf der sechziger Jahre traten manche Sänger und Musikergruppen in den USA wie in Großbritannien auf die Szene, die nüchtern

[*] Joseph Edwards: *Top 10's And Trivia of Rock & Roll And Rhythm & Blues 1950–1973* (Blueberry Hill, St. Louis 1974).

betrachtet und unbeeinflußt von Journalisten-Meinungen nochmals angehört schlicht Schlager vortrugen und insofern mit Rockmusik nichts oder wenig zu tun haben. Dennoch werden in einigen Rock-Lexika mit großer Beharrlichkeit auch Musiker wie Paul Anka und Johnny Ray in den USA, wie CUPID'S INSPIRATION, HERMAN'S HERMITS, Billy Fury, Engelbert Humperdinck, Paul Jones, Cliff Richard und THE WALKER BROTHERS geführt. Rockmusik ist gewiß nicht den Männern vorbehalten; aber Frauen lassen sich (oder ließen sich jedenfalls in der Vergangenheit) leichter manipulieren, und wohl auf diesen Umstand geht zurück, daß Sängerinnen immer wieder Schlagerartiges, Herzbrechendes, Tränenbringendes und desgleichen in die Rockmusik einfließen lassen, angefangen mit Lulu, Cilla Black, Marianne Faithfull bis hin zu Ulla Meinecke, Elke Best und Jutta Weinhold. Daß hier kein frauenfeindlicher Ton angeschlagen werden soll, wird der Leser hoffentlich erkennen. Aber inmitten vieler unkritischer Artikel, die nicht selten geschichtlich uninformiert sind und in rein opportunistischer Absicht den Frauen weismachen wollen, daß sie als Künstlerinnen die gleiche Bedeutung für die Rockmusik haben wie Männer, ist auch ein reservierter Ton angebracht. Die empirische Untersuchung von Rainer Dollase, Michael Rüsenberg und Hans J. Stollenwerk über *Das Jazzpublikum* hat den empirischen Nachweis erbracht, daß die Frauen sich weniger für den Jazz selbst interessieren als vielmehr aus rein gesellschaftlichen und konventionellen Gründen ein Jazzkonzert besuchen.* Ich sehe nichts Ehrenrühriges darin, wenn man etwas Ähnliches auch bei Frauen im Rockbetrieb vermuten wird. Emanzipation kann doch nicht so unreif gemeint sein, daß Frauen immer das gleiche tun müssen wie Männer.

Stützt man sich auf die Erfahrungen, die die Rockgeschichte bietet, kann man folgende Formel aufstellen: Je direkter Plattenfirmen und Produzenten Einfluß auf die Rockmusiker nehmen, um so größer ist der Schlager-Anteil am fertigen Produkt. Die These bewahrheitet sich nicht zuletzt bei Unternehmungen, die auf die Bühne gebracht werden sollen und deren Gewinnkalkül es verbietet, daß unerfahrene Jugendliche bei der Vorbereitung und Ausführung allzu viel zu sagen haben. Die einschlägigen Beispiele heißen *Hair* und *Jesus Christ Superstar*. Beide Musicals wurden von geübten Textdichtern und Komponisten verfaßt, und soweit wäre die Sache in Ordnung. Aber beide Werke geben vor, authentischer Ausdruck einer bald revolutionär aufbegehrenden, bald zweifelnd suchenden Jugend zu sein, und in diesem Anspruch wirken sie verlogen –

* Rainer Dollase/Michael Rüsenberg/Hans J. Stollenwerk: *Das Jazzpublikum – Zur Sozialpsychologie einer kulturellen Minderheit* (B. Schott's Söhne, Mainz 1978, S. 155 ff).

prompt stellen sich die bombastischen, überredenden Klangmittel von Streichern und massiven Bläsern ein. In *Hair* werden auf gut amerkanische Art lauter wohlklingende Gemeinplätze in wohldurchdachten Szenen aufgestellt, die zu nichts verpflichten und sich ohnehin vor einer ernsthaften Kritik der amerikanischen Verhältnisse und besonders des Vietnam-Krieges drücken. *Jesus Christ Superstar* von Andrew Lloyd Webber und Tim Rice entspringt gleichfalls der eingeengten Phantasiewelt von erwachsenen Geschäftsleuten. Das Ringen um inneren Frieden und um den «Sinn der Welt» wirkt peinlich angesichts so vieler Schlagerwendungen. *Jesus Christ Superstar* hat mit den wirklichen Jugendlichen von heute und mit deren Problemen so wenig zu tun wie zwei andere Werke von Webber und Rice, denen freilich ein sehr ungleiches Schicksal beschieden wurde. Während *Joseph And The Amazing Technicolor Dreamcoat* auch als Schallplatteneinspielung klanglos unterging, erlebte *Evita* um 1980 manche Bühnenaufführungen.

Unzählige Schallplatten, die von den Firmen als Rock angeboten werden, lassen vermuten, daß einige unserer musikalischen Begriffe dringend der Aktualisierung bedürfen. So auch *Stonehenge* von Chris Evans und David Hanselmann aus dem Hause WEA. «Schnulze» zum Beispiel war früher eine niedere Gebrauchsgattung, die elementaren Lebensbedürfnissen wie der Sonne, dem Frühling, dem Zweisein und dem grenzenlosen, unbeschreiblich schönen Glück galt und sofort Reimpaare wie «Herz» und «Schmerz» verwendete. Heute dagegen besingt man mit einer Schnulze das mittelalterliche England des Königs Arthur und die rätselhaften Steine von Avebury, man nimmt ein Gedicht von William Blake aus dem achtzehnten Jahrhundert, ja eine ganze Genesis-Passage aus der Bibel, und das sogar in tadellos rezitiertem Hebräisch. Früher war der akustische Aufwand einer Schnulze denkbar bescheiden. Sie wurde vor sich hingeträllert, oder sie wurde von einer kleinen Salonkapelle am geeigneten Ort vorgetragen. Heute gehen hochbezahlte Musiker in ein teuer gemietetes Tonstudio, um dort eine Schnulze auf Synthesizern, Vocoder, Sequencer und allerlei elektrisch verstärkten Instrumenten in einem komplizierten Vielspurverfahren einzuspielen. Früher genügte ein Blick auf das Notenheft oder auf die Plattenhülle, um eine Schnulze als solche zu erkennen. Heute erscheint sie mit einem anspruchsvollen Cover-Design und wird von einer amerikanischen, in Hamburg ansässigen Plattenfirma auf den Markt gebracht, die hauptsächlich jedoch mit Gebäudereinigung, mit der Vermietung von Parkhäusern und mit Bestattungen beschäftigt ist. *Stonehenge* von Chris Evans in der vokalen Interpretation von David Hanselmann ist eine solche moderne Schnulze. Ihr Gegenstand ist erhabene Banalität. Als solche hat sie mit Rockmusik nichts zu tun, und es erscheint fraglich, ob sie mit einer anderen Musikgattung als eben mit der Schnulze zu tun hat. Dies hier klarzustellen ist vielleicht nicht überflüssig, weil eine Verwechslung gerade im musikpädagogischen Bereich leicht geschehen kann. Vor solcher aufgebauschten Halbbildung muß deshalb gewarnt_ werden, weil gerade ihr scheinhafter Rock-Charakter die wirkliche Rockmusik in Mißkredit bringen kann.

Kaum überraschend, daß sich Schlagerelemente besonders im Mainstream-Rock häufig finden lassen, und sie brauchen sich dort nicht einmal durch eine aufwendige, plüschige Instrumentation bemerkbar zu machen. Im großen Sammelbecken des Mainstream geben sich mehrere Richtungen ein Stelldichein. Melodische Wendungen und Akkordfolgen bei Einzelmusikern wie John Denver und Udo Lindenberg, bei Gruppen wie THE EAGLES und SUPERMAX wurzeln vielfach in einem heute international gewordenen Kitsch, der unabhängig davon auftritt, ob es sich im Einzelfall um Countryrock, Disco-Look oder Deutschrock handelt. Gerade an Lindenbergs Melodie- und Harmoniebildung läßt sich gut beobachten, wie der einstige und noch hausbackene Schlager aus deutschen Landen heute modisch umrhythmisiert wird und eine großstädtische Schnodderigkeit bekommt, um Jugendlichen zu imponieren. Die größte Schwierigkeit besteht heute für den noch nicht genügend erfahrenen jugendlichen Rockhörer darin, Rockmusik von einem verstellten und raffiniert angepaßten Schlager zu unterscheiden, der womöglich noch mit scheinlinken Gesten auftritt.

Daß die Schnulze als Gattung äußerst wandlungsfähig ist, beweist der sogenannte Power Pop um 1980. Bei Blondie und Elvis Costello, bei THE RUNAWAYS, Greg Kihn und anderen greift er auf die mißliche Tin Pan Alley-Tradition innerhalb der Rockmusik zurück und kommt darin all jenen entgegen, denen die künstlerischen Höhenflüge von New-Wave-Formationen wie THE PASSAGE, LOCAL HEROES und SNAKEFINGER zu anstrengend erscheinen. Andererseits hat gerade die New Wave einigen Musikern zur verdienten Geltung verholfen, deren Musik eindeutig im Kabarett und in der Music Hall der Vergangenheit wurzelt. Zu ihnen gehört Ian Dury, ein unvergleichliches Original aus der Vorstadtwelt Londons, der auf seinem ersten Album *New Boots And Panties!* von 1977 bewiesen hat, daß auch eine längst verklungene Tingeltangel-Musik mit Witz und Niveau für den Rock fruchtbar gemacht werden kann.

Die europäische Kunstmusik

Den Leser mag überraschen, daß die europäische Kunstmusik oder «Bildungsmusik» hier gleichfalls zu den Wurzeln der Rockmusik gezählt wird.

Rein chronologisch gesehen bildet sie gewiß eine sekundäre Schicht. Aber erstens ist sie mit dem Rock von Anfang an verzahnt, da Music Hall, Schlager und Tin Pan Alley, die schon bei der Geburt der neuen Musik in den fünfziger Jahren Pate standen, weitgehend eine rückständige und trivialisierte Kunstmusik aus Europa bilden; und selbst im Blues und im Jazz schlägt sich die europäische Musikkultur nieder. Zweitens gewinnt man aus der Entwicklung der letzten zehn bis fünfzehn Jahre den Eindruck, daß die Beziehung zwischen Rock und entwickelter Kunstmusik immer enger wird. Ein enger Kontakt kennzeichnet dabei nicht nur die «Kultur-rock» oder «art rock» genannte Richtung von GENESIS und GENTLE GIANT bis JETHRO TULL, BARCLAY JAMES HARVEST und YES, sondern auch die New Wave um 1978–1981.

Es wäre nicht sinnvoll, hier die unzähligen Fälle nochmals zu nennen, in denen Rockmusiker sich von der Bildungsmusik – nicht immer geschmackvoll, auch nicht immer von künstlerischem Erfolg gekrönt – inspirieren ließen.* Statt dessen sollen die wichtigsten Erscheinungsformen des Kunstmusik-Einflusses auf den Rock umrissen werden.

Rock mit Orchesterbegleitung

Wie so manche technische Erfindung, läßt sich diejenige des Mellotrons als eine Ursache wie auch als Wirkung deuten. Zum einen verursachte das neue Tasteninstrument, mit dem auf Tonband gespeicherte Klänge erzeugt werden, eine wahre Flut pseudo-symphonischer Kompositionen in der Rockmusik. Zum anderen jedoch wurde es gebaut, um Vorstellungen und Wünschen vieler Rockmusiker entgegenzukommen. Mitte der sechziger Jahre war der britische Beat im Begriff, sich mit der «höheren» Kultur zu verbünden, über die sich die Feuilletonseiten seriöser Tageszeitungen auszulassen pflegen. John Lennon veröffentlichte sein erstes Buch *In His Own Write* im März 1964, das in der Presse wie ein Geniestreich gelobt wurde. Mancher Journalist verglich die BEATLES mit Schubert und Beethoven, und die mehrdeutigen sprachlichen Botschaften von Beatgruppen beschäftigen Sprachdozenten und Soziologen. Paul McCartneys gewagtem Spruch, Popmusik sei die Klassik unserer Zeit, liegt gleichfalls die Überzeugung zugrunde, daß es an der Zeit für den Rock sei, sich als einen verbindlichen, ernstzunehmenden Ausdruck der Gegenwart zu präsentieren. In dieser Atmosphäre tauchte das Mellotron wie gerufen auf, lieferte es doch auf bequeme Weise Streicherklänge, Flöten- und Trompetenstim-

---

* Eine gründliche Untersuchung wird diesem Gebiet zuteil bei Bernward Halbscheffel: *Living In The Past. Rock-Opern, -Symphonien, -Suiten und Parodien*, in Tibor Kneif (Herausgeber): *Rock in den 70ern* (rororo 7385).

men sowie massive Vokalchöre. Graham Bond, auch sonst aufgeschlossen für elektrotechnische Neuerungen, nahm sich des neuartigen Keyboards an, um es schon 1965/66 in seinen Einspielungen hören zu lassen. THE MOODY BLUES folgten 1967 mit dem Album *Days Of Future Passed*, das zugleich einen großen Schritt weiter zum Concept Album hin vollzog. Der unechte und etwas steril wirkende Orchesterklang des Mellotrons wurde bald zur Mode und bereits um 1970 zu einer regelrechten Plage fürs Ohr.

Vom Mellotron zum lebendigen Mischklang eines Philharmonie-Orchesters ist es nicht mehr weit. Der Wechsel vom Einmann-Plastikorchester zum wirklichen Symphonieorchester hatte sogar künstlerische Vorteile, denn die Musik klang lebendiger, ereignisreicher. Es war nur eine Frage der Kosten, die sich ein Produzent leisten konnte, auch der musikalischen Selbsteinschätzung einer Band, ob sie ihre Gelüste nach orchestralen Klangorgien bloß in der Phantasie oder wirklich austoben mochte, etwa in einer repräsentativen Konzerthalle oder in einem nachhallgesättigten Kirchenraum. Jedenfalls gehört nicht wenig Selbstbewußtsein dazu, sich vom Royal Philharmonic Orchestra unter der Leitung von Malcolm Arnold begleiten zu lassen, und DEEP PURPLE sowie andere Musiker besaßen dieses Selbstbewußtsein.

Es kommt freilich auf die Art an, wie eine solche Verknüpfung des Rock-Instrumentariums mit den Instrumenten eines großen spätromantischen Orchesters vollzogen wird. DEEP PURPLES *Concerto For Group And Orchestra* aus dem Jahr 1970 kann als ein einschlägiges Beispiel für die fragliche Mischgattung angesehen werden. Das vom Keyboardspieler Jon Lord verfaßte und instrumentierte Werk ist dreiteilig mit der Satzfolge Mäßig/Schnell (Moderato/Allegro), Langsam (Andante) und Lebhaft/Schnell (Vivace/Presto). Eine Gattungskreuzung stellt die Komposition schon insofern dar, als sie nicht im üblichen Rahmen eines Instrumentalkonzerts bleibt, sondern im langsamen Mittelteil auch den Gesang von Ian Gillan erhält. Schon hier wird also stillschweigend das Programm der ein Jahr später aufgeführten *Gemini Suite* von Lord verwirklicht, alle Mitglieder der Gruppe, den Sänger eingeschlossen, in eine konzertante Darbietung einzubeziehen. Wichtiger als dies sind jedoch die Einzelheiten:

Die Gegenüberstellung von Orchester und kleiner Sologruppe erinnert an das Concerto grosso des 17. und 18. Jahrhunderts, wie es von Corelli, Vivaldi, Händel und Bach gepflegt wurde (Bachs Brandenburgische Konzerte fallen in diese Gattung). Bei diesen Altmeistern beruht das typische Formverfahren darin, einen gesamtorchestralen Block (in dem ein scharfgestochenes Hauptthema immer wieder auftritt) einer Anzahl eingeschobener Zwischenspiele oder «Episoden» gegenüberzustellen, welche von den Soloinstrumenten bestritten werden. In diesen Episoden wird bald das

Hauptthema des Orchesters fortgesponnen, bald treten in ihnen neue, kontrastierende Themen auf.

Dieses historische Vorbild ist im Konzert für Rockgruppe und Orchester nur schwach ausgeprägt. Der erste Satz hebt an mit einem Hauptthema, das lediglich aus einem kurzen, siebentönigen Motiv besteht. Nach einem ungewöhnlich langen orchestralen Vorspiel tritt die Rockgruppe zwar mit demselben siebentönigen Motiv in Erscheinung, aber nur, um sich davon schnell zu befreien und sich in recht unprofilierten Hardrock-Abschnitten zu ergehen. Orchester und Rockgruppe wechseln mehrfach miteinander ab, aber sie spielen nicht wirklich zusammen, sondern sie lösen sich bloß jeweils ab. Statt eines kunstvollen Konzertierens zweier Klangkörper mit- und gegeneinander, findet ein gegenseitiges Versteckspiel statt. Man musiziert in getrennten Blöcken aneinander vorbei.

Ein «Wettbewerb» eigentümlicher Art vollzieht sich dafür im stilistischen Bereich. Wie zum Ausgleich dafür, daß die Rockgruppe überwiegend in ein und derselben Tonart verharrt und eigentlich nur den Grundakkord auf der ersten Stufe umspielt, moduliert das Orchester unruhig von Tonart zu Tonart, und zwar ohne einen erkennbaren langfristigen Plan, vielmehr durch plötzliche Rückungen und durch chromatisch erhöhte beziehungsweise erniedrigte Akkordtöne. Diese Unrast, die möglicherweise einem Mangel an kompositorischer Erfahrung entspringt, erfaßt auch das motivisch-thematische Geschehen. Denn Themen werden insgesamt nicht geduldig fortentwickelt, durch Motivabspaltung und Sequenzierung mit Energie aufgeladen, vielmehr reiht sich ein melodischer Einfall neben den anderen – melodische Einfälle übrigens, die alle verdächtig bekannt vorkommen und unentwegt an Dvořák und Brahms gemahnen.

Ein weiterer Bruch zwischen Orchester und Rockgruppe macht sich darin bemerkbar, daß das Orchester auch dynamische Abstufungen von leise bis laut aufweist, während die Rockgruppe auf der gewohnten, gleichbleibenden Lautstärke einer Hardrockband verbleibt. Dies hat zur Folge, daß die ursprüngliche Beziehung zwischen lautem Tutti-Orchester und dynmisch verhaltenem Solospiel hier auf den Kopf gestellt wird. Die Sologruppe ist aufdringlich laut, während das Orchester mit seinen vielfach einzeln hervortretenden Instrumenten (Horn, Klarinette, Englisch Horn usw.) lautstärkemäßig zur Zurückhaltung neigt. Ein letzter, ebenso schwerwiegender Gegensatz stilistischer Art zeigt sich zwischen dem Orchesterklang und den Rockinstrumenten darin, daß das Orchester einen gewissen Reichtum der spätromantischen Harmonik entfaltet, wogegen sich die Gitarrensoli von Ritchie Blackmore wie das Orgelspiel Jon Lords mit einem geschichtlich viel früheren, bruchstückhaften und zuweilen sogar bloß fünftönigen (pentatonischen) Tonmaterial begnügen. Berücksichtigt man noch die rhythmisch häufig ungenaue Ausführung durch das Royal Philharmonic Orchestra unter Malcolm Arnold, so erscheint die Live-Aufzeichnung auf dem Harvest-Label insgesamt recht problematisch. An einem ähnlichen Mangel leidet auch das *Concert For Blues Group And Orchestra* der SIEGEL-SCHWALL BAND aus dem Jahr 1973. Wesentlich besser integriert sind die Soloinstrumente Gitarre – Klavier – Orgel – Baßgitarre – Schlagzeug und der Gesang in das orchestrale Geflecht der *Gemini Suite* von Jon Lord, die ein freies Hervortreten der Solisten in sechs getrennten Sätzen ermöglicht. Nur weisen die einzelnen Sätze keine thematische Verwandtschaft untereinander auf und widersprechen aus diesem Grunde der Gestaltungsweise einer «Suite». Der wichtigste Einwand, den man gegen Lords *Gemini Suite* machen kann, ist jedoch, daß sie keinen Beitrag zur Rockmusik darstellt. Vielmehr ist es eines der Beispiele dafür, daß ehrgeizige junge Klavierspieler sich bald in der Rockmusik und bald in fragwürdigen Imitationen der «höheren» Kunstmusik versuchen.

Einer der bekanntesten Vertreter dieses Pianisten-Typus ist Keith Emerson. Er ist es auch, den das Verhältnis zwischen dem Orchesterklang und dem Klang der Rockinstrumente am beharrlichsten beschäftigt hat. Zahlreiche Kompositionen im Spielvorrat seiner späteren Gruppe EMERSON LAKE & PALMER (und im Ansatz schon bei THE NICE) entspringen dem Bestreben, den akustischen Klang sowie die vorherrschende gebundene Spielweise (Legato) des philharmonischen Orchesters mit dem elektrisch verstärkten Klang und der perkussiven Spielart (Staccato) einer Rockgruppe miteinander zu versöhnen. Die einschlägigen Versuche Emersons kann man, je nach Einstellung, als anregende Experimente oder als müßige Anbiederungen mit dem Publikum von philharmonischen Abenden bezeichnen. Bemerkenswert erscheint, daß zu Beginn wie am Ende der Gruppenlaufbahn von ELP sich zwei einander entgegengesetzte Bestrebungen abzeichnen. Ausgegangen waren die drei Musiker Keith Emerson (Keyboards), Greg Lake (Baßgitarre, Gesang und vereinzelt Gitarre) und Carl Palmer (Schlagzeug, Perkussion) von der Programmusik von Mussorgskys *Bilder einer Ausstellung* (entstanden 1874), deren glänzende Instrumentierung von Maurice Ravel 1922 besorgt wurde. Die raffinierte, aparte Farbwerte miteinander mischende Orchestrierung Ravels erscheint in der Rückübertragung auf ein kleines Instrumentarium (von Mussorgsky wurde nur das Klavier vorgesehen) klanglich wie eingeebnet. Emerson muß mitunter zu elektronischen Gimmicks greifen, um den Verlust an Farbigkeit auszugleichen.

Dieser Tendenz einer Reduzierung der Orchesterpalette auf das Rockinstrumentarium entgegengesetzt sind die späteren Werke Keith Emersons, vor allem sein *Piano Conerto No. 1* aus dem Jahr 1977, dessen Musiksprache freilich mit Rock kaum mehr etwas gemein hat. Die gleiche Tendenz zum Großorchester kennzeichnet auch einige Kompositionen um 1977/78, die noch im Rock oder wenigstens im Blues wurzeln. Zu ihnen gehört «Barrelhouse Shake-Down» von Emerson selbst, ebenso Scott Joplins populärer «Maple Leaf Rag», den Emerson mit demselben London Philharmonic Orchestra zusammen vorträgt, das sich bereits bei DEEP PURPLE für Experimente dieser Art hergab. Der gleiche aufgebauschte, dem schlichten ländlichen Blues von Meade «Lux» Lewis unangemessene Orchesterklang wetteifert mit Emersons virtuosem Ragtime-Spiel in «Honky Tonk Train Blues» auf demselben Album. Von diesen Arrangements aus erscheint der Weg Emersons zur geschwollenen Orchestermusik, die er zum Film *Inferno* schrieb, bereits vorgezeichnet. Mit Hinweisen auf die Orchesterfassung von *Tommy* der WHO und auf John McLaughlins *Apocalypse* von 1974 (beide sind Einspielungen mit dem London Symphony Orchestra), auf Jeff Becks *Blow By Blow*, auf das Violinkonzert von Darryl Way mit synthetischen Orchesterstimmen (1978), auf Neil Ardley, Mike Batt, Andrew Lloyd Webber und andere würde man nur weitere Fälle aufzählen, in denen sich Orchesterklang mit dem Rockidiom paart. Eine Ausnahmestellung kommt dabei «The Fifth» von EKSEPTION (1968) insofern zu, als die vorangestellten Einleitungstakte von Beethovens fünfter Symphonie hier als Zitat mit dem originalen Orchesterklang erscheinen. Ein Zitat anderer Art, nämlich ein Stilzitat, bringt ELECTRIC LIGHT ORCHESTRA in der Komposition «Rockaria», in der eine Opernsängerin mit Hilfe einer dramatischen Orchesterbegleitung geschildert wird. All diese Beispiele lassen die Frage offen, ob es ästhetisch sinnvoll oder auch nur möglich ist, zwei geschichtlich wie auch in akustischer Hinsicht so unterschiedliche Klangkörper wie ein Symphonieorchester und eine Rock-Combo miteinander zu verbinden.

Exkurs über Experimente, Avantgarde und Elektronik

Gibt es eine spezifische Rock-Avantgarde?

Auch im Rockbereich dürfte der Marxsche Satz gelten, daß man Menschen im allgemeinen nicht danach beurteilt, was sie von sich behaupten, sondern danach, was sie wirklich sind. Bei Rockgruppen, die mit einem selbstgewählten Namen sich etikettieren, ist ebenso Vorsicht geboten wie bei einigen deutschen Rock-Elektronikern, die sich in Interviews mit einer geradezu genialen Selbstregie höchste musikalische Bedeutung für die europäische Kunstmusik bescheinigen. Doch ebensowenig wie die New Yorker VELVET UNDERGROUND den wirklichen Unterground der end-

172

sechziger Jahre verkörpern, gehört jene kalifornische Gruppe zur experimentellen Richtung, die sich WEST COAST POP ART EXPERIMENTAL BAND nannte und in den Jahren um 1967–1969 drei Langspielplatten herausbrachte, die heute von einem gewissen Nimbus umgeben sind. Das vierte sowie das solistische Album vor Bob Markley,dem führenden Mitglied des Trios, wirken wie bloße Erfolgsimitationen. In ihrem Rocklexikon von 1973 erblickt zwar die Münchener Journalistin Ingeborg Schober einen «beißenden, bösen, schwarzen Humor» darin, daß das Musikertrio von einer «durchsichtigen Dame» singe. Doch las sie – irregeführt durch einen Druckfehler in Jos Stikvoorts *Popzamelwerk* von 1972 – «transparent lady», statt, wie der Song richtig heißt, «transparent day», womit jedes Entsetzen über den bösen schwarzen Humor hinfällig sein dürfte. Gerade die Komposition «Transparent Day» bildet eines der harmlosesten Liedchen auf dem Debutalbum, und es hätte ebensogut von den Verfassern des verpopten «59th Street Bridge Song», also von SIMON & GARFUNKEL, stammen können. Auch die zahmen Titel der beiden folgenden LPs *Breaking Trough* und *A Child's Guide To Good And Evil* können keinen Anspruch auf einen experimentellen Charakter erheben, mit Ausnahme allerdings einiger Stellen, die Ingeborg Schober mit Recht auffielen, etwa jener Einlage des zweiten Albums, wo eine unpersönliche Stimme aus dem Lautsprecher verkündet, jemand werde auf allgemeinen Bürgerwunsch öffentlich erschossen. Einige Dissonanzen zwischen der Singstimme und der sie improvisierend umspielenden Gitarre in «Unfree Child» und «Carte Blanche» rechtfertigen das hochgestochene Wort vom «Experiment» ebensowenig.

Nicht minder großzügig wie mit dem «Experiment»-Begriff wird in der Fan-Presse mit dem Etikett «Avantgarde» umgegangen. Der Vorstellung eines kämpferischen «Vortrupps» entsprechend, heißt Avantgarde jedoch: eine Kunst hervorbringen, die neue Perspektiven öffnet und gleichsam an der Spitze der Kunstentwicklung einer Zeit steht. Avantgarde als die fortgeschrittene Beherrschung der stofflichen Grundlagen und der Verfahrensweisen einer Kunstart (hier: der Musik) beschränkt sich dabei nicht auf eine Gattung oder auf eine bestimmte Form innerhalb jener Kunstart (etwa: auf die Rockmusik), sondern sie verkörpert die höchste, entwickeltste Stufe zu einem Zeitpunkt, ohne Abstriche und Eingrenzungen. Avantgarde in der Musik läßt sich nicht in einzelne Sparten aufteilen. Diesen Satz hervorzuheben erscheint mir deshalb wichtig, weil ich früher selber die irrige Ansicht vertreten – und mit ihr den Rock, wohl unnötigerweise, gegenüber meinen Musikwissenschaftler-Kollegen in Schutz genommen – habe, es gebe eine Rock-Avantgarde auch ohne Beziehung zur Avantgarde der Neuen Musik der fünfziger und sechziger Jahre.* Richtiger erscheint mir heute jedoch die Auffassung, daß «Avantgarde» im Rockbereich nicht losgelöst vom kompositorischen Stand betrachtet werden kann, der in den anderen Musikbereichen erreicht ist. Schließlich muß sich auch die Jazz-Avantgarde gefallen lassen, am Kompositionsstand von Schönberg, Webern, Ligeti und Kagel gemessen zu werden.

Die hier verfochtene Unteilbarkeit des Avantgarde-Begriffs ergibt sich daraus, daß das Hörbewußtsein des wohlinformierten Musikhörers gleichfalls unteilbar ist und nicht etwa in ein Jazz-Bewußtsein, ein Rock-Bewußtsein und ein Bewußtsein von der Neuen Musik auseinanderfällt. Hörerfahrungen und Vergleiche zwischen verschiedenen Niveaus lassen sich nicht künstlich verdrängen, und es besteht auch kein Anlaß, das Wissen um eine höher organisierte Musik vergessen zu wollen, wenn man einer einfacheren und mitunter sogar primitiven Musik gegenübersteht. Wer den musikalischen Materialstand bei John Cage, Karlheinz Stockhausen, György Ligeti, Pierre Boulez und Mauricio Kagel aus den fünfziger und sechziger Jahren kennt – und man muß ihn kennen, um überhaupt von «Avantgarde» reden zu können –, wird unmöglich in der Musik der BEATLES und der MOTHERS OF INVENTION, der PINK FLOYD und TANGERINE DREAM eine wirkliche Avantgarde erblicken, denn Techniken und Materialstand der genannten Rockgruppen entsprechen da eindeutig einem älteren, bereits vor vielen Jahrzehnten überholten Gestaltungsniveau. Besonders Intellektuelle, darunter viele Musikpädagogen, neigen zu der Unehrlichkeit, Rockmusik aus lauter Wohlwollen unter ihrem sonstigen Differenzierungsvermögen zu hören. Diese Neigung, musikalische Niveau-Unterschiede zu übersehen und darin womöglich einen Beweis demokratischer Toleranz zu erblicken, hat freilich geschichtliche Gründe. Manche Rockmusiker sahen sich um 1967–1970 nicht ungern in eine Reihe mit den soeben genannten Avantgardisten gestellt, und auch unter Rockkritikern klang die Vermutung nicht absurd, die BEATLES hätten Kompositionen in der Zwölftontechnik geschrieben (vergleiche das *Rock-Lexikon* von Siegfried Schmidt-Joos und Barry Graves im Artikel über George Martin). Man erinnert sich daran, daß in der illustren Gesellschaft, die auf der *Sgt. Pepper*-Plattentasche collageartig zusammengestellt ist, in der oberen Reihe, fünfter von links, auch Karlheinz Stockhausen zu sehen ist, also einer der bekanntesten Avantgardisten der sechziger Jahre, mit dem die BEATLES übrigens – nach Auskunft des Komponisten – vorübergehend sogar in persönlicher Verbindung standen. Selbst 1979 berief sich der Berliner Edgar

* Vgl. meinen Aufsatz «Rockmusik und Wissenschaft – Aspekte einer zeitgenössischen Trivialkunst» (in Melos / Neue Zeitschrift für Musik, Mainz 1975).

Froese auf György Ligeti, um dem Renommee seiner Musik nachzuhelfen. Ähnliche Vergleiche zwischen Rockmusikern und Avantgarde-Komponisten werden indessen zunehmend nur noch von übereifrigen Zeitungsschreibern angestellt und von uninformierten Hörern ernstgenommen. Das Gesagte sei knapp zusammengefaßt, obwohl die These manchen Leser – zumal, wenn er zugleich Rockkritiker ist – irritieren kann. Es gibt keine Rockavantgarde oder Jazzavantgarde, die von der Avantgarde innerhalb der europäischen Kunstmusik unabhängig wäre. Dies gilt auch, wenn der Rockhörer die Musik Stockhausens und Kagels nicht kennt und daher gutgläubig der Meinung ist, jene Rockmusiker verkörpern tatsächlich die fortschrittlichste Musik, die ihm die Plattenindustrie und eine bloß Werbeslogans abschreibende Rockjournalistik als «progressiv» und «experimentell» empfehlen. Denn ein Mangel an Informiertheit kann unmöglich die Auffassung rechtfertigen, der musikalische Fortschritt gipfele in PINK FLOYD oder TANGERINE DREAM. Bestreitet man die These von der Unteilbarkeit des Avantgarde- und Fortschrittsbegriffs, muß man sich darauf gefaßt machen, daß demnächst die Schlagerproduzenten ebenso wie die Blaskapellen und die örtlichen Zithervereine ihre eigenen «Avantgardisten» nominieren werden. Unmöglich wäre es nicht – aber das Wort «Avantgarde» würde man von da an nur noch in einem humoristischen Sinn gebrauchen können.

Metaphysik des Klangblubberns

Heute wie früher ist die Ansicht verbreitet, TANGERINE DREAM mache elektronische Musik. In Wirklichkeit spielen in der Musik der Berliner Gruppe elektronische Tonerzeuger wie Synthesizer eine zwar wechselnde, aber niemals herausragende Rolle. Benutzt werden in der Hauptsache «normale», dabei freilich elektrisch verstärkte Instrumente wie Orgel, Mellotron, Klavier, Flöte, Cello und Schlagzeug. Rein elektronische Hervorbringungen wie etwa *Stuntman* von Edgar Froese stammen erst aus späterer Zeit. Nicht minder ungenau, doch ebenso werbekräftig sind Begriffe wie «surrealistische Musik» und «kosmische Musik», mit welchen der Klang von TANGERINE DREAM seit etwa 1970 umschrieben wird. Wie leichtfertig mit Begriffsmarken im Rockbereich umgegangen wird, veranschaulicht der Wortlaut einer Selbstdarstellung der Gruppe. Um 1971, als das Statement geschrieben wurde, bestand die Musik der Formation in der Hauptsache aus der Umspielung eines einzigen Dreiklanges mit Hilfe gebrochener Akkorde und aus langsam aneinandergereihten Akkorden mit einer kantablen Oberstimme, deren Abstammung aus der sentimentalen Schlagermusik unüberhörbar ist. Die weihevollen Klänge zielen auf das erhabene Dösen des Hörers ab.

«Die Bezeichnung ‹kosmisch› steht für die maximale Vorstellung der räumlichen Ausdruckskraft eines Tones. Wir beziehen unsere Inspiration tatsächlich aus dem Kosmos. Es existiert eine nach Planetenbahnen errechnete, feststehende sogenannte ‹Sphärenmusik›, die nur in wissenschaftlichen Instituten mit Hilfe von Computern zu errechnen ist. Es gibt also eine ‹Musik im Weltall›, die durch bestimmte Verhältnisse der Gestirne zueinander, sowie deren Geschwindigkeitsverschiebungen, entsteht. Um die unendliche Ausdehnung des Kosmos musikalisch nachzuempfinden, müssen mit technischen Mitteln Vorder- und Hintergründe, also eine akustische Klangtiefe, erzeugt werden. Auf unserer nächsten LP» (gemeint ist wohl *Alpha Centauri*, 1971, mit den für TD typischen Überschriften «Sunrise In the Third System», «Fly And Collision Of Comas Sola» und «Alpha Centauri») «wollen wir versuchen, einen ‹Sphärenklang› künstlich aufzubauen. Wir wollen versuchen, mit dieser sogenannten ‹Kosmischen Musik› Vorgänge hörbar zu machen, die am Rande der wahrscheinlichen Vorstellungskraft des Menschen liegen» (nach Rolf-Ulrich Kaiser: *Rock-Zeit*, 1972, S. 307/308).

Einige Rockjournalisten beeilten sich, diesen aus alten pythagoreischen Vorstellungen destillierten Unsinn nachzuplappern, statt sich daran zu erinnern, daß auch ein «Sphärenklang» Luft zu seiner Verbreitung voraussetzt, die es im Kosmos jedoch bedauerlicherweise nicht gibt.

Doch wenden wir uns der wirklichen elektronischen Musik im Rock zu, deren Geschichte bislang noch nicht geschrieben ist, und die im folgenden daher in einem ersten Entwurf nacherzählt werden soll.

Versteht man unter elektronischer Musik ausschließlich durch Tongeneratoren erzeugte Kompositionen, so spielt sie im Rockbereich eine sehr untergeordnete Rolle. Elektronik wird in der Regel durch Gesang und durch die üblichen elektrisch verstärkten Instrumente wie Gitarre, Tasteninstrumente, Violine usw. ergänzt, wobei deren Klang mancherlei «Effekten» unterworfen wird. Diese sogenannten Effekte wie zusammengesetzte periodische Wellenbewegung, Hüllkurvenformung, Phasing, Nachhall, Echo und Filterung sind in Rockstücken seit Mitte der sechziger Jahre geläufig, und man kann aus der Bevorzugung eines bestimmten Effekts, etwa der Verzerrung oder der Wah-Wah-Filterung, sogar auf die Jahre schließen, in denen das betreffende Rockstück entstanden ist. Gegenwärtig erlebt der Vocoder eine weite Verbreitung, und zwar ebenfalls in der Rolle eines Überraschungseffektes, eines «Gimmicks».

Spezifisch für die Rockmusik dürfte die Wiederbelebung des Theremin-Gerätes während der spätsechziger Jahre bei US-Gruppen wie LOTHAR AND THE HAND PEOPLE sein, auch hier als bloße Klangüberraschung mit ornamentalen Aufgaben. Heute besitzen unzählige Rockgruppen Synthesizer, vom preiswerten Synthi AKS an bis zu Moog-, ARP- und Oberheim-Modellen der Spitzenklasse, um zu differenzierter Klangschichtung zu gelangen, nicht jedoch, um elektronische Musik im strengen Sinn herzustellen. Dies vor Augen erscheint es nicht zweckmäßig, von vornherein zwischen elektronischer Musik und halbelektronischer Musik (wie man die Kombination von Elektronik und elektrischer Verstärkung nennen mag) zu unterscheiden. Vielmehr kann man davon ausgehen, daß die rein elektronische Musik die seltene Ausnahme bildet.

Eine weitere Vorbemerkung gilt der Rezeption von elektronischer und halbelektronischer Musik im Rockbereich. Viele, wenn nicht gar die meisten der unten angeführten Musikstücke gehören, gattungsmäßig gesehen, gar nicht zum Rock, sondern entweder zur traditionellen Musik – sofern es sich um elektronische Neuformungen handelt, wie bei Walter Carlos und Isao Tomita – oder zur Avantgarde. Dennoch werden sie auch in Rockkreisen gehört, ja einige von ihnen genießen unter Rockhörern einen kultischen Ruf. Durch sogenannte Geheimtips, durch die Person des Musikers und durch sonstige Zufälle bedingt, werden diese Kompositionen Teile des Rock-Syndroms, ja sie werden unter Umständen hauptsächlich in Rockkreisen rezipiert.

Bekanntheit eines Namens und Verständnis der Musik brauchen dabei nicht Hand in Hand zu gehen. Der Name von Karlheinz Stockhausen zum Beispiel steht in mehreren Rocklexika. Lillian Roxons *Rock Encyclopedia* von 1969 widmet Stockhausen einen kurzen Artikel mit dem Satz: «Experimentierfreudige Rockmusiker sind seinen Klängen wie seinen Ideen sehr zugetan – revolutionierende Gedanken über die Schaffung von ‹Oktaven› nicht nur im Tonhöhen-, sondern auch im Lautstärkebereich.» («Experimentally inclined rock musicians are very much into his sounds and his attitudes – revolutionary thoughts about creating ‹octaves› in volume as well as pitch.») Solche und ähnliche Wendungen zeigen, daß es um die Kenntnis von Stockhausens Musik trotz der Popularität des Komponistennamens unter Rockhörern und Journalisten nicht sonderlich bestellt ist. Die kuriose Tatsache bleibt bestehen, daß Stockhausens Schallplatten auch in Rockplattenläden erhältlich sind, nicht anders als die elektronischen Alben des Amerikaners Walter Carlos und des Japaners Isao Tomita – Realisationen von Werken Johann Sebastian Bachs, Debussys und Strawinskys –, obwohl die Genannten weder in ihrer Musik noch in ihren privaten Neigungen dem Rock nahestehen. Angesichts solch auffallender Diskrepanz zwischen der Sache selbst und deren Rezeption kommt man um eine Entscheidung zwischen den beiden nicht herum. Sie wird hier in der Weise getroffen, daß auch Komponisten und Werke in die folgende Übersicht gelangen, die unter einem musikalisch-analytischen Gesichtspunkt mit Rock wenig oder gar nichts zu tun haben. Allein die Rezeption dient zur Richtschnur.

Paul Beaver und Bernard L. Krause waren es, die der elektronischen Musik in den USA auch unter Rockmusikern zu einer gewissen Beliebtheit verhalfen, indem sie 1968 eine didaktisch zusammengestellte 2-LP-Kassette samt einem einführenden Beiheft veröffentlichten. Die Klangbeispiele behandeln elementare Vorgänge von einfachen Schwingungsformen bis hin zur Filterung von weißem Rauschen, stellen allerdings auch die spannungsgesteuerten Prozesse heraus, von denen die Faszination der elektronischen Musik auf die Rockmusiker in den folgenden Jahren hauptsächlich ausgehen sollte. Unter der Mitwirkung von Bernard L. Krause brachte der Beatle George Harrison 1969 eine LP *Electronic Sound* heraus, deren B-Seite «No time or space» bereits bewußte Gestaltung verrät. (Ein ästhetisch belangloses Produkt dieser Art stammt von dem New Yorker Lou Reed aus dem Jahr 1975; das Doppelalbum *Metal Machine Music* dürfte sogar schlicht eine Zumutung genannt werden. Reed war bekanntlich Mitglied der sogenannten Avantgarde-Formation The Velvet Underground gegen Ende der sechziger Jahre.)

Beaver und Krause betätigten sich auch sonst auf dem Feld früher Rock-Elektronik, sei es einzeln als Produzenten, sei es zusammen, etwa als Autoren dreier Langspielplatten. 1969 veröffentlichte Beaver zusammen mit einigen anderen Musikern – unter dem Gruppennamen The Zeet Band – ein Album, das auch Boogie-, Rhythm & Blues- sowie Rock 'n' Roll-Stücke enthält; sie wurden auf dem damals allein vorhandenen Synthesizer, dem Moog, eingespielt und durch elektrisch verstärkte bzw. akustische Instrumente ergänzt. Der Begleittext zur deutschen Pressung zeigt das geläufige Mißverständnis, das die Haltung vieler Musiker von damals zur Elektronik kennzeichnete. Sie strebten mit ihrer Hilfe den Klang vertrauter akustischer Ereignisse, auch den herkömmlicher Instrumente an, setzten sich also eine Art Wirklichkeitsverdoppelung zum Ziel:

«Dem Synthesizer ist nichts unmöglich. Durch die einfache Bedienung einer Klaviatur oder durch das Abrufen ganzer Tonketten vom Band mittels eines Tastendrucks [kein Synthesizer, sondern ein Mellotron – T. K.] gelingt es einem einzigen Musiker, Saxophonsätze, Bläsergruppen, Rhythmussections, Schlagzeuger und selbst die menschliche Stimme gewissermaßen aus der Retorte zu erzeugen.»

Die Faszination des Moog-Synthesizers um 1969 war groß. Eine Gruppe von Musikern und Technikern spielte zum Beispiel eine Folge bekannter Rockstücke auf ihm ein, unter anderen «Spinning wheel» von Blood Sweat & Tears, «Hey Jude» und «Get back» von den Beatles und Stücke

178

aus dem Rockmusical *Hair* (*Switched-On Rock – The Moog Machine*). Wie dieses Album und die LP von ZEET BAND, bieten auch *The Electric Eclectics* von Dick Hyman rockig empfundene Stücke. Verwendet wurde dabei, neben Moog und Rockinstrumentarium, auch eine Rhythmusmaschine.

Ein weiteres Zweier-Team auf elektronischem Gebiet in den USA bildeten Robert Margouleff und Malcolm Cecil; es ist übrigens Margouleff, der die Verwendung des Theremin-Geräts durch LOTHAR AND THE HAND PEOPLE anregte (Lothar hieß das Gerät selbst). Aus einer früheren Zusammenarbeit ging die interessante LP *Caldara* hervor, die eine Stabat Mater-Vertonung darstellt und hierbei den Pitch-to-voltage Converter verwendet. Der eingegebene Tenorgesang ruft Spannungsveränderungen hervor, die wiederum verschiedene Parameter wie Klangfarbe und Dynamik regeln; das klangliche Ergebnis nimmt den Vocoder vorweg. Margouleff und Cecil spielten anschließend zwei Alben mit dem System TONTO ein (The Original New Timbral Orchestra), wiederholten hier in «Riversong» das soeben genannte Verfahren und kombinierten ihrerseits Boogie-Strukturen mit rein elektronischer Musik.

Gefällige, kommerzielle Züge kennzeichnen die Hervorbringungen von Mort Garson, der zeitweise mit Beaver und Krause zusammenarbeitete. Seine hörspielähnliche Realisation *The Wozard of Iz* (man darf an *Wizard of Oz* denken) mit Erzähler und Darstellern von 1967 läßt die elektronische Musik nur wenig zur Geltung kommen. Die gleiche kommerzielle Tendenz liegt *The Zodiac Cosmic Sounds* zugrunde, welche die zwölf Tierkreise – gleichfalls von einem Sprechkommentar begleitet – zu entwerfen suchen. Die Idee sollte sogar auf insgesamt zwölf LPs ausgeführt werden. Interessanter wirkt schon *Black Mass*, die plastische Klangereignisse miteinander verbindet und sie freilich in den Dienst trivialer Vorstellungen stellt («Incubus», «Exorcism», «Witch trial» usw.).

In neuerer Zeit hat sich Larry Fast unter dem Markennamen SYNERGY als Schöpfer elektronischer Musik hervorgetan, so auf *Electronic Realizations For Rock Orchestra* von 1975. Seine musikalischen Vorlieben indes wurzeln fast ausschließlich im neunzehnten Jahrhundert, so daß manche Wendungen, die Bruckner und Mahler verpflichtet sind, sich auf dem elektronischen Instrumentarium seltsam unzeitgemäß ausnehmen.

Ihm nicht unähnlich verfuhr der Engländer David Vorhaus, der unter dem Namen WHITE NOISE auf zwei Alben von 1969 und 1975 elektronische Vorgänge von anekdotischer Anschaulichkeit festhielt. Seine zweite Produktion, ein *Concerto For Synthesizer*, verwendet außer zwei VCS 3 in der Hauptsache Module, die Vorhaus selbst entwickelt hat. Kein zweiter Elektroniker auf englischem Boden arbeitet so eng mit Rockmusikern zusammen wie Brian Eno, der Anfang der Siebziger Mitglied der Formation Roxy Music war, seitdem die Alben mehrerer Rockgruppen produzierte (darunter auch solche der New-Wave-Gruppen Devo und Talking Heads) und auf eigenen Alben wechselnder Qualität immer wieder mit Elektronik experimentiert. Seine LP *Before And After Science* von 1977 ist beispielhaft für seine originellen Ideen (in einem der Stücke rezitiert Kurt Schwitters aus seiner Ur-Sonate). Auch der junge Tim Blake mit seinen aparten Klangfarbenmischungen steht in der Vorderreihe britischer Elektroniker.

Der französische Elektroniker Pierre Henry ist im Rockbereich vor allem durch seine wenig glückliche, weil stilfremd aufgedrängte Bearbeitung von Spooky Tooths *Ceremony* von 1969 bekannt. Marktwirksame Elektronik-LPs hat in jüngerer Zeit Jean Michel Jarre veröffentlicht. Gruppenelektronik wird in Frankreich vor allem von Heldon vertreten, einer in der Besetzung ständig wechselnden Formation um Richard Pinhas. Gemeinsames Merkmal der bislang hervorgebrachten Produktionen ist eine poetische Haltung, eine freilich nur ungenügend beschreibbare Eigenschaft, die sich etwa daran messen läßt, was, an welcher Stelle und wie oft wiederholt wird, und ob die Wiederholung notengetreu oder variiert stattfindet – eine wichtige Frage angesichts eines Klangkörpers, der infolge seiner leicht automatisierbaren Vorgänge zu ungezählten Repetitionen einfacher Grundmuster geradezu verführt.

Solcher Verführung erliegen allzuoft deutsche Musiker. Unter ihnen hebt sich Klaus Schulze als Einzelmusiker schon kraft seiner Produktivität hervor. Die bislang über zehn Alben zeigen fortschreitende Beherrschung der Apparatur, zeigen freilich auch die steigende Neigung, zu literarisieren und der Musik fremde, bloß imponierenwollende Kulturmarken aufzustülpen. *Timewind* von 1975 zum Beispiel ist Richard Wagner zugeeignet, und das Doppelalbum von 1978 «porträtiert» in ebenso vielen Klangbildern Nietzsche, Trakl, Kleist und andere Geistesgrößen. Eine neben Tangerine Dream weltbekannte Gruppe, Kraftwerk, fing unter dem Namen Organisation mit freien Kollektivimprovisationen um einen Akkord an, bezog zunehmend elektronische Tonerzeuger ein und entwickelte eine Ästhetik ausgetüftelter, klangpräsenter Robotermusik, wie sie sich besonders auf der LP *Die Mensch-Maschine* von 1978 niederschlägt.

Der in Rockkreisen goutierten elektronischen Musik könnte man vorhalten, ihr kompositorisches Material sei rein tonal, ja sie biete nur noch zusammengeschrumpfte Tonalität. Einfachste Intervalle wie Quart, Quinte und Oktave prägen jene Klangschichten, die vom Sequencer unentwegt wiederholt werden. Eine harmonische Abwechslung, geschweige ein modulatorischer Einfall findet äußerst selten statt, das Geschehen kreist um einen simplen Dreiklang herum, den man seit einigen hundert Jahren auch ohne den Moog-Synthesizer schon kennt. Allgemein könnte man auf den Widerspruch hinweisen, der zwischen entwickelter Technologie und bruchstückhaftem Tonmaterial entstanden ist. Die Vermutung wäre berechtigt, daß die elektronischen Apparate die Aufmerksamkeit der Musiker so vollständig beanspruchen, daß sie den Gesichtspunkt musikalischer Differenzierung dabei aus den Augen verlieren – mit einem Wort, daß Elektronik einstweilen zur Regression der heute erreichbaren Kompositionsebene geführt hat. Einstweilen wirkt sich Elektronik dort anregend auf die Rockmusik aus, wo sie nicht als Selbstzweck angesehen, sondern als ein Mittel eingesetzt wird.

Exotische Einflüsse

Die Überschrift dieses Abschnitts verlangt eine Präzisierung. Versteht man unter «Exotik» etwas, das nicht aus dem von Weißen hervorgebrachten Kulturkreis entstanden ist, so ist der Begriff in der Rockmusik mehr als problematisch. Rock ist keine ausschließlich von Weißen hervorgebrachte Musik, sondern enthält von Anfang an rhythmische und intonationsmäßige Eigentümlichkeiten aus Afrika. Dennoch wirken die «dirty tones», die Off-Beat-Phrasierung und die «blue notes» nicht etwa exotisch, vielmehr sind sie Kennzeichen eines angemessenen Vortrags. Auch Instrumente wie Congas, Maracas, Holzblock usw. gehören zum geläufigen Perkussionsvorrat. Es gibt heute einen Latin Rock ebenso wie einen Afro Rock, und Formationen wie SANTANA, MALO, OSIBISA und andere haben lateinamerikanische und afrikanische Spieltechniken, Rhythmen und Instrumente seit mehr als zehn Jahren in der Rockwelt heimisch gemacht. Nimmt man noch die von eingewanderten Puertoricanern in den USA verbreitete Salsa und den Reggae, also die jamaikanische Variante des Rock 'n' Roll hinzu, der heute von mindestens ebenso vielen Weißen wie von Karibiern goutiert wird, so wird deutlich, daß in der Rockmusik jeder Exotismus sich aufhebt oder in absehbarer Zeit sich aufheben wird. Rock ist eine eklektizistische Kunst, eine Zivilisationserscheinung und, wenn man es so will, Weltmusik, da jenes milliardenschwere wirtschaftliche Potential, das hinter ihm steckt, in echt kapitalistischer Weise keine nationalen und geschichtlichen Schranken anerkennt, vielmehr alle örtlichen und zeitlichen Ausprägungen von Musik zugängig und miteinander kombinierbar macht. Um also das Wort «Exotik» etwas handlicher zu machen, wird unter ihm hier indische, vorderasiatische und nordafrikanische Musik verstanden, die ab Mitte der sechziger Jahre die Rockmusik zu befruchten begann.

Kalifornien ist nicht nur die Herkunftsstätte der Hippie- und Flower Power-Bewegung. Hier, speziell in San Francisco, finden sich auch die ersten Spuren eines Interesses von Rockmusikern an orientalischer Musik. Von den Gründen dafür mögen nur zwei herausgegriffen werden. Erstens gehört der asiatische Einfluß gleichsam zur Tradition von San Francisco, dank der geographischen Höhe zu Asien, dank auch den asiatischen Bevölkerungskolonien, die in der Stadt beheimatet sind. Neben einer Japantown gibt es eine ausgedehnte Chinatown, mit etwa 65000 Einwohnern die größte außerasiatische Chinesenstadt. In einem großen Overseas Import-Warenhaus und auch in anderen Geschäften kann man allerlei Artikel wie Tee, Stoffe, Haushaltswaren, Musikinstrumente aus allen asiatischen Ländern kaufen. Zweitens, bedingt durch die ständige Berührung mit asiatischer Kultur, waren die Beat-Poeten der fünfziger Jahre in San Francisco und Umgebung vielfach dem Zen-Buddhismus zugetan. Der Hinweis auf Alan Watts, Gary Snyder und Lawrence Ferlinghetti möge genügen und auch Allen Ginsberg meinen, der 1955 hier lebte und mit seinem hier zum erstenmal vorgelesenen Gedicht «Howl» das bekannteste literarische Denkmal der Beat-Generation setzte.

Mit ihrem Hang zu asiatischer Musik haben die Beatniks auch die Hippies der späteren sechziger Jahre stark beeinflußt.* Solange der Jazz in den fünfziger Jahren noch Teil der Subkultur war, konnte er der Sympathie der Beat-Poeten sicher sein, und bekanntlich rezitierten diese ihre Gedichte mit Vorliebe zu Bebop-Klängen. Sie wandten sich jedoch in dem Maße vom Jazz ab und dem Rhythm & Blues bzw. später der von den BEATLES beeinflußten amerikanischen Rockmusik zu, als der Jazz seinen Underground-Charakter verlor und zum Ohrenschmaus des Middle-Class-Publikums in der Carnegie Hall wurde. Es nimmt nicht wunder, daß Allen Ginsberg nunmehr – nach zwei Jahren Indien-Aufenthalt – mit Rockmusikern wie THE FUGS verkehrt, auf Rock-Meetings und Love-Ins spricht und auf die Hippies dabei den allergrößten spirituellen Einfluß ausübt. Die große Liebes- und Friedenskundgebung, die im Januar 1967 in San Franciscos Golden Gate Park stattfand und in die Geschichte der Hippie-Bewegung als The Great Human Be-In eingegangen ist, wurde zum großen Teil von Ginsberg und Gary Snyder mit Unterstützung von Timothy Leary vorbereitet (Snyder kehrte kurz davor aus Japan zurück). Ginsberg erinnerte sich an die Massenkundgebung später so: «Wir verfuhren dabei in Nachahmung eines Hindu-Mela, also einer Zusammenkunft heiliger Männer und Suchender. Wir fingen mit dem Singen eines

* Bruce Cook: *The Beat Generation* (Charles Scribner's Sons, New York 1971, S. 230 ff).

besonderen Mantra, mit einem Beschwörungsgesang zum Fernhalten allen Unheils, an. Auf dem Pologelände machten wir einen reinigenden Rundgang, um Dämonen und böse Einflüsse zu vertreiben.»*

Die günstigen Bedingungen für die Aufnahme asiatischer Einwirkungen auf die Rockmusik machen sich in San Francisco um die Mitte der sechziger Jahre geltend. Soweit es sich heute zurückverfolgen läßt, tauchen orientalische Motive bei der Gruppe THE GREAT SOCIETY am frühesten auf, einer embryonalen Form der später zu Weltruhm gelangenden JEFFERSON AIR-PLANE, deren Sängerin Grace Slick ab 1966 den Gruppenklang der AIRPLA-NE prägte. Kurz davor löste sich THE GREAT SOCIETY auf, weil zwei ihrer Mitglieder der Rockmusik den Rücken kehrten und sich ausschließlich der indischen Musik zuwandten. Von solcher Ausrichtung an Fernöstlichem zeugt übrigens schon das Stück «Sally Go 'round The Roses» von 1965, dessen improvisierter, nur instrumentaler Mittelteil ausgiebig mit übermäßigen Sekunden aufwartet und eine reiche Melismatik zeigt.

Die Zusammenkünfte Jugendlicher in San Franciscos Avalon Ballroom, im Matrix, Fillmore West und in den Konzerten unter freiem Himmel wurden von allerlei indischen oder indisch wirkenden Gegenständen geschmückt, die seitdem als Requisiten der Flower-Power-Bewegung gelten: von Blumengirlanden, Räucherstäbchen und indischen Gewändern. Zum Ritual gehörte auch eine orientalische Decke, auf der man sitzen oder in meditativer Haltung kauern konnte, während man der Rockgruppe zuhörte. (Auf dem Woodstock-Festival vom August 1969 wurde kollektiv Yoga-Atmung geübt.) Unter den exotischen Gegenständen, die plötzlich die Rockwelt überschwemmten, war es besonders die Sitar, die den indischen Einfluß auf die Rockmusik deutlich macht. Der Leadgitarrist der BEATLES, George Harrison, spielt das Instrument bereits in «Norwegian Wood» auf der Dezember 1965 erschienenen Langspielplatte *Rubber Soul*. Bis zu seiner eigenen Komposition «Within You Without You», die auf dem *Sgt. Pepper*-Album von Mitte 1967 enthalten ist, hatte Harrison einige Sitar-Stunden bei Ravi Shankar genommen, und Harrison vor allem war es auch, der schon infolge der ungeheuren Popularität der BEATLES der Sitar und ihrer fragmentarischen Spielweise zur Verbreitung in den Underground-Kreisen verhalf. Weniger bekannt ist, daß Har-

---

* Bruce Cook a. a. O., S. 201: «We went to considerable length to follow the way a Hindu Mela, or gathering of holy men and seekers, is conducted ... We began by chanting a special mantra, or incantatation for removing disasters. There was a purificatory circumambulation of the polo field, to drive away demons and bad influences.» Ginsberg hatte dabei eine Massenzeremonie am Ufer des Ganges vor Augen, der er 1966 beigewohnt hatte. Das Kumba Mela-Ritual wird alle zwölf Jahre unter Beteiligung von mehreren Millionen Menschen abgehalten.

rison der Sitar erst Mitte 1965 zum erstenmal begegnet war, und zwar charakteristischerweise ebenfalls in Kalifornien. Hier wurde er von David Crosby, einem Mitglied der Los Angeles-Gruppe THE BYRDS, auf das Instrument aufmerksam gemacht, und er beeilte sich, diese Entdeckung sogleich anzuwenden, bevor die BYRDS selbst das Instrument zum erstenmal in «Eight Miles High» von 1966 auf einer Schallplatte vorstellen konnten. Interessant übrigens, daß Roger McGuinn, ein weiteres BYRDS-Mitglied, von Anfang an eine 12saitige akustische Gitarre spielte, deren Klang infolge der Oktavenstimmung der tieferen und des doppelten Bezuges der höheren Saiten eine gewisse Ähnlichkeit mit dem Klang der Sitar aufweist (diese besitzt bekanntlich Haupt- und mitschwingende Bordunsaiten). Man kann daher sagen, daß der Sitarklang bei den BYRDS und übrigens auch bei der britischen Gruppe THE YARDBIRDS früher da war als das Instrument selbst. Da sich die Sitar als ein recht unhandliches Instrument bei Konzerten wie auch beim Transport erwies, gingen viele Rockmusiker bald zu einer vom amerikanischen Gitarristen Vincent Bell erbauten elektrischen Sitar über, die wie eine normale, 6saitige Gitarre mit Resonanzsaiten gebaut wird. Vor allem mit Hilfe dieses leicht spielbaren Instruments wurden von Rockmusikern indische Mystik und Versenkung heraufbeschworen. Elektrisch verstärkte Sitars gab es in Indien übrigens schon einige Jahre früher, so daß Ravi Shankar den puristischen Standpunkt nicht teilen mochte, eine Verbindung von Sitar mit elektrischer Verstärkung stelle einen Frevel dar.

Ob echte Sitar oder elektrische Bauweise: das Instrument wurde ab 1966 zur Mode in der Rockwelt, konnte fast in jeder Instrumentenhandlung erworben werden und wurde durch das Spiel von Ravi Shankar auf dem Monterey Pop Festival Juni 1967 bzw. durch den Monterey-Film, dessen lange Schlußsequenz die indischen Musiker zeigt, weiter popularisiert. Nicht zuletzt hielt die Sitar in den Folkrock ihren Einzug, wie das etwa «Buffalo Skinners» von John Renbourn zeigt. Bezeichnend, daß Lillian Roxons *Rock Encyclopedia* von 1969 auch Artikel über Sitar und Raga enthält und auch bereits auf eine gewisse Unangemessenheit der hektischen Rezeption in den USA und in Europa hinweist. Es versteht sich, daß die meisten Rockmusiker den Zeitaufwand scheuten, sich in die traditionelle Musik Indiens zu vertiefen und statt dessen das Instrument bloß als ein Kuriosum betrachteten und allenfalls seine technischen Probleme zu bewältigen suchten. Einsichtsvollere, wie George Harrison selbst, haben die modische Sitar-Narretei (Lillian Roxon sagt: «sitar fad») bald aufgegeben, wohl wissend, daß eine vorübergehende, frivole Neugier westlicher Rockmusiker dem Instrument und dessen jahrhundertealter Tradition nicht gerecht wird. 1968 äußerte sich Harrison in diesem

Sinne «Ich weiß nicht mehr, welchen Weg ich gehen soll. Wirklich indische, klassische Lieder sind ganz verschieden von den indisch beeinflußten Popsongs, die man heutzutage überall hört. Diese sind schlichte Popsongs, mit ein wenig indischem Klanghintergrund.»* Seine Erkenntnis erwuchs Harrison im selben Jahr, als er in Bombay mit einheimischen Musikern zusammen seine Filmmusik *Wonderwall* einspielte. Trotzdem dauerte die Sitarmode noch einige Jahre, nicht zuletzt unter europäischen Musikern. Die deutsche Gruppe BRÖSELMASCHINE etwa verwendet das Instrument auch heute noch nicht anders, als es in «Lassie» auf ihrer ersten LP von 1971 erklingt.

Die Hinwendung der Hippie-Generation zur indischen Musik war selbstverständlich nicht durch ein sachliches, womöglich wissenschaftliches Interesse an einem fremden Musiksystem motiviert. Vielmehr war sie Teil und Ausdruck einer um sich greifenden Zivilisationsflucht vor allem amerikanischer Färbung, in welcher man eine Fortsetzung jener Flucht vor Technisierung und restloser Rationalisierung aller Lebensbereiche erblicken kann, die für die Beat-Poesie der fünfziger Jahre und für die Lebenshaltung der Beat-Dichter charakteristisch ist.** Nur ergriffen jetzt nicht nur einige Intellektuelle und Bohemiens die Flucht, sondern eine ganze Generation. Indien und in geringerem Maße Afghanistan, Pakistan und die Türkei waren dabei als Ziele beinahe nur symbolisch, denn auf die Geste der Verweigerung, des Abhauens kam es an, nicht auf das Ankommen in einem exotischen Land. Die phantastische Welt in den Schriften von Tolkien hat die Rockmusik ebenso beeinflußt, wie das in Gruppennamen, Plattenüberschriften und Label-Schilderungen wie THE HOBBITS, *The Lord Of The Ring* und Middle Earth Records zum Ausdruck kommt. Freilich entsprachen Zen-Buddhismus und Yoga, wie sie aus zweiter und dritter Hand bekannt wurden, mit ihrer apolitischen Versenkung besser jenem Trend der westlichen Jugend, den man angesichts des Vietnam-Krieges als ein radikales Mißtrauen gegen die technisierte, seelischen Qualitäten gegenüber blinde Denkweise bezeichnen kann, ein Mißtrauen, das sich zeitweise auch mit einem oberflächlichen Exotismus verband. Interessant, daß die chinesische und japanische Musik trotz des Exotismus-Booms so gut wie unbeachtet geblieben sind, vermutlich wegen der mehr rationalen Gliederung und der dünnen In-

---

* Hunter Davies: *The Beatles – The Authorised Biography* (Heinemann, London 1968, S. 343.).
** Über die Asien-Ausflüge von Beat-Dichtern vgl. Theodore Roszak: *The Making of a Counter Culture – Reflections On the Technocratic Society And Its Youthful Opposition* (Faber and Faber, London 1970), besonders Chapter IV: «Journey to the East … and points beyond: Allen Ginsberg and Alan Watts».

strumentierung dieser Musik. Erst später haben die Musiker von JADE WARRIOR versucht, japanische Einflüsse zu verarbeiten. Heute dauert die genannte Zivilisationsflucht an, und zwar nicht in Form von Exotismus, sondern als Landkommune, als sogenannte alternative Lebensform und in politischer Hinsicht als die Bewegung der Atomkraftgegner und Umweltschützer.

Dies alles einzuflechten erscheint unumgänglich, weil sonst gerade von wissenschaftlicher Seite leicht ein Mißverständnis aufkommen kann. Man verliert nämlich das Wesentliche aus den Augen, wenn man den orientalisierenden Versuchen und sogenannten Experimenten der Rockmusiker nachträglich Amateurhaftigkeit vorwirft, obwohl sie zum größten Teil wirklich amateurhaft waren. Es ging ihnen nicht um eine interesselose Erkenntnis exotischer Musikkulturen, sondern um die Demonstration des Nicht-Hierseins, des geistigen Anderswo-Seins. Nicht zu verkennen ist freilich, daß die indische Musik (oder was man dafür hielt) als ein klingendes Ornament ideal dem Drogenkonsum entsprach, in welchem gleichfalls nur ein weiteres und dazu bequemes, rein chemisch bereitgestelltes Mittel zu erblicken ist, abzuhauen, mit Timothy Learys Wort «to drop out» und in exaltierten Zuständen zu schweben, in denen vermutlich nicht so sehr ein erweitertes, helleres Bewußtsein als vielmehr ein traumhaftes Dösen herrscht. Jedenfalls wurden manche staatlich geförderte Einzel- und Gruppentrips, die in der ersten Hälfte der sechziger Jahre an der US-Westküste nicht zuletzt mit einem militärisch-strategischen Interesse durchgeführt wurden, mit orientalischer Musik untermalt. Die kriechenden Bilder, die nach Einnahme von LSD 25 entstehen, finden ihre Entsprechung in den endlosen Tonketten und den hypnotisch wirkenden Rhythmen der asiatischen Musik.

In den Gruppenpraxis der Hippies gehörten Drogenrausch, Beischlaf, «Meditation» und exotische Klänge untrennbar zusammen. Der Klarinettist Tony Scott, der in der ersten Jahrzehnthälfte in Japan, Formosa, Hongkong, Indonesien und auf den Philippinen herumgereist war, brachte 1965 eine Langspielplatte mit dem bezeichnenden Titel *Music For Zen Meditation* (*and other joys*) heraus; eine Nachfolge-LP heißt konsequenterweise *Music For Yoga Meditation (and other joys)*. Über die fragwürdige Rolle der indischen Musik in der Hippie-Kultur machte sich auch Ravi Shankar in einem Interview seine kritischen Gedanken: «Was dieses Durcheinander von Tibetanisch, Tod und Tantra und Philosophie betrifft, so hat es mich sehr irritiert. Und dann wurde die indische Musik entdeckt. Die Hippies und ihre Drogen-Apostel geraten in Hochstimmung und in einen Rauschzustand nach Einnahme von Drogen, dann legen sie meine Platten auf und versuchen, sich in Visionen zu ergehen.

Und sehr bald fangen sie an, wie die Tiere Liebe zu machen. All dies hat mich sehr unglücklich gemacht.»*

Halbverdaute östliche Mystik, frivole Verwendung der indischen Musik und allerlei Gerede über Meditation, Reinheit und Erleuchtung sind tatsächlich die Hauptzüge der Begegnung der westlichen Jugend mit exotischen Musikkulturen in den sechziger Jahren. Ernstere, mehr ernstzunehmende Begegnungen sind in der Minderzahl, und zu ihnen gehört die von George Harrison 1974 produzierte LP *Shankar Family & Friends*, die zwar durchweg Kompositionen von Ravi Shankar enthält, an deren Entstehung aber neben indischen Musikern auch bekannte Rock- und Jazzmusiker wie Tom Scott, Jim Keltner, Nicky Hopkins, Ringo Starr, Klaus Voormann und nicht zuletzt George Harrison beteiligt sind; letzterer wählt dabei den Decknamen Hari Georgeson. Von Harrison stammt das Arrangement von «I Am Missing You» in der Reprise-Fassung, die von Lakshmi Shankar gesungen wird.

West Meets East – der Titel eines gemeinsamen Albums von Yehudi Menuhin und Ravi Shankar könnte auch über den Einspielungen stehen, die der englische Gitarrist John McLaughlin unter dem Gruppennamen SHAKTI mit indischen Musikern zusammen in den Jahren 1976/77 erscheinen ließ. McLaughlin, als Gründer des MAHAVISHNU ORCHESTRA bereits um 1972–1976 der indischen Philosophie zugetan und unter der spirituellen Leitung des bengalischen Mystikers Sri Chinmoy stehend, vollzieht hier auch in musikalischer Hinsicht eine Annäherung an die indische Musik, wie sie vor ihm vermutlich niemandem gelungen ist. Die Kompositionen stammen zwar von ihm, aber die Improvisation seiner indischen Freunde sowie eine ernstgemeinte Vertiefung in die einheimischen Spieltechniken lassen eine inspirierte und gewiß nicht den durchschnittlichen amerikanischen College-Studenten ansprechende Stilsynthese entstehen. Das Stück «Mind Ecology» auf SHAKTIS Album *Natural Elements* von 1976 ist auch instrumentenkundlich bemerkenswert. McLaughlin spielt hier auf einer Gitarre, die von der Firma Gibson eigens für ihn verfertigt wurde und auf deren Decke unter den sechs Saiten diagonal verlaufende Resonanzsaiten angebracht sind. Das der Sitar nachempfundene Instrument besitzt drei piezo-elektrische Pickups.

Spricht man von künstlerisch bleibenden Dokumenten des einstigen Kultes ums Exotische, so dürfen die Namen zweier Rockgruppen nicht unerwähnt bleiben. Sie hießen KALEIDOSCOPE und THE ORIENT EXPRESS. KALEIDOSCOPE, bezeichnenderweise in San Francisco beheimatet, brachte bereits 1967 die erste Langspielplatte heraus, die dem Gruppennamen

---

* *The Rolling Stone Interviews Vol. 1* (Warner Paperback, S. 39).

alle Ehre macht: die Musik ist stilistisch sehr vielschichtig, sozusagen kaleidoskopartig bunt und stilistisch abwechselnd. Auch orientalisch gefärbte Kompositionen finden sich im Repertoire, so etwa «Egyptian Garden», wobei arabische und indische Züge reizvoll miteinander kombiniert werden. «Seven-Ate Sweet» auf der nachfolgenden LP dagegen zeigt eher Einflüsse aus dem vorderen Orient bzw. aus dem griechisch-albanischen Musikkreis. David Solomon Feldthouse, ein Mitglied der Gruppe, spielt eine arabische Laute (oud), ferner Qaz und andere exotische Instrumente. Ebenso ungewöhnlich klingt der östliche Instrumentenklang, wenn er – wie in dem Musikstück «My Love Comes Softly» – mit dem «Phasing» genannten Studioeffekt versehen wird und so einen räumlich schwer lokalisierbaren Schwebezustand erhält.

Feldthouse stammte aus der Türkei, und seine Bekanntschaft mit der vorderasiatischen Musik macht die orientalische Tönung einiger Kompositionen von KALEIDOSCOPE erklärlich. THE ORIENT EXPRESS ging einen Schritt weiter und machte die Verzahnung von persischer, türkischer und griechischer Musik mit westlichem Rock eigens zum künstlerischen Programm. Das Trio, das sich aus einem Belgier, einem Perser und einem in Frankreich lebenden Amerikaner zusammensetzte, trat 1968/69 häufig in New York East Village auf und brachte auch ein Album heraus. «Azaar» und weitere Kompositionen verwenden unter anderem eine elektrische Sitar, eine elektrische Oud sowie auch Donbek.

Zwar ist der einstige Exotik-Rausch aus dem Underground verflogen, aber einige weltanschaulich nicht belastete Überbleibsel wie indische Baumwoll-Hemden, Ginseng und Bambus-Sessel gehören zum westlichen Alltagsleben. In der Musik haben sich die Verhältnisse sozusagen normalisiert: auch weiterhin, aber ohne das kosmosbezogene Kauderwelsch von Allen Ginsberg und Timothy Leary, kommen Musiker wie der Japaner Stomu Yamash'ta nach Europa bzw. in die USA, um hier mit westlichen Rockmusikern zusammen in einer Formation zu spielen. Umgekehrt besuchen westliche Rockmusiker asiatische und nordafrikanische Länder und übernehmen Spieltechniken und Intonationseigentümlichkeiten von ihnen, ohne in östlicher Mystik zu schwelgen. Im Jahr 1979 unternahm zum Beispiel die Münchener Rockgruppe EMBRYO eine ausgedehnte Reise nach Afghanistan, Indien, Iran, Pakistan und in die Türkei, wo sie mit einheimischen Musikern zusammenspielen und deren Techniken beobachten konnte. Seitdem gehören Kurzhals- und Spießlaute, Handtrommel und weitere Exotika zu ihren Instrumenten in Konzerten auch in Europa. Den meisten Rockhörern ist dabei vermutlich, als sähen sie einem japanischen Gô-Brettspiel zu, dessen Spielregeln sie nicht kennen. Daher können sie auch die musikalische wie spieltechnische Leistung der Musiker nicht einschätzen. Doch dürfte solche Inadäquanz nicht auf den Underground beschränkt sein; die jährlichen Veranstaltungen mit Musikern aus Asien und Afrika, die das Internationale Institut für Vergleichende Musikstudien in Berlin organisiert, dürften auch bei einem sogenannten seriösen Publikum vornehmlich Unkundige anziehen. In der Rockmusik, wie in der Kunst vermutlich insgesamt, kommt es weniger auf Authentizität als vielmehr auf die ästhetische Wirkung an.*

Ebensowenig authentisch wie die Verpflanzung afghanischer Musik durch die EMBRYO-Musiker, dürfte die von Frank Zappa produzierte Langspielplatte sein, die das Geigenspiel des jungen Inders L. Shankar festhält. Während die Violine der indischen Musik besonders in den Solopassagen viele wörtliche Formeln entnimmt, wird sie in einen Gesamtklang eingebettet, der für den Zappa der späten siebziger Jahre charakteristisch ist. Heraus kommt eine idiomatische Mischung, die Bedenken erregen und sogar als «stillos» und «geschmacklos» empfunden werden kann. Aber Stilreinheit und Geschmack sind dem Underground und speziell der Rockmusik fremde Kategorien. Ich glaube, daß der stil- und geschmacklose Elektizismus eines Musikstückes wie «Dead Girls Of London» auf L. Shankars Album *Touch Me There* von 1980 eine Musikentwicklung vorwegnimmt, wie sie sich in den nächsten Jahrzehnten global vollziehen wird.

Als Kuriosum sei am Schluß erwähnt, daß «Exotik» bei der britischen New-Wave-Formation CABARET VOLTAIRE auftaucht, und zwar auf ihrer 1980 erschienenen Langspielplatte *Three Mantras*. Der Anfang der langen Komposition, die nicht durch Pausen gegliedert wird, beruht eher auf einer technischen Spielerei. Zu einem riff-artigen kurzen Motiv, das von einer Endlosschleife ertönt, werden orientalische, vermutlich indische Klänge aus einem Radioempfänger gemischt. Die geistige Ferne zu Indien könnte nicht eindrucksvoller demonstriert werden.

---

* Über das Stück «Lassie Lassie – Duju Di Je» heißt es im Text auf der Plattenhülle: «Diese Stücke sind Ausschnitte eines Free-Konzertes, das wir in den Docks von Calcutta, einer der ärmsten Gegenden dort, gegeben haben. Es war der Versuch, vor Leuten Musik zu machen, die wegen ihrer Kaste und der damit verbundenen Armut von jedem sogenannten kulturellen Geschehen ausgeschlossen sind. In der Regel spielten wir in Indien vor einer gewissen ‹gebildeten› Mittel- und Oberschicht, die unter sich bleibt. In Calcutta ist die Kluft zwischen arm und reich besonders groß, ein paar Millionen Flüchtlinge aus dem ehemaligen Ostpakistan haben die ohnehin schon bevölkerte Stadt überschwemmt. Nirgendwo sonst ist uns auf dieser Reise das Elend deutlicher vor Augen geführt worden, dem wir nur ohnmächtig gegenüberstanden. Musikalisch unterstützt wurden wir von Mitgliedern der Bahul-Jazzgroup, die bengalische Volksmusik mit Jazz und Rockmusik-Einfluß spielen.»

2. Materialien zu einer Theorie der Rockmusik, ihrer Soziologie, Ästhetik und Geschichte

Bedingungen, Definitionen, Hypothesen

Rock als industrielle Volksmusik

Man muß schon den scheinbaren Widerspruch hinnehmen, der im Ausdruck «industrielle Volksmusik» enthalten ist, um die Rockmusik angemessen zu umschreiben. Der immer wieder zu hörenden und sich in Schriften niederschlagenden These, Rock sei die Volksmusik der Gegenwart, haftet nämlich Einseitigkeit an. Sie ist teilweise sogar irreführend. Gewiß besitzt der Rock einige Merkmale, die an die Volksmusik erinnern; aber andere seiner Züge widersprechen dem Wesen einer Volkskunst ganz.

Volksliedartige Elemente im Rock:

1. Da ist zunächst seine Eigenschaft, keine gelehrte, schriftlich in Partituren überlieferte Musik zu sein, sondern vielmehr einer Kunstgattung anzugehören, die notenlos gespielt, allein nach dem Gehör aufgegriffen, weitergesponnen und verbreitet wird. Dem entspricht, daß die Spiel- und Singtechniken der Rockmusik nicht etwa an Musikhochschulen gelehrt

und womöglich theoretisch in Seminaren erörtert werden, sondern außerhalb von Ausbildungsstätten erworben, anderen abgelauscht und weiterentwickelt werden. Damit steht im Zusammenhang, daß das Wort «Autodidakt», Selbstlerner, im Rockbereich nichts Abschätziges bezeichnet, vielmehr auf die allermeisten Rockmusiker zutrifft. Daß jemand sich seine Spielfertigkeit an einer Musikakademie oder gar Hochschule erwirbt, gehört auch heute noch zu den Ausnahmen. Es erscheint zudem zweifelhaft, ob ein akademisch geschulter Musiker später einen Segen für die Rockmusik bringt. Die Beispiele von Keith Emerson und seinen bildungsmusikalisch ambitionierten Kollegen an den Keyboards – Thijs van Leer von Focus, Alan Park von Beggars Opera, Rick Wakeman von Yes und anderen – legen eher den Verdacht nahe, daß solche «Vorgebildeten» nur allzu gern mit klassichen und romantischen Zitaten auftrumpfen und im Rockbereich einen unangemessenen, bildungsbeflissenen Ehrgeiz verbreiten. Wie dem auch sei, die überwiegende Mehrzahl der Rockmusiker hat das Gebäude einer Musikhochschule nie betreten. Sie lernen von Vorbildern, nach Schallplatten und voneinander, üben Griffe ohne viel Ahnung von Harmonielehre und Kontrapunkt und erreichen ihren spieltechnischen Standard auf manchen Umwegen und durch vielfache Umlernvorgänge, unbekümmert um richtige Fingerhaltung und dergleichen. Dies aber ist auch für den charakteristisch, der Volksmusik ausübt, und zwar meistens als Hobby oder als Zweitbeschäftigung, nur ganz selten im Hauptberuf.

2. Mit der Volksmusik verbindet den Rock weiter der Umstand, daß er zunächst einmal eine «funktionale» Musik darstellt und sein Zweck nur zum geringen Teil darin besteht, bleibende «Kunstwerke» hervorzubringen. Funktional heißt eine Musik, die erklingt, um einem sozialen Ereignis den klanglich schmückenden Rahmen zu geben, ohne eigens als «Kunst» beachtet oder zum Selbstzweck erhoben zu werden. Kirchengesänge bilden solche funktionale Musik, ebenso Tanz- und Marschmusik, Nationalhymnen, Hochzeitslieder, Pausenzeichen im Rundfunk und dergleichen. Auch Volkslieder und Volkstänze sind in diesem Sinn funktional, weil sie dem Tanz, dem Brauch, der Volkssitte untergeordnet sind und etwa der Moritatenerzählung, der Brautwerbung, der Verspottung, der Totenklage dienen. Die gesamte Rockmusik bis in die späten sechziger Jahre hinein kann man als Tanzmusik ansehen, und darin besteht ihr gesellschaftsbezogenes, funktionales Merkmal. Selbst die jüngeren Rockkompositionen sind überwiegend funktional geblieben, dienen sie doch nach Zeugnis des Hörerverhaltens vornehmlich dazu, Bewegungsreflexe auszulösen, eine bestehende Stimmung zu bestätigen, unterschwellige Aggressionen abzuleiten oder umgekehrt zu entfachen, den Sexualtrieb in spielerischer Form zu animieren, nicht zuletzt akustisch

eine Front zwischen «wir» (der Gruppe) und «anderen» (der Gegen-Gruppe) aufzurichten, die Umwelt auf sich aufmerksam zu machen, zu provozieren usw. Seit den späteren sechziger Jahren freilich sind Concept-Alben, Rock-Opern und andere Formen von Rock-Kunstwerken entstanden, die jedoch bis heute eher die Ausnahme bilden. Übrigens ist der funktionale Charakter teilweise auch in ihnen aufbewahrt, etwa durch die darin ausgedrückte sprachliche Botschaft (die etwa in *Preservation Act* und *Arthur* von den KINKS die Hauptsache bildet) oder dadurch, daß die langgesponnenen Improvisationen um 1970 eingestandenermaßen auch dazu dienten, Beschäftigung für die unter Drogeneinwirkung stehende Phantasie zu geben.

3. Ein drittes Merkmal der Volksmusik trifft auf den Rock zu: Auch dieser lehnt sich an einen jeweils gängigen Vorrat von melodischen Wendungen, rhythmischen Mustern, akkordischen Folgen und von Sound-Eigentümlichkeiten an, macht vom bereits Bekannten und Verfügbaren freizügig Gebrauch, wandelt das Vorgefundene geringfügig ab, um wiederum von späteren Musikern kopiert und variiert zu werden. Das kollektive «Zersingen» und «Zerspielen», wie diese Erscheinung von der musikalischen Volkskunde genannt wird, führt zu einem Allgemeingut musikalischer Floskeln, gleichsam zu akustischen Gemeinplätzen, angesichts derer die Frage nach Autorschaft und nach geistigem Eigentum ziemlich müßig erscheint. Bis auf vereinzelte Fälle kann man bei diesem unaufhörlichen Nehmen und Geben kaum von einem Diebstahl reden, schon deshalb nicht, weil das Bewußtsein von «eigen» und «fremd» durch ein Gefühl von Kollektivbesitz überlagert wird; dies bezieht sich auf die Klavier-Boogie Woogies ebenso wie auf die meisten Rock 'n' Roll-Stücke der fünfziger und die unzähligen Hardrock-Stücke der siebziger Jahre. Man erblickt nichts Verwerfliches darin, eine melodische Floskel zu übernehmen und sie eventuell minimal umzugestalten, wenn sie dadurch – nach Meinung des Umgestalters – verbessert und vervollkommnet wird. Béla Bartók, der vor allem ein großer Volksliedforscher und fast nur nebenbei ein großer Komponist war, verglich die Entstehung und Verbreitung von Volksliedern einmal mit einem organischen Naturvorgang. Der Vergleich ist auch für die Rockmusik gültig. Wie die Spezies einer Gattung, leben rockmusikalische Wendungen in Hunderten von Varianten fort, sie befruchten sich gegenseitig, sie verbinden sich untereinander immer neu, wobei gewisse Varianten ganz oder nur zeitweilig verschwinden, während andere unausrottbar weiterleben und das ewige Spiel der Natur fortsetzen.

Ein Musikwerk von Beethoven oder Brahms hat etwas Statisches, ein für allemal Abgeschlossenes: es steht fertig, ausgearbeitet bis in den kleinsten Notenwert hinein da, als das Ergebnis einer unverwechselbar persönlichen Anstrengung. Volksweisen und auch die meisten Rockstücke besitzen nicht den Charakter von Einmaligkeit, vielmehr sind sie austauschbar oder jedenfalls untereinander ähnlich. Sie leben in unzähligen Varianten fort, und ihre Züge werden von späteren Musikern aufgegriffen, nachgeahmt und verschlissen. Wie in der organischen Natur, bleibt eine originelle, überraschende Variante entweder eine vereinzelte Erscheinung, oder sie wird von den anderen Spezies sogleich übernommen und integriert, wenn sie sich als praktikabel und entwicklungsfähig erweist. Streitigkeiten der Musikverlage um die Urheberschaft bestimmter Rockstücke zeigen, wie kompliziert und häufig unentscheidbar solche Rechtsfragen sind. Die meisten Gerichtsprozesse enden dementsprechend mit einem Vergleich.

So weit die Parallelen zwischen Volks- und Rockmusik. Ihnen stehen wesentliche Unterschiede zwischen den beiden gegenüber, die nachfolgend – ähnlich den gemeinsamen Zügen – einzeln benannt werden sollen.

1. Ihrem Begriff nach ist Volksmusik eine ländliche Musik, die Musik der Agrarbevölkerung oder wenigstens jener (klein-)städtischen Übergangsgeneration, die durch die unmittelbaren Vorfahren mit der ländlichen Natur noch einigermaßen vertraut ist. Für sie stellen die vielen Naturbilder in den Volksliedern keine bloß nachgeplapperten Sprachfloskeln, sondern noch eine lebendige Anschauung dar. Einige Forscher wie der genannte Béla Bartók haben unter Volksmusik in der Hauptsache Bauernmusik verstanden. Rock dagegen ist durch und durch städtisch, ja großstädtisch, auch und gerade dann, wenn er sich den Anschein des Volksmäßigen gibt. Charakteristisch, daß der Folkrock von Bob Dylan, Joan Baez, PETER, PAUL & MARY und THE MAMAS & THE PAPAS von städtischen Intellektuellen in New York und in Los Angeles hervorgebracht wurde, auch der englische Folkrock hatte und hat bis heute sein Zentrum in der britischen Hauptstadt. Rock ist schon deshalb eine städtische Kunstform, weil die großen Konzerthallen, die für Rockzwecke benötigt werden, nur in größeren Städten vorhanden sind. Das gleiche gilt in geringerem Maße von den modern ausgestatteten Studios, in denen die Schallplatten entstehen. Entsprechend ihrem urbanen Zug spiegelt die Rockmusik auch in den Texten städtische Probleme und Situationen wider. Sie rechnet mit einer aufgeklärten, nicht mehr an ländliche Lebensformen und Anschauungen gebundenen Jugend, deren Ziele an Sorgenfreiheit, an Freizeitgenuß («fun»), an individueller Freiheit und an unbefangenem Ich-Kult ausgerichtet sind. Die Verbindung von Rock und Country Music zum Countryrock in den USA konnte sich Anfang der siebziger Jahre deshalb rei-

bungslos vollziehen, weil die amerikanische Country-Musik bereits früher ihren Agrarcharakter verloren hatte, weitgehend kommerzialisiert war und ihrerseits Erscheinungen wie geistige Richtungslosigkeit, religiöse Zweifel, Eheprobleme und durch Geld verdinglichte zwischenmenschliche Beziehungen zu ihren Themen gemacht hatte.

2. Im Gegensatz zur Volksmusik verwendet der Rock nicht durchweg die jeweilige Muttersprache, sondern wird von den nicht angloamerikanischen Musikern ebenfalls meistens englisch, also in einer ihnen fremden, später angeeigneten Sprache vorgetragen. Die Bekanntheit des Englischen, sei sie noch so lückenhaft, ist jedoch ihrerseits bereits eine städtische Erscheinung, eine Internationalisierung der Blickrichtung und der Mitteilungsweise. Wer es freiwillig unternimmt oder gar durch Umstände gezwungen ist, seine Gedanken und Gefühle in einer fremden Sprache auszudrücken (obwohl die Muttersprache von seinen Zuhörern besser verstanden würde), hat die Unschuld der Natur- und Volksnähe bereits verloren und ist mit der täglich vollzogenen Entfremdung des Städters bestens vertraut.

3. Während sich Stilwandlungen beim Volkslied unmerklich vollziehen und früher mehrere Jahrhunderte lang dauern konnten, ist der Wandel der Rockmusik dem hektischen Tempo des städtischen Lebens und des technischen Fortschritts angeglichen. Den Motor der Veränderung bilden dabei nicht so sehr harmonische und rhythmische Neuerungen, als vielmehr die Fortschritte der Elektroakustik, die bewirken, daß die studiotechnische Klangzubereitung – der «Sound» – in kurzen Abständen ein anderes Gepräge bekommt. Es werden neue Klangverformungen wie Verzerrer, Wah-Wah, Echo, Phasing usw. eingeführt, die für wenige Jahre zur Mode werden (man denke an den verzerrten Klang der CREAM- und Jimi Hendrix-Zeit oder an die Wah-Wah-Filterung um 1970) und so die Klangprodukte des betreffenden Zeitraums prägen. Die Spieltechnik der einzelnen Rockinstrumente weist einen steten Wandel auf. Man kann zum Beispiel an den historisch bekannten Schlagzeug-Mustern nachweisen, daß der Rock 'n' Roll eine ganz andere rhythmische Grundierung erfuhr als einige Jahre später der Liverpooler Beat, der Hardrock und die jazzbeeinflußte Rockmusik. Der Hinweis auf die Schnellebigkeit des modernen Stadtlebens genügt freilich nicht zur Erklärung vorübergehender Moden. Vielmehr entspricht es dem vitalen Bedürfnis der Musikindustrie, durch wechselnde Stilrichtungen, unter denen der periodische Wandel von Hard- und Softrock lediglich eine Variante bildet, die Kaufkraft der jugendlichen Hörerschicht voll auszuschöpfen. Daß die Rockge-

schichte in gewisser Hinsicht sogar nichts anderes als eine Begleitfunktion, eine Randerscheinung in der Zirkulation des Kapitals darstellt, ist vielfältig belegt.

4. Die überwältigende Rolle der Industrie im Rockgeschehen macht am drastischsten den Unterschied zwischen Rock und Volksmusik deutlich. Rockmusik, deren gewöhnlichste und wirtschaftlich wichtigste Erscheinungsform die Schallplatte ist, stellt sich als ein typisches «Kunstwerk im Zeitalter seiner technischen Reproduzierbarkeit» (Walter Benjamin) dar – als ein ästhetisches oder halbästhetisches Massenprodukt, dessen kontinuierliche Herstellung, Vervielfältigung, Promotion und Vertrieb große Kapitalinvestitionen erfordern und also von den Musikern allein nicht zu bewerkstelligen sind. (Musikereigene Herstellungs- und Auslieferungs-Organisationen haben es mit verschwindend geringen Warenmengen zu tun und entsprechen in ihrer Arbeitsweise noch der älteren Manufaktur-Periode der bürgerlichen Warenwirtschaft.) Rockmusik ohne das Großkapital müßte erst noch erfunden werden; jedenfalls zeigt das reduzierte Rockleben in den sozialistischen Ländern (mit oder ohne Anführungsstriche), daß ein staatlich gelenkter Schallplattenmarkt mindestens ebenso viele Möglichkeiten der Manipulation und der Informations-Vorenthaltung bietet wie einer, der ausschließlich nach kapitalistischen Grundsätzen funktioniert.

Rock ist die eigentümliche Verzahnung einer Art Volksmusik im besprochenen Sinn mit einem hochentwickelten Industriezweig, und diese paradoxe Verbindung (mancher würde sagen: Mesalliance) bringt manche Probleme und Widersprüche auch für die Beteiligten mit sich. Der Rockmusiker fühlt sich von seiner Firma vielfach hintergangen, etwa weil sie ihm eine zu niedrige prozentuale Beteiligung am Gewinn zugesteht oder weil sie nicht die erwartete Werbung für ihn entfaltet, auch weil ihm der Vertrieb zu schwerfällig erscheint. Umgekehrt fühlt sich auch der A & R-Mann einer Firma kaum restlos glücklich im Umgang mit Rockmusikern. Ist für die entwickelte kapitalistische Herstellungs- und Verkaufsweise eine äußerste Durchrationalisierung der Rohstoffbeschaffung, der Arbeitsgänge am Fließband, der Verpackung und Auslieferung charakteristisch, so treten bei einer Plattenproduktion nicht selten dadurch Pannen und Stockungen auf, daß der Rockmusiker als geistiger Stofflieferant «unzuverlässig» ist und plötzlich mit ausgefallenen und «überhöhten» Ansprüchen auftritt – etwa, wenn er einen direkten Einfluß auf die Covergestaltung nehmen will. Oder etwa, weil er durch Verhalten oder Äußerungen den Ruf der Firma schädigt. Die freiwillige Entlassung der Sex Pistols aus dem EMI-Vertrag, die der Plattenfirma einen beträchtlichen finanziellen Verlust einbrachte, mag nur als ein krasses Beispiel für das Gesagte erwähnt werden. Die Vertragsbeziehungen zwischen Rockmusiker und Plattenfirma sind voller Spannungen, und man kann nicht sagen, daß die Gründe dafür immer bei den Industrievertretern liegen. Andererseits gewinnt man nicht selten den Eindruck, daß für die Plattenfirma ein verstorbener Rockmusiker einen zuverlässigeren und insofern angenehmeren Partner abgibt als ein lebender. Der tote Elvis Presley, der dem eigenen Renommee und dem Plattenabsatz nicht mehr schaden kann, sondern den Weg für Mythenbildungen aller Art freigibt, ist insgeheim vielleicht der Wunschtraum jeder Plattenfirma, jedenfalls eine genauso traumschöne Wirklichkeit für RCA wie das Vermächtnis der BEATLES für EMI.

Im Rockbereich gilt die marxistische Formel nicht wörtlich, wonach das Grundübel der Ausbeutung sich darauf zurückführen lasse, daß die Produktionsmittel sich im Besitz der herrschenden Klasse befinden. Der Rockmusiker kann nämlich relativ preiswert «Produktionsmittel» – als da sind Aufnahmestudio und Schallplatten-Preßwerk – für sich in Anspruch nehmen und so über den gesamten Herstellungsvorgang frei bestimmen. Die eigentliche wirtschaftliche Macht der Plattenindustrie liegt weniger im Herstellungsbereich, als vielmehr im Beherrschen eines ausgedehnten und gut funktionierenden Vertriebsnetzes. Bis heute vermochten Rockmusiker tatsächlich kein eigenes, umfangreiches Verteilungssystem aufzubauen, von örtlichen Ausnahmen wie «Schneeball» in der Bundesrepublik und «Los Angeles Free Music Society» (L. A. F. M. S.) in den USA abgesehen. Eine multinationale Musikerorganisation, die den ausgleichenden Widerpart der multinationalen Plattenindustrie bilden würde, gibt es nicht einmal in Ansätzen. Gelänge es einmal, sie zustande zu bringen, so müßte sie in einer kapitalistischen Umgebung natürlich ebenso nach Marktregeln arbeiten, so daß sie wohl kaum eine radikal andersartige «Alternative» zur bestehenden Praxis bieten würde. Nur, daß dann die Rockmusiker die Rolle der Kapitalisten ausüben würden.

Einstweilen müssen sich Rockhörer und Rockmusiker mit dem Widerspruch zurechtfinden, daß sie die autoritätsfeindliche, mitunter rebellische Gesinnung der jugendlichen Altersschicht in spontanen, volksliedartigen Musikstücken formulieren und zugleich gezwungen sind, diese zur Herstellung und zum Vertrieb dem kritisierten Establishment, namentlich der kapitalistisch arbeitenden und politisch konservativen Musikindustrie, zu überlassen.

Ist Rock E- oder U-Musik?

Wer heute pauschal von Unterhaltungsmusik spricht, um sie zu verdächtigen oder umgekehrt zu rehabilitieren, stellt eindrucksvoll unter Beweis, daß er keinen Sinn für Unterschiede in der ästhetischen Qualität besitzt. Das von der GEMA und nur noch von wenigen Rundfunkanstalten verwendete Etikett deckt nämlich Disco, billig-sentimentalen Schlager und den Marsch einer Blaskapelle ebenso wie zwei Musikbereiche, die hier interessieren – die Musikbereiche Jazz und Rock, die nur von Ahnungslosen generell mit minderwertiger Musik in Verbindung gebracht werden können. Es mag sein, daß die Unterscheidung zwischen E- und U-Musik ursprünglich dem praktischen Zweck gedient hat, Tantiemen zu verrechnen. Bekanntlich erhalten sogenannte U-Komponisten beträchtlich weniger Honorar von der GEMA als ihre E-Kollegen, so daß heute der E-Sektor, dieser soziale Fall der Gesellschaft, auf Kosten des U-Bereichs subventioniert wird. Die zunächst rein verwaltungstechnische Unterscheidung hat jedoch unversehens zu einer Spaltung der Musikkultur und des musikalischen Bewußtseins im deutschsprachigen Bereich – und eigentlich nur dort – geführt.

Falsche Kriterien

«E-Musik» und «U-Musik» sind zu ästhetischen Unterscheidungskriterien geworden, deren Unangemessenheit darin besteht, daß künstlerische Werturteile mit ihrer Hilfe nicht über konkrete Einzelwerke, sondern über ganze Gattungen gefällt werden. Eine Gattung jedoch ist kein tauglicher ästhetischer Gegenstand. Da sich im Jazz- und Rockbereich ästhetisch interessante wie minderwertige Kompositionen nicht anders verteilen als auf dem Gebiet der Bildungsmusik – also der sogennanten gehobenen Kunstmusik der Symphonik, der Kammer- und Bühnenmusik –, hätte man nach Qualitätskriterien zu unterscheiden, die quer durch die Bereiche E und U gehen und keineswegs mit der künstlich gezogenen Grenze zwischen diesen beiden Bereichen gleichzusetzen sind.

Diskriminierung von U-Musik

Die von Siegried Schmidt-Joos geprägte Formel «Unterhaltung ist Kultur – Kultur ist Unterhaltung» (vgl. in *Musik und Bildung*, 12/1977, Mainz, Schott's Söhne) mag als eine Kampfparole gegen den Dünkel etablierter Einrichtungen wie Finanzämter – die über eine «Vergnügungssteuer» zu befinden haben –, GEMA-Werkausschuß (der die eingereichten Kompositionen in die E- bzw. U-Sparte einteilt) und musikwissenschaftliche Nachschlagewerke (für welche etwa die Rockmusik einfach nicht existiert) ihre Berechtigung haben. Aber sie ist nicht ganz die Formel, von der Jazz und Rock als Kunstgattungen ihre Anerkennung erhoffen sollten. In ihr werden nämlich ästhetische Unterschiede mit der Konsequenz eingeebnet, daß am Ende ein ausgetüfteltes Rockstück der New Wave und – welcher Vergleich liegt in Deutschland am nächsten? – die neueste Schnulze von Heino untereinander gleichrangig erscheinen. Solche wohlgemeinte Nivellierung ist der unterschiedslosen Diskriminierung der U-Musik näher verwandt, als man es wahrhaben möchte. Im entsprechenden Artikel der MGG, der größten musikwissenschaftlichen Enzyklopädie *Musik in Geschichte und Gegenwart*, wird zum Beispiel «Unterhaltungsmusik» definiert als «eine Musik, die in gefälliger Aussage- und Klangform dem Hörvergnügen dient und sich an einen breiteren Kreis von Menschen wendet als etwa die große Sinfonik oder die ernste Kammermusik» (Anton Würz). Versteht man Rock als einen Teil der Unterhaltungsmusik, so erweist sich die Umschreibung schlicht als falsch. Es gibt unzählige Rockstücke politischen und gesellschaftskritischen Inhalts, denen man allenfalls in zynischer Absicht «Gefälligkeit» zuschreiben kann, und Musikerzieher pflegen sich gerade darüber zu beklagen, daß die klangliche Gestaltung von Punk- und New-Wave-Stücken ausgesprochen ungefällig sei. Ebensowenig wenden sich alle Rock- und Jazzkomponisten an einen breiten Kreis von Menschen; im Gegenteil, die Liebhaber «großer Sinfonik» und «ernster Kammermusik» dürften beträchtlich zahlreicher sein als die Hörer von Free Jazz und New Wave. Und was den Verdacht betrifft, U-Musik diene dem «Hörvergnügen», so drängt sich der entgegengesetzte Verdacht auf, daß große Sinfonik wie ernste Kammermusik ihren bildungsbeflissenen Hörern zur Selbstkasteiung dient, wenn «Hörvergnügen» als ein Merkmal des U-Bereichs benannt wird. Angesichts der Marterung ihrer Hörer läßt sich allerdings nicht einsehen, wofür die E-Komponisten noch riesige Subventionen erhalten.

Problematische GEMA-Praxis

Der Werkausschuß der GEMA beziehungsweise – als letzte Berufungsinstanz – deren Aufsichtsrat entscheidet darüber, welche Punktzahl eine ihm vorgelegte Komposition erhält, zunächst und hauptsächlich jedoch darüber, ob das Werk etwa zum U-Bereich, zur «gehobenen» U-Musik oder zur E-Musik zu rechnen sei. Auf Grund des GEMA-Verteilungsplanes können sogenannte ernste Werke mit bis zu 2400 Punkten bewertet werden. U-Werke dagegen erhalten höchstens 96 Punkte. Eine Sonderregelung betrifft die elektronische Musik, die Musique concrète und alle Werke «in nicht herkömmlicher, aber präziser Notation»: sie können nämlich je nach Dauer 36 bis 1200 Punkte erhalten. Dies ist eine wichtige

Ursache dafür, daß deutsche Rockmusiker sich auffallend intensiv mit Elektronik beschäftigen (vgl. etwa Klaus Schulze, MYTHOS, TANGERINE DREAM, KRAFTWERK u. a.). Um die beträchtlichen Unterschiede bei der Punktverteilung zu rechtfertigen, berufen sich die Mitglieder des Werkausschusses beziehungsweise des Aufsichtsrates gern auf die gesetzliche Bestimmung, die einmal von «kulturell bedeutenden Werken» spricht und deren Förderung anregt. Was «kulturell bedeutend» sei, wird jedoch letzten Endes nach dem Geschmack und der musikalischen Informiertheit der genannten Mitglieder entschieden, und es ist in diesem Zusammenhang interessant zu erwähnen, daß unter ihnen sich keiner befindet, der nennenswerte Kenntnisse von Rockmusik besitzt; was den Jazz angeht, muß die gleiche Behauptung bis zum Beweis des Gegenteils gelten. Gepflegt und gefördert wird von der GEMA also eine Musik, die nicht Musikkultur schlechthin ist, sondern einen Teil der vielschichtigen Musikkultur der Gegenwart bildet. Mit anderen Worten, eine musikalische Teilkultur spielt sich als die repräsentative, allein maßgebende auf und maßt sich an, Kriterien über «kulturelle Bedeutung» schlechthin festzulegen.

Gutbürgerliches Musikbild

Dem Werkausschuß der GEMA liegt dabei das gleiche Wertungsmodell zugrunde, das von der Musikwissenschaft, begrifflich schärfer reflektiert, als die Theorie der Primär- bis Tertiärfaktoren bereitgestellt wird. Gewiß: daß in einem Klanggefüge zwischen den einzelnen «Parametern» wie Melodie, Harmonie und Rhythmus unterschieden wird, kommt einer wünschenswerten gedanklichen Durchdringung zugute. Daß aber aus diesen Komponenten zugleich eine ästhetische Rangordnung abgeleitet wird mit der Folge, daß sogenannte Sekundär- und Tertiärfaktoren wie Klangfarbe und studiotechnische Klangzubereitung als künstlerisch minderwertige Eigenschaften angesehen werden, entspringt nicht nur einem geschichtlichen Vorurteil von Europäern, sondern soll geradezu verdekken, daß die herkömmliche musikalische Analyse – und die «Werkbetrachtung» durch die GEMA – bislang gar nicht in der Lage sind, den mitunter sehr komplexen Gesamtklang einer Rockgruppe, also deren «Sound», zu erfassen und ihn zum Maßstab von Originalität und künstlerischem Rang zu machen. Worauf es in einer entwickelten Rockmusik in erster Linie ankommt, nämlich das sinnliche, punktuelle Erfassen von Klangreizen, wird von ihren Be- und Verurteilern gar nicht wahrgenommen. Eine sensualistische Musikästhetik, die solchem Klanghören allein gerecht wird, hat etwa in England eine lange und ansehnliche Tradition, während sie in Deutschland nach wie vor einen Greuel für Dogmatiker bildet. (Es dürfte kaum Zufall sein, daß die Rockmusik in England sich einer breiten gesellschaftlichen Wertschätzung erfreut und seit zwei Jahrzehnten im Zeichen aufregender künstlerischer Innovationen steht.) Statt dessen wird von der GEMA einem Musiker, der zum «außerordentlichen Mitglied» avancieren möchte, etwa die Verfertigung eines vierstimmigen Satzes in der Klausur abverlangt – gewiß keine unsinnige Aufgabe für einen Orgel- und Chorsatz-Komponisten, aber gänzlich sach- und metierfremd bei einem Rockmusiker. Ebenso beziehen sich die Wertungskriterien des GEMA-Werkausschusses auf Melodiebildung, Rhythmus, Harmoniefolge und dergleichen, also auf das «Handwerk» in einem konservativen Sinn, der geschichtlich längst relativiert wurde. Der zusammengesetzte Sound als der zentrale Gegenstand einer Ästhetik der Rockmusik wird dagegen als nicht zum Handwerk gehörig ausgeklammert. (Kompositionen des E-Bereichs wie etwa Ligetis *Volumina* oder manche Stücke von John Cage und Mauricio Kagel demonstrieren dabei, wie wenig der gutbürgerliche Maßstab des «Handwerks» auch der Avantgarde gerecht wird.)

Musik, wie Kunst insgesamt, erschöpft sich nicht im Aspekt gediegener Arbeit, und gerade die neuere Musik in ihren besten Momenten ist häufig mit Jux und – provozierend ausgedrückt – mit handwerklicher Schludrigkeit verbunden. Das eigentliche Handwerk des Rockmusikers besteht in der Studioarbeit. Deutlich wird also, daß über Rock, Jazz und klangsensible Avantgarde allzuviele Richter entscheiden, die in einem modernen Tonstudio hilflos herumstehen würden. Eine Kompetenz, über Rockstücke zu urteilen, ist jedem abzusprechen, der nicht in der Lage ist, Soundeigenschaften auf die jeweilige elektroakustische Erzeugungsart zurückzuführen – übrigens auch jedem, der die Rockgeschichte mehr vom Hörensagen kennt und in seinem Leben nicht mehr als fünfzig bis hundert Rockplatten gehört hat. Soziologische Theorien über Jugendkultur, Generationskonflikt und ähnliche Abstrakta schaffen keine Zuständigkeit im Rockbereich, wohl aber die Lektüre entsprechender Fachzeitschriften aus England und den USA, die Kenntnis unzähliger Schallplatten und der Besuch von Rockkonzerten. Wer in der GEMA, in der Musikpädagogik oder sonstwo über Rock urteilen will, hat auch seinerseits einem Minimum an kognitivem Handwerk zu genügen.

Befragt über die Zweiteilung in E- und U-Musik und über ihre persönliche Lage als Rockmusiker vor der GEMA, haben vier bekannte Rockmusiker unterschiedlicher musikalischer Richtung auf die Fragen eines Sammel-Interviews geantwortet. Die Musiker sind:

Jürgen Dollase, geboren 1948, ist Sänger und Keyboardspieler der Gruppe WALLENSTEIN aus Mönchengladbach (abgekürzt: J. D.);

Joachim H. Ehrig (Eroc), geboren 1951, ist Schlagzeuger der Hagener

Rockgruppe GROBSCHNITT; er veröffentlichte bisher drei Soloalben, auf denen er alle Instrumente im Multitrack-Verfahren spielt (gekennzeichnet: Eroc);

Hellmut Hattler, geboren 1952, ist Baßgitarrist der Rockgruppe KRAAN aus Wintrup; veröffentlichte ein Soloalbum, das in der internationalen Presse sehr günstig beurteilt wurde (abgekürzt: H. H.);

Julius Schittenhelm, geboren 1927, ist langjähriger Produzent und betreut gegenwärtig die Gruppen, die in der Musikerorganisation «Schneeball» zusammengefaßt sind; veröffentlichte bislang zwei Solo-LPs mit humoristisch-hintergründigen und sozialkritischen Texten (abgekürzt: J. Sch.).

1. Frage: Die Musik pflegt in Deutschland in zwei Sparten eingeteilt zu werden, in die E-Musik und die U-Musik. Was hältst du von dieser Zweiteilung?

J. D.: «Von dieser Zweiteilung halte ich überhaupt nichts. Sie ist weder von genügender Trennschärfe, noch scheint sie mir theoretisch abgesichert zu sein. Selbst als reiner ‹Hilfsbegriff› ist diese Unterscheidung nicht griffig. Also liegt es nahe – wie in ähnlich gelagerten Fällen – nach der Interessenlage derjenigen zu fahnden, die diesen Eklat eines ästhetischen Klassensystems in die Welt gesetzt haben. Wie wir alle wissen, handelt es sich dabei schlicht um Geld, um eine Punktewertung der GEMA, um Ansprüche auf eine Bewertung, die ohne den Verweis auf E-Musik nicht evident würde. Als U-Musiker neige ich zu der saloppen Schlußformulierung: Na gut, lassen wir ihnen den Spaß, sie wollen ja auch leben. Musikalische Qualität wird notfalls auf der Straße evident, nicht in den Köpfen einiger traditioneller Gralshüter.»

Eroc: «André Heller und Heino in den U-Topf zu werfen ist ebenso lächerlich, wie Brötzmann zusammen mit Beethoven E-ernstzunehmen. Die in der Wirtschaftsordnung üblichen Kategorisierungen könnten auf die Vermarktung von Musik allenfalls in stark modifizierter Form angewendet werden.»

H. H.: «Ich denke, es setzt ein reichlich verkorkstes Kulturverständnis voraus, Musik in Billig/Wertvoll (U/E) unterteilen zu müssen. Vor allem ist diese Klassifizierung schon insofern falsch, als die meisten klassischen E-Kompositionen Auftragsmusik begüterter Adliger waren, die diese wohl eher zu ihrer U-nterhaltung als zu ihrem E-rnst verfassen ließen. Oder? Auf alle Fälle möcht ich keiner dieser Herren sein, die über Musik solch peinliche Entscheidungen zu treffen haben.»

J. Sch.: «Ich halte gar nichts von der Zweiteilung, denn erstens reicht für den Fall, daß man Kategorien zu benötigen glaubt, die Teilung in zwei

Rubriken niemals aus, und zweitens gehört ein Großteil der Klassischen Musik ursprünglich zur Kategorie der U-Musik. Abgesehen von Tanzmusik wie Gavotte, Allemande, Menuett, Passacaille etc. sind die meisten ‹Konzertstücke› Tischmusik, Nachtischmusik, Kaffeemusik und Musik zu weiterer Unterhaltung. Opern- und Operettenmusik haben ihre Nachfolger in der Filmmusik (sie waren ‹Fürstenkino›). Wenn wir nun noch die Kirchenmusik betrachten, so könnte man sie als Gebrauchsmusik zur Durchführung von Ritualen bezeichnen. In diesem Sinne hat sie den gleichen Stellenwert wie afrikanische Ritual-Trommelkonzerte und ihre Nachfolger (inklusive europäischer), die Kirchenmusik amerikanischer Neger sowie – und daraus – Jazz und Rockmusik. Alles in allem ist diese Teilung also durchaus willkürlich. Im Gegensatz dazu müßte es der freien Entscheidung des einzelnen Individuums überlassen werden, ob es eine beliebige Musik für gut oder schlecht, für ernst oder unterhaltend, für Kitsch oder für sonstwas hält. Da aber nicht nur die Maßstäbe der Kultur von «oben» oder von Gremien sogenannter Fachleute gesetzt werden, deren zweifellos auch vorhandenes Wissen immer stark von traditionsbeladenen Ideologien überlagert ist, scheint Abhilfe schwierig.»

2. Frage: Hältst du es für angemessen, wenn Rockstücke unterschiedslos zur U-Musik gerechnet werden? Und Jazzkompositionen?

J. D.: «Ja. Würde sich Rockmusik nicht als Unterhaltung verstehen, so würde sie sich ihrer wesentlichen Vorteile gegenüber nicht unterhaltender Musik (was ist denn das ...?) berauben. Da sich die ästhetische Betätigung des arbeitenden Menschen – sei sie primär rezeptiver oder primär aktiver Art – vorwiegend im Bereich der Freizeit abspielt, sehe ich jede Musik in der Funktion von Unterhaltung. Über ästhetische Tiefe oder Untiefe braucht in dieser Funktion zunächst nicht nachgedacht zu werden, es sei denn, man will auch in diesem Bereich die Nachtigall des einen flugs zur Eule umgestalten.»

Eroc: «Nein. Unterhaltungsmusik ist gut zur Berieselung in Kaufhäusern. Rock 'n' Roll, Beat und Rock sind Ausdruck der Lebenseinstellung breiter Schichten jüngerer Generationen. Klassik hat antiquarischen Wert, und Jazz ain't dead, it only smells funny.»

H. H.: «Unsinn. Ich finde: Weder U noch E. Ich finde es schon insofern diskriminierend, als E-Musik-Tantiemen eine ganze Ecke mehr Geld einbringen als U-Stücke. Deshalb sollte diese Klassifizierung völlig verschwinden. Ich schätze nur, daß die klassische Dienstleistungs-Lobby ganz flott ins Rotieren geraten würde, würden ernsthafte Bestrebungen dahingehend anlaufen.»

J. Sch.: «Unter Hinweis auf meine Ausführung zur 1. Frage muß ich gestehen, daß ich viele Rock- und Jazzstücke für wesentlich ernstzunehmender halte als eine Menge der Musik, die zur sogenannten ernsten gerechnet wird, zumal es sich bei Rock und Jazz um echte zeitgenössische Musik handelt, während gerade die klassische Musik großenteils museale U-Musik ist.»

3. Frage: Kann die Musik, die gegenwärtig von dir hervorgebracht wird, zu einer dieser beiden Kategorien («Ernste Musik» – «Unterhaltungsmusik») gezählt werden, oder wird deiner Musik dadurch nicht Rechnung getragen?

J. D.: «Meiner Musik wird durch die Bezeichnung U-Musik sehr wohl Rechnung getragen. Ich bin U-Musiker, und ich bin stolz darauf. Was das ‹Rechnungtragen› ansonsten angeht, so hole ich mir eben meine Sachen trotz geringerer Punktwertungen durch ein klein wenig mehr Umsatz herein.»

Eroc: «Bei der GEMA gehöre ich in die U-Sparte. Ich mache aber was anderes als Peter Alexander.»

H. H.: «Ich persönlich interessiere mich bei Kompositionen eher um den Unterschied: ist es eine aus eigenem Bedürfnis entstandene (kreative) Musik, oder ist es opportunistisches Markt- und Kohle-Komponieren, als darum, ist's nun wirklich ernst oder bloß unterhaltend oder ob ein Amtsarsch meine Musik richtig einstuft.»

J. Sch.: «Über meine eigene Musik, die immer stark mit den Texten verbunden ist, möchte ich keine Urteile fällen; die sind Sache der Zuhörer. Aber wie bei jedem vielseitigen Dichter und Musiker, enthält sie Stücke, die unterhaltsam sind, ernste, sarkastische, komische Stücke, solche, die den Mithörer zum Nachdenken fordern, solche, die ihn sich entspannen lassen. So gesehen ist mir schon lange unklar, was mit dem Titel ‹Unterhaltungsmusik› im Gegensatz zur ‹Ernsten Musik› gemeint ist. Ist es nicht so, daß ein Klassik-Hörer sich gerade von sogenannter ernster Musik unterhalten läßt?»

4. Frage: Von künstlerischer Würdigung einmal abgesehen, ist es dir sozial oder wirtschaftlich gleich, wie deine Musik von anderen (zum Beispiel von Konzertveranstaltern oder von Behörden) eingestuft wird?

J. D.: «Nein, gleich ist mir das nicht. Die subventionsgeschwängerte E-Musik wird schließlich so weitgehend hofiert, daß eine unterschiedliche Behandlung bis hin zur Abrechnung von Rundfunksendungen da wohl überflüssig ist. Was das ‹sozial› angeht, so kann ich mich des Eindrucks nicht erwehren, daß in vielen Fällen versucht wird, die E-Musik von oben in eine soziale Funktion zu drücken, die sie aus sich heraus in nur geringem Maße besitzt. Im Fall der U-Musik regeln sich diese Bezüge eher in einem viel direkteren Prozeß. Daß ich zum Beispiel unterhalte, läßt sich an vielen Merkmalen gut ablesen. Unterhalte ich nicht, so ist entweder etwas faul oder ich mache gerade E-Musik ... Ist es so richtig? Oder habe ich etwa die Logik von U und E falsch verstanden?»

Eroc: «Mich interessieren die Fächer nicht, die sich Leute zurechtzimmern müssen, um meine Träume einordnen zu können. Zum Geld habe ich auch kein bürokratisches Verhältnis. Je mehr, je lieber.»

H. H.: «Natürlich wäre ich gern im E-Tarif, kohlemäßig. Aber noch lieber wär mir, alle Komponisten wären vor dem Gesetz gleich.»

J. Sch.: «Die meist jugendlichen Leute, die in meine Konzerte kommen, scheren sich – glaube ich – wenig um die Frage, ob sie von mir E- oder U-Musik vorgespielt bekommen, ja ich glaube, daß Jugendliche diese Unterscheidung noch gar nicht machen, solange sie unverbildet sind. Der ideologische Wirrwarr kommt erst später. Was Veranstalter betrifft, so arbeite ich ohnedies nur mit solchen zusammen, die ich mag. Behörden beschäftigen sich manchmal mit meinen Texten, nicht mit meiner Musik.»

5. Frage: Welche konkreten Veränderungen könnten dazu beitragen, daß E- und U-Musik (beziehungsweise die entsprechenden, aber anders zu nennenden Musikbereiche) in ein optimales und gerechtes Verhältnis zueinander treten, a) auf seiten des Gesetzgebers und der Verwaltungsbehörden, b) von der Schulbildung beziehungsweise der Fachausbildung her, c) in den Informationen durch die Medien und d) sonst?

J. D.: «Zunächst einmal gibt es zwischen E- und U-Musik meiner Ansicht nach kein nennenswertes Verhältnis, man wurschtelt so aneinander vorbei. Eine engere Begegnung wird von der einen wie von der anderen Seite her auch nicht unbedingt als notwendig angesehen werden. Die weiterreichende Perspektive dürfte sich erst unter pädagogischen Aspekten ergeben. So scheint mir beispielsweise eine Liberalisierung von Werthaltungen gegenüber ästhetischen Ausdrucksformen aller Art einen enormen gesellschaftlichen Fortschritt darzustellen. Mit dieser Forderung ist keine Aufwertung der U-Musik und keine Abwertung der E-Musik (oder was sonst den Hütern abendländischer Kultur dabei vorschweben mag) gemeint. Vielmehr gilt es, Musik und ihre vielfältigen Ausdrucksformen zum Partner des Menschen zu machen, zu einem erkennbar lust- und motivationsfördernden Objekt, dessen subjektive Aneignung in großer Bandbreite als wünschenswert gilt. Schädlich ist für eine solche Perspektive ein wie immer gearteter ästhetischer Totalitarismus, der wenig mehr erbringen kann als eine ästhetische Klassengesellschaft, in der nur gar zu gerne Musik Mittel zum

Zwecke sozialer Selbstdefinition wird. So wie unsere Gesellschaft nun einmal organisiert ist, wird nichts anderes übrigbleiben, als Liberalität in diesem Fall zu institutionalisieren: in Schulen, Musikschulen, Hochschulen, in Forschung und Lehre, in den Medien, in den Haushaltsplänen öffentlicher Institutionen. Ich verstehe jedwede Musik immer als ein Angebot. Konkret: Wir brauchen schnellstens ein gut bezahltes Gremium, das sich mit den oben angesprochenen Fragen befaßt. Nur – bitte besetzt es wirklich gut, mit Leuten, die das Vertrauen nicht nur auf der einen Seite haben.»

Eroc: «Finden sich fähige Füchse, die Rockgruppen im Rahmen von Klassik- und Theaterabonnements spielen lassen? Schön wär's. Doch solange Jazzer, Jodler, Klassiker, Klopper, zufriedene Zupfer und entrückte Elektroniker sich selbst für die Größten halten und unter sich bleiben wollen, teilen andere es sich so ein, daß und wie es ihnen am meisten nützt. Gute Ansätze fand ich in Schulen, wo ich Anschauungsunterricht über meine Arbeit geben durfte – unter der Hand natürlich, weil ich die Lehrer kannte.»

H. H.: «Der Weg durch die Medien ist der Druck des Betroffenen auf den Politiker beziehungsweise den Entscheidenden. Deshalb ist dieser Weg am ehesten geeignet, wenn es um schnellere Problembeseitigung innerhalb des Systems geht. Ich denke dabei an Veröffentlichungen über das genannte klassifizierende Einstufen von Musikern und dergleichen.»

J. Sch.: «Grundsätzlich sollte alle Musik gleich behandelt werden. Die Entscheidung, ob die eine mehr, die andere weniger ‹wertvoll› sei, kann nicht ein elitäres Gremium fällen, zumal so ein Gremium auch der Gefahr ausgesetzt ist, sich selbst in die Tasche zu arbeiten. Aus meinen eigenen Erfahrungen ziehe ich den Schluß, daß es im wesentlichen um die Entwicklung des Gehörs in dem Sinne geht, daß man aufgeprägte Vorurteile abbauen kann. Der Musikunterricht in der Schule sollte den Kindern nahebringen, was es alles an Musik gibt, mit vielen Beispielen aus allen Arten. Aus solcher Schulung würden vermutlich Leute hervorgehen, die viel offener zu hören gelernt haben und die, falls sie Musik machen wollen, mit viel weniger Vorurteilen an die Arbeit gehen. Man könnte die E-Musik-Ideologie auf diese Weise unter den Tisch kehren und dadurch sogar klassische Musik wieder hörbar machen.»

Vier denkende Musiker, die jeder auf seine Weise und mitunter im einzelnen voneinander abweichend zu einer der brennend aktuellen Fragen der deutschen Rockmusik Stellung nehmen. Zu ihren Antworten bleibt nichts hinzuzufügen: sie mögen den Leser zum eigenen Nachdenken anregen.

Rock – eine «Jugendmusik»?

Unzählige Aufsätze und Monographien beweisen, daß es den Begriff einer «Jugendmusik» in der musikpädagogischen Literatur sehr wohl gibt; sie selbst, die «Jugendmusik», gibt es in Wirklichkeit nicht. Schon «die» Jugend ist nichts anderes als eine vereinfachende Fiktion von Erwachsenen, denn näher besehen umfaßt sie einzelne Altersschichten mit den entsprechenden Unterschieden, ja Gegensätzen hinsichtlich ihres Welt- und Selbstverständnisses, nicht zuletzt auch hinsichtlich ihrer musikalischen Erfahrungen, ihrer Vorlieben und Abneigungen. Die stürmische Entwicklung der Persönlichkeitsstruktur in dem betreffenden Alter bedingt es, daß zwischen dem musikalischen Geschmack eines Zwölf- und eines Achtzehnjährigen mehr gravierende Abweichungen bestehen, als sie sich unter den Dreißig- bis Sechzigjährigen im allgemeinen finden lassen. Fast zutreffender noch wäre daher die umgekehrte und aus der Sicht der Jugendlichen nicht minder einleuchtende Bezeichnung «Erwachsenenmusik», umfaßte auch sie nicht so grundverschiedene Musikbereiche wie das Mantovani Orchester, Charles Aznavour, Johnny Cash, Charlie Parker, Johann Sebastian Bach und György Ligeti.

Der Begriff von «Jugendmusik», der eine selbständige musikalische Gattung zu bezeichnen vorgibt, umfaßt unterschiedliche, ja ästhetisch unvereinbare Erscheinungen wie etwa die seichte Pop-Richtung von ABBA, Howard Carpendale und THE OSMONDS für die Zehn- bis Fünfzehnjährigen besonders unter den Mädchen, die den überwiegenden Leserkreis von Teenager-Magazinen wie *Pop* und *Bravo* in der Bundesrepublik bilden; er umfaßt andererseits anspruchsvolle, ja künstlerisch hochstehende Formationen wie die BEATLES, THE DOORS und GENESIS in den vergangenen Jahren, heute die New-Wave-Gruppen TALKING HEADS, XTC und PUBLIC IMAGE LTD. für die Altersklasse von etwa 17 bis – ja, bis wie vielen Jahren eigentlich? Die Vorstellung von «Jugendmusik» beruht offensichtlich auf der Annahme, daß es sich um eine Musik handeln müsse, die durch ihren stark motorischen Impuls, durch die Einfachheit ihrer melodischen und harmonischen Mittel sowie durch ihre Texte speziell die Jugend und nur sie anspricht – mit anderen Worten, daß diese Musik ihren Identifikationswert für die Altersklasse der – grob gerechnet – Fünfundzwanzigjährigen zunehmend einbüßt und für einen Dreißigjährigen keine Anziehungskraft mehr besitzt.

Eine langjährige Erfahrung mit Hörern, Plattensammlern und Konzertbesuchern zeigt jedoch, daß diese Art von Jugendmusik – also Rock in einem möglichst weiten, undogmatischen Sinn des verbreiteten Ausdrucks – auch unzählige Dreißigjährige und noch Ältere anspricht. In einem Konzert von Frank Zappa sitzen achtzehnjährige Besucher neben Achtundzwanzig- und mitunter sogar Fünfunddreißigjährigen, und letztere sind nicht nur besorgte Mütter und Väter, die ihre Sprößlinge nicht allein in die Menschenmenge entlassen wollen. Selbst die Erwartung erscheint nicht unrealistisch, daß die bislang etwa fünfundzwanzigjährige Rockmusik im Verlauf der nächsten zwei bis drei Jahrzehnte sich zu einer umfassenden Art Massenmusik, zur musikalischen Massenzivilisation ohne Unterschied der Altersschichten entwickeln werde, ganz besonders unter der Voraussetzung, daß eine behördlich nicht geförderte, eben informelle Musikkultur, deren wichtigster Teil die Rockmusik ist, sich auf Kosten des offiziellen, bürgerlich-repräsentativen Kulturbetriebes in philharmonischen Sälen und Opernhäusern zunehmend verbreiten wird. Diesen kulturellen Umformungsprozeß kann man seit den ausgehenden sechziger Jahren jedenfalls gut beobachten. Die Ausdehnung der Altersgrenzen beim rockhörenden Publikum hängt nicht nur mit dem Umstand zusammen, daß die Generation der sechziger und siebziger Jahre, deren erstes tiefgreifendes Musikerlebnis die BEATLES, die ROLLING STONES, Bob Dylan, später PINK FLOYD und GENESIS waren, diese Musik und deren Fortentwicklung bis heute als ihre eigene Musikkultur betrachtet. Hinzu kommt auch, daß die Rockmusik gerade in ihrer gegenwärtigen, New Wave genannten Richtung, einen sehr fortgeschrittenen, bislang unbekannten Materialstand der kompositorischen Mittel erreicht hat und mit ihren Tonband-Collagen sowie mit ihrem elektronischen Avantgardismus auf einer Stufe der Differenzierung steht, die sich in manchem mit der Neuen Musik von John Cage, Karlheinz Stockhausen und Pierre Boulez während der fünfziger und sechziger Jahre vergleichen läßt. Die Live-Auftritte wie auch die Platteneinspielungen solcher Gruppen wie THIS HEAT, JOY DIVISION und CABARET VOLTAIRE – um nur britische Beispiele zu nennen – bilden ernstzunehmende Kunst auch nach Erwachsenenmaßstäben, ja sie setzen den zu Beginn der Siebziger abgebrochenen avantgardistischen Schwung der genannten Komponisten inmitten eines neuen Konservativismus des sogenannten gehobenen Musikbereichs – genannt Neue Einfachheit – mit unverminderter Lust zum Experiment und zum höheren Jux fort.

Um 1980–82 jedenfalls greift die Faszination der Rockmusik auch auf Altersschichten über, die nicht mehr zur Jugend gezählt werden können, so daß der Begriff «Jugendmusik» auch in dieser Hinsicht unpraktikabel wird. Freilich soll nicht geleugnet werden, daß viele Hörer, die mit zwanzig und fünfundzwanzig Jahren die MOTHERS OF INVENTION oder die ROLLING STONES auf ihre Fahne geschrieben haben, sich nach Berufseintritt und Eheschließung umorientieren und entweder der amerikanischen

Country & Western-Musik oder dem Mainstream-Jazz zuwenden, wo sie mehr sogenannte innere Werte zu finden meinen und in jedem Fall auf mehr Verständnis bei Kollegen und bei der Ehefrau rechnen können. Ihre sozial eingeleitete Verbürgerlichung geht Hand in Hand mit einer Tendenz zum konservativen Musikgeschmack. Um diesen Wandel mal auf eine anschauliche Formel für Rockkenner zu bringen: Bei diesen Hörern wird die erste, noch wilde und «psychedelisch» getönte Langspielplatte der Westcoast-Formation MAD RIVER aus dem Jahr 1968 verdrängt durch die zweite Platte derselben Band, die – 1969 entstanden – bereits von Countryrock-Klängen geprägt ist.

Mit den gemachten Einschränkungen – und nur mit ihnen – kann die Rockmusik als eine «Jugendmusik» angesehen werden. Stellt man jetzt die Frage, in welchem Sinn, in welchem Umfang sie als ein Instrument der Sozialisation gelten könne, mit anderen Worten: welche Rolle sie bei der allmählichen Eingliederung der jugendlichen Person in die Normen, Verhaltensweisen und Strukturen der Erwachsenenwelt spielt, so muß die Antwort hierauf überwiegend negativ ausfallen. Den Beweis dafür liefern empirische Beobachtungen auch hier, die man in allen erdenklichen Situationen sammeln kann, in denen Rockmusik gespielt, oberflächlich konsumiert oder aber aufmerksam gehört wird. Dazu einige Fakten:

1. Auch wenn die durchschnittliche, von den meisten nicht auf Rock spezialisierten Jugendlichen gehörte Rockmusik mit einem äußerst bescheidenen Vorrat an melodischen, harmonischen und rhythmischen Einfällen auskommt, weist sie andererseits eine raffinierte Klangkultur auf, die mit Hilfe entwickelter elektroakustischer Apparate auf der Konzertbühne wie auch im Aufnahmestudio erreicht wird. Filterungsvorgänge mit dem Wah-Wah-Pedal, künstlerisch verwertete Klangverzerrung, schwirrendes Phasing, Echo- und Nachhall-Effekte, ungewohnte Synthesizer-Töne, allerlei akustische Gags mit dem Vocoder und dem Harmonizer – diese technischen Errungenschaften der letzten Jahre stehen im Dienst einer differenzierten Klangzubereitung, die sich mitunter zum Selbstzweck verselbständigt und die unausrottbare These der Musikpädagogen zu bestätigen scheint, in der Rockmusik stünden die Sekundärfaktoren wie etwa die Klangfarbe im Vordergrund, während die Primärfaktoren wie Melodiebildung, Harmoniefolge und rhythmische Gestaltung von jenen doch nur sekundär wichtigen Faktoren überwuchert würden. Auch wenn die Behauptung, die aus der europäischen Musikgeschichte zugleich eine Wertordnung ableitet, in dieser bequemen Gegenüberstellung kaum haltbar sein dürfte, zeichnet sich die Rockmusik insgesamt – auch gegenüber anderen Musikgattungen – tatsächlich dadurch aus, daß

sie wie ein Mittel sinnlichen Genusses wirkt, als ein solches hergestellt und vom Hörer in einem passiven, schwelgerischen Aufnehmen statt in einem distanzierten, an logisch untereinander verknüpften Satzgliedern ausgerichteten Hinhören wahrgenommen wird.

Hält man am freizeitlichen Genußmittel-Charakter der Rockmusik einmal fest, so werden ihre engen Grenzen in der Förderung der Sozialisation Jugendlicher schnell deutlich. Der jugendliche Hörer von Rockmusik neigt eher zur Abkapselung als zur Kommunikation. In dem rauschdrogen-ähnlichen Zustand, in welchem er die sinnlich ansprechenden, anstachelnden Klänge konsumiert, bleiben kaum noch Fenster für gesellschaftliche Realität, nicht einmal für eine sprachliche Kommunikation mit anderen Rockhörern offen. Mit seinem Kopfhörer vor der HiFi-Anlage oder im «Walkman» ist der jugendliche Rockhörer ein ebenso isolierter Reizempfänger wie der Besucher eines Musiklokals und einer großen Konzerthalle. Bei der üblicherweise voll aufgedrehten Phonstärke, die während des Konzertes, vor ihm und nach ihm pausenlos aus den Lautsprechern dröhnt, sind sprachliche Mitteilungen verbindlicher Art auch nur mit dem nächsten Nachbarn so gut wie unmöglich. Während des Höraktes ist jeder Rockhörer ein moderner Kaspar Hauser, der wohl empfinden und in Ansätzen auch denken kann, aber vor allem damit beschäftigt ist, seine Reflexe auf die akustischen Sinnesreize zu registrieren. Rockmusik dient hier als ein Ersatz für wirkliche Kommunikation, sie ist ein Alibi dafür, daß eine wirkliche und verbindliche, sprachliche oder nichtverbale Kommunikation gar nicht erwünscht ist. Punk und New Wave schaffen zwar wieder körperliche Nähe zu den Musikern und spornen zu kollektiven Tänzen vor der Konzertbühne an; aber das reflexionslose Genießen bildet auch hier die Hauptsache. Und nach dem körperlich gewiß gesunden Drängeln, Tanzen und Toben auf der Parkettfläche gehen auch die Punks auseinander und verhalten sich auf der Straße, als kennten sie sich nicht.

2. Ist die Musik schon mit ihrem Genußcharakter auf eine isolierte und passive Wahrnehmung angelegt, so könnte man meinen, wenigstens von den Songtexten werde eine allmähliche Sozialisation der jugendlichen Rockhörer gefördert. Bekanntlich besteht fast die gesamte Rockmusik aus Textvertonungen, ausgenommen Rand- und Zwischengattungen wie elektronische Musik und Jazzrock. Eine repräsentative Durchsicht der Songtexte belehrt nun darüber, daß sie – jedenfalls im deutschsprachigen Raum – eine nur sehr beschränkte kommunikative Kraft besitzen. Bedingt ist dies zunächst einmal dadurch, daß die allermeisten Texte, und zwar auch die von deutschen Rockgruppen, in englischer Sprache verfaßt

sind, während ein Großteil des deutschen Rockpublikums die englische
Sprache in der Regel nur bis zu einem Grad beherrscht, der ausreicht,
um einzelne Sprachinseln wie etwa die Song-Überschrift oder wichtige
und ohnehin zum Überdruß wiederholte Refrain-Zeilen zu verstehen.
Die sogenannte sprachliche Botschaft des Gesangstextes wird schon wegen ihrer Idiomatik sowie wegen der Anspielungen auf aktuelle Verhältnisse in London, New York oder Los Angeles nicht oder nur in Bruch-
stücken verstanden. Hinzu kommt, daß ein großer Teil der Popgesänge,
die zu den ästhetischen Niederschichten der Gattung gehören und auf
das intellektuelle Vermögen von Zehn- bis Fünfzehnjährigen zugeschnit-
ten sind, sich vielfach in den üblichen Infantilismen nach Art von «I love
you, baby» und «Disco is good» erschöpfen. Ein wiederum anderer Teil
von Songtexten, der mit einer sehr abstrakten Poesie in der Art des
späteren Dylan und von YES arbeitet, enthält eine konkrete und gleichsam transportable Mitteilung ebenfalls nicht und läßt sich darin mit den
dadaistischen Silbenfüllseln einiger New-Wave-Kompositionen vergleichen. Schließlich spiegelt der sprachlich verständliche, sich weder in Ge-
schwätz noch in Nonsens erschöpfende Teil der Songliteratur, also der
«Lyrics», eine oppositionelle Haltung der Jugendlichen gegenüber der
Erwachsenenwelt wider, so daß hier eher das Gegenteil von Sozialisation vorliegt. Dies bezieht sich keineswegs nur auf den sogenannten Politrock der siebziger Jahre, deren Vertreter in der Bundesrepublik etwa
FLOH DE COLOGNE und CHECKPOINT CHARLIE, in West-Berlin LOKOMO-
TIVE KREUZBERG und TON STEINE SCHERBEN waren, sondern die Opposition gegen die Erwachsenenwelt durchzieht die gesamte Rockliteratur
und kann sogar als deren typische geistige Haltung bezeichnet werden.
Ein Song wie «My Generation» von THE WHO aus dem Jahr 1965 macht
deutlich, daß es sich hier teilweise um einen permanenten Generationskonflikt handelt. In die gleiche Tradition gehört, aber schärfer und radikaler formuliert als «My Generation», ein Musikstück des New Yorker
Musikers Richard Hell, dessen mit der Gruppe THE VOIDOIDS zusammen interpretierter Song «Blank Generation» aus dem Jahr 1976 zu Beginn des Chorus-Teils so lautet:

>«I belong to the blank generation
>And I can take it or leave it each time . . .»

Hier kann mit «leave it» durchaus ein «Verlassen», ein endgültiges Ausscheiden aus der Generationsreihe gemeint sein, und Heroinsüchtige machen keine leeren Drohungen.
Die Gemeinsamkeit des Alters, der Interessen- und der Problemlage von

Jugendlichen bewirkt zwar eine gewisse Integration unter ihnen. Aber die Bereitschaft, sich miteinander durch oder über Rockmusik zu unterhalten, sollte man nicht allzu hoch einschätzen. Die Rockmusik gehört bei sehr vielen Jugendlichen gleichsam in den Intimbereich: gerade weil sie von äußerster Wichtigkeit ist und den Personenkern unmittelbar berührt, bildet sie keinen Gegenstand der Konversation. Die Wortprägung Dieter Baackes von der «sprachlosen Opposition» der rockhörenden Jugend besitzt heute unverminderte Aktualität, weil die Rockmusik im Leben der Jugendlichen eine womöglich noch mehr prägende Rolle spielt als im Jahr 1968, als Baacke seine kritische Analyse schrieb. Seine damaligen Beobachtungen muten heute wie Vorahnungen einer künftigen, eben heute heranwachsenden Generation an, von der schon Frank Zappa meinte, «ihr wäre Gott oder die nationale Flagge oder das Vaterland gleichgültig, allein die Rockmusik wäre ihr nicht gleichgültig». Und mit einem vertretbaren Maß von Verallgemeinerung kann man daher die Feststellung wagen: Die Rockmusik bewirkt keine Integration der Jugendlichen in die Erwachsenenwelt, eher im Gegenteil: sie widersetzt sich ihr. Die Welt der Erwachsenen, des Establishment, erscheint in den Songtexten wie auch in den Interviews der Musiker als phantasielose, bedrohliche Welt von draußen, bevölkert von lauter Plastic People, die nicht mehr zum spontanen Fühlen und Handeln fähig sind. Wenn eine Sozialisation der Rockmusiker, der Fans und der Rockkenner trotzdem eintritt, dann gleichsam gegen den Geist der Rockmusik und unter dem Druck von Partnerschaft, Beruf und erwarteter Seriosität, dem sich der Heranwachsende zwischen 18 und 25 Jahren zunehmend ausgesetzt fühlt. Kaum erkannt wurde von pädagogischer Seite bisher, mit welchen fortgesetzten Konflikten solche Anpassung einhergeht und welche Resignation entsteht, ja welche lebenslänglich wirkenden Ressentiments beim jugendlichen Erwachsenen zurückbleiben, wenn er sich im Regelfall für das Normale und Bürgerliche entscheidet und damit ein wesentliches Stück seines «besseren Ich» aufgibt. Jene anderen, von denen ich vorhin sprach und die auch als Erwachsene weiterhin Rockplatten hören und in Konzerte gehen, erkaufen dies häufig um den Preis, daß sie von der Umgebung für ewig Pubertäre gehalten und möglicherweise nicht ganz ernst genommen werden. Und das berechtigt mich zu der Prognose: Solange die Rockmusik nicht als eine mit anderen gleichberechtigte Teilkultur innerhalb einer doch angeblich pluralistischen Gesellschaft akzeptiert wird, ohne Rücksicht auf Alter, Geschlecht und Ausbildung, so lange werden auch die genannten Personen, teils wider ihren Willen, zu einer Randgruppe gehören, die es ständig mit überflüssigen Konfrontationen zu tun hat.

Die herausgestellte Polarität zwischen Rock als einer Jugendmusik und dem Wertsystem der Erwachsenen besteht dabei von Anfang an, nämlich seit dem Rock 'n' Roll der fünfziger Jahre. Sein kreativster Vertreter, Chuck Berry, hat sie in einigen auch heute gültigen Wendungen formuliert. In «School Day», einem seiner Songs, der die Plagen des Schulalltags beschreibt, beginnt die fünfte Strophe mit dem erlösenden Ausruf am Schluß der Unterrichtsstunden:

«Hail, Hail, Rock 'n' Roll,
Deliver me from the days of old! . . .»

So läßt sich auch geschichtlich verfolgen, daß die Rockmusik entstanden ist als eine spezifische Jugendkultur oder Jugend-Subkultur, in der die üblichen Werte der Erwachsenen, der Welt da draußen, nicht gelten sollen. Mir jedenfalls ist kein Song bekannt, in welchem etwa Fleiß, bürgerliche Karriere, Zuverlässigkeit, Bescheidenheit und ähnliche Familien- und Berufstugenden anders als ironisch heraufbeschworen sein würden. Der zentrale Wert, um den die allermeisten Rocktexte kreisen, ist vielmehr «Spaß», «Vergnügen», also «Fun» ohne jede moralische Rechtfertigung und Entschuldigung. Die Weltanschauung des «Fun» könnte jemand in einer Fleißarbeit von «Fun, Fun, Fun» der BEACH BOYS an bis zu dem bedrohlichen «No Fun!» der Punk-Bewegung geschichtlich verfolgen und dabei Hunderte von ähnlichen Losungen zutage fördern. Deutlich würde dabei auch die irrationale Verflechtung werden, in der Genuß, Fun jedesmal erscheinen. Gespürt wird sicherlich von Rockmusikern ebenso wie von Rockhörern die spätere Notwendigkeit, sich der Wertskala der Erwachsenengesellschaft anzupassen. Aber sie wird konsequent verdrängt, im extremen Fall bis zu einem Punkt, wo ein frühzeitiger Tod wünschenswerter erscheint als der graue Alltag in einem bürgerlichen Beruf. So jedenfalls lautete einmal die Moral von Peter Townshend, dem Gitarristen der Londoner Gruppe THE WHO.

Auffallend und absonderlich ist die so gepflegte Irrationalität im Rockbereich nur in den Augen der Erwachsenen, nicht für die Betroffenen selbst. Die Jugendlichen erleben die Welt der Rockmusik als ihre eigene Welt, sie leben sich in deren Genußsucht, Phantastik und Irrationalität mit einer Hingabe und einem Maß an Identifikation aus, die später kaum mehr möglich wären. Nicht bloß die Musik vor Augen, sondern die ganze sogenannte Szene mit ihrem falschen Glitzern, mit ihren Mythen und Ideologien, kann man sogar eine Definition wie folgt vertreten:

Rock ist der Ausdruck eines zugespitzten, jugendlich rücksichtslosen Individualismus, wie er nur in der Spätphase einer Kultur möglich ist, die gegenüber ihren einstigen Wertungen und Überzeugungen liberal, um nicht zu sagen gleichgültig geworden ist. Gefeiert wird im Rock ein Individualismus, der noch keine vernunftgebotenen Kompromisse mit der Außenwelt eingeht, sondern radikal aufs Ganze geht und gerade deshalb so verzweifelt wirkt, weil ihm die Ahnung von den bald folgenden Kompromissen, Halbheiten und Niederlagen zugrunde liegt.

In ihrer zugespitzten, extrem folgerichtigen Form ist Rockmusik schlicht anarchische Lebenshaltung, wobei man unter Anarchie nicht Bombenlegen zu verstehen hat, sondern einen all seine Möglichkeiten nutzenden Individualismus mit all dem undurchschaubaren und unberechenbaren Funktionieren seiner Werthierarchie. Die britische Punk- und New-Wave-Bewegung seit 1976 hat nicht zufällig auch einige Formationen wie etwa CRASS hervorgebracht, die jenes große und mit einem Kreis umrandete «A» zu ihrem politischen und ästhetischen Credo erhoben haben, das man auch bei uns auf Häuserwänden findet und das Anarchie als eine antizivilisatorische Haltung verkündet.

Aus all den Feststellungen sollte man kein Moralisieren heraushören. Gerade für den Kenner der Rockgeschichte dürfte klar sein, daß der ursprüngliche, respektlose Schwung der frühen Rockmusik in dieser radikalen Zuspitzung der Gegenwart besser, jedenfalls unverfälschter aufbewahrt wird als in jenen zahlreichen Abspaltungen und Zwitterformen der Gattung, die Erwachsenen-Konformität zeigen, vielleicht nur heucheln, und die gleichfalls auf eine längere Tradition zurückblicken. Gleich nach dem Abebben der Rock 'n' Roll-Phase in den Vereinigten Staaten entstanden zwischen 1960 und 1964 zahlreiche Gruppen, darunter besonders sogenannte Girl Groups, die sich in Text und Musik das Image einer sauberen, wohlerzogenen und verständigen Jugend auflegten. Hinter der kraftlosen Richtung der SHANGRI-LAS, der RONETTES und CRYSTALS verbarg sich, außer der Geschäftstüchtigkeit ihrer Produzenten, auch der Schock jener Jahre, der von den Bestechungsskandalen um einige Discjockeys ausgelöst wurde und der dazu beitrug, daß die Rockmusik in den Ruf einer moralisch zwielichtigen, unamerikanischen Musik geriet. Solche Rücknahmen des ungezähmten jugendlichen Impulses begleiten die Rockgeschichte bis heute, nicht zuletzt in jener Richtung der Gegenwart, die den paradoxen Begriff einer Rockmusik für Erwachsene – «adult rock» – verkörpert und die mit ihrer angestrebten Seriosität, mit ihrer Angleichung an die weltanschaulich konservative Country & Western-Musik blutleer und geradezu verlogen wirkt.

Der einstigen wilden Tanzgeste des Rock nicht minder untreu sind jene

«Art Rock» oder Kulturrock verkörpernden Gruppen wie EKSEPTION, THE NICE, EMERSON LAKE & PALMER, GENESIS und YES, die ihre Seriosität in der Weise unter Beweis stellen wollten (und teilweise heute noch wollen), daß sie bald wahllos Zitate von Bach, Beethoven und Bartók aneinanderreihen, bald den symphonischen Bombast des 19. Jahrhunderts verspätet nachvollziehen und dies noch als «Progressive Rock» hinstellen. Weder die genannten Potpourri-Kompositionen aus klassischen und romantischen Zitaten, noch lang ausgedehnte Rock-Oratorien und Quasi-Opern bilden in Wirklichkeit eine ernstzunehmende Avantgarde, und auch ihr Nutzen für die Rockmusik bleibt fragwürdig. Daß sich die Musikpädagogen ausgerechnet solch zwiespältiger «Experimente» (nennen wir sie einmal so) mit liebevollem Eifer angenommen und sie im Unterricht vorgeführt, analysiert und mit den Originalen verglichen haben, erscheint kaum zufällig, beruht ihre Profession doch auf der Überzeugung, die Schüler unentwegt auf das Leben der Erwachsenen als den endgültigen Maßstab aller Dinge vorzubereiten. Daß ein ungehinderter, nicht beargwöhnter Umgang mit Rockmusik und mit ihrer Vorstellungswelt eventuell auch Leben ist und mehr Lebensqualität bieten kann als das Leben mancher Erwachsenen, diese Möglichkeit liegt so ziemlich außerhalb aller erzieherischen Strategie. Das ungelöste Problem aller Musikerzieher, die sich mit Rock überhaupt abgeben, scheint weiterhin darin zu bestehen, daß die Schüler von einer Musik fasziniert sind, die man pädagogisch nicht als eine mit anderen Gattungen gleichwertige, gleichberechtigte Musikwelt ansehen kann. Sie wird weiterhin als eine ästhetisch und geistig niedrige Stufe betrachtet, die es im Interesse höherer Bildung zu überwinden gilt. Aus der Unkenntnis gerade der künstlerisch ergiebigen Rockmusik meinen noch heute viele Lehrer, daß sich Rockmusik in ABBA und in den BAY CITY ROLLERS erschöpft. Ihr pädagogisches Dilemma ließe sich vermutlich nur so lösen, daß sie das hohe Gestaltungsniveau vieler Rockmusiker – besonders in der New Wave von heute – vorurteilslos erkennen, statt die Jugendlichen von ABBA weg zu Beethoven führen zu wollen.

Um noch auf ein verbreitetes Mißverständnis einzugehen: zwischen Beethoven und den BEATLES bestehen nicht nur, ja nicht einmal hauptsächlich Unterschiede in der künstlerischen Gestaltung. Würde es sich lediglich um ästhetische Unterschiede handeln, so wäre das fortgesetzte Bemühen der Musikpädagogen gewiß nicht müßig, die Schüler auf die höhere Form-Organisation bei Beethoven hinzuweisen; und daß der Wiener Klassiker in der kompositorischen Arbeit den BEATLES himmelweit überlegen ist, wird ohnehin jeder einsichtige Schüler erkennen. Aber in Wirklichkeit geht es um zwei verschiedene Kulturen, nicht um zwei unterschiedliche Gestaltungsniveaus. Jene Musikkultur, der Beethoven angehört oder besser: die sich den Komponisten angeeignet hat, erscheint heute vielen Jugendlichen wie ein Museum voller toter Wertgegenstände, das vom Staat einseitig bevorteilt und für repräsentative Zwecke gebraucht und mißbraucht wird. Rock dagegen bildet Teil einer informellen, lebendigen Subkultur, in welcher noch spontanes, freies Verhalten und ästhetische Wertungen ohne Dogmen möglich sind. Man braucht nur das gegängelte Verhalten eines philharmonischen Publikums, das in den Zwischensätzen einer Symphonie nicht klatschen darf, zu vergleichen mit dem phantasievollen Einzel- und Paartanz von Besuchern in einem Rockkonzert, um zu verstehen, warum die meisten Jugendlichen die Musik von Bach und Beethoven zwar respektieren, aber nicht als die ihre betrachten. Mit einem Wort, es geht gar nicht in erster Linie um Jugendliche, die in die Erwachsenenwelt integriert oder nicht integriert werden sollen. Es geht um zwei ungleiche und von den Behörden wie auch von den Medien unterschiedlich behandelte Kulturen, die unter dem Ballast deutscher Bildungstradition einmal als «hoch» und ein andermal als «niedrig», als E und U eingestuft werden.

Rockszene – eine Drogenszene?

Der Rockmusik haftet der Ruf an, daß ihre Spieler, wie auch ihre Hörer, häufig und sogar gewohnheitsmäßig Drogen konsumieren. Unter Drogen werden dabei, grob unterteilt, verstanden:
– Schnupf- und Inhalierungsstoffe wie Kokain, Haschisch und Marihuana,
– chemische Präparate wie LSD, STP und das Aufputschmittel Preludin, von dem schon die BEATLES große Mengen während ihrer Hamburger Zeit einnahmen, sowie
– Substanzen zum Injizieren wie etwa Heroin.

Drogenthemen in sensationell aufgemachten Presseberichten sind dabei besonders verkaufsfördernd für eine Zeitung. Ausgenutzt wird in ihnen der Umstand,
1. daß Rockmusiker wie Rockmusikerinnen häufig von einer unterschwelligen oder direkt zur Schau gestellten Erotik und Exotik umgeben sind; exhibitionistische Fotos wie solche von Janis Joplin, Tina Turner und unzähligen anderen sprechen auch die Außenstehenden unmittelbar an;

2. daß zahlreiche Leser entsprechend aufgemachte Wort- und Bildberichte besonders gern lesen und
3. daß Rockmusiker durch einen Auftritt oder durch eine Schallplatte plötzlich zu gefeierten, unter Umständen sogar vermögenden Personen werden können und der Umgebung somit zeigen, daß abenteuerliche, exzeptionelle Lebensläufe auch in einer weitgehend rationalisierten Gesellschaft noch möglich sind.

Drogen werden in der Tat von vielen Rockmusikern regelmäßig genommen. Unter ihnen dürfte es nur ganz wenige geben, die überhaupt keine Erfahrungen mit Drogen haben. In zahlreichen Interviews mit Rockmusikern wird wie selbstverständlich erzählt, daß man Haschisch oder Marihuana raucht, LSD-Trips gemacht hat und auch Stimulantien einnimmt. Lange Konzerttourneen, täglicher Leistungsdruck, die künstliche Isolation eines «Stars» von seinem Publikum und ähnliche körperliche und seelische Belastungen machen den Griff zu Drogen sogar erklärbar. Sie bewirken, daß ein Rockmusiker die körperliche Anstrengung eines Konzertes und den täglichen Leerlauf von Flügen, Hoteleinquartierungen und Presse-Empfängen wenigstens kurzzeitig durchhält. Drogen sind ihm ein Mittel, sich aufzuputschen, um das innere Gleichgewicht, sei es auch nur für kurze Zeit, wiederherzustellen. Viele Rockmusiker machen keinen Hehl daraus, daß sie Drogen konsumieren. In ihren Songtexten oder in den lockeren Kommentaren auf der Bühne sprechen sie darüber zu den Zuhörern, mit deren mitwissendem Einverständnis sie dabei rechnen. Harte Drogen wie etwa Heroin werden freilich verbal verpönt (vgl. etwa die Interviews mit Alice Cooper, Frank Zappa, Carlos Santana, den Mitgliedern von Kiss und anderen in dem vom SFB hergestellten Fernsehfilm *Besser als Drogen ist ein klarer Kopf* von 1980). Tatsächlich werden sie von relativ wenigen Musikern verwendet. Deshalb stehen die durch sensationelle Berichte herausgestellten Todesfälle einiger Rockstars in keinem quantitativen Verhältnis zur Zahl der Rockmusiker.

Nachweislich wegen Drogenmißbrauch starben
– der bedeutende Rockgitarrist Jimi Hendrix im September 1970 mit 28 Jahren,
– die Sängerin Janis Joplin aus Texas im Oktober 1970 mit 27 Jahren,
– der Dichter-Sänger Jim Morrison von der Gruppe THE DOORS im Juli 1971 mit 28 Jahren,
– der Schlagzeuger der britischen Gruppe THE WHO, Keith Moon, im September 1978 mit 31 Jahren,

– der Bassist der Sexpistols, Sid Vicious (bürgerlich John Ritchie), im Februar 1979 mit 21 Jahren. In der fortzusetzenden Liste müßte auch Lowell George von Little Feat genannt werden, ebenso mancher Rockmusiker, der sich zu Tode getrunken hat, etwa Bon Scott vom australischen Hardrock-Quartett AC/DC und John Bonham von Led Zeppelin.

Mit Drogen dürfte der Tod weiterer Personen zusammenhängen, etwa von Brian Jones, dem ehemaligen Mitglied und Mick Jagger-Rivalen bei The Rolling Stones, und dem Manager der Beatles, Brian Epstein. Vielfach wird die Todesursache auf ein wahlloses Einnehmen verschiedener und in ihrer Wirkung entgegengesetzter Drogen (wie Beruhigungs- und Aufputschmittel), auch auf Herzversagen und auf Ersticken an Erbrochenem zurückgeführt. Erwiesenermaßen drogenabhängig sind oder waren, unter vielen anderen, der britische Gitarrist Eric Clapton, der holländische Pianist und Blues- bzw. Rhythm & Blues-Sänger Herman Brood, die englische Sängerin Marianne Faithfull und der texanische Bluesgitarrist Johnny Winter.

Auch Rockhörer, nicht nur ihre umschwärmten Stars, nehmen mitunter in Verbindung mit der Musik Drogen. Der süßliche Zigarettenrauch in manchen Konzerten verrät, daß Haschisch geraucht wird. Protokolle und Filminterviews beweisen, daß es Rockhörer gibt, die LSD und Heroin konsumieren und die Rockmusik dabei entweder als eine klangliche Intensivierung ihrer Halluzinationen wahrnehmen oder die Musik im Rauschzustand intensiver zu erleben glauben.

Sogenannte psychedelische Musik

Ermuntert von der Plattenindustrie, hat die anglo-amerikanische Rockjournalistik den Ausdruck «psychedelische Musik» geprägt, der neben «acid rock» am häufigsten verwendet wird, um eine Musik zu bezeichnen, die mit Drogen in Verbindung gebracht werden kann. Da es bis heute unklar geblieben ist, was genauer mit dem Ausdruck «psychedelic rock» bezeichnet werden soll, möge dessen Bedeutung in folgender Weise aufgefächert werden.

Psychedelische Rockmusik ist eine,

a) deren Texte offen oder versteckt sich auf Drogen oder Drogenerlebnisse beziehen,

b) die unter Einfluß von Drogen vorgetragen wird, beziehungsweise bei Schallplatten-Einspielungen vorgetragen wurde,

c) die zum Musikhören besonders im Rauschzustand geeignet oder gar bestimmt ist und

d) die Sinneserlebnisse, Halluzinationen und Eindrücke bewirkt, die sich mit jenen im Rauschzustand vergleichen lassen. Dies beruht auf «Synästhesie», auf der Vertretung der Sinne untereinander.

a) Die Texte

Psychedelische Texte sagen selten direkt, was sie meinen, um Konflikten mit dem Gesetz, mit der betreuenden Plattenfirma, mit den Fans usw. möglichst aus dem Wege zu gehen. Immerhin, ein Titel wie «Fixing A Hole» von den BEATLES besagt schon ziemlich ungeschminkt, worum es geht. (Mit der Schreibweise «Hole», also «Loch», ist natürlich «Whole», also eine «volle» Pulle, gemeint.) In der Regel bleibt der Textvortrag bewußt unverständlich, wie etwa in «Cocaine» von J. J. Cale auf dessen Album *Troubadour* von 1975, oder aber die Textaussage läßt mehrere Interpretationen zu. Ein Beispiel bildet der berühmt-berüchtigte Song «Sister Morphine» der ROLLING STONES, dessen vierte Strophe in zwei Fassungen bekannt ist, wobei sich die eine Fassung in einem drogenbejahenden, die andere in einem abwehrenden und mahnenden Sinn deuten läßt:

«Bitte, Schwester Morphium, verwandle meinen Alptraum in einen Traum, oh, ich kann nicht schlafen, bis ich mich gelöst fühle und bis dieser Schuß in meine Ader eingespritzt ist ...»

Im Original:

«Please, Sister Morphine, turn my nightmare into a dream,
Oh, can't sleep till I'm feeling fine
And that this shot will be in the line ...»

Die andere Version lautet:

«Bitte, Schwester Morphium, verwandle meinen Alptraum in einen Traum, oh, siehst du nicht, daß es mit mir rasch zu Ende geht und daß dieser Schuß mein letzter sein wird ...»

Im Original:

«Please, Sister Morphine, turn my nightmare into a dream,
Oh, can't you see I'm fading fast
And that this shot will be my last ...»

Die Beispiele von Songs, deren Titel beziehungsweise Texte «psychedelisch» gemeint oder als solche deutbar sind, lassen sich in großer Anzahl nennen. Stellvertretend für sie seien einige aufgezählt:

AMON DÜÜL: «Im Garten Sandosa» auf der LP *Psychedelic Underground*, 1969, Metronome MLP15332 (der Titel bezieht sich auf die Schweizer Chemiefirma Sandoz A. G., in der LSD am frühesten hergestellt wurde);

THE BEATLES: «Norwegian Wood» auf der LP *Rubber Soul*, 1965;

THE BEATLES: «Lucy in the Sky with Diamonds», zu lesen angeblich LSD, auf der LP *Sgt. Pepper's Lonely Hearts Club Band*, 1967;

THE BEATLES: «A Day In The Life», ebenda;

John Lennon: «Cold Turkey», auf THE PLASTIC ONO BAND: *Live Peace In Toronto*, 1969, Apple Core 2001 (es geht um die Entzugserscheinungen, den schmerzhaften «cold turkey»);

THE FRATERNITY OF MAN: «Don't Bogart Me» auf der LP *The Fraternity Of Man*, 1968, ABCS-647 (der amerikanische Filmschauspieler Humphrey Bogart pflegte seine Zigarette sehr lange im Mundwinkel zu halten; auf ihn bezieht sich die humoristische Aufforderung: «Halte den Joint nicht so lange in deinem Mund, mein Freund»);

THE FUGS: «Coming Down» auf der LP *The Fugs*, 1966, ESP 1028;

JEFFERSON AIRPLANE: «White Rabbit» auf der LP *Surrealistic Pillow*, 1967, RCA-Victor SF 1889 (eine Anspielung auf *Alice in Wonderland* von Lewis Carroll, dessen Buch von der Generation um 1967 als die Beschreibung phantastischer Drogenerlebnisse interpretiert und dementsprechend massenhaft gekauft wurde);

DAVID PEEL & THE LOWER EAST SIDE: *Have A Marijuana*, 1969, und *The Pope Smokes Dope*, 1970 (beide Albumtitel der New Yorker Hippie-Gruppe sprechen für sich).

Die «Legalize Marijuana!»-Bewegung hat unter den Einwohnern Jamaicas und unter den jamaikanischen Einwanderern in Großbritannien unzählige Anhänger, so daß deren Reggae genannte Musik gleichfalls zu den einschlägigen Beispielen gehört.

b)–d) Sonstige Bedeutungen von «psychedelisch»

Daß viele Rockmusiker «stoned», also unter Drogeneinwirkung auf der Konzertbühne stehen und auch ihre Studioplatten unter Drogeneinfluß einspielen, dürfte unbestritten sein. Entgegen einem verbreiteten Irrtum jedoch zeugen die so zustande gekommenen Interpretationen nicht von einer höheren künstlerischen Qualität, im Gegenteil sind lähmende Ereignislosigkeit und spieltechnische Schwierigkeiten in der Regel unverkennbar. Ein Beispiel dafür bietet die LP *The Third Testament* der New Yorker Formation THE GODZ um 1968, deren Sänger Jim McCarthy vor dem Mikrophon lediglich die suggestiven Worte «Get high, get higher» lallen kann. Auch die Erstlings-LP von AMON DÜÜL von 1969 hält ein gänzlich unorganisiertes Zusammenspiel fest, das in diesem Fall auf die «Inspiration» der vom Produzenten verabreichten Drogen zurückzuführen ist. Im allgemeinen wirkt die Improvisation unter Rauschdrogen stehender Musiker langatmig und ohne Selbstkontrolle, dank dem veränderten, deformierten Zeitgefühl, das sich etwa beim Haschischrauchen einstellt. In Analogie zu diesem verlangsamten, beschädigten Zeitsinn nimmt der Rockhörer solche Rockstücke gern als «psychedelisch» wahr, die keine erkennbaren Strukturen aufweisen, vielmehr aus langgedehnten und oft wiederholten Motivketten ohne eine thematische Entwicklung bestehen. Häufig bildet das Musikstück nichts anderes als einen einzigen umspielten Grundakkord. Werden dazu klangverformende Apparate wie Wah-Wah-Pedal, Verzerrer, Phaser, Nachhall und Echo angewendet, so kann der Eindruck von gehörmäßigen Veränderungen entstehen, die den bald verschwommenen, bald überdeutlich und grell wahrgenommenen optischen Gestalten im Rauschzustand ähneln. Von solchen Studioeffekten und «Gags» zehrt zum größten Teil der Nimbus jenes «psychedelic punk» der ausgehenden sechziger Jahre, der auf Samplern wie *Nuggets* und neuerdings auf *Pebbles* in manchen einschlägigen Stücken zugänglich ist. Gewöhnlich verläuft die Musik (als der Beitrag jugendlicher, musikalisch vielfach durchschnittlicher Musiker) in den gewöhnlichen Popsong- und Bluesstrukturen, während die elektronisch erzeugten Schockwirkungen von Produzenten bzw. vom aufnehmenden Toningenieur stammen. Der meistens kritiklos umschwärmte psychedelische Punk ist überwiegend Produzenten-Musik.

Rockmusik führt weder beim Anhören noch beim Spielen ursächlich zum Drogenkonsum. Eine emotionale Zustimmung zur Rockmusik kann ohne jegliches Drogenbedürfnis stattfinden. Es ist jedoch nicht ganz unberechtigt, bei labilen Personen zu vermuten, daß ihre Neigung, Drogen zu versuchen und dann auch regelmäßig zu nehmen, durch Rockmusik intensiviert wird, da letztere zur Begleitung von Rauschzuständen ganz besonders geeignet ist. Vor allem solche Jugendlichen scheinen gefährdet, die von einem Gruppendruck abhängig sind oder bei denen eine Identifikation mit ihrem Rockidol bis zum Nachahmen seines Drogenmißbrauchs führen kann.

Viele Plattentitel sowie die optische Plattenhüllen-Gestaltung (besonders in der Zeit um 1967–1973) lenken den Käufer in eine «psychedelische» Richtung, der zu folgen er nur allzu oft bereit ist. Nahegelegt wird die Verknüpfung Drogen/Rockmusik etwa durch folgende, von der jeweiligen Plattenfirma festgelegte Titel:

With Love – A Pot Of Flowers (Mainstream S/6100)

Off II – Hallucinations – Psychedelic Underground
    (Elektra-Metronome St-KMLP 310)

Underground & Psychedelic
    (Elektra – Deutscher Schallplattenclub H 876/5)

A Psychedelic Trip To Underground (Mercury 88436 DY).

Inmitten der Frustrationen einer von vielen Jugendlichen oft als seelenlos empfundenen Alltagswelt hat die Rockmusik unversehens die Rolle irrationaler Tagträume übernommen, in denen unkontrolliert Sehnsüchte und Aggressionen ausgelebt, Weltschmerz und persönliche Niederlagen mit höchster Intensität erlitten werden. Rockmusik als eine Oase, in der die vor-begrifflichen, animalischen, motorischen Kräfte der Person beschäftigt werden und in welcher die Welt wieder spontan erlebt werden kann. Sie wird damit besonders anfällig für Versuchungen jeder Art, aus der Nüchternheit und Poesielosigkeit des Alltags herauszutreten und das persönliche Glück in Alleingang und Abkapselung zu suchen. In dieser Eigenschaft verbindet sich die Rockmusik zwar nicht notwendig, aber auch nicht ohne eine gewisse Folgerichtigkeit mit jener anderen Glücks- und Traumwelt, die von den Drogen verheißen wird.

Drei Arten der Musikgeschichtsschreibung

Rock ist einer der Musikbereiche der Welt, und seine Geschichte bildet einen Teil der allgemeinen, nicht nur auf den europäischen Kulturkreis bezogenen Musikgeschichte. Und dennoch, man kann Rockmusik nicht in der gleichen Weise beschreiben, wie man die Musik der Klassik und Romantik oder auch die Geschichte des Jazz beschreibt. Eine bestimmte Werk- und Geschichtsbetrachtung, die einer unter den genannten drei Gattungen angemessen ist, kann einer anderen Gattung sachfremde Gesichtspunkte aufzwingen. Welche ist nun die Betrachtungsweise, die dem Rock und dessen Geschichte am ehesten angemessen ist? Man erkennt sie am besten auf Umwegen, indem man die Rockmusik als einen Gegenstand des Wissens und der Reflexion mit den Methoden vergleicht, die sich im Bereich der Bildungsmusik und der Jazzgeschichte bewährt haben. Hier sollen einige Entwürfe folgen, die der Leser im eigenen Nach- und Weiterdenken vervollständigen möge.

1. Bis zur Avantgarde der fünfziger und sechziger Jahre beruhte eine kritische Würdigung von Werken der Bildungsmusik auf der Zweiheit von «Musikwerk» und «Interpretation». Das Musikwerk: das ist zum Beispiel Beethovens Fünfte Symphonie, und zwar nicht so, wie sie von Furtwängler oder von Karajan dirigiert wird, sondern in der reinen, von allen Zufälligkeiten einer Konzertaufführung losgelösten Gestalt, nämlich als eine kompositorische Idee, wie sie in einer musikwissenschaftlich rekonstruierten Originalpartitur zugänglich ist. Von dieser Werk-Idee sind die jeweiligen Aufführungen zu unterscheiden, die als mehr oder minder vertretbare Annäherungen an diese Idee gelten und innerhalb der Freihei-

ten, die das Partiturbild offenläßt, verschiedene Realisationsauffassungen zeigen. Die Konzertkritiken auf der Feuilleton-Seite einer Tageszeitung befassen sich hauptsächlich mit der Frage, ob eine bestimmte Interpretation dem abstrakten Partiturbild gerecht wird und worin sie sich von anderen Interpretationen desselben Werkes abhebt.

Sowohl Rock als Jazz unterscheiden sich von diesem Beurteilungsmerkmal grundlegend. Sie sind ihrem Ursprung nach keine Kunstmusik, sondern Volks- beziehungsweise ethnische Musik und als solche schriftlos. Das zeitlich Erste ist das Erklingen der Musik, die improvisiert oder aber im Gedächtnis weitertradiert wird. Schriftliche Aufzeichnungen entstehen in der Regel erst auf Grund einer Aufführung, etwa in der Weise, wie der Volksliedforscher oder der Musikethnologe den gehörten Klang im Notenbild festhält, transkribiert. Auf einer späteren, industriell entwickelten Stufe wird das Schallplattenmaterial nachträglich in Noten gesetzt, um bei einer GEMA-ähnlichen Verwertungsgesellschaft das Recht geistigen Eigentums zu wahren und mit den gedruckten Noten, der «sheet music» der Verleger, einen zusätzlichen Gewinn neben der Schallplatte zu erzielen. In den schriftlich zugänglichen Rockkompositionen kehren immer wieder Ausdrücke wieder, die verraten, daß sie bloß annähernde Fixierungen akustischer Eindrücke sind, die beim Abhören einer Schallplatte entstehen («Fading», «Repeat till fading» usw.). Diese Praxis herrscht im Rockbereich bis heute vor, während bei Jazzmusikern die Themen und die großformale Gliederung im kollektiven Spiel im voraus festgelegt zu werden pflegen. Aber die improvisierten und gewissermaßen wesentlichen Abschnitte stützen sich auch hier nicht auf vorher schriftlich fixierte Unterlagen.

Der aufgezeigte Unterschied hat wichtige Konsequenzen für die Art, wie Rock- und auch Jazzstücke beschrieben und beurteilt werden: man orientiert sich ausschließlich am klanglichen Ergebnis, nicht dagegen an irgendeiner Werkidee, die sich vom konkreten Klang unterscheiden würde. Da hier typischerweise nicht zwischen einer Komposition und ihrer akustischen Ausführung unterschieden wird, muß die Beschreibung weniger analytisch und mehr sich auf Höreindrücke verlassend ausfallen, was teilweise den relativ niedrigen Stand der Rockkritik erklärt. Ein rockmusikalisches «Werk» ohne eine konkrete Interpretation ist ein Unding, während es in der Bildungsmusik Werke gibt, die hauptsächlich fürs Auge geschrieben werden. Gerade die in den fünfziger und frühen sechziger Jahren beliebten Cover-Versionen im Rockbereich zeigen, wie wenig selbständig die ihnen allen zugrunde liegende Komposition und wie groß, ja entscheidend dagegen der Anteil der jeweiligen Interpretation am Klangresultat ist. In den älteren Rockkompositionen – grob gesagt vor den BEATLES – geht der Name des Verfassers nur aus dem Vermerk auf dem Label hervor, und diese Namen besagen in der Regel nicht viel, ausgenommen bei einigen Evergreens und «Klassikern». Komponisten wie Textschreiber von Barry Mann und Cynthia Weill bis Jerry Leiber und Mike Stoller sind professionelle Stofflieferanten von Fließbandware gewesen. Erst Vokalgruppen wie THE COASTERS und Solisten wie Elvis Presley hauchten ihren Produkten Leben ein.

Daraus folgt, daß es nicht nur möglich erscheint, Rockgeschichte anhand ihrer Interpreten (statt, wie in der Bildungsmusik, ihrer Komponisten) zu schreiben. Eine sachgerechte Beschreibung muß sogar von den Interpreten ausgehen, auch wenn sie zugleich Komponisten der von ihnen aufgeführten Musikstücke sein sollten – was seit den sechziger Jahren zunehmend der Fall ist, so daß eine Personalunion von Interpret und Komponist / Textschreiber in der Rockmusik seit den sechziger Jahren die Regel bildet. Der Primat der Ausführung rechtfertigt es, daß man sagt, «Shake Rattle And Roll» sei von Joe Turner, obwohl der Verfasser des berühmten R & B-Stückes gar nicht Joe Turner ist. Ein Rockstück wird nicht mit dem Namen seines Komponisten, sondern mit dem seines Interpreten verknüpft.

2. Sind Jazz und Rock miteinander darin vergleichbar, daß sie beide eine Unterscheidung von «Werk» und «Ausführung» nicht kennen, auch darin, daß sie beide – im Gegensatz zur sogenannten höheren Kunstmusik – im wesentlichen schriftlose oder erst nachträglich aufgezeichnete Musikbereiche sind, so zeigen sie andererseits charakteristische Gegensätze, wenn man sie näher ins Auge faßt. Der grundlegende Unterschied dürfte darin liegen, daß der Jazz und seine geschichtliche Entfaltung auf der Spiel- und Singfertigkeit einzelner großer Musiker beruhen, während die individuelle Leistung im Rock mitunter eine sehr untergeordnete Rolle spielt. Die Merkmale, nach denen ein Jazzmusiker beurteilt wird und nach denen er selbst seine Kollegen beurteilt, sind technisches Können, bewußt erarbeitete Spiel- und Singweise, gestalterischer Umgang mit dem Tonmaterial und dergleichen. Dieselben Eigenschaften sind es auch, die einer intelligenten Jazzkritik zugrunde liegen. Anders gesagt, ein Jazzmusiker wird nach einer spieltechnischen und gestalterischen Leistung beurteilt, die gewissen Standards entspricht oder sie gar überflügelt.

Diesem sachbezogenen Gesichtspunkt gemäß ist es, daß eine Geschichte des Jazz auf Anekdoten, Legenden und Mythen weitgehend verzichten kann und sich statt dessen an die Beschreibung, die Gegenüberstellung und die Würdigung bemerkenswerter Musikerleistungen hält.

Die vielen Namen, die den unkundigen Leser einer Jazzgeschichte verwirren mögen, stehen nicht im Dienste eines Personenkultes – der im
Rockbereich üblichen Star-Anbetung –, sondern sind Namen für ebenso
viele individuelle Spielweisen. Da jeder bedeutende Jazzmusiker eine unverwechselbare musikalische Persönlichkeit ist und seine ausgeprägte
Technik besitzt, ist für den Geschichtsschreiber von großem Interesse, in
welcher Formation, mit welchen anderen Musikern zusammen jemand
gespielt hat. Für jede Combo-Formation, in welcher musikalische Individuen spielen, ist tatsächlich ein unverwechselbares und unwiederholbares
Gesamtspiel charakteristisch. Wer mit wem, wann und unter welchen
Umständen gespielt hat, wird damit ein sinnvoller Gesichtspunkt für den
Jazzhistoriker.

Es wirkt geradezu lächerlich, wenn manche Journalisten die gleiche
Betrachtungsweise an die Rockmusik herantragen und in umständlichen
Recherchen herausbekommen, welcher Rockmusiker in welchen Gruppen mit wem zusammen früher gespielt hat. Denn die tägliche Konzerterfahrung lehrt, daß manche großen Stars der Rockmusik spieltechnische
Nullen sind und auch in gestalterischer, kompositorischer Hinsicht keine
Originalität besitzen. Was zum Beispiel einige Vertreter der elektronischen Rockmusik in der Bundesrepublik und West-Berlin auf ihren Keyboards zusammenbasteln, ist nicht anders als purer Dilettantismus zu
nennen. Wahre Virtuosität ist auch auf traditionellen Rockinstrumenten
wie Gitarre und Schlagzeug recht selten; paradoxerweise kommt sie am
ehesten noch unter den verschrieenen Hardrock-Heroen vor. Man
braucht nicht jazzbesessener Rockverächter zu sein, um zu einer solchen
kritischen Erkenntnis zu gelangen, und jeder, der dem Rock Sympathien
entgegenbringt, zugleich aber vorurteilslos hören kann, wird ähnliche
Ansichten haben. Man kann sogar weitergehen und vermuten, daß manche Musiker und Gruppen in der Rockmusik vornehmlich deshalb mit
dem Schein von Superstars umgeben werden, weil es ihnen an wahrer,
schöpferischer Musikalität und an Spielvermögen gebricht. Diesen Umstand kann man drastischer so ausdrücken, daß im Rockbereich auch solche Musiker Millionen einspielen können, die ihre Instrumente und ihre
Singstimme nicht einmal durchschnittlich beherrschen. Mit allen Mitteln
der Werbung geförderte Gruppen wie GRAND FUNK und KISS in Amerika
sind offensichtliche Beweise für diese Behauptung.

Aus all dem geht die Berechtigung der schriftstellerischen Haltung hervor, die für Jazzbücher charakteristisch ist. Das überwiegende Interesse
an Vortragsweisen, instrumentalen Techniken und melodischen, harmonischen und rhythmischen Gestaltungsmitteln legt nahe, daß zum Beispiel die einzelnen Jazzinstrumente in Verbindung mit der Spielweise ih-

rer bedeutenden Künstler beschrieben werden. In seinem vielgelesenen Jazzbuch führt Joachim E. Berendt solche sachbezogene Darstellung durch (auch wenn er musikalische Sachverhalte nicht immer terminologiegerecht umschreibt). Dieselbe Verfahrensweise im Rockbereich ist zwar nicht unmöglich, aber ihr stehen besondere Schwierigkeiten gegenüber. Das Instrumentenspiel, das manuelle und musikalische Vermögen des Musikers tritt hier nicht mit der schonungslosen Direktheit vor den Hörer, die es ihm erlaubt, das individuelle Können zu beurteilen. Vielmehr wird das Instrumentenspiel des Rockmusikers in der Regel durch allerlei elektroakustische Umwandler vermittelt, die es ungemein erschweren (und vielfach erschweren sollen), daß sich der Hörer von den musikalischen Fähigkeiten eines einzelnen ein Bild macht. Während die Klangfaktur des Jazz unschwer erfaßbar ist (sofern man nicht auch hier zu den Zauberkünsten am Mischpult greift), treten im Rock zwischen Spiel und Klangergebnis so viele Zwischenglieder der Verstärkung und der Klangverformung auf, daß die individuelle Spielweise anonym wirkt und sich dem kritischen Hinhören entzieht. Statt das Spiel des einzelnen Musikers klar herauszuhören, muß der Besucher eines Rockkonzertes – und noch mehr der Hörer einer Rockplatte – sich vielfach damit begnügen, einen kompakten und manipulierten Gesamtsound wahrzunehmen. Mit anderen Worten, die ästhetische Wahrnehmung verlagert sich im Rock auf einen vom Tonmeister beziehungsweise vom Produzenten bestimmten Kollektivsound, in dem die Leistungen der Einzelmusiker häufig untergehen.

3. Trotz dieser Bedenken beweist das vorliegende Handbuch in mehreren Abschnitten vielleicht, daß eine analytische Beschreibung der Spielweisen auch im Rockbereich möglich ist; nur muß hier eine Beschreibung der Studiotechniken ergänzend hinzutreten. Auch sonst hat eine wirklichkeitsnahe Rockgeschichte stets im Auge zu behalten, daß Rock nur teilweise als Gefüge musikalischer Beziehungen und als eine Leistungsschau entwickelter Spieltechnik erfaßbar ist. Mindestens ebenso wichtig sind wirtschaftliche Gewinnerwartung, Ideologien, Sex und andere nichtmusikalische Komponenten. Die Geschichte des Rock läßt sich aus der Musik allein nicht rekonstruieren. Vielmehr bildet sie einen Teil jugendlicher (Sub-)Kultur, für die eine soziologische und sozialpsychologische Erklärung mitunter zuständiger ist als die musikalische Analyse. Rock ist zugleich Ausdruck von aktuellen gesellschaftlichen und politischen Ereignissen. Er kommentiert die jeweilige Gegenwart, vermischt mit Wunschdenken und ganz gewiß nicht mit dem sprachlichen Artikulationsvermögen eines *Times*- oder *FAZ*-Kolumnisten. Da er nur scheinbar spontan

ist, in Wirklichkeit vielmehr von Personen und Körperschaften kontrolliert oder zumindest beeinflußt wird, die mit einer jugendlichen Subkultur nichts zu tun haben, ist Rock immer zugleich eine Form der Überredung, der geheimen Verführung, der Manipulation und unterschwellig oder offen sogar der Ausbeutung. Solche Vielsträhnigkeit der Gesichtspunkte, die ein Historiker der Rockmusik zu beachten hat, läßt ihn den Jazzhistoriker geradezu beneiden, der sein Augenmerk auf rein musikalische Entwicklungszüge, auf die Entfaltung des Tonmaterials sowie auf die Spielweise herausragender Musiker konzentrieren kann. All dies macht eine soziologische Betrachtung des Jazz freilich nicht überflüssig, wie das die Darstellung von Ekkehard Jost (*Sozialgeschichte des Jazz in den USA*, Fischer Taschenbuch Verlag, Frankfurt/M. 1982) beweist.

Eine weitere Art, Rockgeschichte zu schreiben
(von Carl-Ludwig Reichert)

Eine der Schwierigkeiten, Rockgeschichte zu schreiben, besteht darin, daß sie von der Gesamtkultur wie auch von Teilkulturen als Ausdrucksform ihrer selbst begriffen und beansprucht wird, ohne daß der jeweilige Standpunkt, von dem aus Darstellungen erfolgen, erklärt ist. Während in der politischen Geschichtsschreibung etwa sich allmählich die Erkenntnis durchgesetzt hat, daß die Geschichte der Herrschenden nicht die der Beherrschten sein kann, und man hier versucht, Rückstände aufzuarbeiten, erfolgt der Zugriff auf Musikgeschichte im allgemeinen und auf Rockgeschichte im besonderen kaum anders als ausschnitthaft, wobei sozialgeschichtliche oder kulturkritische Ansätze die vordersten Positionen zu bestimmen scheinen, die höchstens noch von der allgegenwärtigen Soziologie überrundet werden.

Wahrscheinliche Gründe dafür sind die kurze Dauer massenmedialer populärer Kultur und die immer klarer werdenden methodischen Mängel einer befriedigenden Darstellung. Krasser Subjektivismus und Faktenhuberei stehen sich genauso unvermittelt gegenüber wie die Geschichtslosigkeit der meisten Musiker selber dem Anspruch, eine haben zu wollen oder zu machen. In der Terminologie herrscht heilloser Wirrwarr.

Schon einfachste Unterscheidungen, wie die zwischen Jugendkulturen, Subkulturen und Gesamtkultur werden trotz entsprechender Vorarbeiten kaum je stimmig getroffen, dafür existiert ein breites, konkurrierendes Vokabular («erste» und «zweite» Kultur, «Simulation einer Zeitschrift» (Stender), «Meta-Rock» (Reichert), nicht einmal der Begriff Rockmusik ist verbindlich definiert.

Unter solchen Umständen scheint ein weiterer Alleingang durchaus erlaubt.

Hier also ein Vorschlag:

Rockmusik ist jene populäre Musik, die sich der Musizierweise des großstädtischen Blues und Rhythm and Blues bedient und sie im Rahmen ökonomischer, sozialer, technischer und musikalischer Bedingungen weiterentwickelt. Die Inhalte von Rockmusik ergeben sich dann aus dem praktischen Zusammenspiel gesellschaftlicher Bedingungen und dem jeweiligen Standort ihrer Macher und Konsumenten.

Daß die Rockmusik in jeweils verschiedenen Zusammenhängen beansprucht wird, erklärt sich aus dem Wesen populärer Musik als massenhaft produzierter Ware, die durch die spätkapitalistisch entwickelten Massenmedien verbreitet und massenhaft konsumiert wird. Dabei spielt weder ihre besondere Form noch ihr besonderer Inhalt eine Rolle.

Untersuchungen über Rockmusik, also einen nicht unwesentlichen Teilbereich der populären Musik, die sich auf diesen offensichtlichen Aspekt mit den Mitteln traditioneller kritischer Theorie konzentrieren, weisen im allgemeinen nach, daß Rockmusik innerhalb der gegebenen Verhältnisse keine Ausnahme bildet, ohne jedoch ihren Besonderheiten gerecht werden zu können. Kulturkritische Standardargumente, die den Gebrauchswert aller Phänomene populärer Kultur leugnen (Wegwerfprodukte, Kitsch, Klischeehaftigkeit etc.) lassen sich so auch auf Rockmusik übertragen.

Was dieser Art der Analyse widersteht, ist einzig und allein die Wirklichkeit. Ihrer Untersuchung erschließen sich unschwer die Lebenszusammenhänge des modernen Alltags und die Rolle, die populäre Musik als wichtiger Faktor spielt. Dabei lassen sich verschiedene Ebenen unterscheiden, neben den bekannteren außermusikalischen möglicherweise auch musikalische.

Daß freilich das gängige (Ver-)Wertungsschema E/U-Musik nicht dazu geeignet sein kann, ist klar. Sowohl seine Beliebigkeit, seine Manipulierbarkeit und seine privatkapitalistische Ideologie sprechen dagegen. Auch Begriffe wie Mainstream oder Middle of the Road enthalten Wertungen und Vorurteile, deren Grundlagen keineswegs allgemeinverbindlich sind. Zu einer Klärung des Sachverhalts Rockmusik sind sie jedenfalls genausowenig geeignet wie etwa der schwammige Begriff «progressiver Pop».

Analog zur Terminologie, die sich bei der Analyse eines anderen populären Mediums – Film – herausgebildet und bewährt hat, ließe sich möglicherweise aber sinnvoll von A- und B-Musik sprechen, womit zwei in sich differenzierte Ebenen innerhalb jeglicher Form populärer Musik beschreibbar wären.

A-Musik wäre dann zu definieren als authentische, schöpferische, identische musikalische Leistung. B-Musik wäre somit die nachahmende, nachvollziehende, ausschmückende Re-Produktion. Einige Thesen:

1. Rock 'n' Roll ist als B-Musik entstanden.

2. Die grundlegende Formel der B-Musik lautet: Musikalisches Klischee und textliche Phrase in endloser Variation.

3. Einflußmöglichkeit, Verdienst und vielleicht auch Aufgabe der A-Musik ist es, die jeweils neuen Inhalte zu formulieren, entsprechende Spielweisen und Klangmuster zu entwickeln, die bei Übernahme durch die B-Musik neue Grundformeln werden.

4. Nur als B-Musik können die Ideen der A-Musik massenhafte Verbreitung finden, wenn auch in oft abgeschwächter Form.

5. Ungenügende Durchsetzungskraft neuer Musizierweisen oder neuer Inhalte ist nicht der B-Musik anzulasten, sondern eher den kreativen Defiziten der A-Musik.

6. Gerade als B-Musik ist Rock direkter oder indirekter Ausdruck gesellschaftlicher Strömung und Gegenströmung. Manipulationsversuche wie auch der Widerstand dagegen zeigen sich reflexartig in ihren jeweiligen Moden.

7. Dementsprechend geben die mit B-Musik außermusikalisch gekoppelten Faktoren (Werbung, Show, Diskotheken etc.) Aufschlüsse über den Stand populärer Kultur, die nicht zu unterschätzen sind.

8. Das gleiche gilt sinngemäß für ästhetische Deformationen wie Grobschlächtigkeit, Kitsch oder Exotik und damit verbundene Vorgänge repressiver Entsublimierung.

9. Sie als nicht-rockmusikalisch abzulehnen, hieße vor der Wirklichkeit der Rockmusik Augen und Ohren zu verschließen.

10. Erklärungen dafür zu finden, ermöglicht wenigstens, mit der Veränderung der modernen Massenkultur, die die Rockmusik betreibt, interpretatorisch Schritt zu halten, anstatt ihr hinterherzuschreiben.

Eine genaue Untersuchung hätte die Wechselwirkungen beider Ebenen untereinander ebenso darzustellen wie deren jeweils gesellschaftlich bedingte Kopplung an ökonomische, soziokulturelle, kommunikative und ästhetische Inhalte.

Vermutlich genügt dann nur jener, quantitativ sehr kleine Teil rockmusikalischer Praxis der Definition A-Musik, der authentische Ausdrucksform sub- und gegenkultureller Konstellationen ist, insbesondere innerhalb von Jugendkulturen, und dies gleichzeitig mit radikalem, ästhetischem und gesellschaftlichem Anspruch verbindet. In diese Richtung zielen Ansätze bei H. O. Hügel und auch der noch etwas verwaschene Versuch von Simon Frith: «Man kann Rockmusik zwar musikalisch als ein Pop-Genre (den Sound der frühen 70er Jahre) definieren, aber «Rock» hat auch ideologische Bedeutung. Das Suffix Rock bei einer musikalischen Kategorisierung (Folk-Rock, Country-Rock, Punk-Rock) verweist nicht nur auf einen bestimmten Sound oder Beat, sondern auch auf eine Intention und eine Wirkung. Im Gegensatz zu Pop beinhaltet Rock Begriffe wie Ehrlichkeit, Authentizität, Kunst und nicht-kommerzielle Interessen».[*]

Das Dilemma unpräziser Terminologie zeigt sich, wenn Frith anschließend diese im Kern treffende Definition von A-Rock eingedenk seiner genauso existierenden B-Komponente auf «Möglichkeiten und Hoffnungen» reduzieren muß. Denn unter existierenden Verhältnissen kann der quantitativ überwiegende Teil auch der Rockmusik nur B-Musik sein, Musik also, die sich flexibel den Erfordernissen der offiziellen Massenkultur anpaßt, zumindest auf sie reagiert.

Daß auch B-Musik sich ihre Stellung auf Grund der neophoben, konservativ-reaktionären Grundhaltung der offiziellen Kultur im Zug generationsbedingter Konsumveränderungen durch mediale (Schein-)Gefechte hat erkämpfen müssen, unterstreicht nur die Notwendigkeit, sich mit ihr auseinanderzusetzen, anstatt sie elitär abzuqualifizieren oder zu ignorieren.

Denn wo Rock als A-Musik darauf abzielt, musikalische Gebrauchswerte für jugendliche Teilkulturen womöglich autonom herzustellen, und sich dazu der Produktivkräfte Phantasie, Intelligenz, Chaos und Witz bedient, somit Lebens- und Überlebensmittel im «Klassenkampf um das Vergnügen» (Frith) ist, meldet Rock als B-Musik seinerseits abgeleitete Ansprüche der Gesamtkultur an, sei es den nach berufsständischer oder gar gewerkschaftlicher Organisation, einschließlich Altersversorgung, Kranken- und Sozialversicherung, den nach anteiliger Subvention oder den, eine zeitgenössische Kunstform darzustellen. Damit trägt die B-Musik zur Verunsicherung und tendenziellen Veränderung auch der herrschenden Kultur bei.

Das Wort von der «popular culture as popular revenge»[**] trifft dieses generelle Verhältnis sehr genau, und dort, wo die aggressiv-experimentelle Haltung der A-Musik an ihre Grenzen gelangt, setzt die B-Musik ein als «Verteidigung der Lebenswelt gegen Systemansprüche» (Habermas).

[*] Simon Frith: *Jugendkultur und Rockmusik* (rororo 7443).
[**] D. Kellner: *TV, Ideology and Emancipating Popular Culture*. In: Socialist Revue 45, 1979, 13ff. Zitiert nach: J. Habermas: *Theorie des kommunikativen Handelns*, (Suhrkamp, Frankfurt/M. 1981, Bd. 2, S. 574).

Es ist eine der Widrigkeiten, unter der auch sorgfältige und in der Absicht integre Äußerungen über Rockmusik zu leiden haben, daß zum Beweis jedweder Behauptungen wahllos aus beiden Bereichen belegt wird, als Qualitätsraster aber ausschließlich A-Kriterien dienen, ein Umstand, der selbst bei so intelligenten Kritikern wie Greil Marcus zu mythischen Konstruktionen etwa im Fall Presley führt («Mystery Train»). Ursache dafür dürfte letztlich eine generelle Unterschätzung des langfristigen wie auch des aktuellen inhaltlichen Widerstandspotentials von Rockmusik sein. Rock kann auf allen Ebenen lebendig sein, solange er sich der totalen Einvernahme durch ideologische wie ökonomische Systeme listig und lustig zu entziehen weiß und in seinen großen Momenten situativ jene Aura neu und anders schafft, deren Verlust Walter Benjamin anderweitig mit Recht feststellte. Und sowohl in der beständigen Wiederholung wie auch im direkten Erleben leistet Rockmusik ihren Beitrag zur physischen, psychischen und geistigen Dekonditionierung, die ihre Kritiker sosehr zu fürchten haben, daß sie öffentlich verbreiten und wohl auch selber glauben, solches sei nur unter dem Einfluß satanischer Drogen möglich.

Eine Geschichte der Rockmusik sollte demnach nicht nur die zeitliche Abfolge musikalischer und außermusikalischer Entwicklungen darstellen und interpretieren, sondern nachdrücklich auf die Beobachtung und Analyse gleichzeitiger Zusammenhänge auf ihren verschiedenen Ebenen zielen – mit dem vermutlichen Ergebnis, daß Rockmusik weniger als vereinzelter Gegenstand, sondern vielmehr als gar nicht so unbedeutender Faktor in den modernen Massenkulturen zu behandeln wäre, als einer der wichtigeren Nebensachen unseres Alltagslebens.

Herauszufinden, ob und wenn ja, warum das wirklich so ist, wäre dann schon eine Art Wissenschaft und brauchte deren Methoden nicht zu scheuen, aber auch nicht überzustrapazieren.

Dazu hier ein erster Versuch einer Synopse:

Subkulturen		
bis 1933	1933 bis 45	1945 bis 60
Überbau: Bourgeoisie. Italien: Faschismus. UdSSR: Diktatur des Proletariats.	*Überbau:* Faschismus. New Deal. Stalinismus.	*Überbau:* Kalter Krieg. Interessendemokratien. Bürokratisierung.

Subkulturen

bis 1933	1933 bis 45	1945 bis 60
Ökonomie: Weltwirtschaftskrise 1929	*Ökonomie:* Rüstung. Technokratische Planung, Konzerne, Management, «Militärisch-industrieller Komplex». Kybernetik.	*Ökonomie:* USA: Periodische Rezessionen 48/49; 53/54; 57/58; 60/61. Machtkonzentration in der Weltwirtschaft BRD: «Wirtschaftswunder». Ausbau der Kommunikationstechniken und Massenmedien.
Progressive Subkulturen: a) Kommunistische und anarchistische Bewegungen (Münzenberg-Konzern, Proletkult, Internationale Arbeiter-Hilfe, Spanische Anarchisten bis 1937) Räterepublik b) Bohème c) Lebensreform Waldorf-Schulen d) Politische Kunst: Brecht, Piscator, Heartfield e) Lost Generation: Schriftsteller emigrieren aus USA. Pariser «Exilsituation». Einfluß von James Joyce und Gertrude Stein. Henry Miller in Paris und Europa. F. Scott Fitzgerald. Antonin Artaud. f) Deutschland: Arbeiter-Radioklub E. V.	*Progressive Subkulturen:* a) Emigranten, Spanienkämpfer b) Arbeiterbewegungen (Volksfront) c) Widerstandsgruppen (kommunistische, jüdische, christliche, jugendbewegte) d) Frankreich: Resistance. Existentialismus. e) Exilliteratur, -kunst, -musik. f) USA: Off-Hollywood-Cinema (Dokumentaristen). g) Musiker: USA: Bebop, Hipster. Folksong-Bewegung: Woody Guthrie, Pete Seeger. Deutschland: Jazzmusiker	*Progressive Subkulturen:* a) USA: Beat-Generation. Vorläufer: die Hipster der Jazzszene (Bebop, Jive-Sprache, Marihuana), «intelligenter Sohn der Lost Generation» (Broyard). Beatniks: sanfter, hektischer, gemeinschaftsbezogener, bewußtere Gesellschaftskritik, Religiosität (Katholizismus, Zen-Buddhismus). b) Reste der alten Bohème: BRD: Clubs, Studententheater, Kahlschlagliteratur: Borchert, Eich, Kreuder, Böll. «Kellerkinder». Bohème-Minoritäten in Wien, London, Schweden, Osteuropa.

Subkulturen

bis 1933	1933 bis 45	1945 bis 60
g) Vagabunden: 1923: 75 000 Hobos in Chicago. 1929: Internationaler Vagabundenkongreß in Stuttgart. h) Musiker: Schwarze Jazzmusiker in USA.		Existentialisten in Paris (Sartre, de Beauvoir, Camus, Vian): «Leere, Alkohol, Lebensangst, Nikotin, Ekel, Jazz, Absurdität, Autorennen, Verzweiflung, Tanzlokale, Gefühlsbewegungen, Kleidung, Françoise Sagan und Matratzen» (Günther) c) Aufbau einer jugendorientierten, undogmatischen Neuen Linken in Splittergruppen.
Leitbiographie: Luis Armstrong: Mein Leben, mein New Orleans.	Leitbiographie: Jack Bilbo: Rebell aus Leidenschaft.	Leitbiographie: Charles Mingus: Beneath the Underdog.
Regressive Subkulturen: USA: Ku Klux Klan verliert an Einfluß.		*Regressive Subkulturen:* Kriminelle, neofaschistische Gruppen, Bandenkulturen (Street Gangs, Halbstarke, Rocker).

233

Rockmusik und Gesamtkultur

um 1935	um 1940	um 1945 bis 50
Politik: USA: New Deal UdSSR: «Stachanow-Bewegung». Deutschland: Nürnberger Gesetze.	*Politik:* Zweiter Weltkrieg	*Politik:* Ende des Zweiten Weltkriegs.
Wissenschaft / Technik: Lobotomie. Psychochirurgie. Elektroakustische Klanganalyse für Sprach- und Instrumentalforschung. Regelmäßiges Fernsehprogramm in Berlin, dort auch erste öffentliche Fernsehstelle. Volksempfänger. Magnetophonband-Verfahren zur Tonaufzeichnung. Hammond-Orgel. Elektro-Gitarre (1931). Elektrische Pedal-Steel-Gitarre (1934)		*Wissenschaft / Technik:* 1948: Dr. Peter Goldmark entwickelt HiFi-Langspielplatte (Vinyl, Mikrorille) für CBS; RCA im Gegenzug die 45er-Single. Beide Systeme setzen sich durch, damit auch technische Verbesserungen der Aufnahme- und Abspielsysteme. 750000 TV-Empfänger für 9 Programme in USA. Rasche Entwicklung des UKW-Rundfunks.
Geistesgeschichte: Alfred Weber: Kulturgeschichte als Kultursoziologie. Margaret Mead: Geschlecht und Charakter.	*Geistesgeschichte:* Aufschwung der Soziologie. Positivismus. B. Russell. J.-P. Sartre.	*Geistesgeschichte:* H. G. Wells: Der Geist am Ende seiner Möglichkeiten.
Literatur: U. Sinclair: Das Ende der Armut. Th. Wolfe: Of Time and the River. Th. St. Eliot: Murder in the Cathedral. S. Lewis: It Can't Happen Here.	*Literatur:* H. Hesse: Glasperlenspiel. L. Feuchtwanger: Exil. J.-P. Sartre: Die Fliegen.	*Literatur:* G. Orwell: 1984. J. Steinbeck: Straße der Ölsardinen.

Rockmusik und Gesamtkultur

um 1935	um 1940	um 1945 bis 50
Trivialliteratur: USA: E. R. Burroughs, H. P. Lovecraft. England: E. Wallace. Comics: Katzenjammer Kids, Little Nemo. Deutschland: Hans Dominik, Karl May. N. Jacques: Dr. Mabuse Heftserien: Rolf Torring, Jörn Farrow, Nick Carter. Film: Charlie Chaplin: Modern Times.	*Trivialliteratur:* Radio-Serials: Lone Ranger, The Shadow, Tarzan, Superman, Buck Rogers. Hörspiel: Orson Welles: War of the Worlds, löst Panik aus. Comics: Prince Valiant, Terry and the Pirates, Captain America, Pogo, Little Orphan Annie. W. Disney: Schneewittchen, Fantasia. (mit klassischer Musik). J. Ford: Früchte des Zorns (Soloakkordeon mit volksliedthema als neuartige Filmmusik). Ch. Chaplin: Der Große Diktator. Orson Welles: Citizen Kane. «Casablanca» und «Hollywoods Schwarze Serie» mit Stars wie E. G. Robinson, J. Cagney, H. Bogart, L. Bacall, M. Dietrich.	*Trivialliteratur:* USA: seit 1943 über eine Milliarde Comics verkauft. Film: Flaherty: Louisiana Story. Der dritte Mann (mit Harry Lime-Thema). Rhapsody in Blue. Kinder des Olymp. K. Anger: Fireworks (1947). 1949: Erster Experimentalfilmwettbewerb in Knokke. Film-Serials: Charlie Chan, Flash Gordon, Blondie, Hopalong Cassidy, Tarzan.
Bildende Kunst: Museum of Modern Art bezieht Fotografie und Film ein.	*Bildende Kunst:* H. Moore. Picasso. M. Ernst.	*Bildende Kunst:* Saul Steinberg: Cartoons. Picasso: Flötenblasender Faun.
Musik: G. Gershwin: Porgy and Bess. Alban Berg. Big Band-Swing. Louis Armstrong. Coleman	*Musik:* Europäische Komponisten übersiedeln nach USA: Strawinsky, Schönberg, Bartók,	*Musik:* Uraufführung der 3. Symphonie von Charles Ives (komponiert ca. 1914).

Rockmusik und Gesamtkultur

um 1935	um 1940	um 1945 bis 50
Hawkins. Fats Waller. Modetanz Rumba. Country und Western-Musik wird populär durch Interpreten wie Jimmie Rodgers, Gene Autrey, die Carter-Family, Tex Ritter, Hank Williams. Die Monroe Brs. machen unverfälschte Bluegrass-Musik, Bob Wills modernen Western Swing.	Hindemith, Weill. Thelonios Monk, Dizzy Gillespie, Charlie Parker spielen Bebop. Charlies Christian entwickelt eine eigenständige Spielweise auf der Elektro-Gitarre, damit richtungsweisend nicht nur im Jazz. «Hillbilly» und «Race-Music» (ländlicher und städtischer Blues) werden äußerst populär, es gibt ca. 600 Hillbilly-Sender. England: «Musik zur Hebung der Arbeitsfreude» als regelmäßiges Rundfunkprogramm in Fabriken. Deutschland: Kriegswunschkonzerte. Schlager sind: Lili Marleen, Das kann doch einen Seemann nicht erschüttern (1939), Es geht alles vorüber (1942).	Cole Porter: Kiss me, Kate. Modetanz: Samba USA: Rhythm and Blues. BRD: Wer soll das bezahlen? (Schlager zur Währungsreform). 1947: Rekordjahr für die amerikanische Plattenindustrie.

Sonstiges:
Erster Kinsey-Report: Das sexuelle Verhalten des Mannes. (80 % kennen Sex vor der Ehe, 87 % Onanie, 90 % Petting).
Untersuchungen in Europa zeigen schnelleres körperliches, seelisches und geistiges Reifen der Jugendlichen.

Rockmusik und Gesamtkultur

1950 bis 55	1955 bis 60
Politik: USA: Ära Eisenhower und McCarthy. Koreakonflikt. UdSSR: Ära Chruschtschow. England: Krönung Elisabeths II. Argentinien: Evita Perón † (1952). Afrika: Mau-Mau-Aufstände. China: Mao Tse-tung Präsident. BRD: Adenauer.	*Politik:* Kalter Krieg. Atomare Aufrüstung.
Wissenschaft / Technik: Neue Phase der «Industriellen Revolution»: Elektronik, Atomenergie, staatlich geförderte Großprojekte, Weltraumflug, Industrialisierung der Welt.	*Wissenschaft / Technik:* Elektronenrechner. Atom-U-Boote. Sputnik.
Medien allgemein: USA: William R. Hearst Inhaber von 38 Zeitungen und Magazinen. Erstes Farbfernsehen in den USA. TV-Relaiskette New York–San Francisco. Heftiger Konkurrenzkampf Film–TV. 440 TV-Stationen, 31,7 Millionen TV-Empfänger. 125 Millionen Radios in 50 Millionen Haushalten. 391 Filmproduktionen für 19 048 Kinos. Produktionskosten für Spitzenfilme: 1 bis 8 Millionen Dollar. In der Bundesbibliothek in Washington katalogisiert: 81 278 Spielfilmrollen, 1 919 609 Kompositionen / Partituren, 305 848 Schallplatten. BRD: Das Fernsehen erhält starke Impulse durch Übertragung der Krönung Elisabeth II. und der Fußballweltmeisterschaft. Im Rundfunk Verbesserung des Klangspektrums durch «Raumklang / 3 D».	*Medien allgemein:* USA: Erfindung des Vierspurverfahrens bei Tonaufnahmen. Verbreitung von Stereoschallplatten. BRD: Bertelsmann GmbH gegründet zum Massenvertrieb von Büchern und Schallplatten. Etwa 50 % der BRD-Haushalte besitzen kein Buch außer Schulbüchern. Sechs der verbreitetsten deutschen Comic-Streifen erreichen eine tägliche Gesamtauflage von sieben Millionen. 1955 werden in der BRD 31 Millionen Schallplatten hergestellt.

Rockmusik und Gesamtkultur

1950 bis 55	1955 bis 60
Es gibt 4550 Kinos. Welt: Weltweit 91 000 feste Kinos mit 42 Millionen Sitzplätzen.	
Geistesgeschichte: Th. W. Adorno: Minima Moralia. R. Jungk: Die Zukunft hat schon begonnen. A. Hauser: Sozialgeschichte der Kunst und Literatur. A. Huxley: Die Pforten der Wahrnehmung.	*Geistesgeschichte:* H. Marcuse: Eros und Zivilisation. E. Bloch: Das Prinzip Hoffnung. J. Huizinga: Homo Ludens. H. Schelsky: Die skeptische Generation. Albert Einstein†. Ortega y Gasset†.
Literatur: S. Beckett: Warten auf Godot. E. Ionesco: Die kahle Sängerin. A. Camus: L'Homme révolté. J. Jones: Verdammt in alle Ewigkeit. A. Miller: Hexenjagd. J. D. Salinger: Catcher in the Rye. W. C. Williams: The Desert Music. J. Baldwin: Go, tell it on the Mountain Th. Mann: Felix Krull. E. Broch: Die Schuldlosen.	*Literatur:* T. Williams: Katze auf dem heißen Blechdach. J. Kerouac: On the Road. A. Ginsberg: Howl G. Corso: Bomb. O'Hara: Second Avenue. C. Wilson: The Outsider. F. Sagan: Lieben Sie Brahms? G. Grass: Die Blechtrommel. H. H. Jahn†. E. Pound wird aus der Heilanstalt entlassen.
Bildende Kunst: Picasso: Massaker in Korea. Dalí: Manifeste mystique. H. Arp: Plastiken. Le Corbusier: Architektur. Braque: Gitarre. Jackson Pollock: Abstrakte Malerei.	*Bildende Kunst:* Ein britischer Kritiker prägt den Begriff POP-ART nach Buchstaben auf einem Gemälde von Kitaj, ab 1961 allgemein verwendet als «populäre Kunst». Reg Butlers Modell für ein Denkmal des Unbekannten politischen Gefangenen wird auf einer Ausstellung in London von einem Gegner seiner Kunstrichtung zerstört.

Rockmusik und Gesamtkultur

1950 bis 55	1955 bis 60
Film: USA: Endstation Sehnsucht. Ein Amerikaner in Paris. Viva Zapata. Limelight. The Greatest Show on Earth. Das Gewand (erstmals Cinema-Scope). Die Faust im Nacken. Die Caine war ihr Schicksal. High Noon. Frankreich: Lohn der Angst. BRD: Heimatfilme.	*Film:* USA: Jenseits von Eden. Blackboard Jungle. Manche mögen's heiß. Cassavetes: Shadows. Die Brücke am River Kwai. Frankreich: Neue Welle mit Godard: Außer Atem. Resnais: Hiroshima, mon amour. Chabrol: Die Enttäuschten Italien: Fellini: La dolce vita. Stars: Brigitte Bardot. Gina Lollobrigida. Liz Taylor. Marlon Brando. Gerard Philippe†. James Dean. Marilyn Monroe.
Musik: USA: Count Basie-Klassizismus (L. Young, J. Giuffre, Qu. Jones u. a.). Cool Jazz (M. Davis, L. Tristano). Hard-Bop als Gegenbewegung zum Cool Jazz. Welle von Jazz-Fugen. Entwicklung vom Blues, Rhythm and Blues, Country & Western über Rockabilly zum Rock 'n' Roll. Durchbruch Elvis Presleys ab 1954. Pop-Hits damals: Gordon Jenkins & the Weavers: Goodnight Irene. Anton Karas: Third Man Theme. King Cole: Too Young. Patti Page: Tennessee Waltz. Johnny Ray: Cry. Les Paul/Mary Ford: Vaya con Dios. Crewcuts: Sh-Boom.	*Musik:* USA: Anfänge des Free Jazz: G. Russell, Ch. Mingus, O. Coleman, D. Sherry, M. Davis, Sun Ra, Ch. Haden. BRD: Donaueschingen: Diskussion um Publikumsentfremdung der modernen Musik. Auftritt des Modern Jazz Quartets. Europa: Nono, Henze, P. Schaeffer/P. Henri machen «musique concrete». USA: John Cage: Geschichte der experimentellen Musik in den USA (ab 1950). Modetanz: Cha cha cha. Hits: Bill Haley: Rock around the clock. T. E. Ford: Sixteen Tons.

Rockmusik und Gesamtkultur

1950 bis 55	1955 bis 60
Eddie Fisher: Oh, my Papa.	Elvis Presley: Heartbreak Hotel, Hound Dog/Don't be cruel, Love me tender. Gogi Grant: Wayward Wind. Buddy Holly: That will be the day. Danny and the Juniors: At the Hop. The Champs: Tequila. Sheb Wooley: Purple People Eater. Kingston Trio: Tom Dooley. Lloyd Price: Staggerlee. Johnny Horton: Battle of New Orleans. 1959: Buddy Holly, Ritchie Valens, Big Bopper† (Flugzeugabsturz)
Sonstiges: USA haben 6 % der Weltbevölkerung, 60 % aller Automobile, 58 % aller Telefone, 45 % aller Radios, verbrauchen 51 % allen Gummis, produzieren 32 % aller industriellen Güter und 62 % allen Öls. Europa: Die amerikanische Mode der «blue jeans» beginnt sich rasch in Europa zu verbreiten. Welt: Laut UNESCO-Bericht tragen 1951 von 2,3 Milliarden Menschen 700 Millionen Gürtel oder Lendenschurz, 310 Millionen leben nackt.	*Sonstiges:* Papst nimmt gegen Auswüchse der Mode Stellung. Studie von Donat/Tischendorf: Lärmprobleme der Gegenwart.

Rockmusik und Gesamtkultur

1960	1961
Politik: «Overkill»-Situation der atomaren Bewaffnung (10 Tonnen TNT pro Kopf der Erdbevölkerung) bedingt das atomare Patt. USA: J. F. Kennedy wird Präsident. 17 afrikanische Staaten werden unabhängig. Kuba wird mit Castro kommunistisch.	*Politik:* Rußland nimmt Atomversuche in der Atmosphäre wieder auf. Kennedy gründet das «Friedenscorps» und schickt Truppen nach Süd-Vietnam. Lumumba im Kongo ermordet, UN-Sekretär D. Hammarskjöld stürzt ab. Exilkubaner scheitern in der Schweinebucht. Chinesisch-russische Spaltung. Mauerbau in Ostberlin.
Wissenschaft/Technik: USA: Freier Verkauf der «Anti-Baby-Pille». Erfindung des Laserstrahls.	*Wissenschaft/Technik:* Stereophonie im US-Rundfunk.
Massenmedien: Im US-Radio werden die letzten sieben «Soap-Operas» eingestellt. Weltweit und in Europa gibt es: pro 1000 Einwohner 100/252 Zeitungen, 126/216 Rundfunkgeräte, 33/61 Fernsehgeräte, 22/55 Kinositze.	*Massenmedien:* Als erste einer Reihe neuer Comic-Superhelden tauchen «Fantastic Four» und «Amazing Spiderman» auf. Comic-Fanzines setzen sich mit dem Medium neuartig auseinander. E. Feldmann: Theorie der Massenmedien.
Literatur: A. Andersch: Die Rote. J. Gelber: The Connection (Stück im Jazz-Milieu). G. Vidal: The Best Man. H. Miller: Nexus. J. C. Powys: All or Nothing. J. Updike: Rabbit, Run. Camus† In England wird Lady Chatterley's Lover freigegeben.	*Literatur:* A. Ginsberg: Kaddish. A. Miller: The Misfits. H. Lee: To Kill A Mockingbird. R. Heinlein: Stranger in a Strange Land. H. Qualtinger: Der Herr Karl. Konsalik: Diagnose Krebs. E. Hemingway †.

Rockmusik und Gesamtkultur

1960

Film:
Hitchcock: Psycho.
Huston: Nicht gesellschaftsfähig.
Resnais: Letztes Jahr in Marienbad.
Ben Hur erhält 11 Oscars.
Experimentalfilmer in USA (New American Cinema Group) und Europa (Kubelka, Kren).

Musik:
Nono: Intolleranza.
Stockhausen: Kontakte.
Jazz:
John Coltrane spielt zum letzten Mal mit Miles Davis und zum ersten Mal mit einem Free-Jazz-Musiker – Don Cherry – zusammen. Erstes Auftauchen des Ausdrucks «Free Jazz» auf Ornette Colemans Platte «Free Jazz» für Doppelquartett. Auf dieser Platte: Musikalische Begegnung Ornette Coleman – Eric Dolphy. «Rival Festival» der «Rebels» in Newport als Protest gegen George Weins etabliertes Newport Jazz Festival. Ornette Coleman spielt mit Charles Mingus, Kenny Dorham, Max Roach. Erste europäische Gruppe, die unmittelbar von Ornette Coleman beeinflußt ist: das Muniak-Stanko-Quartett in Krakau, Polen. (Berendt, Jazzbuch)
Hits:
Everly Brothers: Cathy's Clown.
Miracles: Shop Around.
Itsy Bitsy Teenie Weenie Yellow Polka Dot Bikini.
Schlager:
Marina. Piove. Petite Fleur.
Elvis Presley wird aus der Armee entlassen. Eddie Cochran †.

1961

Film:
Buñuel: Viridiana.
Cassavetes: Too Late Blues.
Robbins: West Side Story.
Vesely: Das Brot der frühen Jahre.

Musik:
Dessau: Puntila.
Henze: Elegie für junge Liebende.
Jazz:
Coltrane: Africa Brass.
Country:
Brook Benton: Boll Weevil Song.
Johnny Horton: North to Alaska.
Hits:
Lawrence Welk: Calcutta.
Ernie K-Doe: Mother-In-Law.
Ben E. King: Stand by Me.
Gary U. S. Bonds: Quarter to Three.
Ray Charles: Hit the Road Jack.
Highwaymen: Michael.
Elvis Presley: Are You Lonesome Tonight?
Bert Kaempfert: Wonderland by Night.
Schlager:
Ein Schiff wird kommen.
Seemann, deine Heimat ist das Meer.
Kalkutta liegt am Ganges.
Schallplattenumsatz in den USA: 245 Millionen Dollar.

Rockmusik und Gesamtkultur

1962	1963
Politik: USA nehmen atmosphärische Atombombenversuche trotz weltweiter Proteste wieder auf. Weltausstellung in Seattle. US-Truppen nach Laos. 11000 «Militärberater» in Vietnam. James Meredith beginnt als erster Schwarzer ein Studium in Mississippi. Cesar Chavez gründet Landarbeiter-Gewerkschaft. Kuba-Blockade. Algerien wird unabhängig. Eichmann wird in Israel hingerichtet.	*Politik:* Selbstverbrennung eines buddhistischen Mönchs aus Protest gegen Vietnam-Krieg. 16800 Amerikaner in Vietnam. Kennedy in Berlin. M. Luther King in Washington: «I have a dream ...» William Moore während eines Bürgerrechtsmarsches ermordet. Kennedy in Dallas ermordet. Ruby tötet H. L. Oswald. Johnson wird Präsident. Paul VI. Papst. BRD: Gründung der Subversiven Aktion.
Wissenschaft / Technik: Telstar-Satellit überträgt live. Pille in der BRD. Contergan-Skandale bahnen sich an. Nobelpreis für die Erforscher der Doppelhelix.	*Wissenschaft / Technik:* 10 Forschungs-Kernreaktoren in der BRD. Farbfernsehen in Europa noch im Versuchsstadium.
Literatur: W. Burroughs: The Naked Lunch. J. Heller: Catch 22. A. Huxley: Island. K. A. Porter: Ship of Fools. S. Beckett: Glückliche Tage. K. Kesey: One Flew Over The Cuckoo's Nest. Konsalik: Russische Sinfonie. Comics: Barbarella. Modesty Blaise. Dr. Kildare. Fu Man Chu. Diabolik. Peanuts.	*Literatur:* M. McCarthy: The Group. L. Hughes: Poems from Black Africa. J. Baldwin: The Fire Next Time. Jewtuschenko bereist die BRD. R. Hochhuth: Der Stellvertreter.
Film: Godard: Vivre sa vie. Welles: Der Prozeß.	*Film:* Hitchcock: Birds. Fellini: 8½.

Rockmusik und Gesamtkultur

1962	1963
J. Smith: Flaming Creatures. J. Mekas: Hallelujah, the Hills. Marilyn Monroe†.	Anger: Scorpio Rising. Africa Addio. Dr. No – erster James Bond-Film. Renaissance der Stummfilmkomiker Chaplin, Keaton, Lloyd.
Musik: Th. W. Adorno: Einführung in die Musiksoziologie. Hanns Eisler†. Jazz: Von diesem Jahr an kommen fast alle wichtigen Free-Jazz-Musiker nach Europa. Der Free Jazz wird der erste Jazzstil, dessen Geschichte – obwohl vorwiegend von Amerikanern gemacht – nicht ohne eine Fülle wichtiger, in Europa stattfindender Ereignisse geschrieben werden kann. (Berendt) Folk: Peter, Paul und Mary sind populär. Bob Dylan erhält seine erste Kritik in der New York Times. Hits: Joe Meek: Telstar. Chubby Checker: Twist. Joey Dee: Peppermint Twist. Isley Brothers: Twist and Shout. Sam Cooke: Twistin the Night away. Bobby Pickett: Monster Mash. Beach Boys: Surfin' Safari. Elvis Presley: Good Luck Charm. Schlager: Morgen. Zwei kleine Italiener. Die Zuckerpuppe aus der Bauchtanzgruppe.	*Musik:* P. Hindemith†. Jazz: Sonny Rollins tritt mit Don Cherry auf. Damit bekennt sich der profilierteste Exponent des vorhergehenden Jazzstils – Hard Bop – zum Neuen Jazz. (Berendt) Folk: Rooftop Singers: Walk Right In. Peter, Paul and Mary: Puff, the Magic Dragon. Blowin' in the Wind. Bob Dylan: Freewheelin' in den Charts. Auf dem Newport-Festival erfolgreich: Joan Baez, Bob Dylan, Pete Seeger, Phil Ochs. SNCC organisiert ein Folk-Festival in Mississippi. Baez verweigert Einkommenssteuer. Hits: Little Stevie Wonder: Fingertips. Presley: Return to Sender. Beach Boys: Surfin USA. Jan & Dean: Surf City. Schlager: Junge, komm bald wieder.
	Sonstiges: Lenny Bruce verurteilt. Whisky-A-Go-Go erste Diskothek in USA. McDonalds: Über 1 Milliarde Hamburger verkauft.

Rockmusik und Gesamtkultur

1964	1965
Politik:	*Politik:*
China zündet erste Atombombe. Friedensnobelpreis an M. L. King. Johnson erklärt «War on Poverty». Bürgerrechtsvorlage angenommen: Wahlrecht für Neger, Aufhebung der Rassentrennung. Studenten in Berkeley entwickeln bei Unruhen neue Widerstandsformen: Go-In, Teach-In, Streiks. Gründung des Free Speech Movement.	Beginn der amerikanischen Luftangriffe auf Nordvietnam. Weltweite Demonstrationen dagegen. 170000 US-Soldaten in Vietnam. Malcolm X ermordet. Unruhen in Los Angeles von der Nationalgarde unterdrückt: 34 Tote, 800 Verletzte. BRD: Studenten protestieren gegen Bildungsnotstand. England: Groß-London wird gebildet (8 Millionen Einwohner).
Literatur:	*Literatur:*
J.-P. Sartre lehnt Nobelpreis ab. Sartre: Die Wörter. J. Lennon: In His Own Write. H. C. Artmann: Das Suchen nach dem gestrigen Tag ... Böll: Entfernung von der Truppe. Konsalik: Das Herz der 6. Armee. Le Carre: Der Spion, der aus der Kälte kam. Ian Fleming: James Bond-Romane.	Mao Tse-tung: 34 Gedichte. N. Mailer: Der Alptraum. Autobiography of Malcolm X. H. Marcuse: Kultur und Gesellschaft. Kursbuch (Hg. Enzensberger). Tolkien: Lord of the Rings. F. Herbert: Dune. Konsalik: Rausch (jetzt: Privatklinik).
	Bildende Kunst:
	OP-Art. Computergrafik. Becker/Vostell: Happening, Fluxus, Pop-Art, Nouveau Realisme.
Film:	*Film:*
Bergman: Das Schweigen. Lester: Yeah! Yeah! Yeah! Kubrick: Dr. Strangelove. The Man from U. N. C. L. E. Mary Poppins.	Polanski: Cul-De-Sac. Resnais: Der Krieg ist vorbei. Godard: Masculin-Feminin, Lemmy Caution gegen Alpha 60. Lester: The Knack. Fellini: Julia und die Geister.

Rockmusik und Gesamtkultur

1964	1965
Musik: H. W. Henze: Being Beautious (nach Rimbaud). Jazz: Eric Dolphy stirbt in Berlin. George Russell auf den Berliner Jazztagen … Don Cherry läßt sich in Europa nieder. Bildung der «Jazz Composers Guild» … Veranstaltung eines Free Jazz Festivals in New York mit Cecil Taylor, Archie Sheppe, dem Jazz Composers Orchestra u. v. a. (Berendt) Pop: Britisches Sänger- und Instrumentalquartett für Tanzmusik «Beatles» aus Liverpool verändern musikalischen und modischen Geschmack der Jugend. (STEINs Kulturfahrplan) Hits: Beatles: I want to hold your hand, She loves you, Love me do, A hard Day's night, Please, please me. Luis Armstrong: Hello Dolly. Supremes: Where did our Love go? Drifters: Under the Boardwalk. Marvin Gaye: Can I get a Witness. Rufus Thomas: Walkin the Dog. Shangri Las: Leader of the Pack. Animals: House of the Rising Sun. Dave Clark Five: Glad all over.	*Musik:* Ligeti: Requiem. Blacher/v. Cramer: Zwischenfälle bei einer Notlandung (elektronische Oper). Jazz: Ornette Coleman tritt wieder auf. Leroi Jones gründet in Harlem das «Black Arts Theatre», das der Förderung aller «Schwarzen Künste», vor allem aber des Neuen Jazz, dienen soll. John Coltrane fördert Archie Shepp und vergrößert seine Gruppe durch Pharoah Sanders und Rashied Ali. Coltrane nimmt «Ascension», Ornette Coleman mehrere Alben auf. (Berendt) Country: R. Miller: King of the Road. R. & B: Pap's got a brand new bag. Shotgun. Hits: Rolling Stones: Satisfaction. Barry McGuire: Eve of Destruction. Byrds: Mr. Tambourine Man. Turtles: It ain't me, Baby. Bob Dylan: Like a Rolling Stone. Beatles: Yesterday. Presley: Crying in the Chapel. In San Francisco eröffnet das Matrix mit Jefferson Airplane als Hausband. Alan Freed†. Ken Kesey veranstaltet den ersten Acid-Test. *Sonstiges:* Frisbee patentiert.

Rockmusik und Gesamtkultur

1966	1967
Politik:	*Politik:*
Vietnamkrieg. Kulturrevolution in China. Frankreich verläßt die NATO. Provos in Amsterdam. BRD: Große Koalition. Wirtschaftliche Rezession. Gammler. UdSSR: Venus 3 erreicht als erstes Raumgefährt einen außerirdischen Planeten. USA: Ronald Reagan Gouverneur in Kalifornien. Black Power-Bewegung.	Militärputsch in Griechenland. Schah-Besuch in der BRD löst Proteste aus. Benno Ohnesorg in Berlin erschossen. Che Guevara ermordet. Weltweite Studentenbewegungen. Hippie-Demonstration in London mit Allen Ginsberg. Symbolische Hippie-Beerdigung in San Francisco. Demonstranten versuchen «Sturm auf das Pentagon». Gründung der Kommune I.
Literatur:	*Literatur:*
H. Marcuse: Kritik der reinen Toleranz. B. Friedan: Der Weiblichkeitswahn. Masters/Johnson: Human Sexual Response. Konsalik: Liebesnächte in der Taiga. Comics: Jodelle. Phoebe Zeitgeist. Superman deutsch.	K. Marx: Das Kapital (1. Band)
Filme:	
Antonio: Blow up. Brook: Die Verfolgung und Ermordung Jean-Paul Marats... Truffaut: Fahrenheit 451. Watkins: Privilege. Buñuel: Der Würgeengel. Warhol: Chelsea Girls. TV-Serien: Batman. The Avengers. Star Trek. The Monkees.	
Drogen:	
LSD unter Regierungsaufsicht gestellt. Trips-Festival in San Francisco.	

Rockmusik und Gesamtkultur

1966	1967
Musik: Jazz: John Coltrane und Ornette Coleman beherrschen alle Jazz-Polls der Welt ... Die Berliner Jazztage präsentieren mehr neuen Jazz als je zuvor irgendein anderes europäisches Festival. Cecil Taylor tritt mit seiner «Unit» in Deutschland und Paris auf. (Berendt) Pop: Soul-Musik wird populär. Hits: Sgt. B. Sadler: The Ballad of the Green Berets. Mamas & Papas: California Dreamin'. Simon & Garfunkel: Sounds of Silence. James Brown: I got you. Stevie Wonder: Up Tight. Percy Sledge: When a man loves a woman. Ray Charles: Let's go get stoned. Beatles: We can work it out. ? Question Mark & the Mysterians: 96 Tears. Monkees: Last Train to Clarksville. Donovan: Sunshine Superman. Nancy Sinatra: These Boots are made for walkin. Lovin Spoonful: Daydream. Rolling Stones: Paint it black. Beach Boys: Good Vibrations. LP-Charts USA: Bob Dylan: Blonde on Blonde. Beatles: Rubber Soul, Help, Revolver. Stones: Aftermath, Big Hits, Out of our Heads. Beach Boys: Pet Sounds. Butterfield Blues Band: East-West. BRD: Rattles, Lords, Petards.	*Musik:* Jazz: John Coltrane † Hits: Beatles: Penny Lane, Hello Goodbye. Rolling Stones: Let's spend the night together, Ruby Tuesday. Monkees: I'm a Believer. Supremes: The Happening. Doors: Light my Fire. Jefferson Airplane: Somebody to love. Scott McKenzie: San Francisco. Aretha Franklin: Respect. Procol Harum: A Whiter Shade of Pale. B. Gentry: Ode to Billy Joe. Bee Gees: Massachusetts. Doors: Strange Days. Mitch Ryder & the Detroit Wheels: Sock it to me. LPs: Beatles: Sgt. Pepper's ... Jefferson Airplane: Surrealistic Pillow. Aretha Franklin: I never loved a man. Jimi Hendrix: Are You Experienced? Mothers of Invention: Freak Out. Cream: Fresh Cream. Velvet Underground. BRD: Anfänge einer eigenständigen Rockmusik (Krautrock/Deutschrock): Amon Düül, Guru Guru Groove, Floh de Cologne, Chekpoint Charlie, Ton Steine Scherben, Embryo, Agitation Free, Ihre Kinder, Can, Cluster.

Rockmusik und Gesamtkultur

1968	1969
Politik:	*Politik:*
Schwere Studentenunruhen u. a. in Paris, Rom, Kopenhagen, Tokio; auch in der BRD und USA.	Overkill-Rate: USA 14fach; UdSSR 7fach.
Vietnam-Demonstration in Berlin.	R. M. Nixon Präsident der USA.
Attentat auf Rudi Dutschke.	Golda Meir Premier in Israel.
Notstandsgesetze.	W. Brandt Bundeskanzler BRD.

Politik:
Schwere Studentenunruhen u. a. in
Paris, Rom, Kopenhagen, Tokio;
auch in der BRD und USA.
Vietnam-Demonstration in Berlin.
Attentat auf Rudi Dutschke.
Notstandsgesetze.
Amnesty International gegründet.
USA: «Marsch der Armut» nach
Washington, D. C.. M. Luther King
ermordet. Robert Kennedy ermor-
det.
Präsident Johnson ordnet Einstel-
lung der Bombenangriffe auf Nord-
Vietnam an.
«Schlacht von Chicago» beim Demo-
kraten-Parteitag.
Polizei überfällt Büro der Black
Panther.
Yippie Abbie Hoffmann erscheint
vor dem Untersuchungsausschuß für
«Unamerikanische Aktivitäten»
(HUAC) in einem Hemd, das aus der
amerikanischen Flagge geschneidert
ist. Als Polizisten ihm das Hemd vom
Leib reißen, erscheint darunter die
Vietcong-Fahne, die er sich auf die
Haut gemalt hat.
Der Kinderarzt Dr. Benjamin Spock
wird wegen Aufforderung zur Kriegs-
dienstverweigerung zu 2 Jahren Ge-
fängnis verurteilt.
Olympiasieger Smith und Carlos de-
monstrieren in Mexiko Black Power.

Literatur:
K. Marx: Das Kapital (2. Band)
Dutschke u. a.: Rebellion der Studenten.
v. Hentig: Der jugendliche Vandalis-
mus.

Politik:
Overkill-Rate: USA 14fach; UdSSR
7fach.
R. M. Nixon Präsident der USA.
Golda Meir Premier in Israel.
W. Brandt Bundeskanzler BRD.

Literatur:
P. Gorsen: Das Prinzip Obszön.
Laing/Cooper: Tod der Familie.
T. Southern: Naked came the stran-
ger.
Ph. Roth: Portnoy's complaint.

Rockmusik und Gesamtkultur

1968	1969
R. Reiche: Sexualität und Klassen-kampf. Anti-Universität in London. E. Cleaver: Soul on Ice. Selby: Last Exit Brooklyn. P. Weiß: Vietnam-Diskurs. C. Castaneda: The Teachings of Don Juan. Comics: R. Crumb geht mit den Zap-Comics in den «Underground».	K. Vonnegut: Slaughterhouse 5. Chr. Enzensberger: Größerer Versuch über den Schmutz. A. Warhol: A. Stück: «Oh Calcutta» stellt Sex dar.

Massenmedien:
Weltweite Farbfernsehübertragungen.
Weltweit 200 Millionen Fernsehteilnehmer, 450 Millionen Rundfunkhörer.
USA: Neue Soap-Opera «One Life to live» beschäftigt sich mit Minderheiten.

Theater:
Freie Gruppen, Straßentheater.
Politisierung.

Film:	*Film:*
Buñuel: Belle de Jour. Godard: La Chinoise. Straub: Chronik der Anna Magdalena Bach. Kluge: Artisten in der Zirkuskuppel ratlos. Kubrick: 2001. Polanski: Rosemary's Baby. Disney: Das Dschungelbuch. Asterix le Gaulois. Shear: Wild in the Streets.	Hopper: Easy Rider. Penn: Alice's Restaurant. Hill: Butch Cassidy and the Sundance Kid. Warhol: Flesh. Faßbinder: Liebe ist kälter als der Tod. Fleischmann: Jagdszenen aus Niederbayern. Zadek: Ich bin ein Elefant, Madam. Godard: Le Gai Savoir. Schröter: Eika Katappa.

Rockmusik und Gesamtkultur

1968	1969
Musik:	*Musik:*
Th. Kessler: Revolutionsmuik für Ensemble und Tonbänder.	Penderecki: Die Teufel von Loudon.
Musical: Hair.	Stockhausen: Kurzwellen mit Beethoven.
Hits in USA:	Siebert: James Bond-Oratorium.
John Fred: Judy in Disguise.	Hits USA:
Otis Redding: Dock of the Bay.	Marvin Gaye: I heard it through the grapevine.
Simon & Garfunkel: Mrs. Robinson.	Sly Stone: Everyday People.
Jeannie C. Riley: Harper Valley P. T. A.	Beatles: Get back.
Beatles: Hey Jude.	Fifth Dimension: Aquarius / Let the Sun shine in.
Supremes: Love child.	Rolling Stones: Honky Tonk Women.
Stones: Jumpin Jack Flash.	Elvis Presley: Suspicious Minds.
Steppenwolf: Born to be wild.	Zager & Evans: In the year 2525.
Cream: White Room.	Merle Haggard: Okie from Muskogee.
Manfred Mann: The Mighty Quinn.	Hits UK:
Hits UK:	Marmalade: Obladi Oblada.
Georgie Fame: Ballad of Bonnie and Clyde.	Fleetwood Mac: Albatross.
E. & A. Ofarim: Cinderella Rockefella.	Move: Blackberry Way.
Dave Dee etc.: Legend of Xanadu.	D. Dekker: Israelites.
Beatles: Lady Madonna.	Beatles: Ballad of John and Yoko.
Arthur Brown: Fire.	Thunderclap Newman: Something in the Air.
Scaffold: Lily the pink.	CCR: Bad Moon Rising.
Luis Armstrong: What a wonderful world.	J. Birkin / S. Gainsbourg: Je t'aime moi non plus.
LPs:	LPs:
Traffic: Mr. Fantasy.	Blood, Sweat and Tears.
Janis Joplin: Cheap Thrills.	James Brown: Sex Machine.
Jimi Hendrix: Electric Ladyland.	Capt. Beefheart: Trout Mask Replica.
Beatles: White Album.	Led Zeppelin II.
Rolling Stones: Beggar's Banquet.	MC Five: Kick out the jams.
Zappa: We're only in it for the Money.	The Nice: Ars Longa, Vita Brevis.
The Band: Music from Big Pink.	Pink Floyd: Ummagumma.
Johnny Cash: At Folsom Prison.	Rolling Stones: Let it bleed.
Jeff Beck: Truth.	The Who: Tommy.
Bob Dylan: John Wesley Harding.	Zappa: Hot Rats.
Van Dyke Parks: Song Cycle.	
United States of America.	

Rockmusik und Gesamtkultur

1968	1969
Cream: Wheels of Fire. David Peel: Have a Marihuana. BRD: Essener Songtage mit Mothers of Invention, Fugs, Amon Düül.	Beatles: Abbey Road. Blind Faith. Paul & Linda, John und Yoko heiraten. Woodstock. *Sonstiges:* Levis bringt «Bell Bottoms» auf den Markt. Die «Teenage Fair 69» wendet sich mit popartiger Werbung an die Jugend der BRD und deren Kaufkraft von 20 Milliarden Mark.

Rockmusik und Gesamtkultur 1970

Politik:
Weltweiter Terrorismus.
Themen:
Futurologie, Geburtenkontrolle, Umweltschutz, Sexualrechtsreform, Friedens- und Konfliktforschung.

Literatur:
A. Schmidt: Zettels Traum.

Film:
R. Kramer: Ice.
N. Roeg: Performance.
Antonioni: Zabriskie Point.
Woodstock.

Musik:
Beethoven-Jahr.
Janis Joplin†. Jimi Hendrix†.
LPs:
Allman Brs.: Idlewild South.
Eric Clapton: Layla.
Crosby, Stills, Nash & Young: Déjà vu.
Miles Davis: Bitches Brew.
Grateful Dead: Workingman's Dead.
Jimi Hendrix: The Cry of Love.
Little Feat
Nitty Gritty Dirt Band: Uncle Charlie.
Traffic: John Barleycorn must die.
Woodstock I / II
National Lampoon: Lemmings.
Performance (Sondtrack)
Altamont. Fehmarn. Isle of Wight.

BRD:
erste Versuche deutscher Rockmusiker mit hochdeutschen (Ihre Kinder, Ton Steine Scherben, CPC) und Dialekttexten.
Ab ca. 1970 ausgehend vom Kampf um das «Rauch-Haus» Jugendzentrumsbewegung, unterstützt von zahlreichen Rockgruppen.
Ab ca. 1970 ausgehend vom Kampf um das «Ranch-Haus» Jugendzentrumsbewegung, unterstützt von zahlreichen Rockgruppen.

Quellen

Achterfeld: *Die wilden 60er Jahre* (Bertelsmann)
Angermann: *Die Vereinigten Staaten* (dtv 4007)
Bacon: *Rock-Hardware* (Blandford)
Baggelaar/Milton: *Folk Enzyklopedia* (Omnibus)
Berendt: *Das Jazzbuch* (Fischer 6264)
Berendt (Hg.): *Die Story des Jazz* (rororo 7121)
Brinkmann/Rygulla: *ACID* (März)
Dibelius: *Moderne Musik* (Piper)
Döhn/Klöckner: *Medienlexikon* (Signal)
Ehnert: *Rock in Deutschland* (Taurus Press)

Frith/Gillett: *Rockfile* (Panther Books)
Fuchs: *Geschichte der C & W-Musik* (Bastei Lübbe 60018)
Fuchs/Reitberger: *Comics* (rororo 1594)
Göschel: *Richtlinien und Anschläge* (Hanser)
Gregor/Patalas: *Geschichte des Films 1/2* (rororo 6193/94)
Hardy/Laing: *Enzyklopädia of Rock* (Panther Books)
Heilmeyer/Fröhlich: *NOW! Theater der Erfahrung* (Dumont)
Hein: *Film im Underground* (Ullstein 2817)
Herms: *Agitprop* (Scriptor)

Hollstein: *Der Untergrund* (Luchterhand)
Hübner: *Straßentheater* (Suhrkamp)
Heinz G. Konsalik (Heyne 5848)
La Gardia: *From Ma Perkins to Mary Hart-man* (Ballantine)
Landau/Jacobs: *Die Neue Linke in den USA* (Hanser)
Literarisches Colloquium: *Trivialliteratur* (Berlin)
Marcus: *Mystery Train* (rororo 7249)
Obst (Hg.): *The Sixties* (Rolling Stone)
Puppchen, du bist mein Augenstern (Deutsche Schlager) (dtv 1719)
Rocksession 1–6 (rororo 7086, 7156, 7270, 7358, 7413, 7463)
Rolling Stone Illustrated History of Rock (Rolling Stone)
Roxon: *Rock Enzyclopedia* (Grossets UL 255)

Schmidt-Joos: *Das Musical* (dtv 319)
Schmidt-Joos/Graves: *Rock-Lexikon* (rororo 6177)
Schöne: *Abriß der amerikanischen Literaturgeschichte* (Athenäum)
Schwendter: *Theorie der Subkultur* (Kiepenheuer)
Seeßlen/Kling: *Unterhaltung 1/2* (rororo 6210)
Shaw: *Rock'n'Roll* (rororo 7109)
Shaw: *Soul* (rororo 7199)
Stansill/Mairowitz: *BAMN* (Penguin)
Stein Kulturfahrplan (Fischer 6385)
Stern: *The Movie Musical* (Pyramid)
Stuckenschmidt: *Musik des 20. Jahrhunderts* (Kindler)
Tobler/Frame: *25 Years of Rock* (Optimum)

Schon ein oberflächlicher Zugriff auf unvollständig angesammelte Daten zeigt klar, daß die Entwicklungslinien zwischen offizieller Kultur, populärer Kultur und jeweiligen jugend- und subkulturellen Strömungen keineswegs schematisch, etwa parallel verlaufen. Überschneidungen und Zeitverschiebungen sind vielmehr die Regel. Ob und nach welchen Gesetzmäßigkeiten sie sich verbinden, kann erst untersucht werden, wenn grundlegende Begriffe möglichst klar definiert sind.

Offizielle Kultur meint im folgenden die Summe kultureller Leistungen, die von den kulturellen Instanzen der jeweiligen Gesellschaftsform zur Kenntnis genommen wird. Populäre Kultur umfaßt die Gesamtheit kultureller Produktion für den Alltag.

Jugendkulturen sind Teilkulturen einer nach ihrer jeweiligen Gesellschaftsform strukturierten Gesamtkultur. Sie sind keineswegs homogen, sondern setzen sich wiederum aus Untergruppierungen zusammen, deren wichtigste beschrieben werden können als:

1. Sozialtypische Jugendgruppen mit entweder regressiver oder progressiver Tendenz (Randgruppen, Minderheiten etc.)
2. Generationsbedingte Jugendgruppen (regressiv/progressiv), die jeweilige Generationskonflikte austragen.
3. Konsumbedingte Jugendgruppen (regressiv), die sich über Besonderheiten des Konsumverhaltens identifizieren (Popper, Mods)
4. Schichtenspezifische Jugendgruppen (progressiv/regressiv)
5. Systemkritische Jugendgruppen (progressiv/regressiv), also politisch oder gesellschaftlich orientierte Jugendbewegungen.

Ist eine dieser Gruppierungen offensichtlich dominant, kann man zum Beispiel von konsumbedingter Jugendkultur sprechen.

Subkulturen haben progressive oder regressive, rationale oder emotionale Züge (nach Schwendter). Avantgarden sind rational oder emotional. Gegenkultur als historischer Begriff meint ein Zusammenwirken von progressiven, rationalen oder emotionalen Subkulturen, progressiven Jugendkulturen und Avantgarden im bewußten Gegensatz zu einer regressiven offiziellen Kultur als Ausdruck einer entsprechenden Gesellschaftsform.

Progressiv heißt fortschrittlich hinsichtlich der Entwicklung lebens- und menschenfreundlicher kultureller Leistungen (Kunst, Wissenschaft, Technik, Politik). Eine solche Haltung schließt Verweigerung gegenüber

	Progressive Subkulturen	Jugendkulturen progressiv/regressiv	Avantgarde
30er/40er Jahre	Klassik, Volkslied, Folksong	Volkslied / Tanzmusik Folksong / Schlager / Musical / Jazz	Moderne Klassik, Jazz, Musical, Schlager
50er Jahre	Klassik, Folksong, Jazz	Rock 'n' Roll	Elektronische Musik, Free Jazz, Rock 'n' Roll
Anfang 60er Jahre	Beat, Rock 'n' Roll, Free Jazz	Beat / Pop Revival / Protestsong /	Elektronische Musik, Free Jazz, Progressive Rock, Protestsong
Ende 60er Jahre	Protestsong, Blues, Progressive Rock, Free Jazz	Progressive Rock /	Elektronische Musik, Progressive Rock, Free Jazz
Gegenkultur			

regressiven Tendenzen der Gesamtkultur selbstverständlich ein. Dabei spielen Teilbereiche der populären Kultur (Film, populäre Musik, Trivialliteratur) ebenso eine Rolle, wie aktuelle oder nachträglich kanonisierte progressive Elemente der offiziellen Kultur. Ihr Verhältnis zueinander soll zunächst im Hinblick auf Musik und Literatur untersucht und beschrieben werden.

	Progressive Subkulturen	Populäre Kultur	Avantgarde
30er/40er Jahre	Offizieller Kanon Exilliteratur (Lost Generation)	Horror-Story Sience Fiction Kriminalroman Comics	Exilliteratur (authentische Minderheitenliteratur) Tabu-Verletzung Phantastische Literatur Existentialisten Negative Utopien
50er Jahre	Existentialismus Tabu-Verletzung Minderheitenliteratur	Kriminalroman Science Fiction Comics Fantasy	Beat-Generation Konkrete Lyrik Kriminalroman Engagierte Literatur
60er Jahre	Beat Generation Engagierte Literatur Tabu-Verletzung	SF-New Wave Undergrund-Comics Tabu-Verletzung	Cut-up Engagierte Literatur SF-New Wave Tabu-Verletzung
	Gegenkultur		

Subkulturen verhalten sich der populären Kultur gegenüber eher reaktiv, während künstlerisch orientierte Avantgarden am Materialvorrat der populären Kultur ästhetisch interessiert sind. Vermittelnd wirken progressive Jugendkulturen, die am stärksten in populäre Kultur eingebunden sind.

Eine Gleichzeitigkeit als historische Bedingung für das Entstehen einer die offizielle Kultur in Frage stellenden Gegenkultur tritt im vorliegenden Zeitraum tatsächlich erstmals Ende der 60er Jahre auf. Hauptgrund dafür scheint das vorrangige Interesse progressiver Subkultur an authentischen kulturellen Äußerungen zu sein, die zunächst im Zusammenhang populärer Kultur bezweifelt werden (Rock 'n' Roll), in den progressiven Leistungen der offiziellen Kultur jedoch real vorhanden sind.

Dieser Vorgang ist für den Bereich Musik so darstellbar:

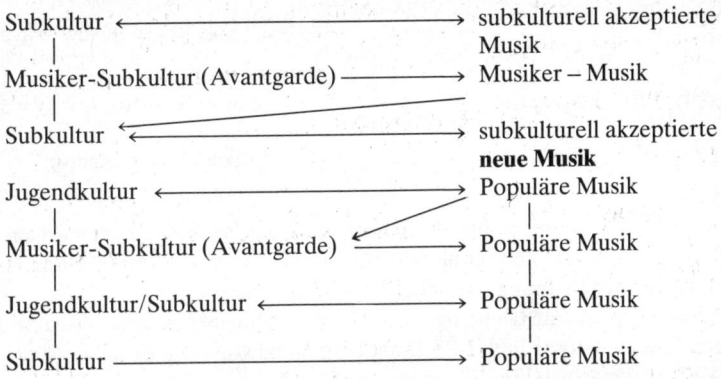

Subkultur ←——————————————→ subkulturell akzeptierte Musik

Musiker-Subkultur (Avantgarde) ——————→ Musiker – Musik

Subkultur ←——————————————→ subkulturell akzeptierte **neue Musik**

Jugendkultur ←————————————→ Populäre Musik

Musiker-Subkultur (Avantgarde) ←————→ Populäre Musik

Jugendkultur/Subkultur ←——————————→ Populäre Musik

Subkultur ——————————————→ Populäre Musik

Dieses Schema läßt den Rückschluß zu, daß progressive Subkulturen ihr Verhältnis zu populärer Musik inhaltlich bestimmen und ihrerseits die populäre Musik inhaltlich beeinflussen wollen. Nur insofern eine Subkultur selber jugendgeprägt oder jugendorientiert ist, ist sie an der authentischen Ausdrucksform der Jugendlichen (pädagogisch?) interessiert.

Löst sich progressive Subkultur generationsbedingt etwa von Jugendkulturen wieder ab, tendiert sie dazu, wertkonservativ zu bleiben, das heißt nur die Formen populärer Musik zu akzeptieren, die sie selber als authentisch erfahren hat. Nicht wenige Anzeichen sprechen dafür, daß es sich in anderen kulturellen Bereichen durchaus ähnlich verhält.

Die Gültigkeit des Schemas erweist sich in der Projektion auf nachvollziehbare Vorgänge auch außerhalb des beschriebenen Zeitraums, etwa auf das Verhältnis der Neuen Linken zu Punk, Reggae und New Wave im Lauf der 70er Jahre:

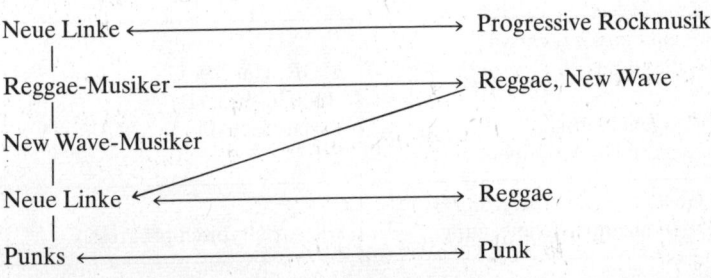

Neue Linke ←————————————→ Progressive Rockmusik

Reggae-Musiker ——————————→ Reggae, New Wave

New Wave-Musiker

Neue Linke ←————————————→ Reggae

Punks ←——————————————→ Punk

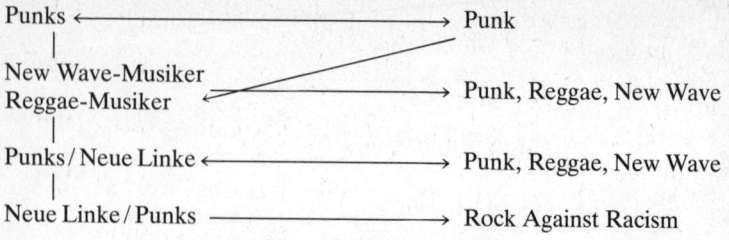

In diesem Zusammenhang dürfte das anfängliche Mißtrauen der hiesigen Linken der Punk-Bewegung gegenüber und die spätere Entwicklung in umgekehrter Richtung noch deutlich in Erinnerung sein.

Die konsequente Übertragung dieses Vermittlungsschemas auf den Bereich Jugendkultur in der BRD auf dem Stand von etwa Ende der 70er/ Anfang der 80er Jahre kann mangels empirischen Materials nur hypothetisch erfolgen. Sie ist keineswegs als umfassende Darstellung gedacht, sondern hat ausschließlich Beispielcharakter.

Die Zuordnung der gruppentypischen Musikform (A- bzw. B-Musik) dürfte sich dennoch als schlüssig erweisen. Dabei bedeutet die Kombination A/B eine aktuell authentische Form, deren Verwertung auf der B-Ebene aber bereits eingesetzt hat (etwa Neue Deutsche Welle). B/A meint eine authentische Form, die bereits seit längerem verwertet wird (etwa Beatles/Stones, Progressive Rock), ist zugleich aber Indiz für eine undifferenzierte Wahrnehmung durch die jeweilige Gruppe.

Jugendkultur und Rockmusik Anfang der 80er Jahre	
Sozialtypisch progressiv: Freizeitheimbesucher, Behinderte, kriminalisierte Jugendliche	Rock, Punk, Reggae, Politrock, Neue Deutsche Welle, Dialekt- rock – Live-Musik (A)
Sozialtypisch regressiv: Fußballfans Drogenabhängige Jugendliche Kriminelle	MOR, Hardrock, Rock 'n' Roll (B) Psychedelik-Platte (A/B) ?
Generationsbedingt progressiv: Jugendzentrumsbewegung	wie sozialtypisch progressiv

Generationsbedingt regressiv: Vereinsjugend Fans	«Volksmusik», Unterhaltung, MOR (B) MOR, Hitparade (B)
Konsumbedingt: Popper, Discogänger, Modepunks	Mainstream, Disco, NDW (B)
Schichtenspezifisch progressiv: Lehrlinge, Schüler, Studenten	Punk, Reggae, Rock, Jazz, New Wave, Avantgarde (A)
Schichtenspezifisch regressiv: Lehrlinge, Schüler, Studenten	Hardrock, Kulturrock, Bombast, MOR, Liedermacher, Fusions- musik, Deutschrock (B/A)
Systemkonform: Junge Union, Katholische Jugend (Mehrheit)	MOR (B)
Systemkritisch progressiv: Evangelische Jugend (Mehrheit) Verbandsjugend (Gewerkschaft, Naturfreunde etc.) Hausbesetzer, Spontis, Straßenpunks	Rock, Reggae, Liedermacher, Dialektrock, Politrock Deutschrock (A/B) Neue Deutsche Welle, Punk, Reggae, Politrock, Avantgarde (A)
Systemkritisch regressiv: Neonazis Jugendsekten	oi, oi, Punk (Mißverständnis) Heavy Metal, MOR (B) funktionale Musik (B/A)

Subkulturen neigen dazu, sich zu etablieren und offene, informelle,
progressive Jugendkulturen zu integrieren. Avantgarden neigen zur
Selbstauflösung in der offiziellen wie in der populären Kultur oder zur
Erneuerung durch informelle Kontakte mit progressiven Jugend- oder
Subkulturen.

Subkultur und Rockmusik Anfang der 80er Jahre	
rational: Alte Linke	Politrock, Progressive Rock, Folklore, Liedermacher, Reggae (B/A)
Neue Linke	Punk, New Wave, Avantgarde (A/B) dazu nächste Spalte
rational/emotional: Alternative, Grüne	Progressive Rock, Politrock, Folkrock, Countryrock, Folklore, Liedermacher, Reggae (A/B)
Regionalisten	Dialektrock/-folk, Politrock, Reggae, Progressive Rock, Folklore, informell wie Neue Linke (A/B)
emotional: Friedensbewegung	Liedermacher, Politrock (A/B)
emotionell: Spirituelle	Folklore, meditative Musik (A/B) Klassik
Drogenkultur	Psychedelik (B/A)

Verfolgt man unter dieser Voraussetzung den Weg der Rock-Avantgarde seit den 60er Jahren, ergibt sich folgendes Bild:

	Populäre Kultur	Rock-Avantgarde
50er	Rock 'n' Roll (B)	
60er	Beat (B/A) Progressive Rock (B/A)	Beat (A) Progressive Rock (A)
70er	Mainstream-Rock	Progressive Rock New Wave-Rock Reggae
80er	Punk (B) New Wave (B) Elektronik-Mainstream (B)	Elektronische Musik

	Progressive Jugendkultur	Rock-Avantgarde
50er	Rock 'n' Roll (A)	
60er	Beat (A) Progressive Rock (A)	Beat (A) Progressive Rock (A)
70er	Rock (A) Reggae (A/B) Punk (A) New Wawe (A/B)	Reggae (A) Punk (B) New Wave (A)

	Subkultur		Musiker-Subkultur	Rock-Avantgarde
50er	progressiv Black Power	regressiv Showbiz	Jazzmusiker	
60er	Alternativ- Kultur	Berufs- musik	Rockmusiker	Beat, Progressive Rock
70er	Rasta	Babylon	Reggae- Musiker	Reggae, Punk, New Wave
80er	Verstandes- bewegungen	Karriere		New Wave, No Wave

Anzeichen für eine Entwicklung in der beschriebenen Richtung gibt es allenthalben: Das vordergründigste dürfte das Eindringen von Rockmusik als Unterhaltungselement in alle massenmedialen Bereiche sein. Rockelemente befördern die Erneuerung des Schlagerwesens (Peter Maffay) genauso wie den Appell an die Kaufkraft der mittleren Konsumentengeneration (Fernseh- und Kinowerbung), aber auch die Einschaltquoten der Service-Wellen (Ö 3, 3. Rundfunkprogramm der BRD).

Gleichzeitig erfolgt eine «Modernisierung» durch die Überlagerung mit akustischen (und optischen: Video) Effekten elektronischer Natur (Rhythmusmaschinen, Synthesizer, Vocoder), die bereits jetzt die Grundtendenz zum elektronisch verfremdeten Rock als neuer Massenmusik im nächsten Jahrzehnt verdeutlichen.

	Offizielle Kultur	**Rock-Avantgarde**
50er	Moderne Klassik Jazz Elektronische Musik	rational emotional
60er	Free Jazz Elektronische Musik	Europ. Klassik Folklore (Harmonik) Beat Progressive Rock Klassik-Rock Psychedelik Blues-Rock Elektronik- Folk-Rock Rock

70er	Rockmusik mit kul-
	turellem Anspruch:
	Klassik-Rock
	Elektronik-Rock Fusion
	Jazz-Rock 80er
	Exotik-Rock Jahre
	New Wave Rock
		Jazz-Rock
		         Country-
		         Rock
		         Exotik-Rock
		New Wave Rock
		Euro-Rock Reggae
		            Punk
		Elektronische
		Musik
		Ende der Rock-Avantgarde

80er	→	Neue elektronische Musik (No Wave) – Avant- garde Neue akustische Musik – (frei oder kulturell gebunden) – Avantgarde Jazz-Avantgarde
	Vermutlich nächster Schritt: Übernahme instrumentaler und interpretatorischer Techniken durch moderne seriöse Komponisten	*Vermutlich nächster Schritt:* Übernahme kompositorischer Techniken der modernen Klassik. Entwicklung neuer instrumen- taler und interpretatorischer Techniken, Auseinandersetzung mit komplexer Rhythmik

Gekoppelt an die neuen Produktionsverfahren verändert sich die soziale Praxis der Musiker. Das bisher auch ideologisch grundlegende Konzept der Rockmusik als kollektiver, oft auf der Basis spontaner Improvisation erarbeiteter und aufgeführter Musik, das seit den 60er Jahren aus der Praxis des Jazz übernommen und oft mit dem Anspruch eines gemeinsamen Lebenszusammenhangs gekoppelt worden war, ist in Auflösung begriffen, symbolisch deutlich gemacht schon durch das Abschiedskonzert der BAND («The Last Waltz»), aber auch durch die Arbeit der RESIDENTS seit Mitte der 70er Jahre.

Den neuen Typus verkörpert noch stärker als etwa Eno vor allem Robert Fripp, dessen These von den «small intelligent units», die möglicherweise auch untereinander kooperieren, sich in Modellen wie der British Electric Foundation (ex-HUMAN LEAGUE-Musiker – HEAVEN 17 – MOTOWN-PROJEKT mit verschiedenen Sängern usw.) oder in der Produktion Fripp/Eno – Eno/TALKING HEADS – Byrne/Eno, in der BRD beispielsweise DAF, Holger Csukay/NDW immer breiter und kommerziell erfolgreich bestätigt. In dieser Übergangsphase vom «Ende der Rockmusik» zu sprechen, erscheint vielleicht verfrüht, andererseits wirft sich die Frage auf, was bei fortschreitender Entwicklung an spezifisch rockmusikalischen Qualitäten übrigbleiben könnte.

Eine neue authentische Form von Rockmusik ist derzeit nicht existent. Die beiden Extreme Vergröberung und Verfeinerung der Spielweise bieten nur noch wenig Spielraum. Weitaus wahrscheinlicher ist die Entwicklung neuer musikalischer Sprechweisen im Zusammenhang mit einer sich rapid entwickelnden Unterhaltungselektronik, die einen hochspezialisierten Musikertypus erfordert, der in den neuen Technologien gründlich geschult ist. Vorreiter einer solchen «computerakustischen» Musik, die beabsichtigt, akustisches Material jeglicher Herkunft organisierbar zu machen, sind derzeit noch Eklektiker aus dem Umkreis von EELA CRAIG mit ihrem Erdenklang-Label, deren «künstlerische» Beschränktheit das Veränderungspotential solcher Technologie provinziell verschleiert, aber dadurch nicht gegenstandslos macht.

Es bleibt abzuwarten, wie schnell oder langsam emanzipatorisch arbeitende Musiker sich dem notwendigen Lernprozeß unterziehen werden. Es ist durchaus zu vermuten, daß fortschrittliche Rockmusiker unter ihnen sein werden, es scheint aber höchst fraglich, ob die musikalische Sprache ihrer Produktionen noch von gewohnten rockmusikalischen Zusammenhängen ableitbar sein wird. Wenn nicht, wäre es künftig sinnvoller, von «Rockmusik» nur noch als musikhistorischer Kategorie zu sprechen.

Diskographie 1933 bis 1945

Jazz

Bandstand Battle-Bigbands Uptown 1930–53 Coral COPS 6997-D-1/2
Solo Flight The Genius of Charlie Christian CBS 67233
The Billie Holiday Story Verve V6S–8816.
The New York Scene in The 40's: From Bebop to Cool CBS 65392

Blues

Robert Johnson: *King of the Delta Blues Singers* 1936/37 CBS 62456
Big Bill Broonzy: *B. B. B. – 1930's Blues* Bellaphon BLP C 15
Mississippi Blues Vol. 1/2 Roots 323/303
From Spirituals to Swing 1938/39 Vanguard 8523/4
Story of the Blues Vol. 1/2 (Paul Oliver) CBS 66218/66232

Country & Western

CARTER FAMILY: *Great Original Recordings* Harmony HL 7300
Jimmie Rodgers: *Never No Mo'Blues* RCA LPM 1232
Hank Williams: *Honky Tonkin'* MGM E 3412
The Legendary Monroe Brs. Collection RCA 5677 ff. (Bluegrass)

Folk

Woodie Guthrie; Cisco Houston, Pete Seeger (Almanac Singers). Library of Congress Records und Folkways Rec.

Populäre Musik/Schlager/Musical etc.

Showbiz, from Vaude to video RCA Victor LOC 1011
Porgy and Bess Verve 4011
Al Jolson: *My Greatest Songs* Brunswick

Klassische Moderne

Satie: *Pianowerke 1–6* EMI
Varèse: *Arcana, Deserts, Offrandes* CBS 6362
Mahagonny Philips 03679
Weill: *Dreigroschenoper* CBS 62264/5
Schönberg: *Pierrot Lunaire* CBS (Orig. 41)
Mahler: *Des Knaben Wunderhorn* 6.41373 Decca
Webern: *Opus 1–31* CBS 79402
Ives: *Five Symphonies* CBS 77424
Florence Foster Jenkins: *The Glory of the Human Voice* RCA Vic 1496

Sonstiges

Programm für Millionen/Tönende Zeitgeschichte Telefunken 6.28376
Weill: *Lieder* CBS 62318

Diskographie 1945 bis 1960

Jazz

Miles Davis: *The complete Birth of the Cool* 1949/50 Capitol C 052-80798
Charlie Parker: *Jazz at Massey Hall* America 6053 und alle anderen
Charles Mingus: *Better git it in your Soul* CBS 66290
John Coltrane: *1957/58* Prestige 6513
Ornette Coleman: *The Shape of Jazz to come* 59 Atlantic SD 1317
Nat King Cole: *1944/45* Verve VSP 25
Thelonius Monk: *1952–54* Bellaphon 6516
Dave Brubeck: *D. B. Quartet on the Campus* 54–57 CBS 67246
Art Blakey: *A Night at Birdland* Blue Note 84104
Modern Jazz Quartet 52–55 Bellaphon 6515

Blues

The Legend of Elmore James Musidisc 5601
T-Bone Walker: *T-Bone Blues* Atlantic 40131
Champion Jack Dupree: *Natural & Soulful Blues* Atl. SD 8045
B. B. King: *1949–50* Anthology AB 5611
John Lee Hooker: *The Blues 48–52* America 6078
Muddy Waters: *At Newport* Marble Arch 661
Howlin Wolf: *Moanin in the Moonlight* Marble Arch 665
Lightnin' Hopkins: *A Legend* Anthology AB 5608
J. B. Lenoir Chess 2 ACMB 208

Rhythm and Blues

Ray Charles: *His Alltime Great Performances* WEA 6004
Luis Jordan: *Great Rhythm and Blues* Vol 1 Bulldog 1000
Big Joe Turner: *Great R & B* Vol. 4 Bulldog 1003
This is Sam Cooke RCA 2007

Gospel

Mahalia Jackson: *A Touch of Music* Bellaphon 6510
Sister Rosetta Tharpe: *Spirituals in Rhythm* Bellaphon 30 CV 978

Country/Hillbilly

Johnny Cash: *Ring of Fire* 62171
Chet Atkins: *The Guitar Genius* RCA-CAS 753
Gene Autrey: *Rudolph, the Red-Nosed Reindeer* Harmony HL 9550
Tennessee Ernie Ford: *The Best* Capitol 1038
Hank Locklin: *The Best* King 672
Buck Owens: *The Best* Capitol 2105
Hank Snow: *The Best* RCA 3478
Dave Dudley: *Six days on the road* Mercury 134551
Lee Cash presents: *The History of Country Music* (6 Platten, Radiomitschnitt)

Rockabilly

Carl Perkins: *The Sun Story* Bellaphon 15 218
Elvis Presley: *Sun Sessions, Imperial Rockabillies, Rare Rockabillies*

Rock 'n' Roll

Chuck Berry: *Legends of Rock* Chess 6.28 500
Little Richard: *His biggest Hits* Intercord 147.103
Bo Diddley: *Got my own bag of Tricks* Bellaphon 6539
The Coasters: *20 Great Originals* Atlantic K 30 057
Elvis Presley: *Elvis Vol. 1 – A legendary Performer* RCA 0341
Gene Vincent: *Bluejean Bop:* Capitol 82 077
Eddie Cochran: *The very Best* Liberty 83 337
Buddy Holly: *The Legend of Buddy Holly* Teldec 6.28 478
Jerry Lee Lewis: *The Sun Story* Bellaphon 15 220
Rock & Roll Classics Roulette
Echoes of a Rock Area Vol. 1/2 Bellaphon 5513/14

Pop/Mainstream/Schlager

Top Twenty Hits USA Vol. 1/2/3 Hör zu/Electrola 056-85 340 ff.
Zwanzig Stars singen unvergessene Schlager Telefunken 6.22 516

Folk

THE WEAVERS: *Good night Irene*
The Kingston Trio: *Sold out* Capitol
Harry Belafonte: *At Carnegie Hall* RCA
Odetta: *Folk Songs By The Greatest* 30 AM 6066 Bellaphon

Moderne Klassik

Wergo-Studioreihe Neuer Musik z. B. Stockhausen: *Konstakte* 60 009
Liebermann: Konzert für Jazzband und Orchester RCA LM 1888
John Cage: *nova musica n. 1* Cramps 6101

Alles hat seine Zeit . . .

... so gibt es eine Zeit zu genießen, eine andere zu sparen. Und niemand kann unbeschadet die eine ohne die andere ertragen.

Nur der sei weise, schrieb Wieland, der im Sparen zu genießen, im Genusse zu sparen wisse.

Ausgewählte Kapitel aus der Rockgeschichte

«They're really rockin'»: 1954–1959

Über einige Bedingungen des Rock 'n' Roll

Rock 'n' Roll, die früheste Gestalt der Rockmusik, entstand um die Mitte eines Jahrzehnts, dessen Anfänge von dem Schock der sowjetischen Atom- und Wasserstoffbomben-Explosion (1949 beziehungsweise 1953) und in den USA von der Präsidentschaft des konservativen Dwight D. Eisenhower sowie von den Verhören und der politischen Einschüchterung durch die McCarthy-Kommission geprägt sind. Steigendes Wirtschaftswachstum, die Verlagerung von Wohngebieten in die neu entstandenen Vorstädte, verlogene Moral der Massenmedien und eine erdrückende kleinbürgerliche Biederkeit des Familienlebens bilden weitere Merkmale dieses Jahrzehnts.

Das volkstümliche Musikleben war beherrscht von jener ebenso seicht-süßlichen wie gekonnt arrangierten Popular Music, deren Hit-Spalte im führenden Handelsblatt *Billboard* mit Namen wie Frank Sinatra, Frankie Laine («Jezebel»), Perry Como, Mitch Miller («The Yellow Rose Of Texas») und Rosemary Clooney verknüpft war («Come On-A My House», «Botch-A-Me»). Popular Music besaß nicht nur stilistische Kennzeichen, sondern auch kommerzielle. Sie bildete die Sparte der meistverkauften Schallplatten, und ihr Umsatz wurde im ganzen Land («nation-wide») verzeichnet, im Unterschied etwa zur Country & Western sowie zu dem bis in die fünfziger Jahre hinein «race music» genannten Rhythm & Blues, deren Verkaufsziffern lediglich landschaftlich registriert wurden und die auch aus diesem Grunde Sondersparten, «special fields», hießen.

Zahlreich und nicht erschöpfend aufzuzählen sind die Ursachen dafür, daß die musikalische Herrschaft der weißen Mittelklasse um die Mitte der fünfziger Jahre durch eine neue, Rock 'n' Roll genannte Musikrichtung gefährdet wurde. Als die wesentlichen Ursachen erscheinen folgende: Dank dem wirtschaftlichen Aufstieg ihrer Eltern, verfügten die Jugendlichen im Alter von 14–20 Jahren über ein regelmäßiges Taschengeld, ohne jedoch bis dahin einen sozialen und kulturellen Bereich zu besitzen, der ihnen allein gehört und der Züge einer sich von der Erwachsenenwelt abhebenden Gegenkultur aufwies. Die neue Musik bildete von Anfang an ein Thema, das zur Polarisierung zweier Altersschichten beitrug, an welchem ein Generationskonflikt ausgetragen wurde. Ebenfalls ins Wanken gerieten die alten Maßstäbe von Anstand und Sexualmoral.

Die symbolisch wirkenden Gegenstände dieses Konfliktes waren, neben dem den Jugendlichen bereitwilliger als zuvor überlassenen Statussymbol «Auto», das neuerworbene Fernsehgerät, vor dessen Dauerflimmern nunmehr die Freizeit der Eltern sich abzuspielen begann, andererseits das ausgediente Rundfunkgerät, das in die Stuben der heranwachsenden Kinder gestellt wurde. Das musikalisch Neue wurde dabei nicht vom Fernsehen, sondern vom Radio verbreitet. Manche Rundfunkanstalten strahlten in erster Linie Rhythm & Blues aus, der musikalisch wie auch in seinen sprachlichen Themen eine wohlumrissene Alternative zur Popular Music der Erwachsenen bildete. Es war gewiß nicht notwendig, daß die jüngere Generation gerade im R & B ihren Gruppenausdruck, ihre Gruppenidentität fand. Theoretisch gesehen hätte der zeitgenössische Jazz diese Funktion der Absonderung ebenso gut erfüllen können. Trotzdem liegt Logik darin, daß die amerikanischen Heranwachsenden sich nicht einer anderen Musiksparte, sondern des anfangs belächelten, später gehaßten gegenkulturellen Rhythm & Blues der schwarzen Bevölkerungsschicht bemächtigt haben. Motiviert wird dies teilweise dadurch, daß der Jazz jener Jahre im Bebop und Hardbop gipfelte und infolge seiner wachsenden Komplexität sich dem Verständnis der meisten Jugendlichen entzog.

Daß Rundfunkstationen, die vornehmlich schwarze Musik sendeten, überhaupt entstehen konnten, liegt wiederum an der finanziellen Erstarkung jener Millionen Schwarzer, die während der Jahre 1941–1945 als gutverdienende Arbeiter in der Kriegsindustrie angestellt waren. Nach dem Krieg strömten sie in die nördlichen und westlichen Großstädte, um dort am wirtschaftlichen Aufschwung der Nachkriegszeit, obwohl bescheidener als die Weißen, teilzunehmen. Zwar lagen die schwarzen Rundfunksender in den Händen weißer Unternehmer, dennoch wurden sie hauptsächlich von schwarzverwalteten Firmen finanziert, die ihre Kunden naturgemäß durch schwarze Musik ansprechen wollten.

Rock 'n' Roll wurde zu einem Sammelbecken, in dem Gefühle der Angst wie der Befreiung zusammenflossen. Eine atomare Auseinandersetzung lag in greifbarer Nähe, und ihr Gespenst inmitten des Kalten Krieges erklärt die ausgelassene Haltung des «Nach uns die Sintflut!», die sich zweifellos im Jitterbug-Tanzwahn niederschlug. Zum anderen läßt sich in der Ausgelassenheit ekstatisch wirbelnder Tänze auch der Freudentaumel nicht verkennen, der sich nach dem Fall des Senators Joseph McCarthy eines gut Teils der amerikanischen Nation bemächtigte.

Zu den wichtigsten Bedingungen der Entstehung und Verbreitung des Rock 'n' Roll gehört der eigentümliche Zustand, in dem sich die US-Plattenindustrie um 1950 befand. Zahlreiche kleine Labels gingen während der Weltwirtschaftskrise 1929 ein oder wurden von den mächtigeren aufgekauft. Vor dem Zweiten Weltkrieg beherrschten die großen Plattenfirmen RCA-Victor, Columbia und Decca den weißen wie auch den schwarzen Markt. Der im Krieg auftretende Mangel an Schellack, dem damaligen Grundstoff von Platten, veranlaßte die Plattenbranche, die Produktion drastisch einzuschränken. Dabei wurde die Einsparung zugunsten der weißen Popular Music vorgenommen: die Herstellung von «race records» wurde weitgehend eingestellt. Nach dem Krieg wiederum hatten die Großfirmen (zu denen jetzt auch Capitol, MGM und Mercury gehörten) ganz andere Ambitionen als die so entstandene Marktlücke unverzüglich zu füllen. Insbesondere beschäftigten sich Columbia und RCA mit technischen Neuerungen auf dem Schallplatten- und Fernsehsektor, beide Giganten waren in einen erbitterten Konkurrenzkampf, den sogenannten «Battle of the Speeds», miteinander verwickelt, nachdem Columbia die 30 cm-Langspielplatte von 33 ⅓ Umdrehungen und RCA-Victor als Gegenkonzept die 17 cm-Single von 45 Umdrehungen per Minute eingeführt hatten. Die Entwicklung der Fernsehtechnik verlangte von den jeweiligen Elternfirmen CBS und RCA umfangreiche Investitionen, und diese vorrangigen Aufgaben versperrten den Blick der leitenden Angestellten darauf, was sich auf dem Minderheitenmarkt in musikalischer Hinsicht zutrug.*

So öffnete sich vor den kleinen und überall aus dem Boden schießenden Plattenfirmen ein brach liegendes, wirtschaftlich verlockendes Betäti-

---

* Am gründlichsten werden die wirtschaftlichen Hintergründe beleuchtet von Steve Chapple & Reebee Garofalo: *Rock 'n' Roll Is Here To Pay – The History And Politics Of The Music Industry* (Nelson-Hall, Chicago 1978), deutsch: *Wem gehört die Rock-Musik? Geschichte und Politik der Musikindustrie* (rororo 7313).

gungsfeld, das sie in aller Stille erobern konnten. Auf dem R & B- und Bluesgebiet waren tätig Aladdin, Imperial, Specialty und Modern/RPM in Los Angeles, Atlantic, Jubilee, Rama und Roulette in New York, Chess in Chicago, Dot in Gallatin (Tennessee), Essex in Philadelphia, King/Federal in Cincinnati, Savoy in Newark (New Jersey) und – eine der kleinsten und wichtigsten – Sun in Memphis. Als um die Mitte der fünfziger Jahre R & B- und Rock 'n' Roll-Singles in die nationalen Charts eindrangen und als die großen Plattenfirmen auf ihr Versäumnis aufmerksam wurden, war es für letztere zu spät. Die beweglichen kleinen Unternehmen hatten die Musiker der kommenden Zeit unter Vertrag und den betreffenden Markt bereits weitgehend in der Hand. Zu Hilfe kam den kleinen Firmen dabei eine deutsche Erfindung, das Tonband, die noch während des Zweiten Weltkrieges entwickelt und von den amerikanischen Besatzern ohne die geringste Entschädigung enteignet wurde. (Die amerikanischen Verfasser einer empfehlenswerten Geschichte der Musikindustrie, Steve Chapple und Reebee Garofalo, sprechen unumwunden von Diebstahl.*) Dank der technischen Neuerungen konnten Talentsucher, die im Auftrage kleiner Firmen jährliche Touren in die Südstaaten unternahmen, die musikalischen Vorführungen ganz einfach selbst konservieren, statt ein kostspieliges Studio an Ort und Stelle zu mieten.

Als die Großfirmen aus ihrem Dornröschenschlaf erwachten, standen die Pioniere des Rock 'n' Roll, wie gesagt, schon bei zumeist kleineren Firmen unter Vertrag, so Chuck Berry bei Chess, Little Richard bei King, Elvis Presley, Jerry Lee Lewis und Carl Perkins bei Sun. Nur Bill Haley landete, nach mehrfachem Labelwechsel, bei Decca, die übrigens seit 1952 gänzlich von ihrer Mutterfirma British Decca abgetrennt wurde und nunmehr American Decca hieß. Ebenfalls zu Decca ging später Buddy Holly als Einzelkünstler (auf dem Hilfslabel Coral) beziehungsweise mit seinen CRICKETS (auf dem Hilfslabel Brunswick). Die strategisch äußerst aggressive RCA-Victor half sich aus diesem Dilemma, indem sie Elvis Presley kurzerhand von Sun abkaufte (1955). Columbia ihrerseits versuchte, Carl Perkins zu einem Gegen-Elvis aufzubauen, als dessen Vertrag mit Sun auslief.

Eine der wichtigsten aktiven kleinen Schallplattenfirmen war die 1947 gegründete Atlantic Records in New York. Ihre Geschichte wird vom Engländer Charlie Gillett in einer ausführlichen Abhandlung geschildert.** Rhythm & Blues stand von Anfang an im Mittelpunkt

---

* A. a. O., p. 20 (deutsch: S. 27).
** Charlie Gillett: *Making Tracks – Atlantic Records And The Growth Of A Multi-Billion-Dollar Industry* (E. P. Dutton & Co., New York 1974, S. 51 und 159).

der Produktion, und zwar hauptsächlich vertreten durch jene schmissigen, zumeist klavier- und saxophonbegleiteten titel in belebtem Zeitmaß, für die «Midnight Cannonball» von Joe Turner (1953), La Vern Bakers «Tweedle Dee» (1954), «Shake, Rattle And Roll» von Jesse Stone alias Charles Calhoun im Vortrag von Joe Turner (1954), Ivory Joe Hunters «Since I Met You, Baby» (1956) und «C. C. Rider» von Chuck Willis (1957) bekannte Beispiele liefern. Nicht zuletzt bildeten zahlreiche schwarze Doo-Wop-Gruppen das Repertoire von Atlantic, so THE DRIFTERS mit und ohne den Leadtenor Clyde McPhatter, THE CLOVERS, THE FIVE KEYS und später THE COASTERS. Eine gewisse Glättung des musikalischen Flusses ist in den Atlantic-Einspielungen dabei ebensowenig verkennbar wie eine Tendenz, Texte auch für Weiße annehmbar zu machen, Diese Marktstrategie wurde unter anderem dadurch nahegelegt, daß die größeren Firmen die gutgehenden Musikstücke durch weiße Musiker einfach neu einspielen ließen, die gewagten sprachlichen Zweideutigkeiten beseitigten und mit solchen Cover-Versionen mehr kommerziellen Erfolg zu erzielen pflegten als die Originallabels mit ihren Erstfassungen.

Solche Cover-Versionen bilden dabea, entgegen einem verbreiteten Irrtum, keinen Rechtsverstoß, denn Verleger wie Songschreiber erhalten Tantiemen nach ihnen (jedenfalls in der Regel), so daß diese sogar ein Interesse an möglichst vielen unterschiedlichen Einspielungen haben. Bei dle Schallplatteneinspielung, die um 1955 gewöhnlich nicht von den Interpreten komponiert wurde, stand nur die Interpretation selbst unter Rechtsschutz; die Cover-Version ihrerseits stellt eine eigene geschützte interpretatorische Leistung dar.

Die Anfänge

Mit welchem Musikstück, in welchem Monat entstand Rock 'n' Roll? Die so gestellte rage beantwortet der amerikanische Journalist Carl Belz in seinem Buch *The Story Of Rock* eindeutig: «The first rock record is the original version of ‹Sh-Boom› by THE CHORDS.»* Indes muß diese Behauptung jeden zum Kopfschütteln veranlassen, der die Mitte 1954 herausgebrachte Komposition der schwarzen Vokalgruppe kennt. Denn nichts deutet in ihr auf Rock 'n' Roll hin, mit Ausnahme ihres zeitlich zügigen, rhythmisch belebten Verlaufs. Ihre Musik hat mit Blues nichts, wohl aber mit der von Nachtbars für Weiße zu tun. Auch ihre Bilder entspringen nicht der Wirklichkeitsnähe von R & B- Texten, sondern dem

---

* Carl Belz: *The Story Of Rock*. 2nd Edition (Harper Colophon, New York 1972, S. 25).

Infantilismus weißamerikanischer Träume: «Life could be a dream, if I could take you up in paradise above.»

Warum Belz und im Anschluß an ihn auch Arnold Shaw (*The Rockin' 50's*, deutsch: *Rock 'n' Roll*, rororo 7109) dem Titel «Sh-Boom» so viel Bedeutung beimessen, erhellt sich aus folgender Argumentation: «Sh-Boom» war das erste, einer Sondersparte angehörende Musikstück, das auf Grund seines Verkaufsvolumens im Juli 1954 in die landesweite Hitliste vordrang und sogar unter die «Top 10» geriet, darin die einige Monate davor erschienene Komposition «Gee» von THE CROWS, einer anderen schwarzen Doo-Wop-Gruppe, deutlich überflügelnd.

Nicht bloß, daß diese Argumentationsweise von der naiven Ehrfurcht der Amerikaner vor Quantität zeugt, sie ist auch willkürlich. Denn wenn schon ein Platz in den nationalen Charts wichtiger sein soll als die stilistische Eigenart, die über die Zugehörigkeit zum Rock 'n' Roll schließlich entscheiden sollte, ist immer noch nicht einzusehen, welcher zwingende Trennungsstrich die ersten zehn Plätze von den unteren abheben soll. Der allererste Platz, den «Sh-Boom» freilich nicht geschafft hat, wäre schon ein handfesteres, wiewohl immer noch kein musikgeschichtliches, sondern ein industriegeschichtliches Argument.

Carl Belz gelangt zu seiner schiefen Behauptung, weil ihr eine falsch gestellte Frage zugrunde liegt. Es ist unsinnig, stilistische Entwicklungen auf ein genaues Datum, auf ein bestimmtes Musikstück zurückführen zu wollen. Kompositionen für schwarze Gruppen mit Leadtenor und Vokalensemble von der Art von «Sh-Boom» sind auf dem für Schwarze bestimmten Plattenmarkt von den ausgehenden vierziger Jahren an bekannt, so etwa aus dem Repertoire der ORIOLES, der DRIFTERS, der MIDNIGHTERS und der MOONGLOWS. Will man die Musik der Doo-Wop-Gruppen überhaupt als Rock 'n' Roll ansehen (Argumente stilistischer Art sprechen dagegen, daß diese schwelgerische, sentimentale Musik dem Rock zugerechnet wird), so bildet sie lediglich eine Sonderströmung in ihm, die nach etwa 1963 ohnehin nicht weitergeführt wurde und sich daher als eine entwicklungsgeschichtliche Sackgasse erwies.

Dagegen machen die Verknüpfungsvarianten von Blues und Country & Western einen kräftigen Hauptstrom mit verschiedenen Besetzungsformen aus. Frühe Arten dieser Verknüpfung, auf die mitunter auch der weiße Schlager abfärbt, lassen sich bereits in den zwanziger Jahren beim Countrysänger Jimmie Rodgers nachweisen (so in den zwölf Blue Yodels, darunter «T For Texas», aber auch in weiteren blues-beeinflußten Gesängen) und auch bei Hank Williams zwanzig Jahre später beobachten («Mind Your Own Business», «You Gonna Change», «Honky Tonk Blues»). «Move It On Over» von Williams aus dem Jahr 1947 mutet wie ein im Zeitmaß ruhigeres Vorbild für Bill Haleys «Rock Around The Clock» an. Nicht zu reden von den Rhythm & Blues-Gruppen der frühen fünfziger Jahre, deren Titeln überwiegend das Blues-Modell zugrunde liegt und welche – ohne Beziehung zur C & W-Tradition – nahtlos ins große Sammelbecken des Rock 'n' Roll einmünden.

Trotz einer geschichtlichen und stilbezogenen Kritik an der «Sh-Boom»-These von Carl Belz kann man dennoch die Anfänge des Rock 'n' Roll umreißen, indem einige Fakten genannt werden, die weniger für sich wichtig sind als vielmehr in Verbindung miteinander eine symbolische Bedeutung besitzen. Hier wird vorgeschlagen, drei Tatsachen eine solche symbolische Tragweite zuzuschreiben: dem Erscheinen der ersten Single von Elvis Presley auf dem Sun-Label im August 1954, dann der Veröffentlichung von Bill Haleys «Rock Around The Clock» im Mai 1954 und schließlich der Übersiedlung des Discjockeys Alan Freed aus Cleveland nach New York im September 1954, wo er wie kein zweiter Berufsgenosse sich für die Verbreitung der neuen Musik einsetzte. Die drei Ereignisse sollen etwas näher erläutert werden.

Allgemein bekannt dürfte sein, wie der junge Elvis Presley seinen Weg zu Sam C. Phillips' Sun-Records in Memphis fand, wie er in Begleitung des Gitarristen Scotty Moore und des (Kontra-)Bassisten Bill Black die ersten Aufnahmen machte und welches Echo diesen Veröffentlichungen folgte; jedenfalls wird über diese Zeit von Colin Escott und Martin Hawkins ausführlich berichtet (*Catalyst – The Sun Records Story*). Seinen Stil fand Presley nach Anfangsschwierigkeiten in «That's Alright, Mama», einer Komposition des schwarzen Bluesgitarristen Arthur Crudup, das als A-Seite der ersten Sun-Single erschien. Mit dieser Einspielung, die im August 1954 veröffentlicht wurde, liegt zugleich ein Muster dessen vor uns, das in den südlichen Bundesstaaten Rockabilly, also ein verrockter Hillbilly hieß und auf einer Verschmelzung von Country und Blues beruht. Der zehntaktige Blues von Crudup wird durch charakteristische Züge der C & W-Musik eingefärbt, durch das Fehlen eines Schlagzeuges (die Taktzeiten werden mit Hilfe heller Perkussionsschläge markiert), sowie durch stilistische Merkmale sonstiger Art. Zum Beispiel intoniert der Spieler auf dem Kontrabaß nicht etwa jene vom Boogie Woogie-Klavierspiel her bekannten rollenden Schritte, die im gleichzeitigen R & B überwiegen, sondern die Quarten- und Quintensprünge der Countrymusik. Auch die Gitarrenfiguren sorgen dafür, daß sich dem Hörer eine Country-Atmosphäre einprägt. Das gleiche bewirken einige Besonderheiten im Vokalvortrag Presleys: Gleittöne (Portamento), chromatische Kurzpassagen, Tremolo und insgesamt eine «weiße» Färbung der Stimme. Die glückliche Verbindung von Blues und Country entstand dabei nicht spontan, an einem Tage, sondern geht auf die fortgesetzten Studioexperimente unter Leitung von Sam Phillips zurück; so wurden zum Beispiel alle möglichen Zeitmaße bei ein und demselben Musikstück erprobt. Die errungene Synthese kennzeichnet alle sieben Sun-Singles Presleys. Die rokkige A-Seite paart sich dabei jedesmal mit einem Country- beziehungsweise Pop-Stück auf der Flip-Seite, zum Beispiel «That's Alright, Mama» (Rockabilly) mit «Blue Moon Of Kentucky» (Country), «Good Rockin' Tonight» (Rockabilly) mit «I Don't Care If The Sun Don't Shine» (Country), «Milkcow Blues Boogie» (Rockabilly) mit «You're A Heartbreaker» (Pop) und «Mystery Train» (Rockabilly) mit «I Forgot To Remember To Forget» (Pop). Der Gepflogenheit der Zeit entsprechend, wendet sich die B-Seite an eine ältere, konservativere Hörerschicht.

Elvis Presley trat von vornherein als ein Sänger auf, in dessen Interpretation Blues, Country und auch Schlagerwendungen zu einer instinktiv angestrebten und im Studio bewußt erarbeiteten Einheit verschmelzen. Dagegen liegen die Anfänge von Bill Haley entschieden im Country-Bereich, wie das frühe Aufnahmen (etwa «Yodel Your Blues Away» und «Rose Of My Heart») belegen, auch im verwandten Western Swing, zu dem ein Titel wie «Rovin' Eyes» gehört. Haleys Musiker hießen vor 1952 bezeichnenderweise THE FOUR ACES OF WESTERN SWING und nachher THE SADDLEMEN: beide Namen weisen unmißverständlich auf Ländliches hin. Wird schon in diesem frühen Repertoire gelegentlich und wohl in humoristischer Absicht auch Blues und Boogie Woogie zitiert (so zu Beginn von «Candy And Women»), so fing Bill Haley doch erst beim Essex-Label an, R & B-Stücke in der Rockabilly-Manier (wie «Rocket 88» und «Rock The Joint»), daneben auch eigene Kompositionen wie «Crazy Man Crazy» für ein jüngeres städtisches Publikum zu spielen. Das nächste Schallplattenlabel, Decca American, nahm die Musiker – nunmehr als BILL HALEY & THE COMETS – Anfang 1954 unter Vertrag. Eher aus Gefälligkeit gegenüber dem Manager als aus Überzeugung nahm die Combo im April 1954 «Rock Around The Clock» auf; der Manager Dave Meyers war am Song nämlich als Mitverfasser wie auch als Verleger beteiligt. Der Titel wurde im Mai 1954 veröffentlicht und blieb zunächst ohne viel Resonanz. Als er jedoch im Film *Blackboard Jungle* (*Saat der Gewalt*, 1955) zu einem Bekenntnislied opponierender Jugendlicher stilisiert wurde, wandelte er sich in ein Fanal der beginnenden Rock 'n' Roll-Bewegung um. Bill Haley konnte nicht viel für diese Wendung, und er mochte sich über den hysterischen Erfolg des Stückchens ebenso wundern wie über die Erfolgsigkeit seiner wesentlich kultivierteren C & W-Einspielungen aus den Jahren 1948/49. Interessant dabei, daß das Verhältnis der Jahre 1954 und 1955 zueinander bei Bill Haley und bei Elvis Presley das gleiche ist: 1954 bildet das Jahr der Saat, der Anfangstat, während 1955 zum Jahr der Ernte, des weltweiten Erfolges wird.

Eine Musikgeschichte besteht nicht nur aus Künstlern, sondern auch aus allerlei Medienleuten und wortgewandten Aposteln der Sache. Der weiße Discjockey Alan Freed, einer dieser Apostel, sollte am Ende der fünfziger Jahre bereits der erste Märtyrer des Rock 'n' Roll werden (der zweite wurde der zur Gefängnisstrafe verurteilte Chuck Berry). Freeds missionarische Arroganz, die er bereits um 1952 als Initiator des Programms The Moon Dog Show – später Moon Dog's Rock 'n' Roll Party – im Rahmen der Sendungen der Station WJW in Cleveland an den Tag gelegt hatte, ließen seine persönliche Tragödie vorausahnen. Ursprünglich hielt er Einführungen in klassische Musik, und das erklärt ein gut Teil seines späteren Eifers, alle Menschen zum Rock 'n' Roll zu bekehren. Genauer gesagt war es nicht nur Rock 'n' Roll, für den Freed eine Lanze brach, sondern insgesamt die städtische Musik der amerikanischen Schwarzen. Zwei Umstände belegen dies einwandfrei: Freed war unduldsam gegen Cover-Versionen durch weiße Interpreten, auch wenn sie gegenüber dem schwarzen Original keine Abstriche in Text und Musik enthielten. Andererseits propagierte er mit dem gleichen Eifer jene schwarzen Vokalensembles, die mehr zum weißen Kitsch als zum Rock 'n' Roll zählen, unter anderen THE CADILLACS, THE DELLS, THE FIVE SATINS, THE MELLOW KINGS, THE SPANIELS und die von ihm nach der Moondog-Sendung benannten MOONGLOWS. Im Jahre 1954 erhielt Alan Freed eine Anstellung am New Yorker Sender WINS, und sein Kreuzzug bekam dadurch vom September dieses Jahres an ein wesentlich größeres Wirkungsfeld. Auch wenn er den Ausdruck «rock 'n' roll» entgegen eigener Behauptung nicht erfand, ihn vielmehr zum erstenmal von seinem Freund, dem Plattenhändler Leo Mintz in Cleveland hören mochte, war Freed eine der Schlüsselfiguren in der Verbreitung des Rock 'n' Roll. Die traurige «Bestechungs»-Affäre, in der sich die angestaute Wut des ganzen Establishments (nicht zuletzt der etablierten Plattenindustrie) über die «Unmusik» des Rock 'n' Roll gegen ihn wandte, ist ein Schulbeispiel dafür, wie in den USA unliebsame einzelne mit äußerlich korrekten Mitteln, aber in verwerflich egoistischer Gesinnung ausgeschaltet zu werden pflegen.

Rockgeschichte und Industriegeschichte

Hitlisten, wie sie in *Billboard* und *Cashbox*, in *Melody Maker, New Musical Express* und in *Der Musikmarkt* periodisch veröffentlicht werden, verzeichnen in einer quantitativen Rangfolge jene Platten, Singles und Langspielplatten, an denen die Firmen, die Verleger und die Zwischenhändler am meisten verdienen. Insofern enthalten sie Informationen zunächst für Geschäftsleute, die aus ihnen ersehen können, ob das investierte Kapital Früchte trägt, welche Nachbestellungen fällig sind und ob sich zum Beispiel eine Lizenznahme lohnt. Hitlisten bilden Materialien, aus denen sich die Geschichte des betreffenden Industriezweiges sehr wohl rekonstruieren läßt. Diese Geschichte, wie sie etwa Ende 1978 anläßlich der «fünfundzwanzigjährigen Vergangenheit der Rockmusik» in *Billboard* zusammengestellt wurde, ist in sich komplett und abgeschlossen, denn sie braucht keine Rücksichten auf ästhetische Gesichtspunkte zu nehmen. Das Kapital wird investiert, um realen Gewinn statt irgendwelche künstlerischen Werte hervorzubringen, obwohl es natürlich selbst dem unmusikalischsten Kapitalisten dämmern mag, daß die Geschichte seines Reichwerdens irgendwie mit Kunst zu tun hat.

Doch sind Hitlisten nicht nur kaufmännische Notizen über Gewinn, die veröffentlicht werden. In ihnen schlägt sich zugleich ein wesentliches Stück Rezeptionsgeschichte nieder, die nicht mehr bloß die Geschichte einer privatwirtschaftlichen Bereicherung bildet, sondern Teil der Rockgeschichte selbst ist. Wer mit Statistiken und mit relativ berechneten Indizes, wie es Hitlisten sind, umzugehen weiß, kann auch auf die Struktur des betreffenden Personenkreises schließen, seine Vorlieben und Abneigungen je nach Alter, Geschlecht und Informiertheit aufschlüsseln und für sein künftiges Verhalten sogar annähernde Prognosen stellen. Ein wichtiger Aspekt der Rockgeschichte ist in der Frage enthalten, welche Schichten mit welchem musikalischen Differenzierungsvermögen, aus welchen Gründen welche Platten kaufen. Ohne diese konkreten Menschen wäre die Plattenindustrie ohnmächtig, wollte sie auch laufend die allerkunstvollsten und unerhört innovativen Musikwerke hervorbringen. Die wirklichkeitsnahen Industriellen tragen diesen Menschen allgemein und dem verbreitetsten unter ihnen, nämlich dem Durchschnittsmenschen, ganz besonders Rechnung, indem sie sich auf ihn einstellen und seinem Geschmack huldigen, anders gesagt, indem sie diesen Durchschnittsmenschen und seinen Musikgeschmack Tag für Tag reproduzieren. Sich auf den Durchschnitt zu verlassen verspricht den breitesten Verkauf und somit den größten Gewinn. Deshalb ist jeder A & R-Mann und jeder Werbefachmann bestrebt, die musikalischen Sinnesorgane dieses Durchschnittsmenschen kennenzulernen und zu umschmeicheln. Auf den Sonderling, auf den Freak und den wählerischen Kenner setzt allenfalls ein spezialisiertes Unterlabel oder eine relativ kleine und noch junge Firma, die in dem von Konkurrenten beherrschten Feld anders nicht Fuß fassen kann.

Die Hitlisten spiegeln also annähernd tatsächliche Verhältnisse wider.

Doch in dem Maße, in welchem sie suggerieren, das meistverkaufte Produkt sei auch das bessere, manipulieren sie zugleich den Käufer. Sie verhelfen dann dem veröffentlichten Ergebnis unwillkürlich zum Fortbestehen, und darin üben sie eine konservierende, bestätigende Funktion aus. Sie bewirken, daß die Käuferschaft vom Diktat der großen Zahl zumindest im gleichen Maße abhängig ist, wie die Industrie ihrerseits vom musikalischen Durchschnittsgeschmack abhängt. Insofern liegt ein Verhältnis auf Gegenseitigkeit vor.

Der Umstand, daß Konsument und Plattenhersteller gleichsam aufeinander eingespielt sind, hindert freilich nicht, daß an den Hitlisten, in denen sich die momentanen Kräfteverhältnisse dieses Zusammenspiels niederschlagen, Kritik geübt wird. Ihrem Begriff entsprechend spiegeln die Charts den Durchschnitt musikalischer Produktion wider: aus ihnen wird das außergewöhnlich Anspruchsvolle ebenso wie das Stümperhafte verdrängt. Es können zwar Beispiele dafür angeführt werden, daß auch Singles und LPs mit ästhetischem Höhenflug auf den vordersten Plätzen von Hitlisten stehen können, und die sechziger Jahre sind in dieser Hinsicht besonders ergiebig. Aber die tatsächlichen Überschneidungen von künstlerischer Qualität und Massenzuspruch in den Jahren 1964–1969 in Großbritannien dürften zu den Ausnahmen der Rockgeschichte zählen. Einige Gegenbeispiele mögen es belegen. «That's Alright, Mama», «Blue Moon Of Kentucky», «Good Rockin' Tonight» und die übrigen Rockabilly-Songs von Elvis Presley, die zu seinen besten aus der Frühzeit gehören, eroberten die ersten Plätze der Hitlisten nie, wohl aber spätere Schmalzstücke wie «Heartbreak Hotel» und «Love Me Tender». Eine exzentrische Single von Devo kam um 1979 nicht einmal unter die fünfzig bestverkauften vor, wohl aber Boney M. und Baccara.

Wollte jemand aus jener allein auf Chartbesten beruhenden Geschichte, die im Hinblick auf die Industrie sinnvoll ist, Rückschlüsse auf die Rockmusik selbst ziehen, wäre seine Erkenntnis die, daß Rockgeschichte aus nichts anderem als aus Mainstream und seichtem Pop besteht. Der Trugschluß entsteht, weil Hitlisten bloß Interessantes nur ausnahmsweise verzeichnen. Eine Kritik an ihnen rechtfertigt sich mithin durch den Umstand, daß aus ihnen das Außergewöhnliche und Herausfordernde verbannt wird, obwohl Letzteres gleichfalls Teil der Rockgeschichte bildet und unter Umständen mehr Anspruch auf Erinnerung besitzt als das siegreiche Mittelmaß. Selten wird von ihnen auch ein Musikstück honoriert, das zwar nicht unbedingt vom künstlerischen Ehrgeiz getragen wird, aber dennoch etwas tief Aktuelles ausspricht und darin den Wert eines Symptoms für Zustände und Menschen eines geschichtlichen Augenblicks besitzt. Sarkastische Rocktexte, in denen der Hörer einen Spiegel vorgesetzt bekommt, bleiben verständlicherweise ungehört. «Well Respected Man» der KINKS erzielte 1966 nur den 13. Platz. Die wirklich aufsässigen, unfreundlichen Stücke von BONZO DOG tauchten auf den britischen Hitlisten nicht auf, und von STEPPENWOLFS kapitalismus-feindlichem «Monster» erfuhr der amerikanische Chartleser 1970 erst, wenn er beim Lesen bis zum 39. Platz vordrang. All den genannten Stücken kommt nichtsdestoweniger ein hoher Erkenntniswert zu, da sie wichtige Probleme ihrer Zeit, sei es witzig, sei es mit verbissenem Ernst, anpackten.

Schallplatten, die musikalisch vorausweisen, tauchen in den Hitlisten gleichfalls unter, und auch an Neuerungen elektroakustischer Art gehen die Hitlisten achtlos vorbei. Der beliebte journalistische Gesichtspunkt, daß ein Instrument wie Mellotron, Synthesizer oder Vocoder von dieser oder jener Gruppe «zum erstenmal» verwendet wurde, hat seine Berechtigung: Aufgabe des Geschichtsschreibers ist es unter anderem, Pioniertaten festzuhalten und auf das Zukunfträchtige in einem Rockstück hinzuweisen, sei es auch – selbstironisch gesagt – mit dem rückwärts gerichteten Prophetenblick des Historikers. Diesem Gesichtspunkt gegenüber verhalten sich die Hitlisten blind.

Schließlich kann eine Rockkomposition besonders tief in die Rezeptionsgeschichte eingehen, ohne daß sie immer zugleich künstlerisch gelungen oder Ausdruck ihrer Zeit wäre. Ihre Bedeutung für die Rockgeschichte ergibt sich dann aus den Vorstellungen, die an sie geknüpft werden, einerlei ob diese zutreffend oder irrig sind. «Helter Skelter» der BEATLES bildet gewiß kein Glanzstück auf dem weißen Doppelalbum von 1968, doch spielte es für Charles Manson und seine Opfer, die unter Berufung auf die «geheime Botschaft» der Komposition ermordet wurden, eine verhängnisvolle Rolle. Ein absurdes Mißverständnis zwar, aber auch ein denkwürdiges Stück Musikrezeption liegt in ihm vor.

Zu weiteren kritischen Überlegungen veranlaßt die unübersichtliche Produktions- und Vertriebslage. Die Käufer von Hits treffen eine Wahl mit ihrem Kauf, die näher besehen eine bloße Auswahl aus zufällig vorhandenen Produkten darstellt. In der Regel betätigen sie ihren «Geschmack» an einem Sortiment, das ihnen im nächstbesten Plattengeschäft vorgesetzt wird, vielleicht weil im Fernsehprogramm der Titel einen Tag zuvor vorgeführt wurde. Mag das aktuelle Angebot noch so mager, qualitativ noch so minderwertig sein: es wird stets Hitlisten geben. Nötigenfalls wird der Bestseller gerade noch über dem Schund stehen. Präpariert werden die Bestseller-Käufer aber nicht nur hinsichtlich des einheimischen Angebots durch Plattenladen oder Plattenfirma. Sie erfahren in der Regel gar nicht, was im Ausland auf dem Markt zu erwerben ist, weil der deutsche Zweig einer multinationalen Firma oft nur sehr lose mit einem ausländischen zusammenarbeitet. Jede nationale Niederlassung wurstelt mit dem einzigen Ziel vor sich hin, Profit abzuwerfen. Zwei Einzelheiten aus eigener Erfahrung: Electrola in Köln weiß nicht, was EMI-Odeon in Barcelona herstellt und kann eine spanische EMI-Platte nicht besorgen; RCA in Hamburg kann eine in London herausgebrachte RCA-Platte gleichfalls nicht besorgen, statt dessen verweist sie den interessierten Käufer – ein Witz der Plattenbranche – auf den Importdienst von Teldec in Hamburg. Der Plattenkäufer wird so objektiv, durch die bestehende Organisation, manipuliert, und der persönlich vielleicht mitfühlende Pressereferent kann nur mit der Schulter zucken. Man muß schon überdurchschnittliche Energie und Zeit aufbringen, um der Existenz einer interessanten Neuerscheinung im Ausland auf die Spur zu kommen. Sie zu erwerben erfordert oft geradezu Besessenheit.

Dies vor Augen, muß man es als töricht ansehen, wenn einem in der Bundesrepublik erscheinenden Rockbuch vorgeworfen wird, es enthalte Hinweise auf Schallplatten, die nur wenige kennen (für Rockbücher aus Amerika und England gilt das gleiche). Der Rezensent, der so tadelt, hat es in seiner Unschuld bequem. Er bekommt von seiner Redaktion laufend die in der Bundesrepublik gepreßten Schallplatten und glaubt, darin erschöpfe sich die Rockmusik. Demgegenüber lehrt die Erfahrung, daß bei uns häufig die reizvolleren Neuerscheinungen nicht lizenziert werden. Unser Journalist wird beispielsweise die um 1971 herausgebrachte RCA-Reihe auf dem Londoner Neon-Label kaum kennen, und so wird er einem, der von diesen wichtigen Platten zu sprechen wagt, Unfairness vorwerfen. Auch Rundfunk-Discjockeys pflegen mit Platten aufzutrumpfen, die in der Regel jeder zweite Hörer besitzt. Journalisten, die nicht wahrhaben wollen, daß es rockgeschichtlich wichtige Platten gibt, die man auf regulärem Wege in Deutschland nicht erwerben kann, schreiben am wirklichen Interesse ihrer Leser und Hörer vorbei.

Aus dem Vorangehenden ergeben sich einige praktische Richtlinien für eine rockgeschichtliche Darstellung:

1. Hitlisten sollen zwar berücksichtigt werden, aber sie bilden keinen Maßstab für die Auswahl. Vielmehr sollte sich eine Darstellung auch an überdurchschnittlichen Musikstücken ausrichten.

2. Künstlerische Qualität sollte weitgehend die Objektebene bestimmen. Außer ihr sollte man auch Musikstücken Aufmerksamkeit schenken, die ihre Zeit exemplarisch ausdrücken, künftige Trends im Keim enthalten oder sonst in die Rezeptionsgeschichte eingegangen sind.

3. Keine Rücksicht darf ein Historiker darauf nehmen, ob eine Platte oder ein Rockbuch nur im Ausland erschien oder aber auch im begrenz-

ten einheimischen Angebot enthalten ist bzw. war. Der Leser sollte doch angeregt werden, diese Platten und Bücher sei es durch den Importdienst einer Firma, sei es aus einem Versteigerungskatalog zu erwerben.

Es ist immer von Interesse, Hitlisten zu studieren. Sie informieren über den musikalischen Geschmack und in gewissem Sinn sogar über die musikalische Intelligenz eines Rockpublikums. Noch aufschlußreicher ist es, die Hitlisten dreier Länder um einen bestimmten Zeitpunkt miteinander zu vergleichen. Ich wähle die Hitlisten von 30 Langspielplatten in Großbritannien, in den USA und in der Bundesrepublik, wie sie in *New Musical Express* vom 28. Juli 1979 (Großbritannien und USA) beziehungsweise in *Der Musikmarkt* vom 30. Juli 1979 (BRD) veröffentlicht wurden:

Großbritannien (nach *New Musical Express*, 28. Juli 1979):
 1. TUBEWAY ARMY: *Replicas* (Beggars Banquet)
 2. ELECTRIC LIGHT ORCHESTRA: *Discovery* (Jet)
 3. Various: *Best Disco In The World* (WEA)
 4. SUPERTRAMP: *Breakfast In America* (A & M)
 5. BLONDIE: *Parallel Lines* (Chrysalis)
 6. John Williams: *Bridges* (Lotus)
 7. DIRE STRAITS: *Communiqué* (Vertigo)
 8. EARTH, WIND & FIRE: *I Am* (CBS)
 9. ABBA: *Voulez Vous* (Epic)
10. QUEEN: *Live Killers* (EMI)
11. Gerry Rafferty: *Night Owl* (United Artists)
12. James Last: *Last The Whole Night Through* (Polydor)
13. WINGS: *Back To The Egg* (Parlophone)
14. Neil Young: *Rust Never Sleeps* (Reprise)
15. Ian Dury & THE BLOCKHEADS: *Do It Yourself* (Stiff)
16. Barry Manilow: *Manilow Magic* (Arista)
17. POLICE: *Outlandos d'Amour* (A & M)
18. David Bowie: *Lodger* (RCA)
19. Rickie Lee Jones: – (Warner Bros.)
20. Donna Summer: *Bad Girls* (Casablanca)
21. *The Best Of The Dooleys* (GTO)
22. Art Garfunkel: *Fate For Breakfast* (CBS)
23. SKY: *Reach For It* (Ariola)
24. ROXY MUSIC: *Manifesto* (Polydor)
25. *The Very Best Of Leo Sayer* (Chrysalis)
26. CARS: *Candy-O* (Elektra)
27. SPYRO GYRA: *Morning Dance* (Infinity)

28. CRUSADERS: *Street Life* (MCA)
29. DIRE STRAITS: – (Vertigo)
30. SEX PISTOLS: *The Great Rock 'n' Roll Swindle* (Virgin)

USA (nach *New Musical Express*, 28. Juli 1979):
 1. Donna Summer: *Bad Girls* (Casablanca)
 2. SUPERTRAMP: *Breakfast In America* (A & M)
 3. CARS: *Candy-O* (Elektra)
 4. CHEAP TRICK: *At The Budokan* (Epic)
 5. ELECTRIC LIGHT ORCHESTRA: *Discovery* (Jet)
 6. EARTH, WIND & FIRE: *I Am* (CBS)
 7. WINGS: *Back To The Egg* (Parlophone)
 8. Teddy Pendergrass: *Teddy* (Philadelphia)
 9. Rickie Lee Jones: – (Warner Bros.)
10. THE KNACK: *Get The Knack* (EMI)
11. DIRE STRAITS: *Communiqué* (Vertigo)
12. KISS: *Dynasty* (Casablanca)
13. WHO: *The Kids Are Alright* (Polydor)
14. Peter Frampton: *Where Should I Be* (A & M)
15. Kenny Rogers: *The Gambler* (WEA)
16. BAD COMPANY: *Desolation Angels* (Island)
17. Charlie Daniels: *Million Mile Reflections* (Epic)
18. QUEEN: *Live Killers* (EMI)
19. KANSAS: *Monolith* (Epic)
20. SISTER SLEDGE: *We Are Family* (Warner Bros.)
21. John Stewart: *Bombs Away Dream Babys* (RSO)
22. Van Halen: *II* (Warner Bros.)
23. THE DOOBIE BROTHERS: *Minute By Minute* (Warner Bros.)
24. Anita Ward: *Songs Of Love* (?)
25. Joni Mitchell: *Mingus* (Asylum)
26. Willie Nelson & Leon Russell: *One For The Road* (Shelter)
27. ATLANTA RHYTHM SECTION: *Underdog* (Polydor)
28. CRUSADERS: *Street Life* (MCA)
29. THE ISLEY BROTHERS: *Winner Takes All* (T-Neck)
30. Gerry Rafferty: *Night Owl* (United Artists)

Bundesrepublik (nach *Der Musikmarkt*, 30. Juli 1979)
 1. Peter Maffay: *Der Steppenwolf* (Telefunken)
 2. DIRE STRAITS: *Communiqué* (Vertigo)
 3. SUPERTRAMP: *Breakfast In America* (A & M)
 4. DIRE STRAITS: – (Vertigo)

5. QUEEN: *Live Killers* (EMI)
6. ABBA: *Voulez Vous* (Polydor)
7. Donna Summer: *Bad Girls* (Casablanca)
8. MANFRED MANN'S EARTH BAND: *Angel Station* (Bronze)
9. Art Garfunkel: *Fate For Breakfast* (CBS)
10. ELECTRIC LIGHT ORCHESTRA: *Discovery* (Jet)
11. KISS: *Dynasty* (Casablanca)
12. BARCLAY JAMES HARVEST: *Gone To Earth* (Polydor)
13. Frank Zander: *Donnerwetter* (Hansa)
14. ALAN PARSONS PROJECT: *Pyramid* (Arista)
15. John Denver: *Seine großen Erfolge* (RCA)
16. BEE GEES: *Spirits Having Flown* (RSO)
17. Peter Tosh: *Mystic Man* (EMI)
18. WINGS: *Back To The Egg* (Parlophone)
19. BLONDIE: *Parallel Lines* (Chrysalis)
20. PINK FLOYD: *Wish You Were Here* (Harvest)
21. Gerry Rafferty: *Night Owl* (United Artists)
22. SIMON & GARFUNKEL: *Greatest Hits* (CBS)
23. Peter Green: *In The Skies* (Creole)
24. ELECTRIC LIGHT ORCHESTRA: *Out Of The Blue* (Jet)
25. SUPERTRAMP: *Crime Of The Century* (A & M)
26. Die Kirmesmusikanten: *24 immer «grüne» Akkordeonerfolge* (RCA)
27. SUPERMAX: *Fly With Me* (Elektra)
28. ALAN PARSONS PROJECT: *Tales Of Mystery & Imagination* (20th Century)
29. Milva: *Was ich denke* (Metronome)
30. Patrick Hernandez: *Born To Be Alive* (Aquarius)

Studiert man die Rangordnung der einzelnen LPs samt den ihnen eigenen musikalischen Sondergattungen (Countryrock, New Wave, Mainstream usw.), so ist offensichtlich, daß Kitsch überall gut verkauft wird. Doch neben dem Mainstream à la Gerry Rafferty, Rickie Lee Jones und SUPERTRAMP finden sich auf den Plätzen 1, 15 und 17 in Großbritannien immerhin TUBEWAY ARMY, Ian Dury & THE BLOCKHEADS und POLICE. Was kaum überrascht, weist die deutsche Hitparade mehr Ähnlichkeiten mit der amerikanischen als mit der britischen auf.

Fazit? «Britische Qualität» ist nicht nur eine Eigenschaft der Musik, sondern auch eine des Publikumverhaltens ...

Liverpool: warum gerade die BEATLES?

Fast zwanzig Jahre nach der ersten Single der BEATLES («Love Me Do»/ «P. S. I Love You» vom Oktober 1962) und der beginnenden kommerziellen Ausbeutung des sogenannten Liverpool-Sound fällt es mitunter schwer, die echten Mersey-Gruppen von den übrigen britischen zu unterscheiden. Bedingt ist dieser Umstand teilweise durch die Manipulation einiger Plattenfirmen, die zwischen 1963 und 1966 auch Formationen eine Liverpooler Herkunft andichteten, die mit der Stadt wenig oder gar nichts zu tun hatten. Unter dem irreführenden Titel Liverpool-Hop zum Beispiel enthält eine 1965 veröffentlichte Sampler-Platte auch die Musik von THE DAVE CLARK FIVE, THE HOLLIES, DOWNLINERS SECT und anderen nicht-Liverpooler Bands (D: EMI Columbia SMC83983). Obwohl um 1962 noch äußerst mißtrauisch gegenüber der Beat-Bewegung, brachte Decca Records (die BEATLES wurden von ihr bekanntlich abgewiesen) später allerlei Gruppen recht wahllos unter dem absatzfördernden Etikett Mersey-Beat heraus. So erscheinen BERN ELLIOTT & THE FENMEN auf dem Decca-Sampler *Recorded live at The Cavern – Original Liverpool Sound*; in Wirklichkeit stammte die Gruppe aus Kent (D: BLK 16294-P). Telefunken-Decca führt die Öffentlichkeit bis in die Gegenwart hinein an der Nase herum: die 1974 veröffentlichte Doppel-LP *Mersey-Beat at Liverpool* (D: DS 3240/1–2) enthält wiederum Dave Berry, sodann drei Stücke von BRIAN POOLE & THE TREMELOES aus Essex, von THE ROCKIN' BERRIES aus Birmingham sowie THE TORNADOS, die ebensowenig Liverpooler waren wie ihr ehemaliger Bassist, der unter dem Namen HEINZ später eine Solokarriere einschlug.

Abgesehen von Irreführungen dieser Art wird eine spätere Identifikation von Merseyside-Gruppen noch dadurch erschwert, daß einige von ihnen zur gleichen Zeit unter verschiedenen Namen auftraten, um vertragsrechtlichen Schwierigkeiten aus dem Weg zu gehen. So sind beispielsweise THE SHAKERS, von denen Polydor in Hamburg Singles veröffentlichte (so «Hippy Hippy Shake»/«Money», Polydor 52158), keine anderen als KINGSIZE TAYLOR & THE DOMINOES aus ihrer Hamburger Gastspielzeit. Allgemein bekannt dürfte sein, daß die BEATLES als Begleitband des englischen Popsängers Tony Sheridan ihre erste Einspielung «My Bonnie»/«The Saints» unter dem Decknamen THE BEAT BROTHERS erscheinen ließen (Polydor 24673)

Um 1962 waren in und um Liverpool über dreihundert Formationen tätig, und in den darauffolgenden Jahren dürfte sich diese Zahl beträchtlich erhöht haben. Unter ihnen brachten trotzdem nur verschwindend wenige Gruppen eine oder mehrere Platten hervor, so daß der Umkreis von Musikern mit Schallplattenverträgen sich einigermaßen überblicken läßt, trotz der von einigen Firmen gestifteten Verwirrung. Da sich alle Plattenfirmen während des Liverpool-Booms um 1963–1965 gegenüber der musikalischen wie spieltechnischen Güte der lokalen Bands äußerst nachsichtig verhielten, kann man sogar annehmen, daß alle Gruppen der Mersey-Gegend tatsächlich einen Schallplattenvertrag erhielten, die überhaupt einen Anspruch auf Beachtung hatten. Daß unter den etwa zwanzig Rockformationen, die durch Einspielungen einer breiteren Öffentlichkeit bekannt wurden, sich auch die BEATLES befinden, versteht sich von selbst. Hier aber interessiert die Frage, warum es ausgerechnet den BEATLES gelang, eine auch rückblickend noch atemberaubende Karriere künstlerischer und wirtschaftlicher Art hinter sich zu bringen. Warum den BEATLES, warum nur ihnen, warum nicht einer anderen Gruppe aus Liverpool?

Auch wenn man das Gruppenbestehen der BEATLES von der Zeit rechnet, in der sie noch in stark wechselnder Besetzung unter Namen wie THE QUARRYMEN, THE MOONDOGS und JOHNNY & THE SILVER BEATLES spielten, können sie nicht als die älteste Rockgruppe der Mersey-Gegend angesehen werden. Denn RORY STORM & THE HURRICANES (mit Ringo Starr als Schlagzeuger), GERRY & THE PACEMAKERS und KINGSIZE TAYLOR & THE DOMINOES waren mindestens ebenso früh tätig und im bewegten Rockleben der Stadt bekannt. Und die früheste Single-Veröffentlichung? Im Rockbereich gilt der Satz buchstäblich, daß nichts so erfolgreich wie der Erfolg selbst sei: eine Gruppe, die eine Schallplatte herausbringt, besitzt durch diese Tatsache allein eine gestiegene Chance, im Plattengeschäft voranzukommen. Aber dieser Grundsatz versagt in Liverpool, denn von allen Lokalgruppen stand nicht der Name der BEATLES, sondern einer sonst drittrangigen Formation HOWIE CASEY & THE SENIORS auf der ersten und frühesten Single von Liverpool. Die BEATLES waren nicht einmal britische Pioniere in Hamburgs Reeperbahn-Lokalen. Es waren vielmehr DERRY & THE SENIORS, deren erfolgreiches Gastspiel die Hamburger Manager erst auf Liverpool aufmerksam machte. Und Brian Epstein, der spätere Manager mit der glücklichen Hand, sollte außer den BEATLES mehrere andere Bands in Großbritannien und in den USA betreuen, unter denen keine auch nur eine vergleichbare rockgeschichtliche Bedeutung besitzt, wie sie den BEATLES zukommt. Die Frage bleibt also: warum gerade die BEATLES?

Zweifelsohne erarbeiteten sich die BEATLES im Selbstunterricht (den Hunter Davies in seiner bekannten Biographie von 1968 beschreibt) eine beachtliche Spieltechnik, die sie in Hamburg weiter verbessern konnten. Das mittlerweile veröffentlichte 1962er Tonband aus dem Star-Club läßt

keine dilettantische Unsicherheit mehr spüren. Aber regelrechte Virtuosen ihrer Instrumente waren die BEATLES bis zuletzt – also bis zu ihrer
Trennung im Jahr 1970 – nicht. Jedenfalls waren etwa die SEARCHERS
spieltechnisch den berühmteren BEATLES weit überlegen, wie das ihr im
Star-Club aufgenommenes Live-Album und vor allem ihre Studioeinspielungen eindrucksvoll bezeugen. Das gleiche kann von weiteren Gruppen
wie THE BIG THREE und THE REMO FOUR gesagt werden.

Auch im Hinblick auf die Stimmqualität wirken die BEATLES in der
Frühzeit nicht überwältigend, obwohl sie gegenüber den meisten Gruppen
deutlich im Vorsprung waren. Daß Musikern wie HEINZ, RORY STORM &
THE HURRICANES, KINGSIZE TAYLOR & THE DOMINOES und SONNY WEBB &
THE CASCADES nicht der große Durchbruch gelang, lag vermutlich an der
Unzulänglichkeit ihrer Vokalstimmen. Aber die SEARCHERS bestehen
auch hier jeden Vergleich mit ihren geschmeidigen, wandlungsfähigen Vo-
kaleinsätzen, wie sie in «Needles And Pins», «Sea Of Heartbreak», «Don't
Throw Your Love Away» und «When You Walk In The Room» zu hören
sind. Über einnehmende Vokalstimmen verfügten zumindest noch THE
SAXONS, THE ESCORTS («The One To Cry»), MARK PETERS & THE SILHOU-
ETTES («Someday»), THE DENNISONS («Be My Girl»), THE MOJOS
(«Everything's Alright») und IAN & THE ZODIACS («Beechwood 4-5789»).

Überliefert wird, daß die BEATLES nicht zuletzt durch ihre Bühnenak-
tion dem jugendlichen Publikum gefielen, und man kann sich leicht vorstellen, daß jene unsäglich komischen Possen, die John Lennon kurze
Zeit später in Washington und im New Yorker Shea-Stadium riß, im be-
engten Cavern-Club erst recht ihre Wirkung getan hatten. Aber auch hier
drängen sich Vergleiche mit anderen Bands auf. Da gibt es glaubwürdige
Berichte darüber, daß auch RORY STORM & THE HURRICANES, FARON'S
FLAMINGOS, THE MERSEYBEATS und THE MOJOS eine fesselnde Bühnenshow boten. Und ein hübsches Gesicht, wie Paul McCartney eines besaß,
konnten die in den vordersten Reihen hockenden Mädchen ganz gewiß
auch bei anderen Bands anstarren.

Näher kommt man schon dem «Geheimnis» der BEATLES, wenn man
ihr Repertoire mit dem anderer Gruppen vergleicht. Zunächst gilt allgemein, daß die Bands in Liverpool (wie auch in anderen britischen Städten, ausgenommen die stark vom Rhythm & Blues beeinflußte Hauptstadt) an den amerikanischen Hits der Zeit ausgerichtet waren, die mit
Mädchengruppen wie THE CRYSTALS und THE SHANGRI-LAS, mit Soulgruppen wie THE ISLEY BROTHERS und mit den Songschreibern von
Schnulzen aus dem Brill Building in New York verknüpft sind. Dabei
spielten die Liverpooler auch manche amerikanische Titel nach, die sonst
in England unbekannt waren. Dieser Umstand geht auf jene zahlreichen

Seeleute zurück, die ihr Einkommen durch den Handel mit aus den USA heimgebrachten Schallplatten aufbesserten. Innerhalb des Spielrepertoires der Merseyside-Gruppen läßt sich eine ältere Rock 'n' Roll-Schicht von einer jüngeren unterscheiden. Zu der erstgenannten gehörten Stücke von Bill Haley wie etwa «Skinny Minnie», Little Richards «Long Tall Sally» und vor allem Eigenkompositionen von Chuck Berry wie zum Beispiel «Little Queenie» und «I'm Talking About You». Musikstücke dagegen, die Elvis Presley bekannt gemacht hatten, sind im Spielplan der Liverpooler Lokalgruppen so gut wie nicht zu finden. Dies ist im Hinblick auf das sinkende Künstlertum Presleys um 1960 an sich schon ein beachtliches Qualitätszeichen (schon um diese Zeit beweisen die Briten also mehr künstlerischen Instinkt als die Deutschen). In die jüngere Schicht des Spielrepertoires gehören Kompositionen von Ray Charles («I Got A Woman», «What'd I Say»), Barry Mann/Cynthia Weill («She's Sure The Girl I Love»), dem Ehepaar Felice und Boudleaux Bryant («Devoted To You», «You've Got Everything»), Berry Gordy jr. («Money», «Do You Love Me», «Shake Sherry»), Salomon Burke («Stupidity»), Jack Nitzsche («Needles And Pins») und vor allem von dem erfolgreichen Songschreiber-Duo Jerry Leiber/Mike Stoller mit zahlreichen Titeln, die nicht zuletzt infolge der witzigen Interpretation der Coasters verbreitet waren («Little Egypt», «Love Potion No. 9», «I'm A Hog For You», ferner «Keep On Rolling», «Kansas City», «Tricky Dickie» und andere). Diesem Vorrat an Spielstücken entspricht in etwa auch das Repertoire der Beatles während ihrer Hamburger Zeit in den Jahren 1960–1962. Das Doppelalbum, das einige ihrer Auftritte im Star-Club festhält, umfaßt insgesamt 26 Kompositionen, unter denen drei von Chuck Berry, weitere drei von Carl Perkins (ein weiterer Beweis für Qualitätsgespür), zwei von Ray Charles sowie je eine von Chan Romero («Hippy Hippy Shake»), von King Curtis («Reminiscing») und von Phil Spector stammen («To Know Her Is To Love Her», bei Spector ursprünglich «To Know Him …»); auch «Twist And Shout», das 1962 in der Interpretation der Isley Brothers Furore machte, fehlt nicht.

Eigenartigerweise sind aus der Hamburger Zeit nur zwei eigene Kompositionen von Lennon/McCartney überliefert, «I Saw Her Standing There» und «Ask Me Why». Indessen ist von mehreren Beteiligten bezeugt, daß die beiden Beatles schon in der Frühzeit eifrige Songschreiber waren und daß sie es bis etwa 1962 auf über fünfzig selbstkomponierte Stücke gebracht haben. Davon sind nur wenige auf Schallplatten erschienen. Zu ihnen gehören «Love Me Do» und das erst auf dem *Let It Be*-Album verwertete Stück «One After 909». Aber Lennon und McCartney erwarben sich auf jeden Fall eine Fertigkeit im Textschreiben und im

Komponieren, über die andere Liverpooler Rockmusiker nicht verfügten. Freilich kam es vor, daß eine Band auch mal eine eigene Komposition vortrug, aber das gehörte zu den Ausnahmen. Dagegen waren die BEATLES in den Rockkreisen der Stadt immer schon deshalb bekannt, weil sie viel eigenes Material vortrugen.

Nicht minder wichtig als dieser schöpferische Impuls erscheint die musikalische Eigenart der frühen, von den ersten Singles und Alben her bekannten Stücke von Lennon und McCartney. Während die übrigen Liverpooler Gruppen, sofern sie auch Eigenes verfaßten, sich zumeist an das Erfolgsrezept der oben genannten amerikanisch-jüdischen Songschreiber anlehnten, springt in den Kompositionen von John Lennon und Paul McCartney ein heimatlich europäischer Zug ins Auge. Kein einziges Stück bedient sich des zwölf- oder achttaktigen Bluesmodells, das in den USA gerade um 1960–1962 bereits zu einer großstädtischen Trivialität herabgesunken war. Mit einem sicheren Gespür werden von den beiden Liverpoolern auch harmonische Rückungen und alle sonstigen Billigstmittel der Schlagerindustrie gemieden.

Was aber vor allem auffällt, ist der volksliedhafte Ton. Er bekundet sich in einigen knappen Textwendungen (etwa «Schließ deine Augen, ich will dich küssen, / morgen werd' ich dich vermissen ...») ebenso wie in den altertümlich anmutenden modalen Tonarten, die heute nur noch in manchen überlieferten Volksliedern fortleben. Mit großer Terz, aber kleiner Septime, also mixolydisch, verläuft etwa «I Wanna Be Your Man». Das Schwanken zwischen großer und kleiner Terz, auch zwischen großer und kleiner Sept ergibt dabei nicht bloß Varianten ein und derselben Tonstufe, wie beim Blues (dessen Gesamtintonation hier freilich anregend gewirkt haben mag), sondern führt zu farbenreichen Wechselakkorden und bringt also ganz andere Konsequenzen mit sich als in der schwarzamerikanischen Gattung. In «All My Loving», das in C-Dur steht, bildet der Ton b, der am Schluß der dritten Zeile erscheint («... always be true»), nicht

bloß eine Abwandlung, eine Eintrübung von h, sondern er verselbständigt sich zum Grundton des Akkords b-d-f und lenkt damit überraschend und vorübergehend nach der zweifachen Subdominante ab:

In den genannten Musikstücken findet sich eine weitere Eigentümlichkeit alter Volkslieder. Es ist das Schwanken zwischen Haupt- und Paralleltonart, also zum Beispiel zwischen C-Dur und a-moll. Viele protestantische Kirchenlieder aus der Lutherzeit besitzen ebenfalls dieses Merkmal. Ein Beispiel dafür bietet aus dem frühen Schaffen der BEATLES «And I Love Her», das bis zum Schluß unentschieden zwischen Es-Dur und c-moll verläuft (es endet mit C-Dur), ebenso «Not A Second Time», das ganz ähnlich zwischen c-moll und Es-Dur schwankt. Ein eindeutiger, klärender Schluß wird hier in der Weise raffiniert vermieden, daß der

letzte Akkord die Töne c-es-g-b enthält und somit zweideutig bleibt: denn er kann als c-moll mit hinzugefügter kleiner Sept aufgefaßt werden, aber auch als Es-Dur mit hinzugefügter Unterterz.

Den harmonischen Reichtum der frühen BEATLES-Lieder können nicht zuletzt folgende neun Takte aus «Hold Me Tight» veranschaulichen. Für Kenner der funktionalen Harmonielehre wurden die entsprechenden Bezeichnungen angebracht.

Beispiele dieser Art ließen sich weiter vermehren. Sie legen die Ansicht nahe, daß die BEATLES dem glatten, konfektionierten Liedmaterial aus den USA eigenständig europäische, von englischen, schottischen und irischen Volksliedern inspirierte Kompositionen entgegensetzten, deren frische Unmittelbarkeit – verbunden mit modalen Tonleitern und einer durch sie ermöglichten reichen Harmonik – letzten Endes die Originalität der Liverpooler Vier in ihrer Frühzeit ausmacht. Zum erstenmal in der Rockgeschichte wurde damit bewiesen, daß Rock auch ohne die jede schöpferische Regung aufsaugende und aushöhlende US-Musikindustrie möglich ist, ja daß er dem amerikanischen künstlerisch überlegen sein kann, wenn sich Talent und Begeisterung miteinander verbinden. Während Tommy Steele, Billy Fury und andere Musiker der ausgehenden fünfziger Jahre in England entweder amerikanische Hits nachsangen oder einheimische Schnulzen vortrugen, fing die europäische Rockgeschichte mit den BEATLES an, um ihrerseits den substanzlosen US-Poprock zu verdrängen, in Europa ebenso wie – vorübergehend – in den Vereinigten Staaten selbst.

Rock in Boston und Umgebung

Boston ist nicht zuletzt in musikalischer Hinsicht eine der bedeutendsten Großstädte der USA. Konzerte wie Platteneinspielungen des Bostoner Symphonieorchesters unter weltberühmten Dirigenten, etwa Sergej Kussevitzky, bilden seit Jahrzehnten eine Qualitätsmarke in der internationalen Musikwelt. An einer renommierten Musikhochschule wird der Talentnachwuchs ausgebildet. Dazu kommt, daß Boston samt seiner näheren Umgebung, vor allem der Universitätsstadt Cambridge, Massachusetts, eines der frühesten und wichtigsten Zentren der amerikanischen Folk- und Protestbewegung bildete. Um 1960 sang Joan Baez in den kleinen Folk-Clubs von Cambridge, und in dieser Intellektuellen-Vorstadt – namentlich im Club 47 – wurzelt auch die musikalische Laufbahn von Tom Rush und von Eric von Schmidt. Nicht zuletzt ging THE JIM KWESKIN JUG BAND aus dem Folk-Milieu Bostons hervor, eine von so bekannt gewordenen Musikern wie Geoff und Maria Muldauer und Richard Greene getragene Gruppe, die stilistisch der munteren und volksnahen Gattung zugetan war, die in England zur gleichen Zeit Skiffle-Musik hieß. Waschbrett und Banjo, Gitarre, Kontrabaß und allerlei Flöten und Pfeifen aus dem Volks- und Kinderinstrumentarium begleiteten die schwungvollen, auf Solosänger und Chor verteilten Gesänge.

Und Bostons Rockmusik? Im Gegensatz zu San Francisco hat Boston es nicht geschafft, eine weltbekannte oder auch nur für die Wirkungsgeschichte bedeutsame Rockmusik hervorzubringen. Der Ausdruck «Boston Sound», der um 1968–1970 dennoch in aller Munde war, besitzt einen eher peinlichen Beigeschmack, dank dem töricht übertreibenden Werbefeldzug der Plattenfirma MGM in den Jahren 1968/69, sowie einigen Plattenhüllen-Texten einer anderen Firma, ABC-Records.

Bostons Erfolglosigkeit bleibt eine Tatsache, an der nachträglich nicht gerüttelt werden kann. Sie schließt jedoch nicht aus, daß man heute danach fragt, was die Rockgruppen aus der Stadt und deren Umgebung rein musikalisch zuwege brachten, worin sie sich von kalifornischen Rockmusikern unterscheiden und worin ihre Kompositionen etwa dem berühmtem San Francisco Sound unter Umständen sogar überlegen sind. Wohlgemeinte Versuche aus jüngerer Zeit, Boston als eine rockgeschichtliche Einheit zu betrachten (siehe das vierzehnte, sehr informative Heft von Greg Shaw's *Who Put The Bomp*), leiden darunter, daß sie sich weiter in den Begriffen von Hits und Bekanntheitsgrad bewegen und so immer wieder nur die längst gewonnene Erkenntnis vom mißlungenen «Boss-town Sound» bestätigen, statt einmal die Eigenart der Musik zu umreißen. Anders muß ein geschichtlich Interessierter vorgehen, der den Rock nicht ohne weiteres und ausschließlich am kommerziellen Erfolg, sondern auch an musikalischer Qualität mißt, auch wenn sich diese Qualität nicht in den Hit-Placierungen niederschlägt. Mehr noch, die materielle Erfolgslosigkeit macht den Rückschauenden geradezu neugierig auf die einst lautstark gepriesene und bald danach verrufene Musik Bostons.

Es dürfte einleuchten, daß der ohnehin vieldeutige Begriff «Sixties' Punk» nicht ausreicht, um den Stellenwert der Bostoner Rockmusik anzugeben. Am ehesten fallen in diese Kategorie noch THE REMAINS, die um 1965–1967 in Boston und um die Stadt herum mit rüden Musikstücken wie «Heart», «Diddy Wah Diddy» und «You Got A Hard Time Coming» aufwarteten. Ehemals «Undergraduates» der Bostoner Universität, sammelten die vier Mitglieder eine treue lokale Anhängerschaft um sich; nach turbulenten Auftritten im Ratskeller (der verballhornte deutsche Lokalname heißt heute nur noch The Rat), im Banjo Room und im

Where It's At begleiteten sie die BEATLES während deren USA-Konzerttournee im Sommer 1966. Der Begriff «Sixties' Punk» wird auch dadurch nicht klarer, daß man die gängigen Wertvorstellungen umkrempelt und Punk dem Nicht-Punk vorzieht. Wenn kraftlose, vom Hörer bereits erwartete melodische Wendungen und Harmoniefolgen ein Merkmal des Sixties' Punk abgeben sollen, dann bestand an ihm in der zweiten Hälfte der sechziger Jahre freilich auch in Boston kein Mangel. Man höre sich eine Gruppe wie THE ART OF LOVIN' an: die fünf Mitglieder der Band, eines davon ein Mädchen, verleihen den Textbotschaften ein äußerlich buntes, recht besehen aber uniformiertes Gewand. In der Gesangslinie gibt es keine Täler und Gipfel, keine Anläufe und keine eroberten Höhepunkte, alle Stücke bewegen sich samt Rhythmus und Klangfarbe auf einem mittleren, lähmend ereignislosen Niveau. Die Texte sind, wie auch viele kalifornische der Zeit, hymnisch, menschheitserlösend, verwenden unruhige Naturbilder und sprechen belehrend mit «Du» an – dies alles aber so wirklichkeitsfern und unverbindlich poetisch, daß von einer «Botschaft» eigentlich doch nicht gesprochen werden kann, wenn dieses Wort einen nüchternen Sinn besitzen soll.

Ganz das gleiche gilt von LISTENING, einer vierköpfigen Formation, die aus den örtlichen Gruppen GRASS MENAGERIE und STREETCHOIR entstand. In der letztgenannten Gruppe STREETCHOIR wirkte im übrigen auch Peter Ivers mit, der später lyrische und etwas dekadente Alben mit gleichgeschlechtlich orientierten Texten hervorbringen sollte. Oder ORPHEUS mit immerhin vier Langspielplatten, deren ausgefallene Covergestaltung einen schroffen Gegensatz zur prosaischen Durchschnittlichkeit der von Alan Lorber durch Bläser und Streicher überarrangierten Musik bildet. Trotz hochgestochener Kompositionstitel wie «Land Of Diana» und «A New Song For Orestes» bricht auch die Gruppe THE FREEBORNE auf ihrem einzigen Album zu keinem Augenblick aus dem Rahmen musikalischer Konfektion heraus. Schließlich wäre noch THE TANGERINE ZOO als ein einschlägiges Beispiel für unprofilierte Klangabläufe zu nennen. Die psychedelisch nachempfundenen Farbstreifen auf der Plattenhülle, die den Blick gefangen nehmen, führen auch hier irre, denn von einer phantastischen Klangwelt kann keine Rede sein.

Die meisten Bostoner Bands lassen sich ebensowenig einem einzigen Stilbereich zuordnen wie die Gruppen in San Francisco. Aber in der kalifornischen Stadt haben sich Gruppen wie JEFFERSON AIRPLANE und THE GRATEFUL DEAD immerhin als stilprägend, stil-repräsentierend durchgesetzt, während es in Boston Gruppen dieser Art nicht gab. Schon diese Vielgestaltigkeit versetzt sie in Nachteil gegenüber den erwähnten Bands von San Francisco, unter denen auch für den Unmusikalischen hörbar viele Gemeinsamkeiten der Klangvorstellung und des vokalen Vortrags bestehen. Die Bostoner Gruppen hingegen weisen in der Regel kein einheitliches Spielrepertoire auf. Nur wenige Musiker in der Hauptstadt von Massachusetts verschrieben sich vorwiegend einer Richtung, so BLACK PEARL dem Soulrock. Die Studioplatte von 1969 hält das Zusammenspiel erfahrener Instrumentalisten fest, freilich auch das stark ichbezogene, selbstbespiegelnde Gebaren des Solosängers Bernie Fieldings. Dieser stellte bald eine neue Besetzung zusammen, deren Mitglieder auf einer in Fillmore West aufgenommenen LP nicht einmal namentlich angeführt werden. 1970 erschienen, bietet dieses Album eine interessante Möglichkeit für den Hörer, die sich ablösenden Improvisationen dreier Gitarristen in ein und demselben Musikstück untereinander zu vergleichen. Zu einer Art Muttersprache wurde der Blues auch für jene sechs Musiker, die eine der erinnerungswürdigen Formationen Bostons, die COLWELL-WINFIELD BLUES BAND, bildeten. Zwar ertönen auch Sopran-, Alt- und Tenorsaxophon sowie Flöte auf dem Studioalbum. Aber sie bleiben auf die Funktion einer klanglich abgestuften Begleitung beschränkt, statt – wie so häufig – mit Klangmassen aufzutrumpfen, die dann den Gitarrenklang überdecken. Texten wie dem hier frei übersetzten von «Free Will Fantasy» liegt kritische Absicht zugrunde:

«Heutzutage hält das Leben die Wahrheit versteckt, in Angst.
Jeder will etwas Erfreuliches hören.
Ich darf nicht die Dinge hören, die mir zugeredet werden.
Papiertüten sind voller Konsumträume,
sie schütten meine Welt mit lauter unnatürlichem Zeug zu.
Jene, die kein kritisches Bewußtsein besitzen, haben ihre gequälten Vorstellungen nicht durchschaut.
Sie plappern wie Kinder und wollen dich dennoch belehren.»

Als COLWELL-WINFIELD & FRIENDS traten später drei Mitglieder der ursprünglichen Formation zusammen mit einem Pianisten und dem schwarzen Sänger Chicago Bob in verschiedenen Lokalen Bostons auf. Aus einem kleinen Café stammt die Aufzeichnung *Recorded Live In Boston* von 1971, und sie wird von einem ebenso unterhaltsamen wie schöpferischen Blues-Feeling getragen. Zu den überwiegend bluesorientierten Gruppen läßt sich auch SUGAR CREEK zählen. Von den vier Musikern sollte in den siebziger Jahren John Edwards bekannter werden, der auf dem einzigen Album von SUGAR CREEK bereits als ein beachtlicher Komponist in Erscheinung tritt. Dessen Cover wurde übrigens ebenfalls von ihm gezeichnet.

Ihre Bostoner Herkunft verleugnet BEACON STREET UNION darin nicht, daß auch sie mehrere Ausdrucksbereiche miteinander verbindet und im besten Sinn eklektizistisch ist. Aber unter allen Bostoner Gruppen hebt sie sich dennoch am meisten von einem wirklichen oder bloß aus Gedankenträgheit behaupteten «San-Francisco-Sound» ab, und eine Ahnung davon mag den Schreiber der einführenden Zeilen auf dem frühesten MGM-Album inspiriert haben:

«Ein neues Mysterium stirbt und mit ihm der Frühling. Die letzte Band der Westcoast-Räuber kriecht vom Berg herunter, um uns in Boston zu besuchen, aber sie wird nie mehr den Rückweg dorthin finden. Gut, sehr gut. Mögen sie verwesen in der erstickenden Luft ihrer blumenverzierten Gräber! Schau jetzt zu einem anderen Berg herüber, der fernab vom internationalen Schickeria-Treffpunkt liegt ... Dort herrscht eine Art von Schönheit, die von den Westcoast-Musikern niemals gefunden werden konnte.»

Trotz ihrer Hohlheit weisen diese Wendungen auf einige Unterschiede zwischen San Francisco und Boston hin, die allen zeitgenössischen Rockhörern auffallen mußten. Während der einschlägige, von JEFFERSON AIRPLANE und THE GRATEFUL DEAD verkörperte Rock der Stadt an der Westküste Freiluftmusik war, die leicht musiziert und unbeschwert aufgenommen werden wollte, bilden die Musikstücke von BEACON STREET UNION eine ehrgeizige Kunst: in allen Stimmen sorgfältig ausgearbeitete Kompositionen mit architektonisch ausgewogenen Melodien («Blue Avenue»), ichbezogene Situationsschilderung («South End Incident») und abwechslungsreiche, dabei unter sich logisch verknüpfte Harmonien. Über dem breiten, verzerrten Klang der Gitarren und der Orgel schweben helle, klar geführte Gesangsstimmen. Dem 1968 veröffentlichten Erstlingsalbum folgte ein Jahr später *The Clown Died In Marvin Gardens*. In die Titelkomposition mit ihrer Erzählung von einem einsamen Tod ist der Anfang von Chopins bekanntem Trauermarsch hineingeflochten. Sie gehört insgesamt zum Dramatischsten, Erschütterndsten, was die Fünfmann-Gruppe jemals schuf, sehr im Unterschied zu «The Clown's Overture» mit gattungsfremden Streichern und Bläsern, deren ohnmächtiger Kitsch an die rötlich-goldenen Sonnenuntergänge in MGM-Filmen erinnert. Eine schwungvolle Version von «Blue Suede Shoes» nimmt das bald einsetzende Rock 'n' Roll-Revival in den siebziger Jahren vorweg.

Dichterisch bemerkenswerte Texte von Peter Rowan kennzeichnen die Kompositionen von EARTH OPERA, etwa «Home Of The Brave» auf der von fünf Mitgliedern eingespielten Debut-LP von 1968. In ihnen drückt sich das wache Gewissen der amerikanischen Nation, aber auch deren allgemeine Kriegsmüdigkeit aus. Auf dem zweiten Album *The Great American Eagle Tragedy* wirken nur noch vier Gruppenmitglieder mit, die jedoch von mehreren Gästen unterstützt werden, u. a. von John Cale, ex-VELVET UNDERGROUND, sowie vom kalifornischen Saxophonspieler Jack Bonus, der 1972 ein hörenswertes Soloalbum auf Grunt (dem Label von JEFFERSON AIRPLANE) herausbringen sollte. Auch dieses zweite Opus kargt nicht mit kriegsgegnerischen Kommentaren, etwa: «... und unsere netten Jungen sterben in einem fremden Dschungel». Der Name des begabten Peter Rowan taucht später auf mehreren Alben auf, so auf denjenigen von SEATRAIN, OLD & IN THE WAY und auf einem weiteren, das alle drei Rowan-Brüder auf sich vereinigt (die zwei anderen Rowans, Chris und Lorin, haben schon davor gemeinsame LPs eingespielt). Der Baßgitarrist von EARTH OPERA, John Nagy, erlangte gleichfalls Bekanntheit in der Folgezeit, vor allem als Tonmeister und Produzent.

Wie EARTH OPERA, hinterließ auch FORD THEATRE auf nur zwei Langspielplatten Spuren ihrer Gestaltungskraft. Die ursprünglich sechs Mann starke Formation von 1968 läßt sich hinsichtlich ihres kompakten Gesamtklanges mit BEACON STREET UNION vergleichen (so in «101 Harrison Street»), sie improvisierte jedoch viel ausgiebiger über Baßgitarren-Riffs («From A Back Door Window») und war bestrebt, mit beiden Plattenprojekten ehrgeizige Concept-Alben zu verwirklichen. Beim erstenmal, eben 1968, gelang dies den Musikern auch, jedenfalls in musikalischer Hinsicht. *Trilogy For The Masses* arbeitet mit einem mehrfach wiederkehrenden Thema, das verschiedene Einzelteile brückenartig miteinander verbindet. Unklar bleibt indessen, im Dienste welcher inhaltlichen Aussage solche einleuchtende Bauweise steht, denn von einer konkreten, nachvollziehbaren «Botschaft» kann kaum gesprochen werden. Das abschließende Stück enthält eine Kontrollfrage, die besser in den Mund eines pedantischen Lehrers paßt: «How much does it mean to you? Is what I said still on your mind?», und der Hörer fühlt sich wie ein ertappter Schüler, der nichts davon verstand, wovon der Lehrer die ganze Zeit gesprochen hatte. Der Vergleich hinkt freilich insofern, als dem orakelnden Lehrer anhand des abgedruckten Textes hier nachgewiesen werden kann, daß er von nichts Bestimmtem und Nachvollziehbarem gesprochen hatte.

Das zweite Album von FORD THEATRE heißt *Time Changes – A New Musical*. Der Eindruck, es handele sich um ein geschlossenes Plattenwerk, wird weiter dadurch verstärkt, daß die LP in zwei Akte unterteilt wird und eine «Introduction» am Anfang sowie eine «Outroduction» am Schluß erhält (Wortspiele dieser Art sind in Rockkreisen beliebt). Doch die Geschichte ist so ungewöhnlich albern, daß sie sich bei näherem Besehen als nicht ganz nachvollziehbarer Jux herausstellt. Sein Rezept lautet wie folgt: Man nehme soundsoviele fertige Musikstücke, die unabhängig voneinander entstanden sind und unter sich in keiner Weise zusammenhängen, zum Beispiel mehrere Singles ein und derselben Rockgruppe.

Man erfinde dazu eine sehr allgemeine Handlung, zum Beispiel verlasse der jugendliche Held seine Heimatstadt und kehre nach einiger Zeit wieder dorthin zurück, nicht ohne ein Mädchen in jener fremden Stadt kennengelernt zu haben. Man gebe zu diesem Hin und Her die bewährten Gewürze der Jugend, als da sind Liebe auf den ersten Blick, maßlose Enttäuschung, zielloses und tief verzweifeltes Herumsuchen nach dem Sinn des Lebens, endlich erneutes Zusammenfinden der Liebenden und ein nie endenwollendes, unsägliches Glück – und fertig ist das Konzeptalbum, in dem 1969 der höchste Ehrgeiz jeder besseren Rockband bestand. So einfach ging es jedenfalls bei FORD THEATRE.

Außer EDEN'S CHILDREN, deren Trioformation gleich auf dem ersten ABC-Album selbstbewußt mit CREAM und mit JIMI HENDRIX EXPERIENCE verglichen wurde (diesen ungewollten Witz des überschwenglichen Zeilenschreibers hat Lillian Roxon ihrerseits in ihrer Rock-Enzyklopädie mit nachsichtigem Humor aufs Korn genommen) waren es ULTIMATE SPINACH, die mehr als nur eine LP der Rock-Nachwelt hinterließen. Das Quintett ULTIMATE SPINACH mit einer Sängerin an der Spitze versucht es auf den ersten beiden Alben mit den damals beliebten Sound-Effekten des Theremingerätes, ansonsten mit ausgedehnten Improvisationen über einem endlos wiederholten Baßmotiv («Hip Death Goddess»). Alle Kompositionen samt Arrangements stammen von Ian Bruce-Douglas, der auch Keyboards, Gitarre, Sitar, Mundharmonika, Flöte sowie das genannte Theremingerät spielt. Wendungen wie etwa «Flower Children Are Dead» verraten auch hier, daß Rockmusik in Boston vielfach in einem bewußten Gegensatz zur San-Francisco-Mode verfaßt und vorgetragen wurde. Die dritte und letzte LP von ULTIMATE SPINACH wurde ohne die Mitwirkung von Bruce-Douglas zusammengestellt. Dementsprechend weist ihre Spieltechnik gelegentlich auch dilettantische Züge auf, wirkt aber insgesamt frischer und spontaner als der am Schluß doch festgefahrene ältere Sound. Unter den sechs Musikern befinden sich Ted Myers und Tony Scheuren, die – wie schon in ihrer früheren Formation CHAMAELEON CHURCH – das meiste Liedmaterial komponiert haben.

Zu den Bostoner Gruppen der Ein-Album-Wunder-Sorte gehört THE BAGATELLE mit einer neun Musiker starken Besetzung, deren Klang von Trompete, Saxophon und Flöte angereichert und gelegentlich sogar von Streichern grundiert wird. Inmitten der von Soulrock geprägten Musik finden die Mitglieder noch Gelegenheit, ihre komödiantische Begabung durch Stilparodien unter Beweis zu stellen. In BAGATELLE wirkte das Bostoner Original Willie «Loco» Alexander mit, der davor zusammen mit dem oben genannten Ted Myers in THE LOST, einer der frühesten Lokalbands, gespielt hatte und Ende der siebziger Jahre sogar durch die LP einer eigenen Formation bewies, daß er von der Bostoner Musikszene nicht verschwunden sei. Einer weit stürmischeren Beliebtheit erfreuten sich die vierköpfigen BARBARIANS, die nach Zeugnis ihrer Langspielplatte jedoch vornehmlich Cover-Versionen von Bob Dylan, Chuck Berry, Bo Diddley, Ray Charles und anderen vortrugen. Einer ihrer sarkastischen Songs, «Are You A Boy Or Are You A Girl?», spiegelt britischen Einfluß wider. Ein volksliedartiger, auch Banjo integrierender Gesamtton kennzeichnet die Kompositionen von ILL WIND, etwa «Sleep» und «High Flying Bird», doch fehlten in ihrem Spielvorrat auch ernste Protestgesänge nicht (vergleiche etwa «L. A. P. D.»). Eine starke Gestaltungsfähigkeit schlägt sich auch in «People Of The Night» nieder; «Full Cycle» ergeht sich in einem ruhig fließenden Zeitmaß. Wie in ILL WIND, wirkte eine Frauenstimme auch in KANGAROO soundprägend mit. KANGAROOS Album besticht durch ein breitgefächertes Ausdrucksspektrum, in dem psychedelische Obertöne («Daydream Stallion») ebensowenig fehlen wie Oldtime-Erinnerung und Jug-Band-Fröhlichkeit («Frog Giggin'» und «Tweed's Chicken Inn»). John Hall, Multiinstrumentalist und zugleich musikantische Seele der Gruppe, besitzt auch zum stillen, verhaltenen Lied sicheren Zugang, wie das ein Titel wie «The Only Thing I Had» beweist.

Als «die aufregendste und erfahrenste neue Gruppe in der gegenwärtigen Szene» wurde von der Plattenfirma MGM PHLUPH gepriesen, und das ausgerechnet zur Erntezeit der Rockgeschichte 1969. Die kaum zu unterdrückende Abneigung, die sich bei einer so plumpen Reklame gegen jede Gruppe wie automatisch einstellt, ist PHLUPH gegenüber nicht ganz gerechtfertigt, obgleich die meisten Melodien keine erinnerlichen Züge besitzen und die Musikstücke insgesamt einen gediegenen Durchschnitt nicht überflügeln. Aber einiges verdient Beachtung, so etwa «Lovely Lady» wegen der witzig gemeinten, parallel geführten dissonanten Sekunden. Nicht zu verwechseln ist die soeben genannte Formation mit PUFF, die vor der Aufnahme ihrer einzigen Schallplatte jahrelang THE ROCKIN' RAMRODS hießen. Die gehaltvollen Musikstücke stammen von Ronn Campisi, der jedoch nicht mehr der Gruppe angehörte, als die Platte veröffentlicht wurde. Eine weitere stadtbekannte Band waren TEDDY & THE PANDAS, deren Album (auf Tower Records) mit Unterstützung von Bläsern und Streichern zustande kam, leider. Angenehme Stimmen und gefällige Arrangements stehen dabei im Dienste zumeist fremder Kompositionen. Selbständiger, eigenwilliger wirkt QUILL mit Musikern, die auf der Plattenhülle nicht genannt werden. Wie das traumhaft verschleierte «Yellow Butterfly» beweist, waren sie jedenfalls feinhörige Klangformer, die Wert auf eine flüssige und elegante Stimmführung legten. Sie verach-

teten dabei auch Wortspiele nicht. Eines von ihnen lautet: «Isle of view –
I'll of view – I love view – I love you.»

Von den sonstigen Bostoner Gruppen seien genannt APPLE PIE MO-
THERHOOD BAND, BROTHER FOX & TAR BABY, BEAD GAME, THE CAM-
BRIDGE CONCEPT OF TIMOTHY CLOVER, COUNTRY FUNK, FAR CRY, THE
HALLUCINATIONS, THE ONES, ORPHAN, SWALLOW, THE TROLLS und
WILD THING. Zu Beginn der siebziger Jahre machten AEROSMITH und
THE J. GEILS BAND von Boston reden, während am Ende des Jahrzehnts
schon infolge ihres Bandnamens BOSTON zu den Repräsentanten der
Stadt wurden. Der kulturbeflissene, quasi-symphonische Ton in der Bo-
stoner Rockmusik wird seitdem immer mehr verdrängt, statt dessen be-
herrschen Punk und draufgängerischer Hardrock die Szene. Der tradi-
tionsreiche Ratskeller beherbergte um 1976/77 manche Punkgruppen im
älteren wie im modernen Sinn dieses Wortes, und eine Doppel-Sammel-
platte von 1976 (*Live At The Rat*) hält Auftritte von Gruppen wie WILLIE
«LOCO» ALEXANDER BOOM BOOM BAND, THIRD RAIL, DMZ, THE REAL
KIDS, THUNDERTRAIN, SASS und THE INFLIKTORS in ihm fest.

Nachstehend seien die wichtigsten Bostoner Gruppen samt ihrer LPs
zusammengefaßt, zumal eine Discographie dieser reizvollen regionalen
Rockmusik (außer im genannten und schwer zugänglichen Spezialheft
von *Who Put The Bomp*) nicht existiert. Die Discographie ist natürlich
nicht vollständig; einige Fehler bei Greg Shaw sind stillschweigend be-
richtigt worden.

AEROSMITH (nicht discographiert)
THE APPLE PIE MOTHERHOOD BAND: – (Atlantic SD 8189)
–: *Apple Pie* (Atlantic SD 8233)
THE ART OF LOVIN': – (Mainstream S/6113)
THE BAGATELLE: *11 PM Saturday* (ABC ABCS-646)
THE BARBARIANS: – (Laurie LLP 2033)
BEAD GAME: *Welcome* (Avco-Embassy 33009)
BEACON STREET UNION: *The Eyes Of The Beacon Street Union* (MGM
    SE-4517)
–: *The Clown Died In Marvin Gardens* (MGM SE-4568)
BLACK PEARL: – (Atlantic SD 8220)
–: *Live!* (Prosphesy/Bell PR-S 1001)
BOSTON (nicht discographiert)
BROTHER FOX AND THE TAR BABY: – (Oracle ORS-703)
CHAMALEON CHURCH: – (MGM SE-4574)
Timothy Clover: *The Cambridge Concept of Timothy Clover – A Harvard
    Square Affair* (Tower ST 5114)

Colwell-Winfield Blues Band: *Cold Wind Blues* (MGM-Verve FTS-3056)

–: *Live Bust* (Za-Zoo-1 HGC-1)

Country Funk: – (Polydor 24-4020)

Dirty John's Hot Dog Stand With Kenny Paulson: *Return From The Dead* (Amsterdam AMS-12004)

Eagle: – (Janus JLS-3011)

Earth Opera: – (Elektra EKS-74016)

–: *The Great American Eagle Tragedy* (Elektra EKS-74038)

Eden's Children: – (ABC ABCS-624)

–: *Sure Looks Real* (ABC ABCS-652)

Far Cry: – (Vanguard Apostolic 6510)

Flat Earth Society: *Waleeco* (Fleetwood 3027)

The Fools: *Sold Out* (D: EMI Electrola 064-86110)

Ford Theatre: *Trilogy For The Masses* (ABC ABCS-658)

–: *Time Changes – A New Musical* (ABC ABCS-681)

Fort Mudge Memorial Dump: – (Mercury 61256)

The Freeborne: *Peak Impressions* (D: Monitor SMC 74579)

Ha'Pennys: *Love Is Not The Same* (Fersch 1110)

Ill Wind: *Flashes* (ABC ABCS-641)

The J. Geils Band (nicht discographiert)

Kangaroo: – (MGM SE-4586)

Listening: – (Vanguard VSD-6504)

The Modern Lovers: – (Home of the Hits BZ-0050)

–: *Live* (Beserkley BSERK 12)

–: *Rock 'n' Roll* (Beserkley BZ-0053)

Moonlighters: *An Evening With The Moonlighters* (Century 29132)

The Ones: *Vol. 1* (Ashwood House 1105)

Orpheus: – (MGM SE-4524)

–: *Ascending* (MGM SE-4569)

–: *Joyful* (MGM SE-4599)

–: – (Bell 6061)

The Paley Brothers: – (Sire/Warner SRK 6052)

Phluph: – (MGM-Verve V6-5054)

Puff: – (MGM SE-4622)

Quill: – (Atlantic-Cotillion SD-9017)

The Real Kids: – (Red Star RS2)

The Remains: – (Columbia-Epic LN 24214) erweiterte Neupressung 1978 (Spoonfed SFD 3305)

The Rising Storm: *Calm Before* (Remnant 3571 Andover)

Shaggs: *Philosophy Of The World* (Third World 3001)

THE SPERM BANK BABIES: *Talkin' To Baretta Loretta* (Varage)
SWALLOW: *Out Of The Nest* (Warner WB 2606)
SUGAR CREEK: *Please Tell A Friend* (Metromedia MD 1020)
THE TANGERINE ZOO: *Outside Looking In* (Mainstream S/6116)
TEDDY & THE PANDAS: *Basic Magnetism* (Tower ST 5125)
THUNDERTRAIN: *Teenage Suicide* (Jelly JRLP-1)
ULTIMATE SPINACH: – (MGM SE-4518)
–: *Behold And See* (MGM SE-4570)
–: – (MGM SE-4600)
WILD THING: *Partyin'* (Elektra 74059)
WILDWEEDS: – (Vaguard VSD-6552)
WILLIE ALEXANDER AND THE BOOM BOOM BAND: – (MCA-2323)
Live At The Rat, 2 LP (Rat 528)
THE BOSTON INCEST ALBUM (Sounds Interesting SILP 005)

Rock unter halbkolonialen Verhältnissen:
BRD und Berlin West

Rock und nationale Verdrängung

Rock 'n' Roll und Beat stellen angloamerikanische Beiträge dar, ohne die Rock insgesamt und Deutschrock im besonderen heute nicht bestehen würden. Im Gegensatz zu ihrer wirtschaftlichen und neuerdings auch politischen Reife haben die Westdeutschen bisher keine überzeugende Selbständigkeit, keine Souveränität in der Rockmusik erlangt, vielmehr leben sie rockmusikalisch in halbkolonialen Verhältnissen. Dabei wird ihre Unmündigkeit am allerwenigsten von Ausländern betont, vielmehr erheben sie einheimische Hörer und vor allem die deutsche Rockpresse zum künstlichen Dauerzustand. Die Geringschätzung des ohnehin Eigenen mag sozialpsychologisch verständlich sein, und sie läßt sich in geringerem Maße in Frankreich und in Italien ebenfalls beobachten. Ihr liegt jene verblüffend einfache Berechnung zugrunde, die Wilhelm Buschs englischer Reisender, ein Fernrohr vor Augen haltend, anstellt: «Schön ist es auch anderswo, und hier bin ich sowieso.» Aber in Deutschland schaut man nicht aus Neugier, sondern aus Neurose kollektiver Art in die Ferne. Die Geringschätzung der eigenen Rockmusik bildet einen Teil der auch heute noch fortdauernden Identitätskrise, in welche die Deutschen nach einer beschämenden NS-Vergangenheit geraten sind. Und obwohl sie noch nicht geboren wurde, als das Dritte Reich in Flammen aufging, drückt sich vor deren rationaler Bewältigung durch Geschichtsbewußtsein auch die Generation der jungen Rockmusiker und Rockhörer.

Was im deutschen Rock eigentümlich und originell entsteht, bleibt im eigenen Land unbeachtet oder wird von einer witzelnden und wenig Verantwortung zeigenden Rockpresse feindselig oder halbherzig aufgenommen. Dabei gehören manche Produktionen zu den bemerkenswertesten der Rockmusik. Man braucht nicht nur an CANS großstadtnahe Motorik, an die hintergründige Gestaltung von AMON DÜÜL II auf *Tanz der Lemminge*, an die anekdotisch erzählenden Klangbilder von FAUST, an die elektronische Metaphysik von TANGERINE DREAM oder an die überspitzte Robotermusik von KRAFTWERK (von der britische New-Wave-Musiker heute zehren) zu denken. Mindestens ebensoviel Aufmerksamkeit hätten seinerzeit die Alben von ALEX (Alexander Wiska) verdient, auf denen nahöstliche Motivgirlanden mit Country-Erinnerung und einer Klangvielfalt exotischer Saiteninstrumente verknüpft werden. Unbekannt ist weitgehend auch, daß die Kompositionsweise von Achim Reichel zu Beginn der siebziger Jahre, etwa auf *A. R. 3*, die Tonbandcollagen von PERE UBU und THE RESIDENTS, auch den Dada von DEVO in den USA um einige Jahre – freilich unbewußt – vorwegnahm. Was KRAAN von Anfang an so unverwechselbar macht: romantisch angehauchte, liebliche Gesangslinien in einem dichten rockjazzigen Gewebe, wurde erst später von skandinavischen und amerikanischen Gruppen übernommen.

An weiteren Originalen fehlt es in Deutschland nicht. Da ist zum Beispiel EROC (Joachim H. Ehrig), ein witziger Kopf von GROBSCHNITT und ein stiller Musiker zugleich, der atmende, wogende Melodien baut und ihnen mit feinem Gehör nachhorcht. Da sind DZYAN, EFENDI'S GARDEN, der Gitarrist Wolfgang Michels, Lude LaFayette's WOLFSMOND, DUESENBERG und eine unabsehbar große Liste tüchtiger und talentierter Musiker. Qualitätslabels wie Brain, Schneeball, Sky, Spiegelei und Venus bringen Platten hervor, die ein Großkonzern in Amerika mühelos zu Millionenerfolgen ausbauen (und freilich zugleich totkommerzialisieren) könnte. Selbst eine bescheidene Firma wie Billingsgate in Chicago konnte die Alben von LUCIFER'S FRIEND in Hits verwandeln. In der Bundesrepublik bleiben solche Kostbarkeiten vielfach in den Plattenläden liegen. Das Desinteresse zeigt alsbald eine verheerende Wirkung. Da man von den einheimischen Rockmusikern nicht viel hält, gleichen sich diese der allgemeinen Einschätzung an und bleiben tatsächlich vielfach mittelmäßig, ja unter einem Durchschnittsniveau.

Doch im Ernst: kann deutscher Rock als unterentwickelt oder gar, wie oben behauptet, als «halbkolonial» bezeichnet werden, wenn er andererseits erfolgreiche Gruppen wie EPITAPH, HOELDERLIN, LAKE, SCORPIONS und WALLENSTEIN aufweist? Die Frage ist berechtigt, denn über die künstlerische Qualität dieser und einiger anderer Formationen kann kein

Zweifel bestehen, auch wenn ihr Niveau Schwankungen unterworfen ist. Doch bringen die genannten Gruppen keinen deutschen Rock im engeren Sinn hervor, sondern englischen, amerikanischen oder sonstwie angloamerikanisch geprägten – einen, der zwar in Deutschland entsteht, dem jedoch gänzlich die Züge fehlen, die seine deutsche Herkunft verraten würden. Ihr Prädikat «Made in Germany» könnte ebensogut auch «Made in Hongkong» heißen.

Nehmen wir den Fall LAKE. Die chamäleonartige Angleichung ans Angloamerikanische bemächtigt sich nicht nur ihrer Musik – zu ihren Vorbildern dürften CITY BOY zählen –, sondern sie prägt auch die Texte. Auf dem dritten Album der Hamburger Gruppe, dessen professionelle Musikalität ebensowenig in Frage steht wie die der voraufgegangenen beiden LPs, handelt das Stück «Glad To Be Here» von der englischen Königin, von Londons Harley Street und von der Fußballmannschaft Leeds United, als wären das Themen, die dem deutschen Rockhörer auf den Nägeln brennen. Nicht grundsätzlich Verschiedenes gilt von den deutschen Countryrock-Bands, darunter auch von so geschliffenen wie CANYON (früher ITCHEYFOOT), die alle deshalb ein wenig an Karl May erinnern, weil auch sie amerikanische Landschaften und Truckdriver-Gefühle beschreiben, ohne sie wirklich erlebt zu haben. Erst recht gebärden sich die deutschen Bluesmusiker so, als stammten sie aus dem schwärzesten Louisiana und besängen nun aus erster Hand Leid und Freud der Schwarzen. Oder klingt «I Was Born At The Mississippi Delta» der Country- und Hardrockgruppe COURAGE noch wie deutscher Rock?

Von den drei Unzulänglichkeiten, an denen Rock in Deutschland leidet, hat Günter Ehnert in seinem *Rock in Deutschland* (2. Auflage 1979) die erste bereits genannt: er wird nicht von professionellen Managern betreut. Verursacht wird dieses Übel durch § 4 des Arbeitsförderungsgesetzes, der mit «Monopol der Bundesanstalt» überschrieben ist und lautet:

«Berufsberatung, Vermittlung in berufliche Ausbildungsstellen und Arbeitsvermittlung dürfen nur von der Bundesanstalt betrieben werden...»

Der in jüngerer Zeit in öffentlichen Appellen an die Bundesregierung gemachte Versuch, diese rigorose Regelung zu ändern, wird kaum einen befriedigenden Erfolg haben, solange § 23 des genannten Gesetzes gilt («Arbeitsvermittlung im Auftrag der Bundesanstalt»). Er gestattet Abweichungen von der Regel nur ausnahmsweise und vorübergehend:

«(1) Die Bundesanstalt kann in Ausnahmefällen nach Anhörung der beteiligten Verbände der Arbeitgeber und der Arbeitnehmer auf Antrag Einrichtungen oder Personen mit der Arbeitsvermittlung für einzelne Berufe oder Personengruppen beauftragen, wenn es für die Durchführung der Arbeitsvermittlung zweckmäßig ist und der Antragsteller die Gewähr für ordnungsmäßige Ausführung des Auftrages bietet ...

(2) Die mit der Arbeitsvermittlung beauftragten Einrichtungen und Personen unterliegen der Aufsicht der Bundesanstalt und sind an ihre Weisungen gebunden. Ein Auftrag nach Absatz 1 Satz 1 oder 2 ist jeweils für ein Jahr zu erteilen. Er kann mit Einschränkungen erteilt werden. Er kann aufgehoben werden, wenn die beauftragte Einrichtung oder Person dies beantragt oder trotz wiederholter Aufforderung den über die Ausführung des Auftrages und die Geschäftsführung erlassenen Vorschriften der Bundesanstalt oder deren Weisungen nicht entspricht oder wenn sich ergibt, daß die Voraussetzungen für die Erteilung des Auftrages nicht vorgelegen haben oder weggefallen sind.»

So unverkennbar der Gesetzgeber hier private Ausbeutung verhindern will, so fraglich bleibt es dennoch, ob Angestellte des Arbeitsamtes das Fingerspitzengefühl besitzen, das bei der Förderung von Rockmusikern erforderlich ist. Ein Bürokrat kennt in der Regel die Rockszene nicht, und an diesem Umstand krankt die deutsche Rockmusik zum guten Teil.

Dem Rock in Deutschland fehlen, zweitens, gute Solosänger (während er hervorragende Sängerinnen wie Inga Rumpf, Chris Braun, Nina Hagen und früher Joy Fleming aufweist). Und er benutzt drittens eine Sprache, die weder der Musiker noch der Hörer seine eigene nennt und die den Sänger wie ein psychisches Hindernis von seinem Publikum trennt. Wenig hilft dabei, dem Sprachproblem in der Art von ABACUS, der frühen CAN, EPITAPH, KIN PING MEH, LAKE, LUCIFER'S FRIEND und der Berliner New-Wave-Gruppen Z und WHITE RUSSIA aus dem Weg zu gehen, indem man einen Engländer oder Amerikaner zum Leadsänger nimmt. Hierdurch wird nur die mangelhafte Aussprache beseitigt. Das wirkliche Problem, die Verständigung zwischen Musikern und Hörern, bleibt davon unberührt.

Brächte jemand das Argument, der Sprachfrage solle kein übertriebenes Gewicht beigemessen werden, schließlich sei beim Rock die Musik Hauptsache, so würde es leichtfallen, dem Einwand Unlogik nachzuweisen. Entweder sind die Texte wichtig; dann müßten sie deutsch sein, weil das überwiegende Publikum einheimischer Rockgruppen deutschsprachig ist. Oder die Texte sind unwichtig; dann ist nicht einzusehen, warum Belangloses noch in eine fremde Sprache übersetzt werden sollte. In der Tat läßt sich das Argument einfach umkehren. Weil die meisten Texte in der Rockmusik der siebziger Jahre und auch in den beginnenden Achtzigern kaum wirkliche Botschaften mehr enthalten, die zu beachten es sich lohnte (aufrüttelnde Parolen, wie sie «My Generation» und «Satisfaction» in den Sechzigern zugrunde lagen, fehlen in der Gegenwart mit Aus-

nahme von Punk und New Wave beinahe ganz), könnten deutsche Rockmusiker ebensogut auch die eigene Sprache benutzen und dann freilich
auf die Meidung von Banalitäten sorgfältiger achten. Das Widersprüchli-
che des englischen Sprachgebrauchs im Deutschrock läßt sich überall beobachten. Eine Folkrockgruppe unter der Leitung von Peter Bursch –
einem tüchtigen Gitarristen und Pädagogen – heißt BRÖSELMASCHINE, sie
besitzt also einen Namen, den Ausländer kaum verstehen werden; hoffentlich verstehen ihn wenigstens die Deutschen. Trotz des Namens, der
Aushängeschild und Blickfang einer Band bildet, singen die Musiker in
englischer Sprache, als gälte es zu beweisen, daß von deutschen Volks-
liedmotiven durchtränkte Gesänge heute nur noch in einer fremden Sprache vorgetragen werden dürfen. Peter Bursch wird man allerdings mehr
verstehen, wenn man sich seine Vorbilder vergegenwärtigt: einen zweiten
Leo Kottke, Stefan Grossman oder John Fahey wird er im deutschsprachigen Raum wohl kaum finden. Einer weiteren Gruppe, die GERMANY
heißt, aus sechs Deutschen besteht und auf ihrer 1977 erschienenen LP
dennoch englisch singt, bleibt nichts anderes übrig, als die deutschen
Wörter auf der Plattenhülle wie Sprachinseln von unfreiwilliger Komik zu
behandeln: «Many ‹dankeschön› to all our friends for love, belief and
good spirits . . . and of course to Uschi for Sauerkraut und Eisbein, which
kept us alive in the studio.» Dies ist ein von deutschen Wörtern durchsetz-
tes Kauderwelsch, das ausländischen Touristen vorbehalten sein sollte.
Das gleiche Maskenverhalten auch bei MADE IN GERMANY, deren Musiker Peuker, Schulz, Graber und Alsleben heißen, von einem Jörg Schmei-
er produziert werden und trotzdem kein Vertrauen zur eigenen Muttersprache haben.

Von wenigen Ausnahmen abgesehen, zu denen etwa HOELDERLIN gehören, klingt die Aussprache der deutschen Sänger zu hart und für den
Angloamerikaner einfach «spaßig». Ein Amerikaner hat dies einmal ohne ironische Absicht an den Berliner LORDS veranschaulicht, indem er
ihre Aussprache zitiert: «quivers down backbone, I got sie shivers in ze
kneebone, vell ze krammers zit da schpinebone . . .» (Who Put the Bomp,
Heft 10–11, S. 41). Dieses Mißgeschick der Aussprache versucht der Sänger vielfach unter einer pathetisch aufgeplusterten Tongebung zu verdekken, sofern nicht der Tonmeister ihm diese Mühe abnimmt und die Stimme von vornherein durch Nachhall, Dämpfung und Einebnung des Fre-
quenzbereichs undeutlich macht. Nach unten gerichtete Rutschtöne an
Zeilenschlüssen und sonstige Unarten sollen anzeigen, daß es dem Sänger
auf den Ausdruck höchster Betroffenheit statt auf eine klare Artikulation
ankommt. Daher das leere Pathos in der hin und her gleitenden Stimme
mancher Solosänger. Und wenn der Gesangstext einmal klar vernehmlich

und dem Vokalreichtum des Englischen angemessen ist, verrät die Platten-hülle, daß es sich um Deutsche handelt, die ihr gerade erworbenes Schul-englisch für Muttersprache ausgeben möchten. Von Rechtschreibfehlern und grammatikalischen Gixern wimmelt es in den gedruckten Texten. Da ist von «accoustic» die Rede, von «melotron», «personell», «untill» und dergleichen. All dies entspringt der irrigen Meinung, daß Erfolg – auch kommerzieller Erfolg – sich in dem Maße steigere, wie ein Musiker sich dem Gewohnten und Durchschnittlichen in den USA und in England an-gleicht. Das Gegenteil trifft zu. Je individueller, je mehr «typisch deutsch» (oder das, was Ausländer dafür halten) ein hiesiger Musiker ist, desto mehr Aussichten hat er im angelsächsischen Ausland, als ein origineller Künstler gewürdigt zu werden, jedenfalls von den intelligenteren Kritikern.

«Regional gewachsene Kultur bewirkt überregionale Wertschätzung.» Zu keiner anderen Zeit der Rockgeschichte galt diese Formel mehr als in der Gegenwart, in der nach den fruchtlosen und abstrakten Revolutions-debatten der ausgehenden sechziger Jahre der landschaftlich bedingte Sprachdialekt zu neuen Ehren gekommen ist, ebenso das geschichtlich Gewordene, Nationale und Regionale, insgesamt das unverwechselbar Individuelle beim einzelnen wie bei ganzen Völkern. Im Zuge dieser Hin-wendung zur konkreten Wirklichkeit treten auch im deutschen Rock An-sätze zu einer Annäherung an Volk, Sprache und Geschichte des eigenen Landes auf, so vor allem bei einigen am Volkslied und volkstümlichen Stadtlied ausgerichteten Gruppen wie ELSTER SILBERFLUG, OUGENWEI-DE, GURNEMANZ, FALCKENSTEIN, SPARIFANKAL, FIEDEL MICHEL, LIN-NENZWORCH und TANZBÄR, auch bei der originellen Fürther Gruppe CRY FREEDOM, deren «Bayrisch Blue» und «Bayern 4» zwar einer liebevollen Selbstverspottung entspringen, doch zugleich Substanz genug besitzen, um Beiträge zu einem Bayern-Rock zu bilden.

Die amerikanischen Rockkritiker, die das kommerziell Geglättete und «demokratisch» Durchschnittliche ohnehin sattsam kennen, haben im-mer schon das Besondere in der deutschen Rockmusik gesucht und ge-schätzt, auch wenn ihre Vorstellungen ebenso wohlwollend-naiv sein mö-gen wie ihr Gesamtbild vom Deutschen, der lederbehost mit einem ge-waltigen Bierhumpen in der Hand vergnügt der Blasmusik zuschaut. Es verwundert nicht, daß die wenigen deutschen Gruppen, die auf einen nennenswerten Erfolg in den angloamerikanischen Ländern zurückblik-ken können, ihn nicht wegen der Texte, sondern wegen einer im Ausland nicht geläufigen Musik erreicht haben; insofern erscheint die Frage nach der deutschen oder englischen Sprache tatsächlich nebensächlich. TANGE-RINE DREAM, die in diese glückliche Kategorie gehören, verwendeten zur Zeit ihres künstlerischen Aufstiegs überhaupt keine Texte. FAUST wurden wohl wegen ihres Avantgardismus zur Spitze des kontinentalen Rock gerechnet, und Cans Gesang läßt sich bis heute so undeutlich vernehmen, daß nur ihre originelle Musik als Gegenstand internationaler Würdigung in Frage kommt. Bezeichnend auch, mit welch spontaner Begeisterung 1978 Alex in den Vereinigten Staaten aufgenommen wurde. Discjockeys und Radiohörer erinnern sich lebhaft an seinen «Türk-Rock» (der im Falle von Alex freilich eine echt deutsche Erfindung ist), während er in Deutschland schon halb in Vergessenheit gerät.

Namen und Beispiele oben mögen zeigen, daß deutsche Rockmusiker in dem Maße Anerkennung im Ausland finden, wie sie den Mut besitzen, sich zu ihrer persönlichen Eigenart zu bekennen. Sie möge auch das Beispiel der französischen Gruppe Ange ermuntern, deren internationales Niveau 1973 von der englischen Fachpresse gerühmt wurde, obwohl die französischen Texte vermutlich kein einziger Londoner Kritiker verstand. Das gleiche gilt von Magma, deren «kobaïsche» Sprache ein pures Phantasieprodukt ihres Leiters Christian Vander ist.

Selbstsicher, doch ohne Überheblichkeit das Eigene zu vertreten ist würdiger, als um die Gunst des Auslandes in fremdem Gewand zu buhlen, und überdies strategisch klüger.

Die sechziger Jahre

Bezeichnend für die Schnellebigkeit im Rockbereich ist, daß man schon heute Mühe hat, sich den deutschen Rock der sechziger Jahre in Erinnerung zu rufen. Bezeichnend auch, daß sich bislang niemand solcher Gedächtnisanstrengung unterziehen mochte, während über den britischen und den französischen Beat einige brauchbare Arbeiten existieren.

Noch in die mit Verspätung auftretende Rock 'n' Roll-Ära in Deutschland fallen die Stücke, die Ted Herold mit einer aufgehellten Elvis-Stimme vortrug und deren deutschsprachige Texte meistens auf amerikanische Originale zurückgehen («Wunderbar, wie du heut' wieder küßt», «Ich bin ein Mann», «Carolin», «Isabell», «1 : 0» und andere). Anfang der Sechziger sangen Cornelia Froboess, Peter Kraus und Thomas Fritsch Lieder, die der Schlagertradition verpflichtet sind, desgleichen etwas später Drafi (Drafi Deutscher & His Magics), der mit Stücken wie «Come On, Let's Go» und «Shake Hands» noch zur Rockmusik gerechnet werden kann; später stellte er seine Karriere ganz aufs Schlagersingen ab.

Die Beat-Jahre 1963–1967 standen auch in der Bundesrepublik im Zeichen der Beatles, der Rolling Stones und anderer britischer Formationen, deren Lieder in zahlreichen Übersetzungen verbreitet waren. Gina Dobra gestand, «Ich komm' nicht los von dir» und meinte damit Lennons und McCartneys «From Me To You». Später sang Marianne Rosenberg traurig-schnulzig über «Mr. Paul McCartney», DIDI & HIS ABC-BOYS in Berlin ergingen sich im elegischen Bericht «Nicht eine Mark» zu der Musik von «Can't Buy Me Love» und riefen zu den Klängen von «Do You Want To Know A Secret»: «Daraus mach ich kein Geheimnis». Die Reihe solcher BEATLES-Kuriosa wird vermehrt durch MAMA BETTY'S BAND («Wie John, Paul, George und Ringo») sowie durch die Mädchengruppe DIE SWEETLES («Ich wünsch' mir zum Geburtstag einen Beatle»). Auch die ROLLING STONES steuerten manches Material zum frühen Deutschbeat bei, so «Ich frag' dich noch einmal» im Repertoire der BLACK STARS und «Ich such ein Mädchen in der Stadt» im Vortrag der TONICS («That Girl Belongs To Yesterday»). In den meisten Übersetzungen wird triefende Sentimentalität gepflegt.

Nicht immer läßt sich rückblickend der geographische Standort der Gruppen bestimmen. Am leichtesten fällt dies noch in Hamburg, weil die besten Bands der Stadt und deren Umgebung infolge der öffentlichen Wettbewerbe des Star-Club zwischen 1963 und 1967, durch Gastspiele in diesem berühmten Beatlokal (Große Freiheit Nr. 39) sowie durch Platteneinspielungen in der Star-Club-Serie sich einen Namen in der deutschen Beatszene machen konnten. In Hamburg und Umgebung wirkten THE RATTLES, über die gleich noch zu sprechen sein wird, ferner COPS & ROBBERS (Sieger im Star-Club-Wettbewerb 1967), THE FACES (Sieger von 1966), THE FOUR RENDERS (Sieger des zweiten Wettbewerbs), THE GERMAN BONDS (die Vorläufer von LUCIFER'S FRIEND), die als «deutsche HOLLIES» bezeichneten GIANTS, THE HITCH HIKES (die «Hamburger LORDS»), THE IMPERATORS, THE PHANTOM BROTHERS, THE RIVETS, THE SCREAMERS, THE SHARKS, THE SHOT GUNS, THE TORNADOS, THE TRAMPS und THE VAMPIRES. Aus Bremen stammten THE GERMANS und DIE YANKEES, aus Braunschweig THE RAKES (die unter dem Namen BLACK DEVILS 1965 Sieger des Star-Club-Wettbewerbs wurden), aus Frankfurt a. M. THE RANGERS, THE ECHOES, THE KRAUTS und die vielseitigen FATS & HIS CATS. Neben Hamburg entwickelte sich Berlin West zur tonangebenden Beat-Stadt, unter deren Gruppen THE LORDS mit allzu glatten, allzu gefälligen Stücken die bekanntesten in der BRD waren; in der gleichen Pop-Richtung bewegte sich später die Solokarriere des LORDS-Bassisten Knud Kuntze. Mehr Beachtung verdienen jedoch andere Berliner Gruppen, so THE BOOTS und THE HOUND DOGS, aber auch DIDI & HIS ABC-BOYS, THE BLACK CATS, THE TEAM BEATS BERLIN, DIETMAR AND THE BEAT-BOYS (später THE ODD PERSONS), THE GLOOMY MOON SINGERS bzw. THE GLOOMYS (eine Stammgruppe im Riverboat-Lokal), THE RAINBOWS («Balla Balla»), THE REBEL GUYS, THE MAGICS, THE SKYLINERS und später THE SHOCS. Solange eine Geschichte deutscher Beatgruppen ungeschrieben bleibt (sie könnte an die verdienstvolle Star-Club-Monographie von Dieter Beckmann und Klaus Martens aus dem Jahr 1980 anknüpfen), können einige weitere Bands, die in der Mehrzahl auch Platteneinspielungen hinterließen, lediglich aufgezählt werden:

THE BEAT BUDDIES, THE BEATHOVENS, THE BLACKBIRDS, THE BLACK STARS, THE BLIZZARDS, THE BLUE MOONS, THE CHASERS, THE CONCENTRIC MOVEMENT, CRAZY OTTO, THE DRAGONS, DIE FELLOWS, THE FIRESTONES, THE FIVE TOPS, DIE GAMMLER, GERMAN BLUE FLAMES, THE GERMAN TORNADOS, GILDED CAGE, THE GISHA-BROTHERS, HENRY'S TWIST CLUB, THE HOT BOYS, INTERSTATE ROAD SHOW, JIMMY AND THE RACKETTS, THE KENTUCKYS, THE KINGBEATS, MAGIC LANTERNS, THE MADISON-KINGS, MALEPARTUS II (sie sangen «Wild Thing» im hessischen Dialekt), MEN, MG'S, MICHAEL & THE FIREBIRDS, MIKE AND JOE UND DIE REBEL GUYS, THE MINSTRELS, DIE MUSTANGS, THE ONES (mit Edgar Froese, später TANGERINE DREAM), PROUD FLESH, THE RICKETTS, THE ROCKING STARS, THE SCOOTERS, THE SCOUTS, SHELLEY und THE TWENS, die 1965 in Münster einen 125-Stunden-Rekord im Dauerbeat aufstellten. Am Ende des Jahrzehnts hoben sich THE PETARDS mit einer stattlichen Singles- und LP-Produktion hervor.

Wie die Karriere der PETARDS von Florian Tennstedt in einer soziologischen Studie verfolgt und wie die wechselvolle Geschichte von AMON DÜÜL II in einer unterhaltsamen Schilderung von Ingeborg Schober nachgezeichnet wurde, müßte einmal der Stellenwert der Hamburger RATTLES im deutschen Rock der sechziger Jahre beschrieben werden. Die Gruppe genießt ein ungeschmälertes Ansehen auch in den USA und in England. Während sie in den Anfängen lediglich fremdes Songmaterial spielte, traten später auch Eigenkompositionen in ihrem Repertoire auf. Hätten die RATTLES mehr Gewicht auf eigenes Komponieren gelegt, würden sie die gelegentliche Bezeichnung «deutsche BEATLES» noch mehr verdienen. Spieltechnisches Können wie musikantischen Schwung besaßen sie dazu allemal, und das gilt auch von ihrer vorübergehend THE INCROWD genannten Formation.

Ein besonderes Interesse verdient die Arbeit von Achim Reichel, wohl dem einzigen unter den RATTLES, der sich über ein unbekümmertes Drauflosmusizieren in Hamburger Kneipen hinaus fortentwickelte und nach einem Zwischenspiel mit der WONDERLAND-Gruppe in den Siebzigern einige bemerkenswerte Soloalben hervorbrachte. Heute ist er immer noch einer der recht wenigen, von denen neue Impulse für den deutschsprachigen Rock zu erwarten sind, so durch die Belebung guter deutscher Tradition von Seemannsliedern und älterer Kunstdichtung, organisatorisch durch die mit Frank Dostal zusammen geführte Gorilla-Mu-

sik sowie durch das eigene Ahorn-Label. Zum deutschsprachigen Repertoire der sechziger Jahre trugen nicht zuletzt einige Ausländer bei, die mit
übersetzten Versionen Absatzchancen wahrnehmen wollten: Paul Anka
(«Der schönste Ankerplatz»), Pat Boone («Ein goldener Stern»), Petula
Clark, die Französin Françoise Hardy, ihr Landsmann Antoine und weitere mehr.

Hauptrichtungen der Siebziger

Der deutsche Rock nach der Beat-Ära läßt sich mehreren stilistischen
Richtungen zuordnen. Zweifelhafte Einstufungen und Überschneidungen können sich dabei immer dann ergeben, wenn eine Gruppe verschiedene künstlerische Interessen verfolgt. Man kann geradezu die Formel
aufstellen: je kreativer ein Musiker, um so fragwürdiger seine Einordnung in einen Stilbereich. KOLLEKTIV um 1973 zum Beispiel, die Freie
Musik, Jazz und Hardrock zur Synthese brachten, lassen sich am ehesten
noch mit jenen Nonsens-Wörtern charakterisieren, die sie mit Hilfe des
ihrer LP beigegebenen Puzzlespiels selbst – und ironisch – vorschlagen.
Man erhält, neben «Jazz-Rock», Ausdrücke wie Pack-Jock, Rack-Pock,
Jop-Razz und Jack-Rozz. Dennoch kann kein Überblick auf eine simplifi-
zierende Zusammenfassung verzichten, und so lassen sich etwa folgende
Sparten nennen und im folgenden besprechen: Politrock, Hardrock und
Psychedelica, Folk- und Countryrock, Blues- und Soulgruppen, Main-
stream und Kulturrock à la GENESIS, meditative und «kosmische» Musik,
Jazzrock, Punk und New Wave.

Politrock

In der ersten Hälfte der siebziger Jahre wurde der Ausdruck «Politrock»
von Kritikern wie auch von den betreffenden Musikern gern verwendet.
Trotzdem erscheint er unbrauchbar, wenn damit nicht nur die Ausrichtung der Texte, sondern auch die jeweilige Musik umschrieben werden
soll. Denn im Dienste von politischer Überzeugung kann Hardrock
ebensogut stehen wie Kulturrock, Chanson nicht minder als feingespon-
nene Kammermusik. Das Widersinnige dieser verkürzenden Stilmarke
kommt gleich bei den 1965 gegründeten CITY PREACHERS zum Vorschein.
Denn die Hamburger verbanden «Politrock» – was Tonfall und Instrumente betrifft – gern mit dem Folkrock, darin ihren Vorbildern, den amerikanischen Protestsängern – von PETER, PAUL & MARY bis hin zu Bob
Dylan – folgend. Verhältnismäßig spät und nach mehrfacher Umbesetzung brachten die CITY PREACHERS einige LPs hervor, auf denen die politischen Vorstellungen der Musiker – unter ihnen Inga Rumpf, Udo Lindenberg, Carsten Bohn, Jean-Jacques Kravetz und Dagmar Krause – noch
sehr abstrakt, unter Berufung auf Menschheit und ähnlich Ungreifbares

formuliert wurden. Auch dieser abstrakte Menschheitsglaube war amerikanisches Erbe. Die beiden obengenannten weiblichen Mitglieder brachten übrigens unter dem Namen I. D. COMPANY (das heißt Inga, Dagmar und Begleitmusiker) eine interessante Gemeinschaftsplatte heraus, die nachträglich darüber staunen läßt, daß so viele Gegensätze innerhalb der Gruppe jahrelang geschlichtet werden konnten. Die A-Seite des Albums enthält Blues und Soul mit der phänomenalen Stimme Inga Rumpfs, während die B-Seite jene Neigung von Dagmar Krause zur Avantgarde verrät, die hier noch mit vordergründigen Mitteln Verwirklichung sucht (durch Tremoloeffekt zerhackte Stimme, Spielereien mit Kanalwechsel usw.). Sie sollte erst später im fortschrittlichen Gesamtklang der britischen Gruppe HENRY COW sowie im Musiktheater mit Kevin Coyne integriert werden (der von Dagmar Krause nach England überpflanzte Einfluß von Kurt Weill und Hanns Eisler ist auf dem dritten Album von HENRY COW unüberhörbar). In Kevin Coynes symbolträchtiger Rockoper *Babble* von 1979 verkörpert die deutsche Sängerin den weiblichen Part. Auf einer ähnlich abstrakten, dem «Guten im Menschen» zugewandten Mitteilungsebene bewegen sich die Texte des Trios DAS FENSTER, dessen weibliches Mitglied Jasmine Bonnin das Pathos der Menschheitsverbesserung bis in ihre jüngsten, stark schlagergeprägten Stücke hinein fortsetzt.

In musikalischer Hinsicht schon am Rande dessen, was man nach angloamerikanischen Vorstellungen Rock nennt, sind die Lieder von Udo Lindenberg angesiedelt, dem bekanntesten, wenn auch nicht dem originellsten Songschreiber der deutschen Gegenwart. Ursprünglich Mitglied von THE CITY PREACHERS, leistete Lindenberg als Textschreiber wie auch als Schlagzeuger schon zum Soloalbum von Jean-Jacques Kravetz (*Kravetz*, 1972) sowie zu den Alben von NIAGARA bemerkenswerte Beiträge. Vertreten ist er nicht minder auf der 1970 eingespielten, doch erst 1975 veröffentlichten LP von FREE ORBIT, auf der neben anderen auch der Jazzposaunist Peter Herbolzheimer zu hören ist. Die in schnodderiger Sprache verfaßten Texte Lindenbergs sind keiner politischen Glaubenslehre verpflichtet, gehören aber trotzdem zum Politrock in dem allgemeinen Sinn, daß sie Aufklärung leisten, Vorurteile abbauen und witzige, dem Hafenkneipen-Milieu entsprungene Bilder zum Nachdenken entwerfen. Diese Tendenz kommt exemplarisch auf der LP *Alles klar auf der Andrea Doria* von 1973 zum Ausdruck. Lindenberg hat sich später immer mehr an der größtmöglichen Wirkung (für seine Plattenfirma TELDEC heißt es: am größtmöglichen Absatz) ausgerichtet und schreibt um 1980 Texte, die eher aus aneinandergereihten Gemeinplätzen bestehen als eine eigene Auffassung erkennen lassen. Was bewundernswert an ihm bleibt, ist sein geschicktes Taktieren mit der jeweiligen politischen und wirtschaftlichen Atmosphäre in der Jugend. Das erinnert stark an den ähnlich begabten Bob Dylan. Weniger massenwirksam, dafür aber gehaltvoller wird Lindenbergs einstige politische Sendung von dem Münchener Liederschreiber Julius Schittenhelm fortgesetzt, dessen Songs der künstlerisch fruchtbaren Anarcho-Szene angehören.

Wer unter «Politik» eine parteibedingte Stellungnahme zu aktuellen Ereignissen versteht, wird meistens versucht sein, die musikalische Gestaltung auf Kosten der Textaussage zurückzustellen. Die sprachliche Mitteilung wird, wie schon bei CITY PREACHERS, zur Hauptsache, während die Musik eine massenwirksame Begleitfunktion übernimmt. Unvermeidlich daher, daß der Hörer am Inhalt der Texte mißt, ob und in welchem Maß er der betreffenden Gruppe Sympathien entgegenbringt. Die Kölner Politrockgruppe FLOH DE COLOGNE, von Anfang an der Linie von DKP/SEW verpflichtet, besaß um 1970 eine beträchtliche Gefolgschaft in der Bundesrepublik, dank der beißenden Satire ihrer Texte und einer komödiantischen Bühnenshow. Ihre Anhängerschaft ist selbst im konservativen Klima der Siebziger nicht zu unterschätzen. Als Zielscheibe der Gruppenagitation dient, wie auch beim Liederschreiber Dieter Süverkrüp, vor allem das Bank- und Industriekapital der Ruhrgegend. Zum Beispiel brachten sie anläßlich des Todes des Großindustriellen Friedrich Flick eine «Trauergabe» auf ihre Weise dar (*Geyer-Symphonie*, 1973). In der «Rock gegen rechts»-Bewegung um 1980 üben die Kölner Politmusiker eine führende Funktion aus.

In einer vergleichbaren weltanschaulichen Bindung bewegten sich LOKOMOTIVE KREUZBERG in Berlin West. Ihr frühes «Polit-Rock-Kabarett» *Kollege Klatt* zeigt die musikalische Potenz der Musiker, freilich auch, daß sie den Wirtschaftsteil der Zeitungen nicht zu lesen pflegen. Klatts Sorgen («Mieten steigen ... Kindergartenplätze werden teurer ... Verkehrsmittel werden teurer ...») lassen sich nicht auf das hier angegriffene kapitalistische System begrenzen, sondern sind Symptome einer weltweiten wirtschaftlichen Rezession. Drei Musiker von LOKOMOTIVE KREUZBERG übrigens finden sich einige Jahre später in der NINA HAGEN BAND. Undogmatischer und eher den sogenannten «Spontis» (der Anarcho-Szene) zuzurechnen sind TON STEINE SCHERBEN, die ihre Tätigkeit zunehmend auf das politische Kabarett verlegten und auch die Schwulen- Theatergruppe BRÜHWARM musikalisch unterstützten. Mit klassenkämpferischen Parolen machte sich VOLKS-MUSIK, früher HOTZENPOTZ, um 1970–1974 bemerkbar, auch durch eine stark am Text ausgerichtete und ihn untermalende Musik.

Ganz gewiß verkörperten IHRE KINDER aus Nürnberg nicht rein die Gattung der politisch sendungsbewußten Rockmusik. Dafür besaßen die vertonten Gedichte zuviel Eigengewicht und waren auch zu sehr von «bürgerlichem» Zweifel und Selbstzweifel, ja sogar von zersetzendem Witz erfüllt («Hallo, Sie!», «Der Clown», «Plastiki und Plastika» gleich auf der ersten LP von 1969). Der zum Grübeln neigende Sonny Hennig fand in der Gesellschaftskritik angemessenen Stoff, und die späteren Alben enthalten zunehmend politische Brisanz, zum Beispiel in den Stücken «Südafrika, Apartheid Express», «Toter Soldat», «Die graue Stadt», «Fließbandlied». IHRE KINDER benutzten ausschließlich die deutsche Sprache, und an dieses Verdienst wird man sich auch dann erinnern, wenn man den Erfindungsreichtum ihrer Musik sowie deren Nähe zur Gattung Rockmusik nicht sonderlich hoch einschätzt. Die Sozialkritik der Gruppe führten Hennig und Ernst Schultz auf je einem Soloalbum weiter. Nach einigen Jahren Pause treten seit 1978 beide wieder mit eigenen Soloprojekten hervor. Nahm der Gruppenname ursprünglich auf die ältere Generation Bezug (die Eltern und «ihre Kinder»), so wurde ihm von Sonny Hennig nunmehr ein neuer Sinn gegeben, und dieser Sinn liegt gerade in Nürnberg nahe: MEISTERSINGER UND IHRE KINDER.

Von den frühen Provo-Rockbands sind CHECKPOINT CHARLIE zu nennen. Obwohl das Wir- und Feindbild auch ihre Texte prägt, fehlte ihnen von vornherein die parteidogmatische Richtschnur. Dementsprechend hauen sie auch heute, wieder tätig geworden, mit der theoretisch unbekümmerten Anarcho-Gebärde auf ihre Themen los und scheuen auch vor geschmacklich fragwürdigen Gags nicht zurück. Auf ihrem zweiten Album *Frühling, der Krüppel* (1978) deuten die Texte an, wie sich die Musiker eine ideale, nachrevolutionäre Freiheit denken: dann darf nämlich in jedem Lied mindestens einmal das Wort «Scheiße» stehen. EULENSPYGEL, eine weitere einschlägige Gruppe von sieben Musikern, agitierte heftig und mit schiefer Tendenz. Die Texte spiegeln das Selbstmitleid vieler Angehöriger der jüngeren Generation um 1970, insgesamt einer durch halbverdaute Soziologie verdorbenen Quasi-Intelligenzschicht, deren Mitläufer sich immer und in jedem Gesellschaftssystem beklagen und die Schuld allein der Umgebung und den «gesellschaftlichen Verhältnissen» zuschieben werden, statt tatkräftig, hier und jetzt, an deren Verbesserung mitzuwirken. Wer nur die lustigen Geschichten Till Eulenspiegels aus der Schule kennt, wird ihn für einen Volkshelden und den Namen für einen geeigneten Rockgruppennamen halten. Wer jedoch das ganze, unredigierte Volksbuch kennt, wird Eulenspiegel kaum anders als einen bösartigen, eitlen und auch gegenüber armen Leuten gnadenlos grimassierenden Liederjan einschätzen (seine seelische Roheit kommt im Küken-Bild der zweiten LP kongenial zur Geltung). In einem falschen Ton zwar, aber in der Sache häufig weitblickend sind die Texte von EULENSPYGEL gehalten,

die vielfach die Grüne Bewegung um 1980 vorwegnehmen, etwa der Song
«Konsumgewäsche» oder ganz besonders «Staub auf Deinem Haar» mit
den pessimistischen Zeilen:

> *Ich zeig Dir den Weg zu den Halden des Mülls*
> *zu öligen Wassern des Sees*
> *Forellen plätschern lieblich im Morast*
> *Rauchende Städte im Zwielicht von Dunst*
> *Blümlein umrandet von Papier*
> *Ratten wühlen quiekend im Kanal.*
> *Ich zeig Dir den Staub auf Deinem Haar.*
>
> *Giftige Dämpfe in Massen von Fleisch*
> *kränkliche Lungen in der Brust*
> *Atmen tief den schwadigen Tod*
> *Chemische Schlieren benetzen den Fuß*
> *Sterbende Zweige im Park*
> *Gesundes Leben schenkt uns DDT ...*

Einleuchtende, kritische Texte in einem ansprechenden Hardrock
kennzeichnen die Stücke vom Komkol (KOMmunikation + KOLlektiv),
einer der bislang recht wenigen Gruppen, denen es auf geduldige Überzeugung des Hörers statt auf auftrumpfende Besserwisserei ankam. In
der Gegenwart sind die österreichischen Schmetterlinge die wohl auch
in der Bundesrepublik populärste und musikalisch anspruchvollste Polit-
rock-Gruppe (*Lieder fürs Leben*, *Proletenpassion*, *Herbstreise – Lieder
zur Lage*), wie ja der frühe proletarisch-kämpferische Impuls im österreichischen Chanson-Rock viel lebendiger als bei uns fortlebt; einige weitere Gruppen dieser Richtung sind Auflauf, Misthaufen und Weckers
Uhrwerk. Musikalisch wie in der dramaturgischen Anlage bemerkenswert ist eine Rock-Oper der deutschen Gruppe Oktober mit dem Titel
Die Pariser Commune (1977).

Hardrock und Psychedelica

Zu Beginn der siebziger Jahre frönten die meisten deutschen Gruppen
dem Hardrock entweder in seiner serienmäßig polternden Ausführung
oder, wie etwa Orange Peel, mit psychedelischen Extras und allen Schi-
kanen der Klangverzerrung.

Die früheste Hardrockplatte in Deutschland stammt von der Westberliner Gruppe Armaggedon aus dem Jahr 1970 (nicht zu verwechseln mit

der britischen Formation ARMAGEDDON, die um 1974 herum tätig war).
BIRTH CONTROLS Frühzeit mutet rückblickend recht undifferenziert an,
so daß die gewagten Plattenhüllen fast mehr Aufmerksamkeit beanspruchen können als die darin verpackten Musikstücke. Unverkennbar ist jedoch eine stete Steigerung von Handwerk und Künstlererfahrung. Ein
Stück wie «Seems Like It's Confusion» auf *Titanic* (1978) bezeugt die
Spitzenqualität der jetzt bei Neunkirchen ansässigen Berliner Gruppe.
Mitreißende Hardrocker waren KARTHAGO, gleichfalls aus der ehemaligen deutschen Hauptstadt. Die A-Seite ihres Erstlingsalbums von 1971
setzte gleich hohe und auch heute wohl kaum übertroffene Maßstäbe im
betreffenden Stilbereich (Joey Albrecht, Ingo Bischof, Gerald Luciano
Hartwig, Wolfgang Brock bzw. Tommy Goldschmidt).

LILY hieß eine Gruppe um 1973, die heute kaum noch jemand kennt;
ihre Mitglieder Wilfried Kirchmeier, Manfred Schlagmüller, Hans-Wer-
ner Steinberg, Manfred-Josef Schmid und Klaus Lehmann hinterließen
ein Album *V.C.U.* (zu lesen We See You) voll guter Einfälle, die in einem
schwungvollen Instrumentenspiel zur Geltung kommen. In der vorderen
Reihe der Hardrock-Gattung stehen auch LILAC ANGELS, die fünf Jahre
nach der ersten, noch etwas unausgeglichenen LP 1978 eine hörenswerte
zweite herausbrachten. Programmatische, zu keinem Zugeständnis be-
reite Hardrocker waren TIGER B. SMITH im Gefolge von LED ZEPPELIN.
Abwechslung im Ausdruck und ein kraftstrotzendes Spiel boten NIGHT
SUN aus Österreich.

Gerade weil die meisten einschlägigen Gruppen der siebziger Jahre
heute in Vergessenheit geraten sind, will ich sie nacheinander nennen und
kurz charakterisieren. Die fünfköpfigen COBRAA musizierten um 1974
swingenden Hardrock, dessen Gesamteindruck lediglich an der hochge-
schraubten, gequälten Stimme des Leadsängers leidet. Es bleibt eines der
Geheimnisse deutscher Plattenherstellung, warum der verantwortliche
Produzent Richard Smith ein so unsauber intoniertes und schlicht unge-
nießbares Stück wie «No Friend In My Time» durchließ. Zu den frühesten
Hardrockern gehörten BLACKWATER PARK mit einem gleichmäßig ni-
veauvollen, heute leider nur selten auffindbaren Album (*Dirt Box*, 1972),
ferner SITTING BULL, deren Sänger freilich zuweilen von dem fragwürdigen Ehrgeiz gepackt wurde, die humoristisch wirkende Falsettstimme
von Tiny Tim nachzuahmen. Daß LUCIFER'S FRIEND, eine Hamburger
Formation, sich unter den unverdient geringgeschätzten Rockmusikern
in Deutschland finden, wurde bereits oben festgestellt. Die vier Mitglieder von ELECTRIC SANDWICH aus der Umgebung Bonns fanden ihre eigene
Sprache noch nicht, als sie ins Studio gingen, um ihre einzige Platte aufzunehmen. Daher klaffen die stilistischen Räume der einzelnen Instrumen-

te auseinander: der Schlagzeuger trommelt Rhythmen des Liverpooler Beat, dem Gitarristen schwebt Psychedelisches mit verzerrt taumelnden Tonreihen vor, und zu vermuten bleibt, daß dem Bassisten überhaupt nichts vorschwebte. Die einzige LP der deutsch-englischen Gruppe ODIN bewegt sich, unter manchen anderen, in den Bahnen von BLACK SABBATH, enthält ansonsten einige Proben vorbildlichen Zusammenspiels.

Nicht ausschließlich im Hardrock bewegten sich CRAVINKEL, wie das ihre gleichnamige erste LP von 1971 bezeugt, denn die hart pulsierende Musik wird auf der B-Seite sowie auch auf dem zweiten Album durch ruhigere Stücke ergänzt. In Grenzbezirken entfalteten sich am liebsten auch RANDY PIE, die indessen ein ausgeprägtes Hardrockgefühl besaßen (siehe oder besser: höre etwa «Sightseeing Tour»). Die vier Musiker von DIES IRAE verbanden Hardrock mit jazzigen Abschnitten, draufgängerischen Improvisationen und psychedelisch empfundenen Klangraum-Verschiebungen mittels Echoeffekten. Der Gesang über «Lucifer» stellt eine tiefenpsychologische Kurzstudie des Revoluzzers dar, der Haß, Krieg und totalitären Terror entfacht, um das zu verwirklichen, was er – ohne mit konkreten Menschen zu rechnen – «Liebe» und «Frieden» nennt. Der Hardrock einer weiteren Band namens SPERRMÜLL mischte sich reizvoll mit Rock 'n' Roll-Rhythmen und langen Improvisationen um 1973. Auch EPITAPH gehören zu den nicht kategorisierbaren Musikern. Bewegte sich die Gruppe um 1972/73 im britisch beeinflußten Hardrock, so setzt die auferstandene Formation von 1979 ihre harte, dabei differenzierte Musiksprache zwar fort, erobert aber auch andere Ausdrucksgebiete, wie das ein Titel wie «Summer Sky» bekundet. EPSILON dagegen, eine etwa gleichaltrige und heute nicht mehr bestehende Band, verbarg seinerzeit manchen Dilettantismus ihrer Spieltechnik unter einem lautstarken Pulsschlag. Am überzeugendsten wirken noch die Hardrock-Abschnitte auf dem dritten Album *Off* aus dem Jahr 1974, freilich weiterhin mit einem Sänger, der sich allzusehr als Mittelpunkt fühlte und dazu noch die Star-Rolle mit fremden Leitbildern ausfüllte. In der MICHAEL WYNN BAND, die eine Art Fortsetzung von EPSILON bildet, werden die einstigen Manierismen des Sängers weitgehend abgebaut und kommerziell verwertbar gemacht.

Die Aufzählung erhebt keinen Anspruch auf Vollständigkeit, trotzdem sollen noch einige der wichtigeren Hardrock-Gruppen genannt werden. Fehlte dem Trio FRIEDHOF um 1970 noch handwerkliche Sicherheit, so beeindrucken die Bremer GASH auch heute noch mit flüssigen Arrangements, denen Texte und Kompositionen des Pianisten-Sängers Jochen (Lude) Peters zugrunde liegen, nicht minder GIFT mit ihrem zweiten Album *Blue Apple* von 1974. (Der ehrlich gemeinten Abrechnung mit der

«Rock Scene» im gleichnamigen Stück dürfte die selten geschmacklose Hüllengestaltung kaum angemessen sein.)

Das erste Album von GILA bediente sich einfachster Hardrock-Muster, über die allerlei elektronische Gimmicks gelegt wurden, so daß Musiker und Tonmeister hier in einem unglücklichen Wettstreit miteinander zu stehen scheinen. Die Nachfolge-LP derselben Gruppe huldigt dem Folkrock. Wie so manche deutsche Gruppen, verwendeten auch GOMORRHA auf dem Erstlingsalbum deutsche Texte, um sie bald zugunsten des Englischen im Stich zu lassen; hier wurde eine deutschsprachige LP sogar nachher auch in englischer Sprache eingespielt. Mit den beiden Sprachvarianten ein und desselben Spielmaterials nahm man hier bereits GROBSCHNITT vorweg. Wie GOMORRHA, schlossen sich HAIRY CHAPTER dem englischen Hardrock an, ohne ihre musikalischen Abläufe hinreichend durch Abwechslung beleben zu können. Den gleichen Vorbehalt kann man auch gegenüber HARDCAKE SPECIAL trotz einer gediegenen Studiotechnik machen, die ihrem Titel zugute kommt. JERONIMOS «Heya» von J. J. Light (1969) ist noch in der Erinnerung eines jeden Hardrockkenners. Am Schluß dieser Kurzbeschreibungen verdient die äußerst raffinierte Mischung von Hard- und Folkrock auf dem dritten Album von KIN PING MEH genannt zu werden, ebenso der bluesgesättigte Schwung des Trios MASS auf dessen LP *Back To The Music* von 1976. Unter den gegenwärtigen Hardrockformationen ragen kommerziell die SCORPIONS von Hannover (der Hochburg deutscher Heavy-Metal-Kids) hervor, deren auch im Ausland geschätzte Musik sich allerdings dem Mainstream angleicht und auch manche Erwartung an eine sinnfällige Melodieführung unerfüllt läßt. Ihr einstiger Gitarrist, Michael Schenker, leitet heute eine weltbekannte Hardrock-Gruppe.

Hörenswerten, mitunter sogar ausgezeichneten Hardrock mit mehr oder minder Neigung zum geglätteten Mainstream spielen in der Gegenwart BULLFROG, DR. KOCH VENTILATOR, FARGO, MORGENROT, STRAIGHT SHOOTER und ZELTINGER BAND.

Der verbreitete Ruf der Deutschen, rauh und laut zu sein, bewahrheitet sich im Hardrock einstweilen nicht ganz. Nach diesem Ruf hätten die deutschen Rockgruppen den schwungvollsten, kompromißlosesten Hardrock liefern müssen – einstweilen ahmen sie in der Regel jedoch angloamerikanische Vorbilder nach.

Folk und Country; Sänger-Liederschreiber

Auch die hier zu nennenden Musiker bilden keine geschlossene Gruppe. Sie sind besonders, wie schon CITY PREACHERS und IHRE KINDER, zum politischen Rock hin offen. Auch würde man WITTHÜSER & WESTRUPP von einst, FALCKENSTEIN und TANZBÄR von heute gründlich mißverstehen, hörte man sie nur als der Vergangenheit oder dem ländlichen Leben zugewandte Folkbands.

Zu den ganz frühen Folkgruppen gehörten HÖLDERLIN, noch mit einem «ö» statt dem späteren (und falschen) «oe» im Namen, und ihre erste LP von 1972 stellte damals eine Hoffnung für die deutsche Folkszene dar. Labelwechsel und wirtschaftliche Erwägungen bewirkten indes eine Kursänderung der Gruppe, die sich fortan HOELDERLIN nannte und sich englischen Texten zuwandte. Mit einer ausgewechselten Besetzung wandte sich die Formation, deren beste Leistungen im Kulturrock-Bereich liegen, um 1979 immer mehr dem Mainstream-, ja dem Hardrock-Sog zu und verwirrt gegenwärtig Freunde und Beobachter mit ihrer Kursänderung. Auf dem Ohr-Schwesterlabel Pilz erschien, wie das Debütalbum von HÖLDERLIN, auch die Einstands-LP von BRÖSELMASCHINE, die im weiteren Verlauf weitere, professionell zusammengestellte Alben herausbrachten; Peter Burschs akustisch unauffälliges, dabei feingesponnenes Gitarren- und Sitarspiel steht im musikalischen Vordergrund, bei Live-Auftritten entsteht allerdings der Eindruck, daß nicht alle Musiker der Gruppe den Intentionen des Gruppenleiters Bursch folgen. Die Österreicher MILESTONES ließen auf zwei Alben originelle Arrangements und feinfühlig gestaltete Lieder zurück, so etwa den aus Hardrock und Folk gewobenen Titel «Nachmittag im Stadtpark» auf ihrem zweiten Album von 1973. ABACUS besaßen gleichfalls eine Countryrock-Ader, die sich freilich erst ab *Midway* von 1974 überzeugend verrät – mit neuen Instrumenten, einer Frauenstimme und einem ausgiebigen Slide-Spiel. ITCHEY-FOOT, 1973 gegründet, änderten ihren Namen in CANYON um, und als solche spielen sie um 1980 geschliffene Countryrock-Stücke unter Mitwirkung von Frank Baum, dem in der BRD konkurrenzlosen Pedal-Steel-Gitarristen, dessen Spiel auch den Kompositionen von IMPROVED SOUND LIMITED, CONDOR und schon von CHERUBIN gelegentliche Country-Akzente gibt. Letztgenannte Formation, CHERUBIN, boten um 1974 eine reizvolle Mischung aus Country und einheimischem Jodeln (vgl. etwa «Sunday Child»), doch besaß die Gruppe auch Sinn für stille, klangkultivierte Kompositionen. Nicht auf einen einzigen Stilbereich lassen sich die Musiker der vierköpfigen COURAGE festlegen, denn ihre Ausdrucksskala bewegt sich zwischen Country- und Hardrock. Maik Hirschfeldt und Dolly Holmes spielten um 1972 unter dem Namen EMTIDI eine lyrisch verhaltene Musik, deren dynamisches Anwachsen und Abflauen wie ein endloser Naturvorgang wirkt («Die Reise»). Von den jüngeren deutschen Folkgruppen ragen OUGENWEIDE, ELSTER SILBERFLUG, CANNOCK, GURNEMANZ sowie die genannten TANZBÄR und FALCKENSTEIN hervor. Die meistproduzierende Countryrock-Band heute sind TRUCK STOP aus Hamburg, mit allen Nachteilen des Vielproduzierens und deutlich amerikanischen Vorbildern nacheifernd, nur fehlt der Schwung von Südstaaten-Gruppen. Der Name von WINCHESTER '75 soll hier lediglich nachgetragen werden.

Unter dem Etikett «Rockmusik» wird auch in deutschen Landen manches angeboten und verkauft, was näher besehen synkopierter und auf elektrisch verstärkte Instrumente übertragener Schlager oder allenfalls, wenn es hoch geht, Chanson ist (Jutta Weinhold, Ulrich Roski usw.). Handelt es sich wirklich um Rock oder wenigstens um rocknahe Gattungen, so schöpfen die meisten Sänger-Liederschreiber («singer-songwriter») aus dem sprachlichen und musikalischen Wortschatz des Volksliedes und des volksnahen Kunstliedes. Trotzdem, obwohl die von ihnen gepflegte Kunst höchste Ansprüche an Knappheit der Gestaltung wie an Deutlichkeit der Aussage stellt und darin sogar ein Vorbild für die Rockmusiker abgeben kann, wird sie hier als eine nicht rockspezifische Gattung lediglich gestreift. Peter Maffay freilich gehört zu den wirklichen Rock 'n' Rollern, wenn er mit versierten deutschen Instrumentenspielern Titel wie «Rock & Roll» auf seinem 1980er Album *Revanche* singt. Die Österreicher Wolfgang Ambros, Georg Danzer und André Heller zeichnen sich durch das starke politische Engagement ihrer Texte aus, wobei in ihren Liedern auch die vielberühmte, nur eben schwer zu fassende Wiener Dekadenz nicht fehlt. Der oben bereits genannte Udo Lindenberg gehört in diesen Bereich ebenso wie Stefan Waggershausen, Marius Müller-Westernhagen, Mario Hené, Werner Lämmerhirt, Bettina Wegner, Konstantin Wecker und andere. ALEX mit dem bürgerlichen Namen Alexander Wiska verband türkische Melismen mit Country, Pete «Wyoming» Bender kommentierte seine Herkunft in nachdenklichen, etwas schwermütigen Liedern, während der Österreicher-Israeli Arik Brauer, Gestalter der chagallesken Hülle seiner ersten Songplatte auf Polydor, einfache und gesunde Wahrheiten in eine ebenso klare musikalische Gestalt zu gießen weiß. Die Stärke des GROBSCHNITT-Schlagzeugers EROC (Joachim H. Ehrig) zeigt sich weniger im lyrischen Bereich als vielmehr in manchen verblüffenden Collagen sowie – auf der A-Seite seines Erstlingsalbums von 1975 – in der Gestaltung eines organisch anmutenden, atmenden und wogenden Stimmengewebes. Auf seiner dritten Solo-LP erreicht das «Komponieren», das Zusammenfügen von Tonpartikeln, einen beträchtlichen Komplexitätsgrad. Wolfgang Michels (PERCEWOOD'S ONAGRAM) überzeugt durch eine lyrische Stimme und durch kalifornisch empfundene und entspannt vorgetragene Stimmungsbilder, die freilich manchmal zu sehr in die Länge gezogen werden. Erwähnt werden sollen noch die einzelnen Interpreten des Stockfisch-Labels, besonders die Gruppe Hartleed, die angloamerikanischen Rock, deutsche Volksliedtradition und plattdeutsche bzw. friesische Texte gekonnt miteinander verbindet.

Blues- und Soulrock, Rock 'n' Roll

Diese Richtung wurde am frühesten von Gruppen wie Greenlight (1969) und – unter Zustimmung einer breiten deutschen Öffentlichkeit – von der Gruppe Inga Rumpfs Frumpy Anfang 1970 eingeschlagen (sofern man Soul Caravan, die früheste Gestalt von Xhol Caravan, als eine nicht dominierend deutsche Formation ausklammert). Energisch auf ihre künstlerische Karriere bedacht, ließ die Sängerin Inga Rumpf ihre metallisch harte, leicht heisere Altstimme inmitten langgezogener Kompositionen ertönen und meisterte in ihnen, ja meistert teilweise noch heute, schwer erlernbare Intonations-Eigentümlichkeiten schwarzer Sängerinnen mit großer Selbstverständlichkeit. Zu ihren eindrucksvollsten Interpretationen gehört «I'd Like To Be A Child Again» auf dem Soloalbum von Jean-Jacques Kravetz (*Kravetz*, 1972), an dem sie beteiligt ist. Einige von ausgezeichneten Musikern unterstützte Alben von Frumpy und Atlantis bleiben auch heute hörenswert, und ihre Neuauflage würde den betreffenden Plattenfirmen wohl kaum Verlust bereiten.

Das Mißgeschick einer weiteren Sängerin, Joy Fleming mit dem bürgerlichen Namen Erna Strube, wollte es, daß sie mehr Begabung als eine klare Vorstellung davon besitzt, welcher Musikbereich der ihr gemäße sei. So fiel es noch vor ihrer Trennung von Joy Unlimited, ganz besonders aber nach der Trennung, den kommerziellen Verwaltern ihrer dunkelgetönten, aufrüttelnden Stimme leicht, sie bald auf Soul und Blues («Neckarbrücken Blues», «Halbblut»), bald auf Ballettmusik (*Schmetterlinge*, aufgeführt mit der Gruppe Joy Unlimited im Stadttheater Bonn), auf Schlager und frühe Disco umzustellen. Die dritte, von Ralf Nowy arrangierte Solo-LP besticht durch eine instinktiv treffsichere Motown-Stimme, die bedauern läßt, daß diese hochbegabte Frau in das Räderwerk gegensätzlicher Geschäftsinteressen geriet und darin allem Anschein nach aufgerieben wird.

Auf den Alben *Both Sides* und *Foreign Lady* der Chris Braun Band fällt eine gewisse Uneinheitlichkeit des Zugriffs unter den Musikern auf. Der Haltung nach stehen die meisten Stücke zwischen Country- und Soulrock, und ihnen wird die «schwarz» geprägte Gesangsintonation von Chris Braun voll gerecht. Indes lassen sich die Instrumentenspieler und ganz besonders die beiden Gitarristen vielfach von allerlei Hardrock-Formeln leiten. Die schwirrenden Filterklänge und manche Synthesizer-Effekte, von denen die Studioeinspielungen voll sind, erscheinen heute stilfremd und störend.

DAS DRITTE OHR, eine fünfköpfige Formation aus Hildesheim, verfielen auf die vertretbare Idee, amerikanische Texte den deutschen Verhältnissen anzupassen; unglücklicherweise leidet ihre Musik aber auf der LP unter einer unreinen Intonation, die im Hinblick auf die sorgfältig vorbereiteten Live-Auftritte Verwunderung erzeugen mag. Eine Musikergemeinschaft nicht ganz neueren Datums bilden HOLDE FEE aus Braunschweig, die in der ursprünglichen wie auch in der neueren Besetzung einen gekonnten Soulrock aus eigener Feder hervorbringen. Hörenswert von den heute bestehenden Gruppen sind auch MASS, insofern sie sich im Bluesbereich bewegen. Vorwiegend dem zwölftaktigen Bluesmodell zugewandt sind der technisch brillante Boogie-Pianist Vincent Weber sowie die Gruppen BULLDOG, DIRTY DOGS und die Revivalisten RUDOLF ROCK & DIE SCHOCKER.

Kulturrock und Mainstream

Die hier zusammengefaßten Gruppen folgen meistens britischen Vorbildern, und zwar entweder in der gefälligen, alle Ecken und übertriebenen Ansprüche meidenden Hauptströmung (wie etwa OCTOPUS und PANCAKE) oder in der mannigfaltigen Spielart des Kultur- oder Art-Rock, wie ihn in England etwa KING CRIMSON, GENESIS, VAN DER GRAAF GENERATOR, GENTLE GIANT, YES und die späteren PINK FLOYD verkörpern. Zuweilen kommt ein Schuß grübelnden deutschen Provinzialismus hinzu, zuweilen geht die Gefolgschaft fremder Vorbilder bis hin zu notengetreuen Zitaten wie etwa bei TRIUMVIRAT. (Letztgenannte Gruppe hat 1980 in Berlins Kant-Kino ihre teuren und optisch eindrucksvollen Instrumente und Geräte mit viel Sinn für szenische Wirkung aufgebaut, um das Konzert im letzten Augenblick abzusagen – die Musiker wurden laut Ansage mit der Technik nicht fertig; Zauberlehrlinge dieser Art gibt es im deutschen Rock mehrere.)

Eine der wichtigsten und ältesten Formationen des deutschen Kulturrock sind AMON DÜÜL II. Die Urzelle AMON DÜÜL (nicht, wie häufig zu lesen ist, «AMON DÜÜL I») war eher eine Kommune als eine Vereinigung von Musikern, und an dieser Unterscheidung müssen die vier («offiziell» nur zwei, wenn man also von der Geschäftstüchtigkeit des Produzenten einmal absieht) Alben der Ur-Formation gemessen werden. Das im Klanghintergrund um die Aufmerksamkeit seiner wütend trommelnden Mutter bittende Kind ist Teil einer rührenden Revolutionsidylle. Die polternden Kollektivimprovisationen im LSD-Rausch, die auf den zurückgelassenen Alben festgehalten sind, bilden wehmütige Erinnerungsstücke einer viel verheißenden, verlorengegangenen Generation.

Die Mitglieder von AMON DÜÜL II um 1971–1973 waren in einem anderen Sinn gleichfalls keine echten Musiker. Sie besaßen Ehrgeiz und großen künstlerischen Drang, dem jedoch gerade das Medium Musik nicht gemäß war. Die großzügig angelegten Alben der Frühzeit wecken selbst heute das Gefühl, daß die maßgeblichen, schöpferischen Gruppenmitglieder hauptsächlich literarische und optische Vorstellungen in der Art von Collagen und farbig fließenden Übergängen hegten und diese irrtümlicherweise nicht auf der Leinwand und in barock erzählenden Romanen nach Art der *Blechtrommel* von Günther Grass, sondern in Klängen zu verwirklichen suchten. «Musiker» im herkömmlichen Sinn waren die betreffenden Mitglieder auch deshalb nicht, weil der künstlerische Anspruch die handwerklichen Fertigkeiten im Komponieren wie im Instrumentalspiel bei weitem übertraf. Ein amateurhaftes Musizieren, das Zucht und Metier verachtet, prägt daher selbst die inspiriertesten Stellen. Gerade diese ungelöste Spannung zwischen Kunstwollen und Musizierenkönnen bildet andererseits den ästhetischen Reiz der Musik auf *Phallus Dei*, auf *Yeti* und ganz besonders auf *Tanz der Lemminge* (1971). Die erste Hälfte des zuletzt genannten Albums dürfte das Eigenartigste, Gruppeneigenste aus dem Schaffen der Münchner Gruppe darstellen.

Infolge eines dialektischen Umschwungs verschwand das Interessante der Musik von AMON DÜÜL II in dem Maße, wie das spieltechnische und gestalterische Handwerk der Mitglieder vervollkommnet wurde. Als unglücklich muß die Idee angesehen werden, ein Doppelalbum *Made in Germany* (1975) einerseits der bedeutungs- und unheilschwangeren Reichsgründerzeit zu widmen und andererseits die Texte dazu in englischer Sprache zu verfassen. Wenn die oratorienmäßige Zubereitung des Stoffes – mit sieben Jahren Verspätung die erste deutsche Rockoper, angeblich – heute überhaupt Menschen anspricht, dann gewiß solche, deren Muttersprache Deutsch ist. Hier ist vom ursprünglichen Doppelalbum, nicht von dem späteren Extrakt auf einer LP die Rede.

Die Kölner Formation CAN verfolgt noch in der Gegenwart die Richtung, die bereits auf ihrem ersten Album *Monster Movie* von 1969 vorgezeichnet war. Gezeigt wird in ihrer gesellschaftskritisch reflektierten Musik, daß im Springfederwerk des sich ungebunden dünkenden spätbürgerlichen Individualisten, wie im Innern einer aufziehbaren Puppe, sich bloß die neurotische Wiederholung des Gleichen, eine monoman wiederkehrende Selbstschau verbirgt. Der Persönlichkeitsverlust, der sich derart in den mechanisch ablaufenden Rhythmen enthüllt, bringt auch in der Musik nur Varianten und bloße Erinnerungsmotive, nicht jedoch wirklich originelle Einfälle hervor. Mag das einförmig Klappernde bei CAN ideologiekritisch gemeint sein: zweifellos färbt das geschilderte Objekt auch hier auf die Schilderung selbst ab und drängt der Musik etwas von der Entpersönlichung auf, vor der doch gewarnt werden sollte.

GURU GURU unter Mani Neumeier fingen 1970 mit abstrakten Zufallsklängen an, ergingen sich in Free-Music-Improvisationen und änderten ihren Ausdrucksbereich in der Folgezeit nur stufenweise. Das Treppenhaus allerdings, das sich aus diesen entwicklungsmäßigen Stufen zusammenbaut, läßt allerlei gotisch-zackige, unberechenbare Umrisse und Kehrtwendungen erkennen, dank der ständig wechselnden Besetzung, die den jeweiligen Musizierstil der Einspielungen derart bestimmt, daß sich keiner unter den Hörern irrt, die GURU GURU bald zum Hardrock, bald zur Familie der Meditativen, bald zum Kulturrock zählen und sie bald als unklassifizierbar bezeichnen. Einen verheißungsvollen Neubeginn stellt die erste LP der GURU GURU SUN BAND von 1979 dar mit Ingo Bischof, Gerald Luciano Hartwig, Roland Schaeffer und natürlich dem «Elektrolurch» Mani Neumeier selbst.

Nach ihrer ersten, oben genannten Langspielplatte wandten sich HOELDERLIN dem englischen Kulturrock zu und eigneten sich zunehmend eigene, auf Klang-Gleichgewicht und abgerundete Formen bedachte Techniken an, die den jüngeren LPs *Clowns & Clouds*, *Rare Birds* und dem Live-Doppelalbum *Traumstadt* ihr Gepräge verleihen. Die Mitglieder sind kultivierte und gestaltungssichere Musiker, die vielleicht einmal zu ihren national-volksliedhaften Anfängen und zu dem ungefälscht geschriebenen Namen des Dichters Hölderlin zurückfinden werden. *New Faces* von 1979 freilich ist von einer solchen Perspektive noch weit entfernt.

Daß sich nicht alles an der Sprache entscheidet, wird bei KRAAN deutlich. Trotz ihrer englischen Texte sind sie eine durch und durch deutsche Rockgruppe, deren «Neubesetzung» 1980 von der Rockpresse gefeiert wurde. In Wirklichkeit besteht sie jetzt aus vier Mitgliedern, die vielfach bereits früher im KRAAN-Ensemble zu hören und zu sehen waren. Geblieben sind vor allem der Gitarrist Peter Wolbrandt und der Bassist Hellmut Hattler, und für Ingo Bischof (Tasteninstrumente) wie für Udo Dahmen (Schlagzeug) ist aus dem gelegentlichen Zusammenspiel von einst nunmehr eine feste KRAAN-Mitgliedschaft geworden. Geprägt wird die Formation dabei nach wie vor von Hattler, dem auch sonst eine Schlüsselstellung in der deutschen Rockmusik zukommt und der von unzähligen Musikern zum spieltechnischen Vorbild gewählt wird. Ein überlegener Virtuose, der seinem E-Baß Flageolett-Akkorde und eine polyphone Bewegtheit entlockt, wippt und tänzelt Hattler gern auf der Bühne, wo er mit Wolbrandt den Blickfang bildet. Für den Gruppensound sind melodische

Wendungen von eigentümlicher Melancholie charakteristisch, die mich an die Klaviermusik des frühen Robert Schumann erinnern; die Tonbiegungen auf dem Synthesizer tragen zur romantischen Lieblichkeit der Intonation gleichfalls bei. Kaum ein Zufall, daß fast alle Kompositionen in Moll stehen und von sogenannten Trugschlüssen, also unerwarteten Auflösungen der Dominante in die sechste Stufe, durchsetzt sind. Der Reiz der Musikstücke KRAANS ergibt sich hauptsächlich daraus, daß ein geschichtlich rückwärtsgewandtes, vielfach auf Pentatonik eingeschränktes und insgesamt «nostalgisches» Tonmaterial mit einer fortschrittlichen Cool-Improvisation verknüpft wird, die besonders der Keyboardspieler Bischof zur Geltung bringt. Interessant ist auch eine Spezialität Hattlers: Er liebt es, zwei Vierteln der übrigen Instrumente je eine Triole entgegenzusetzen und den mitunter allzu wuchtigen, marschartigen Schritt somit in einen schwebenden Shuffle-Rhythmus aufzulösen.

Zu viele technische Einzelheiten? Ja, weil der übliche Fan-Jargon der Rockzeitschriften der durchweg technisch berechneten Musik von KRAAN nicht gerecht wird. Sie enthält freilich auch eine populäre Fan-Seite, die zum Tanzen und Händeklatschen ermutigt, nein: geradezu herausfordert. Solche natürlich wirkende Einheit von technischem Detail für den Kenner und körpernahem «Boogie» (wie eine motorisch anstachelnde Musik von den Amerikanern genannt wird) bildet das Geheimnis von KRAAN.

Daß KRAAN nicht zu den finanziell ganz erfolgreichen Formationen gehören, ist ein Treppenwitz der von abgeschmackten Treppenwitzen auch sonst strotzenden deutschen Rockszene. Dafür kann jedes ihrer Alben, sonderlich das erste von 1972, *Let It Out* von 1975 und die erste Hälfte von *Flyday* (1978) als eine künstlerische Visitenkarte des deutschen Rock im Ausland abgegeben werden. KRAAN ist, entgegen der populären Pressemeinung, nicht ganz Hellmut Hattler, und dies hört man aus dessen Soloalbum *Bassball* von 1977 unschwer heraus. Der junge Bassist verfolgt hier eigene melodische Vorstellungen, die zu mehr Härte und Schärfe führen als die gruppeneigenen. Als Solosänger überzeugt Hattler dagegen nicht. Eine gemeinsame GURU GURU- und KRAAN-Produktion kann die LP *Highdelberg* genannt werden, auch wenn die Hauptverantwortung dafür der Gitarrist Axel Genrich trägt (vgl. auch GURU GURU: *Mani und seine Freunde*, 1975).

Erwähnt wurde schon, daß die fünfköpfigen ABACUS aus Hamm einen englischen Sänger besaßen. Ihre vielfach marschmäßigen Stücke wurzeln dennoch in einheimischer Tradition und erinnern in manchen Wendungen auch an die Bildungsmusik. Zuweilen, so in Kompositionen wie «Radbod Blues» auf der ersten und in «Continued On Page 2, Col. 6» auf der zweiten LP, konnte die Formation auch unkonventionell, ja erfinderisch sein.

Die kurzlebige Gruppe 18 KARAT GOLD, deren Bassist Lothar Meid war, tischte auf ihrem einzigen *All Bum* (so der halb witzige Titel von 1974) lauter bekömmliche Kost, um nicht zu sagen Pudding, auf; andererseits wirkt es inmitten des damals wuchernden Rock-Krauts erfrischend unbeschwert und ohne falschen Tiefsinn. Ganz andere Anforderungen an sich und an ihr Publikum stellten AGITATION FREE, die in der avantgardistischen Subkultur West-Berlins der endsechziger Jahre eine Rolle spielten. Zunächst unverkennbar in den Fußstapfen von PINK FLOYD wandernd, verwendete die Gruppe auch nordafrikanisches Kolorit in ihrem massig gestalteten Reisebericht *Malesch* von 1972. Von dem genannten englischen Quartett unterschieden sich AF durch das Fehlen von Gesangstext, dann – etwa in «Pulse» – durch fesselnde Ausflüge in Freie Musik und Elektronik, nicht zuletzt durch großräumige Melodien, wie eine davon in «Rücksturz» gesponnen wird. Aus nicht ganz einsichtigen Gründen blieb die zweite LP hinter den anschaulichen Klängen der Anfänge zurück. Die Musik wurde stockend und schwerfällig. Das letzte Album, eine Live-Aufzeichnung zum Teil aus Paris, verblüfft sogar durch die Ereignislosigkeit seiner Kompositionen. Die konzertmäßige Fassung von «Rücksturz», hier unter dem Namen «Soundpool», wirkt wie eine kraftlose Erinnerung an einstige Jugendfrische.

Eine der auch heute namhaften Gruppen von beträchtlichem Plattenumsatz heißt ELOY. Ihre Hardrock-Anfänge können auf dem Debutalbum von 1971 (mit dem berühmten Mülltonnen-Cover) verfolgt werden. «Inside» auf der zweiten, gleichnamigen LP legt dabei die Achillesferse der einstigen Hardrock-Gestaltung der Gruppe bloß: das sechseinhalb Minuten lange Stück beruht auf dem Wechsel bloß zweier Akkorde d-moll und B-Dur, dazu wirkt die pathetische Gesangsstimme auf die Dauer maniert. Auf den späteren, am britischen Kulturrock ausgerichteten Alben erhielt solche satztechnische Kargheit ihre sinnvolle Funktion darin, daß sie den langen Improvisationen der Gitarre zugrunde gelegt wurde. Der symphonische Atem der jüngeren Kompositionen zeigt eine erstaunliche Differenziertheit im einzelnen; die feierliche, beinahe weihevolle Singstimme prägt freilich auch die Einspielungen der Gegenwart («Astral Entrance» auf der LP *Silent Cries And Mighty Echoes* von 1979). In der gleichen Richtung, nur noch ideenreicher, bewegt sich TIMELESS in Berlin West, obwohl diese hochbegabte Formation nicht einmal einen Schallplattenvertrag hat. JANE ist eine der kommerziell ganz erfolgreichen Deutschrock-Gruppen, WALLENSTEIN verbindet ausgedehnte Formabläufe mit schwingenden, rockigen Rhythmen in gelungener Weise, TRITONUS lehnt sich gelegentlich an EMERSON LAKE & PALMER an und zeigt vor allem ein makellos beherrschtes Instrumentenspiel.

Daß die österreichische Formation EELA CRAIG 1978 auf Anton Bruckner zurückgriff und in seinem Geist eine mehrsprachige *Missa Universalis* komponierte, konnte nur wenige überraschen (oder, wie den *Sounds*-Rezensenten, verärgern). Die Gruppe besaß nämlich bereits auf ihrem ersten Album den großen Atemzug Bruckners und gestaltete, diesem ähnlich, voneinander plastisch abgesetzte große Klangblöcke, in denen bald mitreißende Rockpassagen, bald rhythmisch gesichtslose himmlische Längen dem Hörer sich darbieten. Dies alles ist österreichisches Neubarock, überfeinerte und manierierte Klangkultur, der man genußreich folgen und allenfalls vorhalten kann, daß sie nicht ursprünglich genug ist.

Gröber verfährt, wie schon der Name besagt, GROBSCHNITT. Erinnerungswürdige Effekte erzielt die Hagener Gruppe vor allem auf der Bühne, in deren vielschichtiges Aktionsfeld sich allerlei Gags einfügen. Demgegenüber spiegeln die bisherigen Alben den Eindruck der Konzerte nicht restlos wider, da fehlt den witzigen Einfällen der optisch veranschaulichende Rahmen. Dennoch nimmt man in den Einspielungen, vielleicht deutlicher als im Konzert, musikalische Strukturen wahr, die den Gruppennamen Lügen strafen, fein gezeichnete Verlaufskurven aufweisen und sogar im Elektronik-Bereich Eigenwilliges, Ursprüngliches besitzen.

Der Seiltanz zwischen Deutsch und Englisch, zwischen einheimischem Markt und erhofftem Export prägt Gruppennamen wie GIFT und WIND: sie haben nämlich in beiden Sprachen eine Bedeutung. Beide Gruppen von kurzer Lebensdauer waren übrigens auch musikalisch von Bedeutung, nicht nur als Beispiele für Namensgebung. Auch LAKE mit dem schillernden Doppelsinn leben, nicht unbegründet, von der Hoffnung, in den breiten US-Markt einzudringen. Dies wird um den Preis einer restlosen Angleichung an bessere angloamerikanische Bands erzielt. Besonders in ihren Anfängen boten die Hamburger mustergültig arrangierte, melodiös gestaltete Rocknummern, die von vornherein hitschwanger konzipiert sind und jeder ambitionierten Gruppe des englischsprechenden Auslandes gut anstehen würden.

Der Sammelband *Rock in den 70ern* (rororo 7385) enthält eine annähernde Discographie von westdeutschen und Westberliner Gruppen während der siebziger Jahre; einen weiteren discographischen Versuch unternahm Werner Ahrens (*Deutschrock-Diskographie*, Torsholt 1981, Eigenverlag) – beide Verzeichnisse bleiben ergänzungsbedürftig. Unten können einige Rockbands mit Mainstream-, Kulturrock- und Disco-Einschlag lediglich genannt, statt auch in ihrer musikalischen Eigenart gewürdigt werden. Letzteres wird zu den Aufgaben einer künftigen umfassenden Darstellung der deutschen Rockmusik gehören. Genannt seien also nur die Formationen ACCEPT, AMOS KEY, ANYONE'S DAUGHTER,

AQUARELL, ARKTIS, BEL AMI (Berlin West), BLONKER, BREAKFAST, Michael Bundt, CROSSFIRE, DÉSIRÉE, DORIAN GRAY, DUESENBERG, EFENDI's GARDEN, ELECTRIC SUN, ELEPHANT, FAITHFUL BREATH, FRAME, GINA X PERFORMANCE, HARLIS, KIN PING MEH, LADY, MADISON DYKE, MESSAGE, MESSALLA, MESSENGERS, METROPOLIS (BW), MUNICH, NEUSCHWANSTEIN, NINE DAYS WONDER, NOVALIS, OCTOPUS, PANCAKE, PARZIVAL, PELL MELL, RAMSES, RED BARON, RUDIE, SAHARA, SATIN WHALE, SCHÄDEL BROS., SCHLOSS, SECOND MOVEMENT, SHAA KHAN, SIXTY NINE, SOUTHERN COMFORT (BW), STEVE & LEE, (Iceberg, 1980), STREETMARK, SUBWAY, TANNED LEATHER, TAXI, THIRSTY MOON, THRICE MICE, TIBET, TOMORROW's GIFT, WALPURGIS, WEDNESDAY, WINTERGARDEN, ZARATHUSTRA und ZOMBY WOOF. Für die labilen Verhältnisse im deutschen Rock charakteristisch ist es, daß zahlreiche Gruppen sich nach kurzem Bestehen wieder auflösen und es ganz selten zu einer oder gar mehreren LPs bringen. So bestehen auch von den genannten Formationen einige nicht mehr.

Meditative und «kosmische» Musik

Meditationsübungen der BEATLES im Scheinwerferlicht der Weltpresse, indische Mystik aus dritter Hand (vgl. den Abschnitt über Exotik in der Rockmusik), Vorbilder in den Vereinigten Staaten wie AUM an der Westküste sowie QUINTESSENCE und HAWKWIND in Großbritannien ließen auch in Deutschland eine Musik entstehen, die sich aus monotonen Rhythmen und sich endlos fortrankenden Melodien zusammensetzt, zumeist frei improvisiert wurde und dem Free Jazz verwandt sein sollte. Zu den einschlägigen Gruppen, deren Musik «Free Rock» genannt wurde, zählten um 1969–1974 die früheste AMON DÜÜL-Formation, ANIMA, ANNEXUS QUAM, FAUST und GURU GURU, in Frankreich PATAPHONIE und Dashiell Hedayat. Gefördert wurde die Verbreitung dieser sogenannten meditativen Musik durch die um 1970 massenübliche Erfahrung, daß sie der fieberhaft erregten Phantasie des Rauschgift-Konsumenten eine willkommene Nahrung gibt und sie mit allerlei bewegten, bunten Gestalten ausfüllt.

Als sich die Studioelektronik immer mehr in den Dienst der Rockmusik stellte und sie mit dem Vorrat von Echoeffekten, schwirrender Filterung und zirpenden Synthesizertönen auch für den Unkundigen interessant machte, konzentrierten die Leiter der untereinander verwandten Labels Ohr und Pilz (später: Die Kosmischen Kuriere) ihre ganze Aufmerksamkeit auf die Vermarktung einer Musik, die sie mit dem heute kindlich wirkenden Etikett «kosmische Musik» versahen. Vollends unglaubwürdig machte sich der Label-Inhaber und Kölner Journalist Rolf-Ulrich Kaiser mit seiner «Kosmische Kuriere»-Serie von 1974, die Ausschnitte aus Einspielungen von ASH RA TEMPEL, Jürgen Dollase, Sergius Golowin,

Klaus Schulze und anderen enthielt und sie in den trivialen Zusammenhang mit «Sphärenklängen», «kosmischem Flug» und ähnlichem stellte. Ein Hüllentext wie der folgende macht verständlich, warum diese Platten bald als Ramschartikel in den Warenhäusern aussortiert wurden (*Sci Fi Party – Unser Flug durch die Kosmische Musik*):

«Apollo. Skylab. Der Weltraum gehört zu unserem Leben. Terra ist unser Raumschiff. Es fliegt durch die Milchstraße. Abenteuer warten auf uns. Grenzenlose Phantasie. Das ist die neue Science-fiction. Sie kommt im Zauber der Farben, in den Blitzen des Lichts und in den Klängen der Elektronen. Kosmische Musik. Die Schwingungen der Freude. Warme Melodien. Synthesizer-Blues. Das elektronische Liebeslied. Cosmic Music. The Sound of The Cosmic Couriers ...»

Im Stil der *Bild-Zeitung* fesselt eine sensationelle Überschrift das Auge: Flug durch das Weltall. Beim Lesen wird jedoch klar, daß eine Banalität zum Abenteuer aufgebauscht wird: die Erde (Terra) fliegt durch die Milchstraße. «Sternenmädchen» Gille Lettmann, Partnerin von Kaiser, unterbot selbst dieses Sprachniveau mit einem Werbetext auf der LP *Gilles Zeitschiff*, der geschäftsschlau die KM-Produkte gleichfalls in eine infantile Weltall-Phantasie einbezieht:

«Steig ein. Wir fliegen nach Amerika. Wir treffen Tim Leary, den Science-fiction-Kurier. Und mit ihm 30 Millionen junge Leute. Da greift CIA ein. Tim wird verhaftet. Er flieht nach Algier. In die Schweiz. Noch mal Gefängnis. Freunde tauchen auf. Lord Krishna aus der Schweiz. Auch ein kosmischer Kurier. Hartmut, Rolf und ich besuchen Tim im Haus am See. Tim ist Freude. Tim macht die Platte. Seven Up. Seine erste Sci Fi-Rockplatte. I Am The Changer. Das ist Tims zweite Sci Fi-Platte. Die vier großen Abenteuer unseres Lebens. Hier. Auf der Erde. Und während wir fliegen, begegnet uns Cosmic Courier ‹Bon Chance› Brian Barritt. Er erzählt, warum er und Tim und viele andere kosmische Kuriere bei uns mitmachen. Wir fliegen nach Basel. Walter Wegmüller. The Cosmic Painter. Er hat mit uns das Tarot-Spiel gespielt. Ist Tim ein Magier? Mr. Tarot gibt uns die Antwort. Und schon sind wir in TIME. TIME ist die neue Dimension. In ihr schwingt kosmische Musik. TIME hat drei große Abenteuer. Sie lassen dich fliegen zur Queen of Sunshine. In TIME ist Liebe. Fliege in die Freude. – Gille»

Rückblickend erscheint es ungerecht, daß unter solchem Ausverkaufs-Marktgeschrei Musiker leiden mußten, deren Ideen doch weit anspruchsvoller waren als die Einfälle ihrer Vermarkter (und auch Edgar Froese hat wohl nicht geahnt, was er mit dem Begriff «kosmische Musik» anrichten sollte). Zu ihrer Rehabilitierung wird der nachstehende kurze Überblick vielleicht beitragen.

Die Wiesbadener Gruppe XHOL CARAVAN, später schlicht XHOL, machte auf ihrem dritten, letzten Ohr-Album von 1972 einen auffälligen Richtungswandel durch (den Titel *Motherfuckers GmbH & Co. KG* fanden die Mitglieder offensichtlich geistreich). Bewegten sich ihre früheren, von Saxophon- und Orgelklang gesättigten Kompositionen in einem Ausdrucksbereich, der dem Free Jazz zwar nicht in der Tonorganisation, wohl aber im einfühlsamen Kollektivspiel vergleichbar ist, so bezogen die Musiker fortan Elektronik und (damals) fortgeschrittene Einfälle wie etwa Herumsuchen auf der Kurzwelle eines Empfängers in ihre Gestaltungsmittel ein. Angesichts dieses musiksprachlichen Bruchs besteht der Eindruck, daß XHOL keine innere, durch Reifung bedingte Entwicklung von den Soul-Anfängen (damals hieß die Band entsprechend SOUL CARAVAN) bis hin zu ihrem Avantgardismus zurückgelegt haben, sondern eine bald so, bald anders produzierte Gruppe waren. Ihr Eigentümlichstes erreichten sie in den langen Tongirlanden, die ebenso außerhalb der Zeit zu wachsen und zu überwuchern scheinen wie die Klanggebilde von DEUTER (Georg «Chaitanya Hari» Deuter), in denen sich einförmige Rhythmen und verhaltene Gitarrenarpeggi mit allerlei Umweltgeräusch wie Schreibmaschinenklappern und Säuglingsweinen verbinden.

DEUTERS Ein-Mann-Produktionen lassen sich, wie die breitangelegten Tonschöpfungen der Münchner POPOL VUH auch, stundenlang wahrnehmen, ohne deutliche Strukturen preiszugeben. Sie können beruhigend wirken und Konzentration fördern, sie können umgekehrt die Reisen und die phantastischen Landschaften in einem künstlich mit Drogen angestachelten Bewußtsein begleiten. Aber sie sind keine gegliederte, mit Abwechslung und Gegensätzen arbeitende Kunst, die man vor sich hat. Der Hörer spürt ihre sanft tyrannische Gegenwart um sich herum, statt sie als einen ästhetischen Gegenstand fest im Auge zu behalten. Es ist klar, daß die Zu- oder Abneigung, die solche Musik weckt, in der Personenstruktur des Hörers vorgegeben und von seinem Musik- und Kunstverständnis abhängig ist. Der Verfasser dieses Buches bekennt, sich in dieser Art konturlosen Klangfließens nicht heimisch zu fühlen. Auch bei den Freiburger Musikern YATHA SIDRA muß sich der Hörer so manchen unkritischen Vorstellungen von indischer Musik und von fernöstlichem Mystizismus unterwerfen, daß die an sich milden Klänge von indischer Flöte, Gitarre, Synthesizer und Schlagzeug wie eine Zumutung erscheinen. Die Gebrüder Klaus und Rolf Fichter, die hinter dem Gruppennamen YATHA SIDRA sich verbargen, setzen eine vergleichbare, mehr rhythmusgeprägte Musik heute unter dem unverbesserlichen weltflüchtigen Namen DREAMWORLD fort (*On Flight To The Light*, 1980). Von dem unter Jugendlichen verbreiteten Neu-Irrationalismus, an dem Karlheinz Stockhausen nicht unbeteiligt ist, zeugen die programmatischen Worte auf der inneren Plattenhülle: «Darf man in einer Zeit der Hektik und Aggression noch träumen? ‹Kritisches Bewußtsein› wird haufenweise produziert und konsumiert. Inzwischen ist die Kritik der Zustände längst zum Zustand geworden. Die wirkliche Kritik wäre – ein anderes, ‹meditatives Bewußtsein›.»

Die Musik hätte man früher unbefangen «Musik zum Träumen» oder «Musik für schöne Stunden» genannt – ein Wechsel einfachster tonaler Akkorde und austauschbarer melodischer Wendungen.

Auch ASH RA TEMPEL in Berlin fingen unter mystischen Voraussetzungen an, ermuntert vom Zuspruch Rolf-Ulrich Kaisers. Mit Ausnahme von *Seven Up*, wo auf langen Strecken klanglich verfremdeter Rock 'n' Roll zu hören ist, enthalten die frühen Einspielungen ausgedehnte Improvisationen mit Schlagzeugmarkierung, in denen zumeist das auf Abwechslung bedachte Gitarrenspiel von Manuel Göttsching vorherrscht. Von *Starring Rosi* an (1973) ist unter dem vereinfachten Gruppennamen ASHRA allein Göttsching mit seinen kaskadenhaften, schwingenden, durch Tonband, Synthesizer und Sequencer prismenhaft gebrochenen Tonperlen zu verstehen. Die musikalischen Ereignisse verlagern sich zunehmend nach innen, in die vervielfältigte Klangstruktur selbst. Das Kommen und Gehen von Haupt- und Nebenstimmen läßt sich wie ein unendlicher Naturvorgang wahrnehmen. Einer der entwicklungsfähigen und interessanten Elektroniker um 1980 ist der Berliner Stephan Kaske, der unter dem Namen seiner früheren Gruppe MYTHOS phantasiereiche Klang-Mobiles einspielt (*Quasar*, 1980).

Aus Berlin West stammen, wie ASHRA und MYTHOS, auch KLUSTER mit dem späteren, mehr geläufigen Namen CLUSTER. Die Formation erzeugte auf den ersten beiden CLUSTER-Alben eine Art Geräuschmusik, deren interessante Gewichtsverschiebungen auf das außergewöhnliche Konzept der beiden Mitglieder Joachim Roedelius und Dieter Moebius sowie des Tonmeisters Conrad Plank zurückgehen. (Plank wirkte und wirkt auch heute auf unzähligen deutschen Platten ebenso unauffällig wie soundprägend mit; vgl. neuerdings MOEBIUS & PLANK: *Rastakraut Pasta* von 1980). Das Debutalbum von CLUSTER klingt, als ob es reine elektronische Musik enthielte, was jedoch nicht der Fall ist, vielmehr verwertet es außer elektrischer Klangerzeugung auch Orgel, Streichinstrument und Gitarre. Diese Mehrdeutigkeit des Klanges setzt sich auf *Cluster II* fort, doch strahlt ein Stück wie «Im Süden» bereits so etwas wie Stimmung und Gelöstheit aus. Auf *Zuckerzeit* schlägt der anfängliche Geräusch-Kult plötzlich in Wohlklang, um nicht zu sagen in zuckersüßen Schönklang um, und er ist von schmachtenden Gleittönen und überraschenden Dreiklängen umhüllt («Hollywood»). Den mittlerweile errungenen Professionalismus des Heimstudioklanges lockerten Moebius und Roedelius in Live-Konzerten auf, wo sie – zusammen mit Michael Rother – unter dem Gruppennamen HARMONIA auftraten. Auf dem mit Brian Eno zusammen fertiggestellten Album *After The Heat* von 1978 erklingt zum erstenmal Gesang. Die Musik erhält eine bislang unbekannte Poesie, ein freies Ausströmen von Gefühlen, zumindest in der ersten Hälfte des Gemeinschaftswerkes.

Jene meditierenden Klänge, die *Latin Mass* von OS MUNDI – einer weiteren Westberliner Formation – noch ganz durchziehen, werden auf dem zweiten Album *43 Minuten* nur noch zu hier und dort eingefügten Zwischenspielen relativiert. Sie wechseln mit dem harmonischen Drei-Akkorde-Gefälle des Blues, mit jazzigen Passagen und mit an ELECTRIC LIGHT ORCHESTRA und an MANFRED MANN erinnernden Stücken ab («Triple»); als ein vorzüglicher Gitarrist zeichnet sich in allem Udo Arndt aus. Nimmt man noch die Elektroniker (oder genauer: Halbelektroniker) TANGERINE DREAM und Klaus Schulze – der früher mit Edgar Froese und mit ASH RA TEMPEL trommelte – zur meditativen und kosmischen Musik, so wird sichtbar, daß Berlin West neben Düsseldorf das Zentrum dieser nach innen gewandten und mittlerweile tüchtig kommerzialisierten Musik ist. Dabei liegen die ästhetischen Ideale freilich weit auseinander: die Berliner huldigen einer neu-romantischen Klangmetaphysik, während die Düsseldorfer einer unpersönlichen und zuweilen witzigen Computer-Musik folgen. Deutsche Innerlichkeit, hochentwickelte Technik als Heimhobby, bedenkenlose Verwertung auf dem Markt – das sind drei Formeln für ein und dieselbe Sache, die um 1980 freilich immer weniger künstlerische Bedeutung zu haben scheint.

Jazzrock

Anders als einige Jazzmusiker wie Albert Mangelsdorff, Peter Brötzmann und Eberhard Weber, genießen Jazzrocker aus Deutschland noch nicht den verdienten internationalen Ruf. Das liegt gewiß nicht an geringerer Begabung, sondern erstens daran, daß der Jazz hierzulande – selbst und zumal ein so gehaltloser wie Klaus Doldingers PASSPORT – auch aus öffentlichen Mitteln finanziert und in Form verschiedener Jazztage (zum Beispiel in Berlin West und in Moers) als Treffpunkt und Hoher Schule von Brancheninternen durch Behörden und Massenmedien kräftig gefördert wird. Der Jazzrock als der arme, kulturell unbedarfte Verwandte dagegen wird recht stiefmütterlich behandelt. Die unterschiedliche Geltung und Behandlung liegt, zweitens, teilweise an den Jazzrock-Musikern selbst, die vielfach zu sektiererischer Absonderung neigen und offizieller Förderung – nicht ganz grundlos – mißtrauen. Nimmt man den blühenden französischen Jazzrock zum Vergleich (POTEMKINE, ZAO, TRANSIT EXPRESS usw.), so wird drittens deutlich, daß viele kleine Schallplattenfirmen, wie sie in Frankreich nicht nur in der Hauptstadt, sondern auch in den kleineren Städten tätig sind, dieser musikalischen Gattung mehr nützen als wenige größere, die im Eigeninteresse versuchen werden, eine «Supergruppe» aufzubauen und sie auf Kosten der mitlaufenden anderen Formationen zu fördern. Eine große Firma ist erfahrungsgemäß bestrebt, eine ihrer Gruppen auf Kosten der anderen herauszustellen und Werbung wie Promotion auf sie zu konzentrieren (Musterbeispiele finden sich dafür bei TELDEC und WEA).

Textloser Jazzrock bildet die ideale Gattung für Musiker, die sich nicht in den geläufigen Widerspruch verstricken wollen, daß sie die englische Sprache verwenden und überwiegend vor einem deutschsprachigen Publikum auftreten. Keyboardspieler Wolfgang Dauner kommt vom Jazz, hat aber die Esoterik des Free Jazz nicht mitgemacht, sondern fand seit Mitte der sechziger Jahre Zugang zu einem breiteren Hörerkreis. Die verschiedenen Formationen, die im Laufe der Jahre um ihn entstanden, besaßen jeweils ihren Spielbereich, entsprechend der geschmeidigen, unorthodoxen Auffassung Dauners davon, wie Jazz beziehungsweise Jazzrock zu klingen hat. Von seinen zahlreichen Einspielungen dürften *Music Zounds* (1970) und *Rischka's Soul* (1972) den Jazzrockhörer am ehesten ansprechen. Ob Joachim Kühn Europas bester und vielseitigster Jazzrock-Pianist ist, bleibe dahingestellt. In ihm begegnet starke Begabung einer zuweilen faden Neigung zum Glatten und Über-Gefälligen. Ebenfalls dem Rock nahe steht Volker Kriegel, einer der kultivierten Gitarristen der Gegenwart, dessen Gruppen SPECTRUM und MILD MANIAC ORCHESTRA für anspruchsvolle Hörer musizierten.

Zu den frühesten, nämlich schon 1970 gegründeten Jazzrock-Bands in der Bundesrepublik gehörten EMERGENCY mit deutschen und ehemals tschechoslowakischen Musikern um den Saxophonspieler Hanus Berka. Der Gruppenleiter fühlte sich indessen nicht als Star, sondern ordnete sich mit seinem Instrument ins kollektive Klangbild ein. Spätere Mitglieder der Gruppe bevorzugten rockige, rhythmusbetonte Stücke, wobei sich das Saxophon immer mehr auf gelegentliche Einwürfe beschränkte. Ebenfalls um 1970 stellten sich OUT OF FOCUS aus München einer breiteren Öffentlichkeit vor, bevorzugten auch später bald jazzbetonte, bald poporientierte Stücke, mit denen sie sich die Zustimmung der Presse erwarben. Neben ARDO DOMBEC musizierten vor allem NINE DAYS WONDER um die gleiche Zeit in einer vergleichbaren Stilrichtung, bevor die zweite, von Michael Bundt geprägte Besetzung entstand und die Jazzelemente zugunsten eines Mainstream-Rock fortschreitend abbaute. Der Mannheimer Bundt gründete später NERVE und wandte sich nach deren Scheitern ab 1976 Soloprojekten mit Entspann-dich-Musik von bemerkenswerter Klangfeinheit zu (*Neon*, 1977). Trotz mehrfacher interner Krise bestehen RELEASE MUSIC ORCHESTRA um den Pianisten Manfred Rürup (ehemals bei TOMORROW'S GIFT) auch heute weiter und bringen feinnervigen Jazzrock hervor. Besonders erwähnt werden soll die ebenso sparsame wie kernige Spielweise des Bassisten Frank Fischer.

Ein besonderes Augenmerk verdienen heute jene Gruppen, die sich in der Musikerinitiative Schneeball (I und II), früher April, zusammenfinden, um ihre Interessen selber wahrzunehmen. Von ihnen sind EMBRYO um den Schlagzeuger Christian Burchard und MISSUS BEASTLY die ältesten. Von EMBRYOS Spielniveau zeugt, daß renommierte Jazzer wie Sigi Schwab und – durch dessen Vermittlung – der Amerikaner Charlie Mariano es nicht von sich wiesen, mit der Gruppe gemeinsam Platten einzuspielen. Hartgemeißeltes, rhythmisch präzises und in der Stimmführung vielschichtiges Klangbild kennzeichnet die Gruppe seit mehreren Jahren; dank ihren mehrfach unternommenen Reisen in afrikanische und asiatische Länder wird das Gruppenklangbild um 1980 von exotischen Instrumenten und Spieltechniken beherrscht. Die frühen Einspielungen von MISSUS BEASTLY leiden unter mangelhafter Aufnahmetechnik, so das erste Album *Nara Asst Incense* von 1970 und die wunderliche, wiewohl nicht uninteressante LP des ausgeschiedenen Heinrich From unter dem Gruppennamen WERAMEAN MISSUS BEASTLY (*Im Garten des Schweigens*, 1973). Von den neueren Platten der vielfache Umbesetzung erleidenden Gruppe um den Flöten- und Saxophonspieler Friedemann Josch überzeugt *Dr. Aftershave And The Mixed Pickles* von 1976 am meisten, weil der Gruppenklang hier am dichtesten geformt wird, unterstützt von EMBRYO-Mitgliedern und unter Mitwirkung des inzwischen ausgeschiedenen Baßtalentes Norbert Dömling. Auf *Spaceguerilla* hingegen lösen längere Solopassagen der einzelnen Mitglieder das hier nur noch episodisch auftretende Gruppenspiel ab. Jüngere Schneeball-Formationen sind MUNJU und REAL AX BAND mit schon jetzt überzeugenden Leistungen. Außerhalb von Schneeball gehören AERA, BERTHA & FRIENDS, CRY FREEDOM und (aus Berlin West) BAKMAK zu den hoffnungsvollen Neulingen um 1978–1980 (einige Mitglieder freilich blicken auf eine langjährige Erfahrung zurück).

CARSTEN BOHN'S BANDSTAND neigte vom Anfang an zum Mainstream, brachte jedoch mit *Mother Goose Shoes* eine zweite LP zuwege, die daneben auch Funk und Jazzrock auf sich vereinigt. Im anspruchsvollen Repertoire des jungen Sandra-Labels ragt MALLET CONNECTION heraus. SNOWBALL, TRITONUS und VIRGO sind stellvertretend für viele andere bundesrepublikanische Jazzrockgruppen zu nennen, in Berlin West sind es – außer den genannten Bakmak – Rozz, Arakontis, Chameleon, Changes und Margo.

Punk, New Wave

Die deutsche Neue Welle um 1980–1982 weist manche Ähnlichkeit mit den Anfängen der deutschen Rockmusik um 1969/70 auf. Statt den Anschluß an angloamerikanische New-Wave-Gruppen wie Television, XTC und The Cure zu suchen, womöglich einen Vergleich mit ihnen zu bestehen und vielleicht sogar diese anspruchsvolle, Kunstverstand wie technisches Geschick verlangende Richtung fortzuentwickeln, ergehen sich viele deutsche Musiker in abstrakten Geräusch- und Tonbandcollagen, in denen sie oft handwerkliche Amateurhaftigkeit unter der Marke von «Avantgarde» verbergen. So gerät die Energie der Musiker hierzulande wieder auf Nebengleise und in unfruchtbare «Experimente», sehr im Gegensatz zu anderen Musikern des europäischen Kontinents: die holländischen Tapes oder Téléphone aus Frankreich lassen sich da mit den führenden amerikanischen und britischen Bands vergleichen. Der frühere Analogiefall dafür sind die Ur-Amon Düül mit ihrer improvisierten und heute kaum mehr genießbaren «freien Musik», hinter deren Schein-Radikalität eingestandenermaßen sich handwerkliches Unvermögen verbarg.

Zu solchen «New-Wave»-Gruppen in der Bundesrepublik und in Berlin West gehören um die Jahrzehntwende Deutsch-Amerikanische Freundschaft, Boss & Beusi, Hansaplast, Mania D., Materialschlacht, Mittagspause, Mono, Rainy Day Women, Der Plan, Zk und andere. Wahrscheinlich stellt diese Richtung eine künstlerische Sackgasse dar, und sie beruht auf dem Mißverständnis, daß die zum Verwechseln ähnlich klingenden, in Wirklichkeit jedoch unvergleichlich besser organisierten Geräusch- und Tonband-Kompositionen von Cabaret Voltaire, Joy Division, This Heat und anderen britischen Formationen einen bloßen Jux darstellen, den jede technisch und musikalisch unvorbereitete Gruppe leicht nachahmen kann. Doch bei genauerem Zuhören wird der Unterschied zwischen musikalischer Avantgarde und handwerklicher Stümperei deutlich.

Daß die monotonen Geräusche den Musikern selbst Vergnügen bereiten, scheint unwahrscheinlich. Eher regt sich der Verdacht, daß sie die Umgebung provozieren wollen. Aber wen eigentlich? Schon vor fünfzehn Jahren mußten die Musiker der Avantgarde beträchtlich frecher sein und mehr wagen, um unvorbereitete Bürger aus der Fassung zu bringen. Heute sind Lärm und Geräusch zu einer Selbstverständlichkeit unserer Umwelt geworden, und ich sehe keine Pointe darin, sie ohne künstlerische Umformung auf der Konzertbühne oder gar auf einer Schallplatte zu wiederholen.

In einem mehr verbindlichen Sinn «New Wave» stellen sich andere deutsche Gruppen dar, die entweder direkt an die hart pulsierenden Punk-Formationen aus Großbritannien anknüpfen (wie etwa PACK, THE MANIACS, MALE, ROTZKOTZ, THE BUTTOCKS, CROOX, AHEADS, GEILE TIERE, S. Y. P. H., RAZORS und KALTWETTERFRONT) oder sich den klanglich feineren, klangpoetischen Stücken à la XTC und THE PASSIONS zuwenden (zu den wenigen Formationen dieser Richtung gehört Z in Berlin West).Während Düsseldorf mit seinem Rondo-Label der zuerst genannten Geräusch-Kunst verpflichtet ist (AQUA VELVA, MITTAGSPAUSE, ZK), bilden Berlin West, Hamburg und Hannover die Zentren einer auch rhythmisch betonten New Wave im engeren Sinn. Ganz besonders gibt Berlin West um 1980 einen fruchtbaren Boden für New-Wave-Gruppen aller Schattierungen ab, die in den Underground-Musikstätten wie Kant-Kino, S.O. 36 und Exxcess ermutigende Aufnahme finden (B-BAND, GEILE TIERE, SCALA 3, TV-WAR, WHITE RUSSIA, PVC, Z und viele andere).

Eine erste, annähernd vollständige Discographie deutscher New-Wave-Gruppen gibt Alfred Hilsberg im vierten Band der *Rock Session* (rororo 7358), mit allzu viel Toleranz gegenüber einem einfallslosen Bruitismus. Aktuelle Berichte über die deutsche New Wave geben jetzt auch *Sounds* und andere Rockmagazine in der Bundesrepublik, nachdem sie noch 1977 die Nase über den britischen Punk gerümpft hatten. Ein mehr authentischer Ausdruck dieser Szene findet sich in den informellen und schlecht vervielfältigten Mitteilungsblättern, die in geringer Auflagenstärke hergestellt werden und nur in den Underground-Kanälen hier und dort auftauchen (*Spex*, *Backstage*, *Willkuerakt* usw.). Zu den neuen Zügen der Neuen Deutschen Rockwelle gehört auch, daß unzählige Schallplatten von den Musikern selbst produziert und vertrieben werden, ebenso, daß aktive Alternativlabels wie Zickzack, No Fun, Gee-Bee-Dee, Weltklang, Welt-Rekord, Warning, Konkurrenz, Monogam, Censor, Flame, Eigelstein, Zyx, Frostschutz, Ink und Innovative Communication eine ernstzunehmende Konkurrenz für die großen Plattenfirmen bilden.

Gibt es einen «Fortschritt» in der Rockmusik?

Zwischen Rockmusik und Bildungsmusik bestehen Unterschiede, die sich nicht hinwegdiskutieren lassen, unter anderem die unterschiedliche Abhängigkeit vom jeweiligen Stand der Wirtschaft und der Technik, ausgenommen vielleicht die elektronische Musik in beiden Bereichen. Das Komponieren der sogenannten höheren Kunstmusik von der Renaissance bis zur Gegenwart beruht auf bescheidenen, um nicht zu sagen vorindustriellen Voraussetzungen der Produktion. Ein Komponist serieller Musik «produziert» nicht grundsätzlich anders als Johann Sebastian Bach – das eigenhändige Aufschreiben jeder Note auf ein Linienpapier ist, als körperlicher Vorgang, seit Jahrhunderten so gut wie unverändert geblieben.

Doch so scheinbar veraltet diese Herstellungsart anmutet, sie gibt dem Komponisten eine größtmögliche Unabhängigkeit von der wirtschaftlichen und technologischen Entwicklung. Musikalischer Fortschritt verwirklicht sich unter seiner Hand etwa in der Entwicklung von der schlichten Diatonik zur Chromatik, später von der funktionalen zur schwebenden oder gar aufgehobenen Tonalität und zur freien Atonalität. Das Progressive geht hier in die musikalische Struktur selbst ein, mit anderen Worten, Fortschritt in der Bildungsmusik wird in einer weit aufgefaßten «Satztechnik» verinnerlicht, internalisiert. Auch wenn von einem geradlinigen Fortschritt zu sprechen gerade heute, in der nachseriellen Zeit, problematisch erscheint, lassen sich doch ganze Geschichtsepochen als die gleichsam logische Entfaltung eines gegebenen Tonmaterials begreifen, und Adornos seinerzeit einflußreiche Musikphilosophie beruht auf dieser historischen Erfahrung.

Ganz anders die Rockmusik. Sie ist in der Hauptsache auf die studiotechnische Vermittlung angewiesen. Die Studiotechnik hat vom Ende des Zweiten Weltkrieges bis heute einen raschen und geradlinigen Fortschritt zurückgelegt, dessen wichtigste Stationen folgende sind: Einführung des Tonbandes, Umstellung der Schallplatte auf 33 ⅓ und 45 Umdrehungen in der Minute, Ablösung des Schellacks durch PVC, elektrische Verstärkung der Gitarre und später der Tasten- und Blasinstrumente, High Fidelity-Norm, Einführung stereophonen Hörens, Umstellung der Studioarbeit auf das Vielspuren-Verfahren, Verwendung klangverformender Effektgeräte, Synthesizer, Sequenzierung von Tonfolgen sowie weitere Computerspeicherung, Quadrophonie, Kunstkopfhören und digitale Aufnahmetechnik.

Fortschritt in der Rockmusik besteht vor allem im engen Anschluß an den aktuellen Stand von Technik und besonders von Elektroakustik. Der Gesichtspunkt der Modernität wird nicht am inneren, musikeigenen Stand des Tonvorrats, der Harmonik, der dynamischen Vielfalt und am Reichtum der Rhythmen beurteilt, sondern an der Verwendung der neuesten Aufnahme- und Übertragungsmittel. Mit anderen Worten, Fortschritt in der Rockmusik wird in den Übertragungsapparat hineinverlegt und gleichsam veräußerlicht, externalisiert.

Am Beispiel von Pink Floyd kann gezeigt werden, wie eine Gruppe von den technischen Mitteln derart abhängig ist, daß sie sogar den eigenen Klangstil nach ihnen einrichtet. Noch als Studenten, spielten die Musiker um 1964 durchschnittlichen Rhythm & Blues, und nichts deutete darauf hin, daß sie ihre Musizierweise jemals ändern würden. Um jene Zeit zogen sie in ein Haus um, in dem zufällig auch ein Mann namens Mike Leonard wohnte. Er experimentierte seit den vierziger Jahren mit einer Synchronisierung von Klang und Licht («Light/Sound»). Angetan von den Möglichkeiten, die das Experiment den Musikern bot, fingen PINK FLOYD an, ihre Musik ebenfalls mit Lichteffekten zu verbinden, bis sie merkten, daß Rhythm & Blues dafür doch nicht geeignet war. Sie entwickelten allmählich einen ganz anderen Stil, der die frühen veröffentlichten Kompositionen der Gruppe kennzeichnet. Den ersten öffentlichen Light/Sound-Vorführungen, mit denen PINK FLOYD revolutionierend an die Öffentlichkeit traten, wurden bereits die wesentlich ruhigeren, auch in der Lautstärke zurückgenommenen Lieder von Syd Barrett zugrunde gelegt.

Der aufgezeigte Gegensatz zwischen Bildungsmusik und Rock läßt sich in den Begriffen marxistischer Gesellschaftstheorie auch so ausdrücken, daß die Produktionsmittel der Rockmusik äußerst entwickelt sind, Rockmusik selbst jedoch steht als ein veralteter künstlerischer Überbau in einem ungewöhnlich scharfen Widerspruch zu den entwickelten Produktionsmitteln. Das Auseinanderklaffen von moderner Technik und veraltetem musikalischem Material läßt sich nirgendwo so gut beobachten wie in den Elektronik-Formationen vom Typ TANGERINE DREAM.

Die aufgezeigte Veräußerlichung des Fortschrittsbegriffs in der Rockmusik hat zum Ergebnis, daß – vereinfachend gesagt – für den Fortschritt in der Rockmusik gar nicht der Musiker selbst, sondern der Tonmeister beziehungsweise der Plattenproduzent zuständig ist. Damit begibt sich der Rockmusiker in eine direkte Abhängigkeit von den Spezialisten der Übermittlung. Sobald er sich in der Studiotechnik heimisch zu fühlen beginnt, werden neue Aufnahme- und Übertragungsverfahren eingeführt, auf die er sich erneut einzustellen hat. Er hinkt auf einem Gebiet, das nicht sein eigenstes ist, stets hinter der Entwicklung her. Der zweifelsohne hohe und mitunter raffinierte Stand der Elektroakustik, der sich in den Rockplatten-Einspielungen niederschlägt und sich von den verhältnismäßig altmodischen Methoden bei der Einspielung vorklassischen bis avantgardistischen Repertoires abhebt, kommt gar nicht durch die Arbeit des Rockmusikers, sondern des Studiotechnikers zustande. Ein traditioneller Musiker kann auch an einem herkömmlichen Instrument vorführen, was er kompositorisch im Sinn hat – ein Rockmusiker, der allein machtlos ist, bedarf hochwertiger Apparate und hochbezahlter Fachleute zur Verdeutlichung seiner musikalischen Vorstellungen.

Der äußere Aspekt des Fortschritts, also der Fortschritt der elektro-akustischen Apparatur, hat den Blick des Rockmusikers von der Differenzierung seiner enger verstandenen musikalischen Mittel bis heute eigentlich abgelenkt. Rockmusikalische Abläufe sind zumeist voraussagbar, ihre Lautstärke-Abstufungen undifferenziert, und ihr materieller Stand ergibt sich in der Regel aus einfachster Diatonik. Auch das Selbstverständnis des Rockmusikers wird von Rücksichten auf die Übertragungsmedien überlagert. Unzählige Zeitschriften-Inserate, in denen sich junge Rockgruppen darzustellen pflegen, zeugen davon, daß diese ihre Kunst nicht nach musikalischen Gesichtspunkten, sondern an Kriterien der Wattstärke und der zur Verfügung stehenden elektrisch verstärkten Instrumente messen. Der Respekt vor der Apparatur und vor deren jeweils fortgeschrittenstem Stand läßt sie vergessen, daß sie in erster Linie Erfinder von Musik sind oder doch jedenfalls sein sollten. Die Ehrfurcht vor der Studiotechnik samt deren Gimmicks wird von diesen Musikern dabei nicht grundlos an den Tag gelegt. Auch wenn ihre Musik nichts mitteilt, was der Mitteilung wert wäre, können sie mit dem aushelfenden Griff des Tontechnikers rechnen, der mit seinen Zaubertricks Schwächen übertünchen und häufig sogar das einzig Interessante auf einer Platte zustande bringen kann. Im Anschluß an die «britische Invasion» der sechziger Jahre wurden in den USA Hunderte von Einspielungen dilettierender Gymnasiasten auf den Markt geworfen, deren lahme Einfälle nur von den Funken der Tonmeister-Ideen wie Tonbandbeschleunigung, «random notes», Collage-artige Überlappungen und dergleichen belebt werden. Die Hilfe der Studiotechnik, der sich der Rockmusiker sicher ist, spornt seine erfinderische Phantasie nicht an, sondern verführt ihn zur Trägheit.

Der Umstand, daß der Rockmusiker sich abhängig macht vom jeweils fortgeschrittenen Stand der Studiotechnik, hat nicht nur die mißliche Folge, daß er sich für so viel gütige Hilfe der Technik verständlicherweise zu revanchieren sucht und dem Produzenten musikalisch-geschmackliche Zugeständnisse macht. Da der technologische Stand sich insgesamt aus den Investitions- Anstrengungen und den Konkurrenzkämpfen der Privatindustrie ableitet, begibt sich der Rockmusiker in direkte Abhängigkeit von den konjunktur- und krisenbedingten Schwankungen der Kapitalwirtschaft. Ein Komponist Neuer Musik wie Hans Werner Henze ist bei weitem unabhängiger von den Wirtschaftsinteressen einer Branche, des Verlagswesens oder der Plattenindustrie. Nicht verschwiegen werden soll freilich, daß die Veröffentlichung einer «seriösen» Komposition in der Regel keinen nennenswerten Profit für eine Plattenfirma einbringt, ja sogar ein kalkuliertes Verlustgeschäft darstellen kann, mit dem die Hebung des Firmenprestiges bezahlt wird. Die gesamte Bildungsmusik lebt, unterstützt durch staatliche Subventionen, von solchem durch Prestige bedingten Freiraum.

Die grundsätzliche und direkte Abhängigkeit des Rockmusikers von der wirtschaftlichen Entwicklung der Plattenbranche wird dadurch problematisch, daß diese Entwicklung nicht gleichmäßig verläuft, sondern von Aufschwüngen und Depressionen durchsetzt ist, deren Zickzack-Linie auf die Produktion von Rockmusik, auf deren Sound selbst, abfärbt. Durch Sparmaßnahmen bedingt, kann zum Beispiel die Pressung im Ausland erfolgen, wo die Arbeitslöhne niedriger sind; dafür wird eine qualitativ minderwertige Pressung in Kauf genommen. Die Schwankungen in der Strategie der Artist & Repertoire-Abteilungen wirken sich auf die Geschichte der Rockmusik noch unmittelbarer aus. Ein Blick auf die experimentelle Rockmusik der Zeit zwischen 1967 und 1970 macht auch heute noch staunen: Großfirmen wie Columbia, Capitol und ABC haben damals Plattenprojekte gefördert, die ihnen einige Jahre später (1973: erste Ölkrise) wie ein unverantwortliches Risiko erscheinen mochten. Die Gruppe THE UNITED STATES OF AMERICA und JOE BYRD AND THE FIELD HIPPIES brachten waghalsige und schon damals kommerziell kaum ertragreiche Platten heraus, weil Columbia unter dem inzwischen gefeuerten Clive Davis noch auf künstlerische und finanzielle Wagnisse eingegangen ist. Bei Capitol erschien die erste LP von MAD RIVER, ein bemerkenswertes Album der psychedelischen Strömung, und ABC brachte die kanadisch-amerikanische Gruppe INFLUENCE mit deren genialischen Music-Hall-Einfällen heraus. Dergleichen Exzentrizitäten, von denen die Rockwelt noch heute zehrt, leisteten sich damals auch andere Plattenfirmen. Um die Mitte der siebziger Jahre wären so aufregende Einspielungen wie die genannten kaum denkbar gewesen. Obwohl es an einfallsreichen Musikern nicht fehlte, engten die meisten Plattenunternehmen ihren künstlerischen Horizont freiwillig ein; zur Auswahl standen vor der Punk- und New-Wave-Bewegung uninspirierte Fusion Music, Mainstream und drittklassige Teenie-Gruppen. Erklärlich, daß unter solchen Umständen sich die rockmusikalische Entwicklung wieder einmal in den Underground zurückzog und sich auf obskuren amerikanischen und britischen Labels wie Ralph, Object, Beggars Banquet, Dindisc, Rough Trade und anderen dokumentiert. Es scheint, daß sich die Rockmusik von Zeit zu Zeit in die kommerzielle Belanglosigkeit begeben muß, um die eigene Identität zu wahren. «No commercial potential», wie es von einer Plattenfirma den MOTHERS OF INVENTION früher einmal bescheinigt wurde, ist Anfang und Voraussetzung für jeden wirklichen Fortschritt in der Rockmusik.

Beitrag der New Wave zur Avantgarde

Es ist 1982: Seit etwa drei Jahren ist das Wort «Avantgarde» in aller Rockfans Munde und in aller Rockkritiker Feder. Ein Musiker wie Frank Zappa braucht sich gar nicht mehr anzustrengen, sondern bloß seine jährliche Plattenproduktion weiterzuführen, um zu den Avantgardisten zu zählen. So wurde selbst die enttäuschende Mainstream-Platte *Joe's Garage Act 1* von einem nachsichtigen RIAS-Autor schlicht als «avantgardistische Rockmusik» vorgeführt (RIAS II am 23. Oktober 1980), vermutlich in Erinnerung daran, daß Zappa früher tatsächlich etwas mit Avantgarde zu tun hatte. Besonders in New-Wave-Kreisen erlebt das Wort «Avantgarde» eine noch nie dagewesene Inflation. Kaum nimmt ein Journalist Geräusche, Tonbandcollagen, Rhythmusmaschine und tonal schwer einzuordnende Tonfolgen wahr, ist die Sache für ihn ausgemacht: es handele sich um Avantgarde.

In einem bemerkenswerten Gegensatz zur Häufigkeit des Begriffs wurde die Frage, welche Bewandtnis es mit der Avantgarde in der Rockmusik auf sich habe, meines Wissens weder in der englischsprachigen noch in der deutschen Rockliteratur geklärt. Der Begriff einer «Punk-Avantgarde» wird auch von Simon Frith lediglich als ein Gegenbegriff von «Gebrauchspunk» verwendet, ohne zu präzisieren, was er bei Gruppen wie THE POP GROUP, PUBLIC IMAGE LIMITED, THE GANG OF FOUR und SCRITTI POLITTI unter Avantgarde versteht. Wenn er zu meinen scheint, Avantgarde entstehe schon irgendwie, wenn Musiker «verschiedenste Musikstile wie Reggae, Rock, Funk, Elektronik zu Musikcollagen verarbeiten» (*Rock Session 4*, Seite 98), so muß ihm mit Bestimmtheit widersprochen werden. Unverbindlich formuliert ist auch die vom RIAS Autor Uwe Wohlmacher vertretene Ansicht, avantgardistische Rockmusik liege vor, «wenn Musiker innerhalb des Rock versuchen, neue Wege zu gehen und nach neuen Formen und Ausdrucksmöglichkeiten suchen».

Zunächst ist daran festzuhalten, daß der Avantgarde-Begriff unteilbar ist. Es gibt also nicht einerseits eine Avantgarde im engeren Sinn, zu der in den fünfziger und sechziger Jahren etwa John Cage, Karlheinz Stockhausen, György Ligeti, Mauricio Kagel und Pierre Boulez gehörten, andererseits eine Rock-Avantgarde, die man wie ein Schongebiet zu betreten und an die man heruntergesetzte Ansprüche zu stellen hat. Ästhetische Wertungen kann man nicht auf das Vergessen gründen. Wird man mit Rockkompositionen konfrontiert, so kann man das musikalische Bewußtsein nicht einfach teilen und etwa vergessen, was von den genannten Komponisten an fortgeschrittener Materialbeherrschung und an klanglichen Experimenten bereits erreicht wurde. Und wer die Avantgarde-Produkte der fünfziger und sechziger Jahre nicht annähernd kennt und sie somit nicht als Maßstäbe zu Vergleichszwecken heranziehen kann, ist – so lautete die frühere These – im strengeren Sinn gar nicht berechtigt, das Wort «Avantgarde» in den Mund zu nehmen.

Als eine Anfangsposition kann diese Behauptung zunächst einmal stehenbleiben, denn auch wenn sie dogmatisch klingt, beruht sie auf Logik. Aber Argumente logischer Art sprechen nicht nur für sie, sondern auch gegen sie. Es kommt im folgenden darauf an, weiter zu differenzieren.

Die Avantgarde der sechziger Jahre zum Maßstab zu nehmen erscheint – so müßte das erste Gegenargument heißen – mehr als problematisch, denn sie hat sich ad absurdum geführt und gerade durch ihre äußerste Radikalität sich restlos aufgezehrt. Das serielle Kompositionsverfahren, ferner Geräusch-Collagen, das zufallsbedingte Zusammenklingen mehrerer Kurzwellenprogramme, Musique concrète und sogar die Stille, also das akustische Nichts als «Komposition» – sie wurden alle schon erfunden und auch bereits vielfach vorgeführt. Eine weitere Radikalisierung des Tonmaterials und der Montage- wie Collagetechnik erscheint, jedenfalls heute, kaum vorstellbar. Die jüngere Vergangenheit hat den Beweis erbracht, daß Avantgarde sich so konsequent und besessen vorantreiben läßt, daß sie nach verhältnismäßig kurzer Zeit an einem toten Punkt angelangt ist und sich über ihn hinaus nicht weiterführen läßt. Man kommt damit zu der unvermeidlichen Ansicht, daß ein Kompositionsverfahren, das man nicht zweimal wiederholen kann und das somit als unfruchtbar für die weitere Entwicklung erscheint, dem Begriff der Avantgarde nicht nur nicht widerspricht, sondern gerade ein wesentliches Merkmal von Avantgarde abgibt. Mit anderen Worten, die radikale Avantgarde führt notwendig in eine Richtung, die sich nicht umkehren läßt und die sich recht bald als eine Sackgasse erweist.

Trifft diese Überlegung zu, so kann ich nur zwei Möglichkeiten erblikken. Entweder verzichtet man auf die Vorstellung einer auch heute fortbestehenden Avantgarde ganz, denn alle Avantgardisten von heute überschreiten den Stand der Kompositionsverfahren in den sechziger Jahren nicht, und eine darüber hinausgehende Fortentwicklung zeichnet sich einstweilen auch nicht ab. Oder man erkennt, daß die musikalischen Experimente der sechziger Jahre in eine Sackgasse einmündeten, und man versucht, zurückzukehren und den Avantgarde-Begriff neu zu überdenken.

Eine weitere Überlegung: Während der Avantgarde-Begriff sich in Rockkreisen einer ungemeinen Wertschätzung erfreut, wird er in der sogenannten höheren Kunstmusik (also in dem von der GEMA banausisch so genannten E-Sektor) kaum weiter verwendet, und erst recht steht er dort nicht ganz obenan in der Rangordnung der Werte. Dies hängt auch mit dem aktuellen Musikschaffen zusammen, damit, daß die jüngeren Komponisten einer «Neuen Einfachheit» zur tonal beherrschten oder wenigstens tonal ergänzten Musiksprache zurückgekehrt sind, die am Avantgarde-Begriff gemessen rückwärtsorientiert erscheinen muß. Dagegen holen Rockmusiker wie Rockkritiker ihr Avantgarde-Bedürfnis erst jetzt mit großer Verspätung nach. Ihre Avantgarde ist, so scheint es, nichts anderes als eine verspätet rezipierte Avantgarde, deren Vorstellung allein schon eine offenkundige Ungereimtheit sei. Denn ein nachholender, einholender Avantgardist schaute auf die Avantgardisten der Vergangenheit zurück, statt selber voranzumarschieren und in bislang unbekannte Bereiche vorzustoßen. Bestätigt die Rockmusik selbst mit ihrer Avantgarde nur die vielfach wiederholte Behauptung des Hamburger Musikprofessors Hermann Rauhe, sie sei durchweg ein «abgesunkenes Kulturgut», der immer verspätete Abklatsch von einst aktueller Kunst?

Es kommt darauf an, welche räumlichen Vorstellungen man mit dem Avantgarde-Begriff verbindet. Die Komponisten der fünfziger und sechziger Jahre haben in dem Bewußtsein gelebt, daß der Fortschritt rein linear verlaufe, und zwar ausgerechnet in der Richtung, die in der westeuropäischen Musik seit der Renaissance vorgezeichnet war. In dieser Überzeugung wurden sie nicht zuletzt von wortgewandten Geschichtsmetaphysikern – ganz besonders vom Kulturphilosophen Theodor W. Adorno – bestätigt. Dieser Glaube, der sich auf Hegel und Marx berufen konnte und der näher besehen nichts anderes als ein naiver euro-zentrischer Egoismus ist, gerät heute immer mehr ins Wanken, was nicht ausschließt, daß Rockkritiker wie Simon Frith gegenwärtig damit beschäftigt sind, Adorno für die New-Wave-Avantgarde auszuwerten. Während der traditionelle Fortschrittsbegriff der Aufklärung, der auch für Adorno verbindlich war, auf der Vorstellung eines Ausgangspunktes, eines imaginären Zieles und einer gerade verlaufenden Linie zwischen diesen beiden Größen beruht, stellt sich der aktuelle, aus den Erfahrungen der siebziger Jahre gewonnene Fortschrittsbegriff wie ein Kreis dar, von dem ein Fortschreiten in mehrere Richtungen möglich ist, und zwar so, daß die eine Linie allerlei Zick-Zack-Bewegungen zu anderen Linien und zurück beschreiben kann:

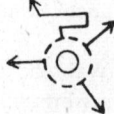

Wenn diese optische Vorstellung mehr zutrifft als die frühere von einem geradlinigen Fortschritt, so bedarf das vorhin verwendete Bild vom Rock-Avantgardisten, der sich zurückwendet, um den Avantgardisten der fünfziger und sechziger Jahre zu imitieren, einer entschiedenen Revision. Der Rockmusiker kann Avantgardist sein, auch wenn er bestimmte Elemente von links und rechts übernimmt, dabei gewisse Parameter in einer Weise miteinander verknüpft und fortentwickelt, die in der Avantgarde vor fünfzehn Jahren wegen der einseitigen Blickrichtung übersehen und am Wege liegengelassen wurde. Heute geht es im Rockbereich tatsächlich darum, theoretische und praktische Ergebnisse und Errungenschaften der Kunstmusik-Avantgarde in Richtungen weiterzuentwickeln, die sich nicht nahtlos aus der europäischen Musikgeschichte ergeben, sondern teilweise in anderen Musikkulturen wurzeln. Die Versuche der New Wave wird man daher danach beurteilen müssen, ob sie in einem neuen gattungsmäßigen und stilistischen Kontext zu einleuchtenden und ästhetisch wirkungsvollen Ergebnissen führen. Das Niveau, auf dem ein neues Klangmaterial beherrscht wird, muß ebenso beurteilt werden wie die Verträglichkeit der Verfahrensweisen untereinander (ob man also, anders als in der deutschen Rock-Elektronik, nicht etwa simple Dreiklänge mit technisch entwickelter elektronischer Klangerzeugung verbindet).

Spricht man von kompositorischen Verfahrensweisen, so ist zu vergegenwärtigen, daß einige unter ihnen für den Rockmusiker in der Regel nicht in Frage kommen, wie etwa Zwölftonkomposition und serielles Verfahren. Beide Techniken sind auf der Grundlage einer präzisen und ausgetüftelten Notation entstanden, ohne die sie gar nicht denkbar wären. Den meisten Rockmusikern dagegen, die nicht in notierter Musik denken, ist die schriftlose Verfahrensweise angemessen, die etwa bei elektronischer Tonerzeugung und bei Tonbandcollagen verwendet wird. Umgekehrt kann man sagen, daß gewisse Kompositionsideen der Vergangenheit, die dort im Notenbild erscheinen, erst in einer schriftlosen Collage- und Montagetechnik angemessen verwirklicht werden können. Man denke zum Beispiel an die Aufstellung mehrerer Straßenmusik-Gruppen (wie Marching Band und Drehorgel) zu Beginn des 1968 erschienenen Albums von THE UNITED STATES OF AMERICA, deren gleichzeitiges Erklingen und allmähliche Richtungsänderung sich in der herkömmlichen Notation gar nicht genau verwirklichen lassen. Diese Idee kommt im Medium von Tonband und Stereo-Schallplatte daher besser zum Ausdruck als etwa im 2. Stück von *Three Places in New England* des amerikanischen Komponisten Charles Ives (dessen Kompositionseinfall bei der LP der US-Rockgruppe zweifellos Pate gestanden hat). Es nimmt nicht wunder, daß die meisten Avantgarde-Versuche von New-

Wave-Gruppen unabhängig von ihrer schriftlichen Fixierbarkeit, vielmehr allein im Hinblick auf Apparate wie Tonbandgerät und Synthesizer zustande gekommen sind.

Und noch eine weitere Präzisierung ist nachzuholen. Der Rock-Avantgardist von heute läuft nicht etwa Techniken nach, die in der gegenwärtigen Kunstmusik längst passé sind und die somit eine inzwischen überholte Entwicklungsstufe darstellen. Gesagt wurde bereits, daß die neue Einfachheit unserer Tage die früheren Avantgarde-Zielsetzungen nicht weiter verfolgt, vielmehr – rein materialtechnisch – weit unter deren Stand zurückgeblieben ist. Das heißt, daß die Rock-Avantgarde eine wirkliche Avantgarde ist in dem Sinn, daß es zu Beginn der achtziger Jahre keine Kompositionsmittel gibt, die entwickelter wären als die ihren. Das hat Konsequenzen auch für den Musikhörer, der sich bislang ausschließlich im Bereich der besagten E-Musik heimisch fühlte. Nimmt er zur Kenntnis, daß die Avantgarde in der «gehobenen Kunstmusik» heute weltweit stagniert, will er sich andererseits nicht mehr mit der konservativen Tonsprache der Neuen Einfachheit zufriedengeben, so hat er gar keine andere Wahl, als eben Neue Rockmusik zu hören.

Kurz zusammengefaßt: Avantgarde in der New Wave gibt sich zwar teilweise als eine nachgeholte Avantgarde zu erkennen. Aber als Avantgarde ist sie heute die einzige. Sie beruht nicht mehr auf der euro-zentrischen Vorstellung von einer geraden, einzig möglichen Entwicklung, sondern bezieht auch afroamerikanische und exotische Elemente in ihre Klanggestaltung ein.

Anzeichen einer neuen Kunsthaltung

Eine wichtige Voraussetzung für Avantgarde-Gesinnung ist, daß die Aufmerksamkeit des Hörers auf die präsentierte Kunstgestalt hingelenkt wird, daß die mehr oder minder unverbindlichen eigenen Gefühle, von denen Fans wie Rockkritiker bislang mit Vorliebe sprachen, von einer aufmerksamen Wahrnehmung der Kunstgestalt verdrängt oder wenigstens ergänzt werden. Tatsächlich zeichnet sich New Wave durch eine unterkühlte, distanzierte Haltung aus, und die Gewinnung solcher Distanz zum Text wie zum klanglichen Gefüge verrät ein neues, erwachtes Kunstbewußtsein. Stellvertretend für viele Songtexte mögen einige Ausschnitte aus der LP *Entertainment* von GANG OF FOUR (1980) stehen, die unter anderem durch bewußt montierte «Fehler» die Aufmerksamkeit herausfordern:

«How can I sit and eat my tea,
with all that blood flowing from the television» («5. 45»).

Sie entstehen mitunter durch eine Art Sprachcollage:
   «Trapped in heaven life style (locked in Long Kesh)
   Now looking out for pleasure (H-block torture)
   It's at the end of the rainbow (White noise in)»
   The happy ever after (a white room») («Ether»).

Nicht zuletzt vermag eine sprachliche Analogie zu verblüffenden,
doch streng logischen Ergebnissen zu führen:

> Damaged goods
> Send them back
> I can't work
> I can't achieve
> Send me back ... («Damaged Goods»)

   Dadurch, daß sie aus dem Dunstkreis direkt wiedergegebener Gefühle
herausgehoben und in die Distanz ferngerückt werden, erhalten die meisten Songtexte der New Wave eine neue poetische Eigenschaft. Sie sind
auch nicht mehr absurd und surrealistisch, wie bei den BEATLES, auch nicht
mehr abstrakt-lyrisch wie bei YES und dem späteren Dylan, sondern konkret, beschreibend und sogar analytisch, mitunter geraten sogar die eigenen Empfindungen unter das analytische Seziermesser. Aber trotz dieser
scheinbaren Nüchternheit, dieses unbestechlich beobachtenden, nicht selten grausam genauen Realismus bekommt die Sprache eine eigene, durch
Entfremdung hervorgerufene Färbung, eine neue dichterische Dimension,
die es in der älteren Rockmusik nur ausnahmsweise gab. Einen Beleg für das
Gesagte liefert PUBLIC IMAGE LIMITED mit ihrem Song aus der *Metal Box*,

> *Pop Tones:*
> «*Drive to the forest in a Japanese car*
> *The smell of rubber on country tar*
> *Hindsight done me no good*
> *Standing naked in the back of the woods*
> *The cassette played pop tones*
> *I can't forget the impression you made*
> *You left a hole in the back of my head*
> *I don't like hiding in this foliage and peat*
> *It's wet and I'm losing my body heat*
> *The cassette played pop tones*
> *This bleeding heart*
> *Looking for bodies*
> *Nearly injured my pride*
> *Praise picnicking in the British countryside*
> *Pop tones.*»

Diese Zeilen erhalten eine merkwürdige Weite und Melancholie, dank einer sich wiederholenden Motivfiguration, die sich allmählich und kaum merklich verschiebt. Die rezitierende Stimme von John Lydon betont noch mehr die Distanz zum eigenen Erlebnis, ihre Wendungen haben mit einem vertrauten Gesang nichts mehr gemein. Die Episode klingt wie ein Melodram, in dem die Sprechstimme von Instrumenten begleitet wird.

Folgerichtig wird auch die rockmusikalische Vergangenheit im Sinne von Abstand und gefühlsmäßiger Reduktion umgedeutet. Solche verfremdeten Cover-Versionen bilden ein typisches Produkt der Neuen Rockmusik, und zu ihnen gehört der ROLLING STONES-Titel «Satisfaction» im leidenschaftslosen Vortrag von DEVO, «Helter Skelter» der BEATLES in einer virtuosen Ausdruckslosigkeit bei SIOUXSIE AND THE BANSHEES, auch «Summertime Blues» von Eddie Cochran (1958) und der Motown- beziehungsweise BEATLES-Hit «Money» in der schon fast exzessiv unterkühlten Neufassung von THE FLYING LIZARD.

Eine naive Einfühlung in die Kompositionen der New Wave wird schon von deren neuartiger Tonarten-Disposition unmöglich gemacht. Während die älteren Rockstücke (und natürlich die meisten auch von THE CLASH, MAGAZINE, THE B-52'S, TALKING HEADS, MEKONS, XTC und anderen) sich tonal leicht identifizieren lassen durch den wiederholungsreichen Grundton sowie durch die wenigen akkordischen Funktionen, herrscht in vielen New-Wave-Stücken eine Tonart, die von anderen Tonarten beständig abgelöst und verdrängt wird, oder auch eine, die durchweg labil bleibt und mitunter nicht einmal für die Dauer weniger Takte auszumachen ist. Bald wandert der Grundton und setzt sich nacheinander auf mehreren Stufen der Tonleiter fest, bald verläuft die Komposition in einem tonal neutralen Rahmen, so daß man hier den von Arnold Schönberg geprägten musikalischen Begriff einer «schwebenden Tonalität» gebrauchen kann. Ein Beispiel unter vielen bildet ein Titel wie «Nervous» von SPEC RECORDS (*No-Cowboys*, 1980, reSPECT 1), der auf dem unhandlichen Riff cis-a-g beruht. Die Gitarre bringt lediglich akkordliche Farbwerte ohne bestimmte harmonische Funktionen, und die Tonart wird auch von der Singstimme nicht deutlicher gemacht. Ein weiteres einschlägiges Beispiel ist «Locust» auf der LP *Pindrop* von THE PASSAGE (1980, Object Music OBJ 011), wo ein dreitöniges Motiv des Basses frei von Stufe zu Stufe wandert, ohne daß seine Zugehörigkeit zu einer bestimmten Tonart deutlich würde; auch hier läßt die eintretende Singstimme das Gefühl für funktionale Harmonik im Stich.

Ein weiteres Merkmal von New Wave könnte jemand, der sie unvorbereitet hört, in deren «falschen Tönen» erblicken. Tatsächlich sind die Leadgitarren in einigen führenden Bands nicht in reinen Quarten und in großer Terz gestimmt, sondern in etwas vergrößerten oder verkleinerten Intervallen. Auch darin bekundet sich der Wunsch, einzelne Intervalle voneinander scharf abgetrennt statt im konsonanten Schmelzklang zu hören. Der Sinn solcher Umstimmung und solcher Unstimmigkeit besteht ferner in der Erzeugung neuartiger Farbwerte, auch darin, daß die Aufmerksamkeit von solchen halbwegs unreinen Intervallen mehr gefesselt und künstlerisch aktiviert wird als von den gewohnten korrekten Tonabständen. Von den britischen XTC angefangen bis hin zur Westberliner Formation Z läßt sich dieses Phänomen in Live-Konzerten wie auf Schallplatten beobachten. Sehr deutlich hört man es in «Weeping» auf dem zweiten Album von THROBBING GRISTLE (*D.o.A.*, Industrial Records IR 0004), wobei hier keine Gitarren, sondern verschiedene Violinen – gezupft und gestrichen – verwendet werden; die gezupfte Geige weist eine Teilstimmung der Gitarre mit großer Terz und mit Quarten auf. All diese Intervalle klingen unrein und beschwören darin die javanische Slendro- bzw. Pelog-Stimmung mit ihren fünf bzw. sieben gleichstufig temperierten Tönen in der Oktave herauf.

Drei Hauptrichtungen

Will man die mittlerweile zahlreichen Avantgarde-Gruppen der New Wave in Großbritannien, den USA und auf dem europäischen Kontinent in einige Haupttypen einordnen, so erscheinen folgende Richtungen um 1981 von größerem Einfluß: 1. Tonbandcollagen mit konkretem, häufig auch erzählendem Inhalt, 2. Überlagerung von einfachen Blues- und Rockstrukturen durch tonal ungebundene Stimmen und 3. strukturierte Geräuschflächen mit abstraktem Inhalt, im Gegensatz zur Musique concrète der zuerst genannten Richtung.

1. Tonbandcollagen mit akustischen Ereignissen, die man inhaltlich identifizieren kann, klingen für den Laien vermutlich am revolutionärsten. In Wirklichkeit dürfte ihre technische Zubereitung äußerst einfach sein. Und obwohl sie zu sehr differenzierten Gebilden führen können, begnügen sich die meisten Rockmusiker damit, eine Art unverbindlicher und austauschbarer Musique concrète zustande zu bringen. Vielfach erinnern diese Kompositionen an jene erzählende «musique anecdotique» der sechziger Jahre, unter deren Vertretern sich Luc Ferrari befand. Um die willkürliche Verknüpfung der einzelnen «Anekdoten» oder Episoden formal zu überdecken, wird häufig eine Endlosschleife mit einem kurzen Motiv verwendet und der Folge von Episoden zugrunde gelegt. In der Bundesrepublik übt diese Technik eine unverkennbare Anziehungskraft aus, besonders im Düsseldorfer Kreis. Die große Einfachheit des Verfahrens kann man beim britischen Trio CABARET VOLTAIRE gut beobachten.

Ein «Eastern Mantra» benanntes Stück auf der LP *Three Mantras* (Rough Trade RT 038) verwendet eine Endlosschleife, deren Drei-Silben-Gesang eine ganze Plattenseite durchzieht. In Abständen tauchen solistische Gesangspartien von orientalischer Herkunft auf, um einiges Ereignis in das akustische Happening zu bringen. Der Name der New-Wave-Gruppe bezieht sich bekanntlich auf die Züricher Dada-Bewegung um 1916–1918, deren Anfänge in dem literarischen Cabaret Voltaire liegen. Auch die Musik der drei Briten stellt mit ihrer herausfordernden Eintönigkeit einen akustischen Bürgerschreck dar.

2. Wesentlich ergiebiger in künstlerischer Hinsicht und auch interessanter für den Hörer sind jene Gebilde, denen überlieferte Blues- und Rockmuster zugrunde liegen. Über bekannten rhythmischen oder melodischen Schichten entfalten sich zusätzliche Stimmen von einem oder von mehreren Instrumenten, deren Behandlung einen weit höheren Materialstand verkörpert und welche das übernommene traditionelle Blues- und Rockmaterial auf diese Weise verfremdet und artistisch überhöht. Die aus Engländern wie Chris Cutler und Fred Frith sowie aus Belgiern bestehende Avantgarde-Formation AQSAK MABOUL brachte 1980 eine Platteneinspielung mit dem Titel *Un peu de l'âme des bandits* heraus (Atem / Crammed 002), deren einleitendes Stück «Bo Diddley» heißt, den von Bo Diddley bevorzugten swingenden Rhythmus zur Grundlage hat und somit programmatisch auf den Rockbereich hinweist. Eine Frauenstimme und mehrere Instrumente überlagern den einfachen Rhythmusteppich und geben dem Stück eine fortgeschrittene, klanglich aparte Note. Auf einem vergleichbaren Vorgehen beruhen die Improvisationen des New Yorker Saxophonisten und Sängers James White, die anläßlich eines Pariser Live-Auftrittes auf einer interessanten Langspielplatte festgehalten wurden (James Chance / CONTORTIONS: *Live aux Bains Douches*, 1980, Invisible Records SCOPA 10008). Der schreiende, direkt ansprechende Gesang wurzelt eindeutig im Rock, und das Schlagzeug richtet sich ebenfalls am Rock beziehungsweise am Jazzrock aus; aber Altsaxophon, Trompete, Keyboards und Gitarre bewegen sich mit ihren Einwürfen wie mit ihrer motorisch durchlaufenden Figuration in der Avantgarde, unüberhörbar auch im Free Jazz der sechziger Jahre. Zu den einschlägigen Beispielen für solche stilistische Gegenüberstellung gehören auch einige Kompositionen von THE POP GROUP, etwa «We Are All Prostitutes» und «Snow Girl».

3. Kompositionen mit Geräuschen erfreuen sich um 1980/81 in der Bundesrepublik und in West-Berlin einer großen Beliebtheit. Ihnen liegt vielfach Amateurhaftigkeit, einige Dreistigkeit und vermutlich auch das Mißverständnis zugrunde, daß Geräusche lediglich auf Nonsense und auf

Provokation angelegt seien. Daß Geräusche nicht nur eine durchsichtige Entschuldigung für blutige Amateurhaftigkeit sein müssen, sondern sich als Bauelemente für durchdachte musikalische Strukturen verwenden lassen, beweisen die drei Musiker von THIS HEAT aus London. Die Tonerzeuger sind denkbar konventionell: Gitarren, Schlaginstrumente, auch Tonband und Gesang. Doch die Töne erklingen zumeist nicht in ihren gewohnten farblichen Eigenschaften, sondern in Quer- und Ausschnitten ihrer Partialtöne, zerlegt in ihre naturhaften Bestandteile. Für Abwechslung sorgt ein durchgehender Rhythmusteppich von intensiver Ereignisdichte, der die schwirrenden Klänge auf dem Keyboard wie auch den langgedehnten Vokalton in großflächige Episoden gliedert. Mit jeder scharf abgehobenen Klanggruppe mehrerer Takte zieht ein anderes akustisches Bild vorüber – es sind Mobiles, die untereinander sich zwar bewegen, aber in sich statisch bleiben. Hier verliert der einstige Bruitismus der italienischen Futuristen seine provokante Spitze und wird zu einem überlegen beherrschten musikalischen Sprachschatz, mit dem man verfremdete Tanzgesten, auch meditationsähnliche Zustände und durcheinander gewürfelte Klangfarben artikulieren kann. Es entstehen insgesamt seltsame, unbekannte Stimmungen. Eine Klangkomposition wie «Health And Efficiency» auf der gleichnamigen 12-Single (Piano/Rough Trade THIS 1201) bildet ein Beispiel dafür, wie sich verschiedene Musikgattungen und fremde Hörtraditionen heute überschneiden und befruchten können.

Rock-Avantgarde:
John Lennon, THE RESIDENTS und HUMAN LEAGUE

Auch wenn das Wort «Avantgarde» in den sogenannten Experimenten der Rockmusiker wie auch in der Rock-Elektronik zumeist eine Übertreibung darstellt, bleibt dennoch unbestreitbar, daß einige Rockmusiker sich Gestaltungsweisen der Avantgarde zu eigen gemacht und dabei dem fortgeschrittensten Stand der Kompositionstechnik angenähert haben. Dies gilt einmal von den ausgehenden sechziger und den beginnenden siebziger Jahren, noch mehr aber von einigen New-Wave-Gruppen um 1978 – 1980, von denen die bislang experimentierfreudigsten Ideen der Rockgeschichte stammen. Exemplarisch sollen dafür einerseits die Soloprojekte des EX-BEATLES John Lennon um 1968/69, andererseits THE RESIDENTS und die New-Wave-Formation HUMAN LEAGUE genannt werden.

Zu den Soloprojekten John Lennons

Der Avantgarde nahe kommen einige künstlerische Ausflüge von John Lennon, die er in den Jahren 1968/69 ohne die anderen BEATLES, vielmehr unter dem Einfluß der japanisch-amerikanischen Happening-Künstlerin Yoko Ono unternahm. Die Experimente auf den Alben *Two Virgins* (1968), *Life With the Lions* und *Wedding Album* (beide 1969) leiten sich aus den ästhetischen Vorstellungen von John Cage und von einigen europäischen Musikern her. Bereits der Umstand, daß die beiden erstgenannten LPs *Unfinished Music No. 1* und *No. 2* betitelt sind, verweist auf die von Karlheinz Stockhausen und Pierre Boulez vertretene Ansicht, daß ein modernes Musikstück kein abgeschlossenes, in sich ruhendes Werk mehr sei, sondern jeweils die Fixierung einer geschichtlich übergreifenden und vorübergehenden Materialentwicklung darstelle; es besitze nur so lange künstlerische Gültigkeit, solange es dem entwickeltsten Stand der Kompositionstechnik entspricht. Avantgarde wird, mit einem Wort, nicht für die Ewigkeit, sondern für den aktuellen Augenblick geschrieben. Eine historisch nur einmal aufleuchtende und dann notwendig von der Weiterentwicklung überholte Musik heißt «Work in progress». Es wurde als grundsätzlich «offen» angesehen, offen im soeben erläuterten geschichtlichen Sinn und offen auch in seiner Struktur. Der italienische Ästhetiker Umberto Eco prägte dafür den Ausdruck «opera aperta», also «offenes Kunstwerk».

Auch die betreffenden Stücke von Lennon und Ono besitzen keinen Anfang und keinen wirklichen Schluß, sondern sie beginnen und hören irgendwann auf. Insofern sind sie nicht bloß «unfinished», sondern zugleich «with no beginning». Mit konservativen Ohren zugehört, sind sie gar keine Musik, sondern geben das Herzklopfen eines ungeborenen Babys in Yoko Onos Leib wieder, sie enthalten ein zwei Minuten währendes Schweigen. In ihnen sucht jemand auf dem Kurzwellenprogramm herum, und sie bieten dazu Gesprächsfetzen und ein Telefongespräch, dies alles in der entwaffnenden – oder, je nachdem, ärgerlichen – Egozentrik des Liebespaares, das noch von der privatesten Angelegenheit annimmt, daß sie eine höchstwichtige künstlerische Affäre darstellt. Die Hochzeits-LP hält das Flitterwochen-Bettgeschehen in einem Amsterdamer Hotelzimmer fest, also ein weiteres Privatissimum, wozu eigentlich auch die beiden nackten Körper auf der Plattenhülle von *Two Virgins* gehören.

Und doch, bei aller Exzentrik stützen sich die Einfälle Lennons und seiner lustvoll kreischenden Frau auf Vorbilder. «Two Minutes Silence» zum Beispiel folgt dem «Vier Minuten, dreiunddreißig Sekunden» betitelten Musikstück von John Cage, das also gar keines ist, und «Radio Play» wiederholt in der Hauptsache jene Komposition von Cage, die vierundzwanzig Spieler bei dem Bemühen beschäftigt, unabhängig voneinander Rundfunkprogramme ausfindig zu machen. Für akustische Happenings, wie sie auf dem Hochzeitsalbum enthalten sind, finden sich bei Mauricio Kagel und wieder einmal bei John Cage frühere witzige Beispiele. Und Lennons Kurzwellenjagd braucht man nur mit einem früheren Stück von Stockhausen zu vergleichen, um das zeitliche Nachhinken wie auch die vereinfachte Idee des Beatles-Intellektuellen zu gewahren («Kurzwellen für Klavier, Elektronium, Tam-Tam mit Mikrophon, Bratsche mit Kontaktmikrophon, zwei Filter mit vier Reglern und Lautsprechern, vier Kurzwellenempfängern» lautet der umständlich präzise Titel der Komposition Stockhausens).

Zum Teil von Lennon angeregt, zum Teil jedoch im Bann des radikal erneuerten Jazz der sechziger Jahre wurde mit einer «freien Musik» experimentiert, in welche man in kollektive Improvisation vorstieß. Die Idee dieser Musik fand in den angelsächsischen Ländern dabei kaum Anhänger, vielmehr waren es deutsche und in geringerem Maße französische Musiker, die diese Musik verfochten, etwa Ur-AMON DÜÜL, ANIMA, ANNEXUS QUAM, FAUST, LIMBUS 4 und GURU GURU in der Bundesrepublik, PATAPHONIE, Dashiell Hedayat und andere in Frankreich. Der Gedanke einer musikalischen Synthese, in der Free Jazz, atonale Improvisationspraxis und erweiterte Rocksprache enthalten sein sollten, faszinierte Musiker wie Hörer gleichermaßen, und es ist charakteristisch, daß die Hamburger Rockzeitschrift *Sounds* in den Anfangsjahren 1966–1971 Jazzplatten von Ornette Coleman, John Coltrane, George Russell, Archie Shepp und anderen mit mehr Kompetenz (und mit mehr Zuneigung) rezensiert hat als die Einspielungen, die dem Rock im engeren Sinn entstammen.

Sounds-Kritiker Jörg Gülden bezeichnete die gemeinte musikalische Richtung einmal als «Free Rock», wohl in Anlehnung an den Ausdruck «Free Jazz». Der gleiche Begriff mochte Uli Trepte, dem Bassisten von GURU GURU, vorschweben, als er die Musik der Gruppe mit den Worten beschrieb: «Es kristallisieren sich Grundstrukturen heraus, ein Wegweiser, eine Richtungsangabe ... Ich glaube, wir sind die einzige Gruppe [im Rockbereich – T. K.], die mit Strukturen spielt. Wir haben keine Themen mehr oder Stücke und Arrangements und spielen auch nicht mehr frei, sondern spielen Strukturen und innerhalb der Strukturen in der größtmöglichen Freiheit.»

The Residents und Human League

Nicht nach dem Materialstand zwar, wohl aber nach den Verfahrensweisen ist die Musik der San Francisco-Formation THE RESIDENTS neuartig zu nennen. Die Musik auf dem 1974 herausgebrachten und inzwischen nachgepreßten Debutalbum steht der Gestaltungsart des Franzosen Erik Satie und des neoklassizistischen Strawinsky sehr nah. Die Aneinanderreihung statischer, für sich bestehender Taktblöcke bildet die Grundlage des Komponierens. Daneben wird vom Collage-Verfahren ausgiebig Gebrauch gemacht, indem mehrere und zueinander in keiner Beziehung stehende Klangereignisse (wie sentimentales Chorstück, Maschinenknattern, Straßengeräusch usw.) entweder unvermittelt aufeinanderfolgen oder sogar gleichzeitig hörbar sind. Der unzusammenhängende Text wird mit einer Deutlichkeit und mit einem Nachdruck vorgetragen, als enthielte er eine äußerst wichtige Mitteilung. Das gleiche dadaistische Merkmal, nämlich die «bedeutende» Präsentation des Bedeutungslosen, kennzeichnet auch die Kompositionsschlüsse, die in parodistischer Absicht in die Länge gezogen werden und die Gemeinplatz über Gemeinplatz häufen.

Während THE RESIDENTS mit einem beschädigten tonalen Material arbeiten und in das überlieferte Dur-Moll-Tonsystem bloß manche «schräge» Töne und seltsame Dissonanzen hineinverweben, dabei auch den Frequenzbereich stark reduzieren und ihren Klängen so den verfremdenden Eindruck einer weit entfernten, per Telefon abgehörten Musik geben, verfahren einige New-Wave-Gruppen um 1979–1981 radikaler. Ihnen genügt es nicht mehr, Grimassen zu einem veralteten Tonsystem zu schneiden, sondern sie weiten den Tonbestand aus, indem sie vor allem Tonbandcollagen und akustische Montagen herstellen, in welchen die herkömmliche Unterscheidung zwischen «Musik» und «Geräusch» hinfällig wird. Am Beispiel der britischen HUMAN LEAGUE können einige der genannten Techniken verdeutlicht werden. HUMAN LEAGUE gehört zur experimentellen Richtung der Neuen Rockmusik, wie sie in England von THROBBING GRISTLE, JOY DIVISION, ORCHESTRAL MANOEUVRES IN THE DARK, THIS HEAT und CABARET VOLTAIRE vertreten wird. Wie im Gesamtbereich der New Wave, spürt man den Einfluß deutscher Elektroniker hier ganz besonders, allerdings nicht das gefühlsgeladene, neuromantische Klangglucksen à la TANGERINE DREAM, sondern die unpersönliche Robotermusik der Düsseldorfer Schule, speziell von KRAFTWERK. Die vier Engländer verwenden präparierte Tonbänder, auf denen die Rhythmusschicht und die gröbsten Klangumrisse bereits enthalten sind. Während einer Konzertaufführung werden die fertigen Rohmuster mit Keyboard (vor allem mit Synthesizer) ausgefüllt, präzisiert und um den Solo- beziehungsweise Ensemblegesang von Philip Oakey, Martyn Ware und Ian Marsh erweitert. Die Musik bleibt tonal schwebend, Akkorde und Melodiefragmente streben nach allen Richtungen und zugleich nirgendwohin – die unentwegte Bewegung schlägt in statische Gebilde um. Auf eine Show im herkömmlichen Sinn wird übrigens verzichtet, das Flimmern gleichzeitig auf vier bis sechs Leinwandstellen projizierter Bilder beschäftigt das Auge ohnehin stark, manchmal sogar bis zur Überbeanspruchung. Hier erweist sich Philip Adrian Wright, mit dem optischen Bereich betraut, als ein phantasiebegabter Textausdeuter, der sich in die Freudsche Tiefenpsychologie hineinwagt: der Text von Songs wie «Empire State Human», «Blind Youth» und «Almost Medieval» wird von einem rastlosen assoziativen Bewußtseinsstrom fortgerissen, in Bildern ausgeschmückt und weitergesponnen. Die multimediale Show fordert den ganzen Menschen als Hörer und Betrachter, und sie bietet ein Spektakel für Städter, die von ihrer täglichen Umwelt her gewöhnt sind, aufflakkernde Lichter wie räumlich auseinanderliegende Geräusche und Klänge gleichzeitig wahrzunehmen und sie augenblicklich zu einem Sinnganzen zu verschmelzen.

Exkurs über musikalischen Dada
und Captain Beefheart

Oben war von «Dadaismus» die Rede, und das Wort soll nicht unverbindlich hingestellt bleiben. Gerade die New-Wave-Gruppen aus Akron, Ohio – einem wichtigen Zentrum der Bewegung – können die artistische Gesinnung veranschaulichen, die dem Dada zugrunde liegt. Oder umgekehrt: Was über Dada sich allgemein ausführen läßt, erleichtert das Verständnis von Rockformationen wie PERE UBU und DEVO.

Was ist aber Dada in Literatur, Theater, bildender Kunst und Musik? Er ist, vereinfacht gesagt, eine Haltung, in welcher die Absurdität «normaler» zwischenmenschlicher Beziehungen bloßgestellt wird, jedoch nicht konstruktiv und womöglich in erzieherischer Absicht, sondern durch Mittel, die selber absurd oder zumindest kindlich und primitiv sind. Dada als künstlerisches Gestaltungsprinzip wird geradezu herausgefordert, wenn die geläufigen Regeln der Lebens- wie auch der Kunstgestaltung ausgehöhlt und substanzlos werden.

Dada in diesem Sinn läßt sich schon in der Musik der zehner und zwanziger Jahre auffinden, und sein eifriger französischer Verfechter war der bereits erwähnte Erik Satie. Viele seiner Klavier- und Orchesterwerke zeigen keine thematische Entwicklung, vielmehr stehen die einzelnen Abschnitte wie zusammengewürfelt nebeneinander. Dies heißt, der «Sinn», der sich als eine musikalische Logik im zeitlichen Nacheinander entfaltet, ist hier nicht mehr vorhanden. Die Klangsegmente sind unter sich austauschbar, sie kehren unerwartet wieder, doch sie bleiben konsequenzlos.

Die gleiche Verfahrensweise prägt die Musik Frank Zappas in den sechziger Jahren, wobei zur Untermauerung auch die Collage-Technik angewendet wird. Auch Zappa denkt in vier- und achttaktigen Gruppen, die sich ablösen, die Reihenfolge ändern und überraschend wiederholt werden, ohne eine erwartete Verlaufskurve mit Steigerung, Höhepunkt und Abflauen zu ergeben. Hervorgekehrte Infantilismen in der Stimmenbiegung fügen sich nahtlos in diesen Gestaltungsgrundsatz, wie auch der New Yorker Richard Hell und Devo zehn Jahre später kindliche Melodiewendungen einzuflechten lieben. (Auf die Verwandtschaft zwischen Zappa und Erik Satie wird in der Rockliteratur nicht hingewiesen. Statt dessen betonen die Journalisten einen zwar von Zappa selbst genannten, aber in seiner Musik nur vereinzelt belegbaren Einfluß von Edgar Varèse auf Zappas Kunstauffassung.)

Dada in Reinkultur stellt auch Pere Ubu auf dem Erstlingsalbum von 1978 dar, noch reiner freilich auf den zuvor erschienenen Singles. In den Kompositionen «Modern Dance» und «Real World» zelebriert eine monotone, sich zumeist auf derselben Tonstufe bewegende Stimme sprachlichen Unsinn, doch mit einer feierlichen Ergriffenheit, Silbe für Silbe betonend.

Das Schallplattenwerk von Don van Vliet alias Captain Beefheart übertrifft den späteren Zappa an fortschrittlichem Klangmaterial eindeutig und läßt sich nur mit der Kompromißlosigkeit einiger New-Wave-Gruppen sowie mit einigen amerikanischen Vorläufern der New Wave wie The Red Crayola, The Residents und Pere Ubu vergleichen.

Was ist es, was in Beefhearts neueren Kompositionen wie «The Floppy Boot Stomp» und «When I See Mommy I Feel Like A Mummy» (beide auf *Shiny Beast*) derart zeitgemäß anmutet? Es besteht in einer zugespitzt absurden, a-logischen Sichtweise der Welt, die noch vor zehn, ja vor fünf Jahren als lediglich kurios, ausgeflippt und extravagant abgetan werden konnte. Der «gesunde Menschenverstand», der unter Dogmatikern unangefochtene Glaube an Humanität und konfliktlose Gesellschaft in der Zukunft, nicht zuletzt die bürgerlichen Tugenden des Geldverdienens und des wirtschaftlichen Wachstums beherrschten die Menschen noch zu sehr, als daß sie Sinn für die dadaistischen Verszeilen eines kalifornischen Freaks hätten entwickeln können. Auch die Rockfans einigten sich stillschweigend auf die Formel, daß Beefhearts Musik «kaputt» sei und – obwohl ein achtunggebietendes «Experiment» – sie im Grunde nicht angehe. Erst die letzten Jahre, für die Inflation, wachsende Arbeitslosigkeit und gefährlich zugespitzte internationale Spannungen charakteristisch sind, öffnen die Augen für die Verkehrtheiten und Absurditäten, die in der menschlichen Welt immer da sind, die wir jedoch unter «normalen Verhältnissen» (was ist das schon?) aus gesunder Selbstbehauptung oder kleinbürgerlicher Ängstlichkeit heraus zu übersehen pflegen. Zu keiner

Zeit besaß die Weltinterpretation von Captain Beefheart eine so große Chance wie heute, Absurdität als eine allen zugängliche Erfahrung zu präsentieren.

Nicht nur auf *Trout Mask Replica* von 1968: auch in den Musikstücken auf *Shiny Beast* klingen Blues-Strukturen und «dirty notes» durch, und auch hier herrscht der erzählende, sich in Wiederholungen verhaspelnde Parlando-Ton vor, der besonders die ländliche Urform des Blues auszeichnet. Scheinen Bottleneck-Spiel, Tonbiegungen und gleichmäßige akkordische Begleitung auf der Gitarre weiter die Atmosphäre des Blues heraufzubeschwören, so widerspricht der Gattung doch die destruktive und (um das Wort geradeheraus zu nennen) «nihilistische» Haltung in den Texten, aber auch in den klanglichen Deformationen. Der Blues ist niemals destruktiv, auch wenn er Trauer oder Verzweiflung ausdrückt. Schon weil er sich anderen mitteilen will, ist seine Aussage verständlich formuliert. Dagegen bezweckt die Sprache von Captain Beefheart keine Kommunikation mehr, sondern richtet sich allein an den inneren poetischen Eigenschaften aus, die hier vornehmlich durch Alliterationen und bedeutungsneutrale Reimspiele entstehen («that bunged-up bandaged broken bum», «candle blur candle whir candle her»). Und wenn der Inhalt einmal inselhaft doch nachvollziehbar bleibt, verfremdet ihn bis zur Unkenntlichkeit eine phänomenal geschmeidige Singstimme, die aus einer Oktavenlage in die andere springt, auf musikalische Sonorität statt auf Verständlichkeit bedacht ist und auch in den eigensinnigen Betonungen das Lautgedicht früherer Dadaisten zum Modell wählt. Imaginäre Landschaften mit Salsa-Klängen und streitenden Flamingos laden zum abenteuerlichen Weiterspinnen ein.

Bizarre Verkettungen von Mambo-Tanzschritten, nächtlichen Monstern und gedämpften Trompetentönen nehmen das Vorstellungsvermögen gefangen.

Die hypnotische Gleichförmigkeit, mit der die Taktzeiten bei Beefheart (und in der New Wave) betont werden, bildet nur ein weiteres Merkmal von Verfremdung, von Dada – denn Dada ist, vereinfachend gesagt, die unerwartete Hervorhebung des Gewohnten und scheinbar Selbstverständlichen. Durch die Herausstellung und ironische Akzentuierung des Normalen gerät letzteres ins Zwielicht, es erscheint plötzlich ungewohnt, frag-würdig, sinnentleert. Alle Philosophie, aller künstlerische Radikalismus fängt dort an, wo das Gewohnte befremdlich erscheint, wo die alten Selbstverständlichkeiten ein unerwartetes, rätselhaftes Aussehen bekommen.

Wer Captain Beefheart nicht kennt, besitzt vom musikalischen Dada nur eine ungenügende Vorstellung. Wer seine Platten wie *Trout Mask*

Replica, *Shiny Beast* und *Doc At The Radar Station* nicht kennt, hat von den tieferen künstlerischen Absichten der New Wave nicht viel verstanden.

Zukunft der Rockmusik?
Die Formel V der Rockgeschichte

Die Zukunft der Rockmusik? Zu Beginn der Achtziger erscheint die Frage mehr als berechtigt, freilich nicht aus dem Grund, weil der Anfang eines Jahrzehnts anscheinend viele Feuilletonisten zu ungebetenen Propheten macht, die das Prädikat «Rockgruppe der 80er Jahre» großzügig manchen zweit- und drittklassigen Formationen verleihen. Vielmehr aus dem Grund, weil wir heute an dem Wendepunkt einer Entwicklung zu stehen scheinen, die zwar auch in den letzten Jahrzehnten nicht geradlinig verlief, jedoch bis jetzt an einem stetigen Wachstum ausgerichtet war. Ende 1982 ist zweifelhaft, ob dieses uns lieb- und selbstverständlich gewordene Wachstum in der nächsten Zukunft fortdauern werde.

Wohl aber verdient die innere, sozusagen künstlerische Weiterentwicklung der Rockmusik eine Überlegung, weil an sie auch wirtschaftliche Erwägungen geknüpft werden können.

Man kann dabei von der Beobachtung einer verblüffend einfachen Entwicklungslinie ausgehen, die für die bisherige Rockgeschichte charakteristisch ist und die meines Wissens bislang von keinem gesehen wurde. Den Ausgangspunkt bildet der Rock 'n' Roll um die Mitte der fünfziger Jahre: er wurde wenige Jahre später von weißen Amerikanern verwässert und mit allerlei (Pseudo-) Kunst vermischt, wie sie in der geglätteten Produzenten-Musik der Girl Groups, der Highschool-Themen und des frühen Surf vor uns steht. Gegen diese «Überfeinerung» holte der Mersey-Beat, holte die draufgängerische Musik der frühen BEATLES um 1962–1963 aus, um sich ihrerseits einige Jahre später zu Orchesterklängen zu verfeinern und sogar einen bis dahin unbekannten artistischen Höhepunkt zu erklimmen. Klassische Zitate bei EKSEPTION und bei THE NICE, ehrgeizige Concept-Alben mit rätselhaften Aussagen von NIRVANA, THE PRETTY THINGS, THE WHO und anderen, nicht zuletzt die raffinierte Klangwelt der «psychedelischen» Gruppen mit Hilfe von Phasing, Wah-Wah und Elektronik – die Rockmusik stand in Gefahr, zu einer wirklichen Kunst zu werden. Auf solche Verfeinerung gab es nur eine mögliche Reaktion, und sie war die des Hardrock à la LED ZEPPELIN, BLUE CHEER und GRAND FUNK. Und wiederum war der Hardrock ein so offenkundiger Sündenfall, daß er ein anderes Extrem erzeugte, den sogenannten Kulturrock oder

Art Rock, wie er bei GENESIS, YES, GENTLE GIANT und anderen Gruppen sich in langatmigen symphonischen Dichtungen auslebte. Nicht überraschend, daß diese zumeist mit feierlichem Pathos aufgeführte Konzertmusik ihrerseits den Rückschlag vorbereitete, der 1976 im Vorstadtgeschrei der Punks eintrat und der in eine betonte Einfachheit (mancher würde sagen: Primitivität) einmündete. Sein Gegenpol ließ nicht lange auf sich warten: bei Gruppen wie XTC , TALKING HEADS, ORCHESTRAL MANOEUVRES IN THE DARK, THROBBING GRISTLE , JOY DIVISION und anderen wird gegenwärtig eine Kunst-Gesinnung sichtbar, die mit ihrem Avantgardismus selbst in der «höheren» Kunstmusik ihresgleichen sucht.

Bei dieser geschichtlichen Bewegung handelt es sich nicht einfach um eine allenfalls psychologisch verstehbare Zickzack-Linie, sondern zugleich um eine rapide Ausweitung der Winkel einer Entwicklung, die sich am besten mit einer V-Gestalt veranschaulichen läßt. Ebenso wie der frühe Beat der Liverpooler Arbeiterjugend einfacher, lärmender ist als der Rock 'n' Roll und wie der Hardrock «primitiver» klingt als der Frühbeat, und erst recht wie die Klangwelt des Punk härter und brutaler ist als alles bis dahin Dagewesene – ebenso zeigt die zweite Linie in der anderen Richtung eine stete Verfeinerung und Komplizierung der Klangmittel. Die späten BEATLES übertrafen die harmlosen Nettigkeiten der Girl Groups, aber sie erscheinen fast hemdsärmelig angesichts der ausgetüftelten Klangprozesse von GENESIS und YES. Erst recht läßt die New-Wave-Avantgarde alles hinter sich, was bis vor kurzem noch als Experiment galt.

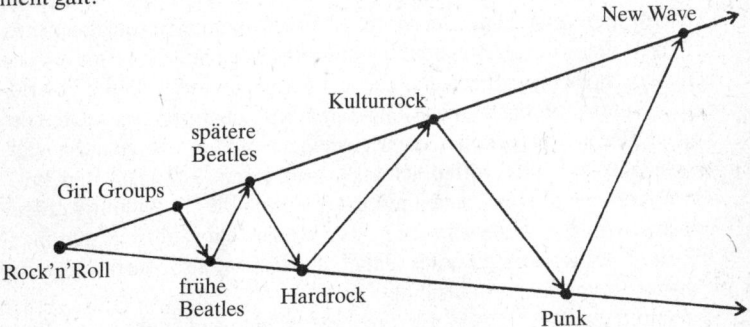

Wenn meine Geschichtsinterpretation richtig ist, so lassen sich einige Folgerungen für die Zukunft an sie knüpfen:

1. Rockgeschichte läßt sich als eine mehrdimensionale Bewegung begreifen, die nicht auf einem geradlinigen «Fortschritt» beruht, sondern eher eine Ausdehnung wie auch eine Polarisierung von musikalischen Ni-

veauunterschieden und von Geschmacksdifferenzen mit sich bringt. Die berüchtigte Akkordfolge dreier Stufen wird ihre Faszination auch in der Zukunft behalten. Aber auf der anderen Seite nähert sich der Rock immer mehr dem höchsten Stand der Kunstmusik. Bereits heute muß jemand, der an Avantgarde interessiert ist, vor allem die New Wave-Gruppen hören.

2. Das Zwischengebiet zwischen den beiden auseinanderstrebenden Linien ist Mainstream, und sein Umfang wächst ständig, übereinstimmend mit der Ausdehnung der Rockmusik in der ganzen Welt. Hier, wo zwischen den Extremen von Neo-Primitivismus und Avantgarde vermittelt wird, gedeihen Countryrock, Jazzrock, Bluesrock und dergleichen, und hier findet die Plattenindustrie naturgemäß ihr größtes Betätigungsfeld.

3. Doch zeigt gerade die jüngste Musikexplosion, daß zunehmend auch Minderheiten aller Couleurs entstehen, die als Käuferschichten durchaus ernst zu nehmen sind. Daher werden sich auch die großen Plattenfirmen entschließen müssen, einen Teil ihrer A & R-Aktivitäten auf diese Randgruppen einzustellen, sei es unter eigenen Speziallabels, sei es in Form von Verträgen mit «Alternativ»-Labels von künstlerischem Spürsinn. Rockhörer bilden keine amorphe Masse mehr, sondern unter ihnen wächst die Zahl von denkenden Kennern und Kunstexperten.

4. Die Rockmusik erhält immer mehr geschichtliche Dimension mit einem entsprechenden Geschichtsbewußtsein ihrer Hörer. Die Entstehung eines rockmusikalischen Geschichtsbewußtseins wird von jenen Plattenfirmen verstanden, deren Repertoire-Abteilungen von geschichtskundigen Experten geleitet oder beeinflußt werden und die historisch wie künstlerisch wichtige Einspielungen aus früheren Jahren wieder in Erinnerung rufen werden. Um die jüngeren Hörer anzusprechen, denen die Frühstadien der Rockmusik nicht aus eigener Erfahrung geläufig sind, sollten gute Wiederveröffentlichungen mit einem kundigen und kritischen Kommentar (am besten auf der Plattenhülle) verknüpft werden. Informative «liner notes» bilden im Jazzbereich eine Selbstverständlichkeit, und das Rockpublikum ist dabei, das Reflexionsbedürfnis und -niveau des Jazzpublikums einzuholen.

Zukunft der Rockmusik? Es wird eine geben, wenn mehr Qualität als Quantität beachtet, mehr das Besondere und Überdurchschnittliche aufgespürt und zutage gefördert wird.

Kritik der Rockmusik und ihrer Medien

Über einige Mythen der Rockmusik

Auch die Rockmusik besitzt ihre Ideologien und ihre Mythen, sie wuchern womöglich noch üppiger in ihr als in anderen Bereichen des Überbaus der Gesellschaft. Die großen Plattenfirmen, die betroffenen Filmgesellschaften und die Konzertagenturen sind an der Erhaltung dieser Mythen nicht nur interessiert: sie schüren überall geschichtlichen Irrtum, Aberglauben und falsche ästhetische Einschätzung, wo das Gegenteil ihren wirtschaftlichen Interessen widersprechen würde. Die Rockjournalistik hätte hier ihre wichtigste Aufgabe zu leisten, nämlich zu entmythisieren und den gezielt verbreiteten Gerüchten durch Aufklärung entgegenzuwirken.

Die durchschnittlichen Rockkritiken erweisen sich jedoch im Gegenteil als die Umschlagplätze, wo Gerüchte und Mythen anders formuliert nur weitergeleitet werden. Mehr noch, die Rockkritik hat ihrerseits nicht wenige irrige Vorstellungen in die Welt gesetzt. Kaum zufällig, daß in der Rockjournalistik ein Ausdruck wie «legendär» immer wieder auftaucht. Immer dann, wenn der Schreibende keine Information über die Musik einer Rockgruppe zu geben vermag, verwandelt er diese in eine «legendäre Gruppe». JEFFERSON AIRPLANE ist eine legendäre San Francisco-Gruppe, THE BEAU BRUMMELS ebenfalls; von anderen Musikern heißt es, sie hätten «Legende gemacht». Unterstellt wird dabei stets, daß über sie doch alles bestens bekannt sei, so daß der Hinweis auf deren legendären Ruf genüge. Hat der Kritiker gar Lust, weihevoll zu schreiben, so heißt es nach einigen nichtssagenden Sätzen: Der Rest ist Geschichte, noch besser – da es noch authentischer klingt – gleich in englischer Sprache: «The rest is history».

Einmal gedruckt und verbreitet, lassen sich die Mythen der Rockmusik nur schwer aus den Köpfen der Massen schlagen. Das beweist nicht nur der völlig unbegründete Kult um Elvis Presley, das beweisen auch die Mythen von Woodstock, der Mythos Eric Clapton, der Mythos des «ehrlichen Rockmusikers» und dergleichen mehr.

Elvis – der Mensch und der Mythos

1978: der von RCA inszenierte Rummel um den ersten Todestag von Elvis Aaron Presley (1935–1977) hat auch nachträglich die Zähigkeit eines Mythos bewiesen, der wider alles bessere rockgeschichtliche Wissen fortbesteht. Ja, der Elvis-Mythos scheint unantastbarer zu sein als je zuvor, da die Kultperson ihm nicht mehr Schaden zufügen kann, wie noch in den letzten Lebensjahren. So zynisch es klingt: für die ungehemmte Mythologisierung des Sängers durch die amerikanische Plattenfirma ist ein toter Elvis geeigneter als ein lebender. Während Elvis in dem rockmusikalisch viel kritischeren Großbritannien nicht zu den ganz Großen der Rockgeschichte zählt, war er in Deutschland und natürlich noch mehr in den USA schon zu Lebzeiten ein Medizinmann, Wundertätiger einer zivilisierten Scheinreligion, deren umfangreiche Sekte eindeutige Anzeichen von religiöser Verzückung an den Tag legte. Das von einem CBS-Fernsehteam aufgezeichnete letzte Konzert unter der musikalischen Leitung von Joe Cuercio zeigt Handlungen, wie sie aus dem Neuen Testament bekannt sind. Elvis wirft einen weißen Schal ins Publikum hinunter, der von den gebannt herumstehenden Konzertbesuchern wie ein magischer, geheiligter Gegenstand empfangen wird. Ein Gehilfe hinter Elvis auf der Bühne hält mehrere gleiche Halstücher in Bereitschaft, die von Presley auf ähnliche Weise verschenkt werden. Aber das Blasphemische ist: zuerst muß jeder Schal den Körper des Sängers berühren, denn nur so wird er zur geweihten Reliquie. Das gleiche Middle-class-Publikum, das Elvis wie einen zweiten Christus anbetet, entrüstete sich ein Jahrzehnt früher über den Beatle John Lennon, als er den unschuldigen Witz machte, die BEATLES seien nunmehr bekannter als Jesus Christus.

Das Abgeschmackte solcher Konzertszenen mag viele Rockkenner ernüchtern, abstoßen und gegen das einst von unreifen Mädchen umkreischte, später von einfältigen Kleinstadt-Hausfrauen umschwärmte Rock-Idol stimmen. Zu einer kritischen Haltung trägt nicht zuletzt die Erinnerung bei, daß Elvis ein bloßer Interpret war, während andere, gleichfalls um die Mitte der fünfziger Jahre auftretende Rock-Musiker wie Jerry Lee Lewis, Little Richard, Buddy Holly, Carl Perkins, Bill Haley und vor allem Chuk Berry ihre Musiktitel zum großen Teil selbst verfaßt haben. Das gern verwendete Prädikat «King of Rock 'n' Roll» müßte diesen Musikern und nicht Elvis zuerkannt werden, wenn sich geschichtliche Bedeutung in der Musik primär durch Komposition und nur zweitrangig durch den Vortrag ergibt – oder, mit einem Vergleich, wenn nicht etwa die umjubelten italienischen Operntenöre Enrico Caruso und Benjamino Gigli, sondern Komponisten wie Mozart und Verdi die maßgeblichen Gestalten der klassisch-romantischen Musik sind.

Gewiß, der Name von Presley erscheint einige Male in den Urheber-Angaben, zum Beispiel bei «Heartbreak-Hotel», «Don't Be Cruel» und «All Shook Up». Doch dürfte es sich hier um die amerikanische Tin Pan Alley-Praxis handeln, daß der Name eines bekannten Interpreten als Mitverfasser genannt wird dafür, daß der Sänger den Musiktitel in sein Repertoire aufnimmt. Und da der Sänger zugleich Tantiemen für jede Aufführung erhält (nämlich als Mit-Komponist), handelt es sich praktisch um eine bewährte Form der Bestechung. Die gelegentlichen Wortumstellungen sowie die unwesentlichen melodischen Veränderungen, die in den Cover-Versionen von Presley auftreten, verdienen es kaum, als wirkliche kompositorische Einfälle bezeichnet zu werden. Unter allen Stars, Möchtegerns und wirklich großen Künstlern des Rock 'n' Roll zeichnet sich Elvis dadurch aus, daß er im Musikverfassen gänzlich unschöpferisch war.

Dennoch, eine wörtliche Übertragung von Wertmaßstäben aus der klassisch-romantischen Musik auf den Rockbereich wäre ebenso kurzsichtig wie lebensfremd. Rock ist mehr als Musik allein, und besonders die erotische und gewalttätige Faszination, die von den Live-Auftritten Presleys auszugehen pflegte, kann bei der Würdigung des früh verstorbenen Idols nicht außer acht bleiben. Was Elvis Presley zum geeigneten, geeignetsten Repräsentanten des Rock 'n' Roll machte, ist eine persönliche Charakterschwäche, die bei ihm zu einer Tugend der Wandlungsfähigkeit und der Vielseitigkeit wurde. Alle Biographen betonen die liebenswürdige Höflichkeit des Schülers und späteren Lastwagenfahrers aus Memphis, seine große Anpassungsfähigkeit und fast mädchenhafte Weichheit. Elvis war unbeholfen und scheu im privaten Bereich, und seine exhibitionistischen Ausbrüche auf der Bühne erfüllten den therapeutischen Zweck, sich selbst samt seinen Komplexen zu überflügeln. Motiviert wird die bereits in der Kindheit nachweisliche Unselbständigkeit durch eine übertriebene Sorge der Mutter um das einzige Kind. Elvis durfte nicht mit Gleichaltrigen in der Nachbarschaft spielen, er lebte introvertiert, und zu allem Überfluß bekam er von den Eltern eine Art Middle-class-Religiosität und höflich-ergebene Umgangsformen auf den Lebensweg. Seine innige Beziehung zur Mutter entwickelte sich zu einem regelrechten Mutterkomplex, der ihn auch im Verhältnis zu anderen Frauen unselbständig und im psychiatrischen Sinn sogar infantil bleiben ließ. Die eigene Ehe scheiterte hauptsächlich an seiner Unfähigkeit, sich gegen die in seinem Haus eingenistete Mafia durchzusetzen. Seine Unentschlossenheit, gepaart mit einer schon kindlichen Befolgung der Anweisungen von Colonel Parker (neben RCA der größte Nutznießer von Presleys Karriere), verhinderte insgesamt, daß er sich zu einer festen Person, zu einem charakterlich abgeschlossenen Mann entwickelt hat. Sein knabenhaft verlegenes Lächeln spiegelt bis zuletzt die Sorge wider, ob er noch mit dem Einverständnis der Umgebung rechnen könne.

Elvis überlebte den aus verschiedenen Richtungen kommenden Druck des amerikanischen Popgeschäfts, indem er jeweils nachgab. Stärkere Charaktere wären an den künstlerischen Kompromissen wahrscheinlich zerbrochen, die von ihm verlangt wurden. Oder sie hätten, wie Chuck Berry und Little Richard , Kurzschlüsse seelischer, religiöser und sonstiger Art geschehen lassen (die sie zeitweilig aus dem Musikgeschäft warfen), um weiterzumachen. Die Laufbahn Presleys verläuft dagegen geradlinig und ohne dunkle Flecken, weil er jedem Druck nachgab und den Weg des geringsten Widerstands wählte; das kontinuierliche Sinken seines künstlerischen Niveaus spricht dafür. Sam C. Phillips hatte es nicht schwer, dem neunzehnjährigen Elvis jene Musikrichtung schmackhaft zu machen, die der Plattenproduzent selbst Rockabilly nannte, nämlich eine Mischung von Country & Western und von Blues. Besagter Manager «Colonel» Parker, der außer der Mutter wohl die verhängnisvollste Einzelgestalt in Presleys Leben bildet, bestimmte ohne Widerrede Interview-Antworten ebenso wie persönliche Verhaltensweisen und prägte insgesamt jenes Image des liebenswürdigen, scheuen Elvis Presley, das in der Öffentlichkeit verbreitet wurde. Parker war ein gerissener Psychologe. In der Öffentlichkeit bestätigte er immer wieder, wie zuvorkommend und sanft Presley trotz seiner am Anfang umstrittenen Live-Shows im Grunde war.

So war der Multimillionär Presley zeitlebens von anderen beherrscht, auf eine bald sanfte, bald energische und gerissene Weise. Ein gewöhnlicher Mensch mit einem Zehntel seines Vermögens reist in der Welt herum, pflegt seine körperliche Gesundheit, holt den nicht selbstverschuldeten Bildungsrückstand auf und sucht kultivierte Geselligkeit mit Leuten, mit denen man sich nicht nur über Aktien, Baseball und Revolverschießen unterhalten kann. Elvis Presley tat nichts von alledem, soweit dies den Biographen bekannt ist. Statt dessen lebte er in der eingeengten und von zweifelhaften Gestalten bevölkerten Atmosphäre seiner Luxusresidenz und aß aus purer Langeweile übermäßig viel inmitten einer der langweiligsten Städte der Welt.

Wie gesagt, verdankt die Nachwelt gerade dieser persönlichen Ichschwäche die große Leichtigkeit, mit der Elvis die früher starren Grenzen von Blues, Country und Pop überschritt und die Elemente verschiedener Stil- und Gattungsbereiche in seiner Vokalinterpretation miteinander verschmolz. Rockmusik als eine eklektizistische (und man kann ohne einen abfälligen Nebensinn sogar sagen: zwitterhafte) Kunstgattung, für die keine «Stilechtheit», sondern ein unaufhörliches Stilgemisch charakteristisch ist, brauchte zu ihrer Entstehung einen Musiker, der geschmeidig und ohne Rückgrat war. Presley besaß nicht nur eine elastische Stimme, er war auch unausgereift und richtungslos genug, um den marktstrategisch bedingten «Vorschlägen» seines Managers und seiner Plattenfirma ohne persönliche Gewissenskonflikte nachzugeben. Für seine ewige

Kindheit hat Elvis einen sehr hohen privaten Preis bezahlt. Aber sein äußerlich glanzvolles, in Wirklichkeit erbärmliches Leben war notwendig für die Rockmusik, damit diese zu einem ersten und grundlegenden Verständnis ihrer selbst gelangte, nämlich: Stillosigkeit als Stil, Charakterlosigkeit als Charakter und amerikanische Geschmacklosigkeit als Allerweltsgeschmack. Insofern ist Elvis Presley als Einzelperson zugleich eine symbolische Figur der Rockmusik.

Der Woodstock-Mythos

Das dreitägige Festival von Woodstock im August 1969 mit etwa 400 000– 500 000 Besuchern gilt als eine Massenzusammenkunft, die durch ihre große Friedfertigkeit und ihre fortschrittliche, liberale Gesinnung die US-amerikanische Nation neu geprägt habe. Aus einem Lautsprecher ertönte etwa das Grußwort: «Welcome to the third largest city in the state of New York, and the only free city.» Das von Abbie Hoffman geprägte Wort von einer «Woodstock nation» verbreitete sich schnell überall und prägte die Vorstellung der Welt vom Festival, ausgenommen jener, die dort waren. Denn in Wirklichkeit verlief das Festival keineswegs friedfertig, es gab vielmehr Schlägereien, Randalieren unter Drogeneinfluß und etliche unschöne Szenen. Infolge des Regens gleich am ersten Tag wurden die meisten Teilnehmer pitschnaß. Wasser, Schlamm und Abfälle beherrschten die Konzertfolge, und existierende Fotos von halbnackten und nackten Teilnehmern, die sich in einer Pfütze herumtreiben, wirken nicht besonders ästhetisch. Das Festival von Woodstock wurde eigentlich erst durch den Woodstock-Film von Michael Wadleigh zu einem friedfertigen und schönen Volksfest stilisiert. Er zeigt lediglich die anziehenden Seiten der Konzerte, meidet jede Mißstimmigkeit und Unzufriedenheit und verfälscht dadurch den Gesamteindruck. Das heißt, der Woodstock-Mythos wurde von Medienleuten erzeugt, denen es weniger um Wahrheit als vielmehr um die Herstellung eines Kassenschlagers ging. Der skrupellose Ehrgeiz eines Regieführers ist freilich nicht die einzige Ursache dieses Mythos, denn die beiden Plattenveröffentlichungen *Woodstock* und *Woodstock II* von Warner/Cotillion haben zur Festigung des Gerüchts wesentlich beigetragen.

Der Mythos Eric Clapton

Zur Zeit seines größten Ruhmes stand Eric Clapton bei der Robert Stigwood Organisation unter Vertrag, bei derselben Firma also, die die BEE GEES und später künstlerisch so verheerende Filme wie *Saturday Night Fever* in die Welt setzte. Es dürfte auf die Geschäftstüchtigkeit dieser Firma zurückgehen, daß der britische Gitarrist in relativ kurzer Zeit als einer der besten Gitarristen der Welt gefeiert wurde. In Wirklichkeit zeugen weder die Live-Auftritte noch die Platteneinspielungen Claptons von einer Gitarristen-Virtuosität, und sein Spiel bei CREAM sowie später in verschiedenen Gruppen fällt angenehm durch eine dezente Zurückhaltung auf. Seine späteren Soloprojekte wie auch seine Beteiligung an der losen Musikervereinigung DELANEY & BONNIE & FRIENDS wirkt sogar in geschmacklicher Hinsicht bedenklich. Der Leser wird verstehen, daß ich hier nicht die Bedeutung Claptons für die britische Blues-Bewegung oder für die Rockmusik insgesamt schmälern will; es geht vielmehr darum, daß Claptons behauptete «Gott-Ähnlichkeit» einem Vergleich mit seinen Einspielungen einfach nicht standhält.

Der Mythos des «ehrlichen Musikers»

Es gibt Hardrock, Countryrock, Jazzrock und so weiter. Journalisten haben sogar auch einen «ehrlichen Rock» erfunden. Ehrliche Rockmusik ist eine, die beim besten Willen des Hörers nicht originell oder auch nur gekonnt klingt, die man aber trotzdem anerkennt als eine schätzbare, menschlich sympathische Leistung. Einer solchen Musik bescheinigt man dann Ehrlichkeit, und diese Eigenschaft wird besonders häufig Hardrockkern zugebilligt. Der Vorstellung von dem «ehrlichen Rockmusiker» liegt dabei eine zweifache Ungereimtheit zugrunde – erstens die Unterstellung, daß andere Musiker weniger ehrlich seien als jener, der als ehrlich gepriesen wird, und zweitens die unzutreffende Annahme, daß Ehrlichkeit als eine positive Charaktereigenschaft die musikalischen und technischen Gebrechen wettmachen könnte. Bei einer Beurteilung künstlerischer Leistungen zählen in der Hauptsache nicht Charaktermerkmale, sondern Können und Phantasie. Damit soll freilich nicht behauptet werden, daß es völlig gleichgültig sei, ob sich ein Rockmusiker gegenüber seinem Publikum ehrlich oder unehrlich verhält. Aber Ehrlichkeit und künstlerische Qualität bilden eine insgesamt schiefe Alternative, und deshalb ist das Argument mit der Ehrlichkeit nichtssagend.

Der Mythos Phil Spector

Noch ein sehr junger Mann, trat Phil Spector als ein erfolgreicher Produzent bei Atlantic Records und anschließend beim eigenen Philles-Label hervor. Daß er mit zwanzig Jahren zum Millionär wurde, steht in jedem Rockbuch zu lesen. «Spector-Platten waren die lautesten, spektakulärsten, bombastischsten und explosivsten, die je auf den Markt gekommen sind. Er beherrschte jeden Studio-Trick, nützte jede Möglichkeit der Technik, um fünf Schlagzeugparts, Geiger-Bataillons und vielstimmige Chöre aufeinanderzubauen, simple Tonfolgen zu Sound-Bomben aufzublasen, die alle denselben Whang-Bama-Whang-Bama-Beat hatten» – schreibt Ingeborg Schober in ihrem Rocklexikon von 1973. Obwohl unbekannt ist, was ein Whang-Bama-Whang-Bama-Beat ist, erscheint Ingeborg Schobers Beschreibung zutreffend: Spector ist das Gegenteil von allem, was schlicht, durchhörbar, leicht, geschmackvoll und ungekünstelt ist. Irgendwo hat sich nun der Mythos festgesetzt, daß Spector ein musikalisches Genie sei, dessen Bedeutung für die Rockmusik nicht hoch genug eingeschätzt werden könne. Diesem Irrglauben sind sogar die BEATLES zum Opfer gefallen, indem sie ihr *Let It Be*-Album von 1970 von Spector abmischen – und verderben ließen. Ein Vergleich mit der ursprünglichen, von George Martin nicht ganz beendeten Fassung zeigt, daß dabei eine große – und für die BEATLES letzte – künstlerische Chance vertan wurde.

Der erfolgreiche Spector ist eine symbolische Figur jener Übergangsjahre 1960–1964 zwischen Spät-Rock 'n' Roll und BEATLES-Rezeption in den USA, für die ein kommerzielles Ausschlachten des einst rebellischen Rock 'n' Roll, ein Ausverkauf der kaum erstarkten jugendlichen Kultur und ein beispielloser Niedergang des musikalischen Geschmacks charakteristisch sind. Es ist eine Epoche der Produzentenmusik, die sich in dieser Hinsicht mit der Discomusik in den Spätsiebzigern vergleichen läßt. Denn auch Disco wird von Produzenten wie Giorgio Moroder und Frank Farian in der Bundesrepublik hervorgebracht, in einem Land also, in dem nur eine schwache Rock-Tradition, jedoch eine jahrzehntelange Schlager-Tradition besteht. Damals wie in der neueren Disco-Welle sind es austauschbare, gesichts-, jedoch nicht busenlose Mädchengruppen gewesen, die sich in die ausgeklügelte Vermarktung dieser Pseudo-Jugendmusik einspannen ließen: einst THE RONETTES, THE CRYSTALS, THE SHANGRI-LAS, später BACCARA, BONEY M., THE RITCHIE FAMILY und andere. Die Musik ist damals und später kein spontaner Ausdruck von kritischen Jugendlichen, sondern ein im Studio manipulierter Sound, der vor allem Vierzehnjährige und solche Reiferen anspricht, die zum Rock gewöhnlich keine persönliche Beziehung haben. Spectors Ästhetik der «little symphonies for the kids» wirkte sich verheerend auf den musikalischen Geschmack einer ganzen Generation in den USA aus. Denn sie machte aus der allgemeinen Geschmacksunsicherheit der Geschäftsleute in der Musikbranche sogar noch ein System. Der Hang zum Bombast ist in den USA so stark, daß er selbst durch frische Impulse aus England – durch die BEATLES, den Hardrock, durch Londoner Punk und New Wave – nur vorübergehend und nur an der Oberfläche beeinträchtigt werden kann. Gerade wegen der einflußreichen Produzenten vom Typ Phil Spectors kann man vom US-Rock einstweilen nicht viel Neues erwarten. (Spector hat freilich zahlreiche Kollegen, die der Gerechtigkeit halber ebenfalls genannt werden müssen: Lou Adler, Don Kirshner, Jeff Barry, Berry Goffin, Jerry Leiber, Mike Stoller und andere, unter denen sich auffallend viele Juden befinden – ein Umstand, der in einem kritischen Rock-Handbuch am Rande vermerkt werden darf.) Um so erstaunlicher ist freilich die Kompromißlosigkeit (und einheimische Unverkäuflichkeit) von Formationen wie The Red Krayola, The Residents, Snakefinger, Television, Chrome und anderen, die erst eigentlich in Europa «entdeckt» und künstlerisch hoch eingeschätzt werden mußten, damit sie auch in ihrem Land eine vielfach snobistische Anerkennung finden (einen Parallelfall dazu bilden die schwarzen Bluesmusiker). Bezeichnend für den geschäftlichen Spürsinn der genannten Geschmacksverderber ist auch, daß zum Beispiel Phil Spector sogar die Betreuung von The Ramones, einer einstigen Punk-Gruppe aus New York, übernommen hat. Ihre 1980 veröffentlichte LP *End Of The Century* zeigt seinen Einfluß deutlich, indem ihr Sound orchestral klingt und kaum zufällig auf die Leitfiguren der frühen sechziger Jahre Jeff Barry, Ellie Greenwich und natürlich Spector selbst zurückgreift (im Titel «Baby, I Love You»). Das Album stiftet eine Stilrichtung, die man als einen perversen Bombast-Punk bezeichnen kann.

Die Sprache der Musikwerbung

Die Musikindustrie bedient sich der modernsten Mittel der Werbung im Fernsehen, in Zeitschrifteninseraten, auf Litfaßsäulen-Posters und nicht zuletzt auf den Plattenhüllen. Sie macht sich hierbei gewisse Erkenntnisse der psychologischen Werbungsforschung zunutze, etwa die Erkenntnis, daß eine kumulative, mehrere Sinnesbereiche gleichzeitig ansprechende Werbung wirksamer ist als eine, die lediglich ein Sinnesorgan anspricht; daß sich die Werbung auf einen gewissen Zeitraum erstrecken muß, um Früchte zu tragen; daß mit Hilfe bestimmter Motive angenehme Erwartungen, Gefühle und Erinnerungen geweckt werden können, die infolge längerer und konsequenter Wiederholung sich immer einstellen, wenn das Produkt gezeigt wird usw. Dementsprechend hat die Sprache der Werbung nicht nur eine begriffliche, verbale Ebene, sondern auch eine bildhafte Dimension, die etwa in der Fernsehwerbung und bei der Cover-Gestaltung beobachtet werden kann.

Ein Beispiel aus dem Fernsehbereich. Firmen wie Arcade und K-tel in Frankfurt a. M. bringen Hits von verschiedenen Plattenfirmen in neuer Verpackung, nämlich auf neu zusammengestellten Sammelplatten heraus und werben für diese seit Jahren im Fernsehen. Die herrschende Methode der Werbung besteht darin, daß eine dynamische männliche Stimme die Gruppen und die Hit-Titel in einem hektischen Tonfall ankündigt. Ein kurzer Ausschnitt aus dem genannten Musikstück setzt schon während der Rede ein, dauert einige Sekunden und wird einfach abgeschnitten, um von einem nächsten Ausschnitt gefolgt zu werden. Immer, wenn der Hörer-Zuschauer bei einer schon bekannten Musiknummer genüßlich verweilen möchte, wird diese abgebrochen. Am Schluß der Aufzählung erfährt man, daß all die auszugsweise gehörten Titel in voller Länge und ungestört zu hören sind – «Ihre Wünsche gehen in Erfüllung». Letzterer Zusatz verrät, daß hier bewußt mit einer Art Genuß-Entzug , mit einer Verweigerung der letzten Erfüllung gearbeitet wird. Erst wenn die Platte gekauft wird, tritt der ungeschmälerte sinnliche Genuß ein. Die hier praktizierte Werbeformel ist diejenige des nicht zu Ende geführten Beischlafs.

Andere Mittel sind feiner. Zum Beispiel wird ein kurzer, mitunter witziger Ausdruck erfunden und beharrlich mit dem angepriesenen Produkt verknüpft. So wurde der Ska-Gruppe MADNESS aus nicht ganz einsichtigen Gründen das Wort «nutty sound» (so viel wie «bekloppter Sound») angehängt. In der folgenden Mitteilung von Teldec (Hamburg) wird bereits mit der Bekanntheit dieses Ausdrucks gerechnet (man achte auf die eingeflochtenen englischen Wendungen, die imponieren sollen): «MADNESS wieder auf Erfolgskurs. Diesmal mit ‹Night Boat To Cairo›. Nach ‹One Step Beyond› und ‹My Girl› ist die Kairo-Fähre der neue Top Ten-Titel im United Kingdom. Nutty Sound is all round auch bei uns in Germany. Denn was die englische Ska-Truppe liefert, ist hitmäßig ganz weit vorne. Seit Wochen wird das MADNESS-Album in der Musikmarkt-Bestsellerliste notiert. Und im Mai 1980 brachte MADNESS die Hallen in fünf deutschen Städten zum Brodeln. Die Fans flippten bei der Two Tone-Music völlig aus. Begleitet wurden die Konzerte mit einer Anzeigen-Aktion, in der die verrücktesten Fotos von MADNESS-Fans gesucht wurden.» MADNESS waren übrigens eine der zahlreichen Gruppen am Anfang 1980, denen die prophetische Auszeichnung «Sound der 80er Jahre» verliehen wurde, zumeist von Rockkritikern, unter denen die seltsame Tendenz besteht, einander durch immer wichtigere und maßlosere Worte zu überschreien. Kein Wunder, daß Teldec selbst ihre plötzlich entdeckten Lieblinge in einem ähnlich pathetischen Ton (und vermutlich durch denselben plakativ schreibenden Pressemann) feiert:

«Nutty-Sound is coming! MADNESS. Mit ungebändigter Spielfolge, einem Mix aus Ska und Reggae sowie Elementen der Neuen Welle wird MADNESS zum Trendsetter des neuen Jahrzehnts. Der monsterhaft-verrückte Nutty-Sound ist der Tanzarenenfüller der 80er Jahre!»

Um so viel Unsinn, bestenfalls so viel Halbwahrheit akzeptabel zu machen, muß eine Firma aufwendige Werbefeldzüge durchführen, bis die zermürbten Rockfans Parolen der genannten Art widerstandslos hinnehmen. Um etwa «Deutschlands führenden Rock-Poeten» Udo Lindenberg zu vermarkten, hat Teldec nach eigener Darstellung folgende Tätigkeiten entfaltet: «Gewaltige Werbe- und Promotion-Maßnahmen sind bereits am laufen. Alleine die Anzeigenkampagne in den bekannten Musikzeitschriften bringt 10 Millionen Werbekontakte. Zudem wird in den Veranstaltungsmagazinen der Großstädte inseriert. In den Ballungszentren der Bundesrepublik werden Tausende von Plakaten an attraktiven Anschlagstellen kleben. Für Schaufenster und Läden gibt es eine Spezial-Dekoration – als konsequente Fortsetzung der Anzeigen- und Außenwerbung. Damit nicht genug: Die Promotionaktionen rotieren kräftig. Rundfunk, Fernsehen, Tageszeitungen und Zeitschriften sind mit verbalen und klingenden Informationen eingedeckt. Denn Udo ist nach wie vor ein aktuelles Thema in den gesamten Medien. Noch in diesem Jahr 1979 wird der erste Teil der Rockrevue *Der Detektiv* ausgestrahlt. Und Udos neuestes Projekt, ein Kinofilm, wird ab 1980 in den Filmtheatern laufen und für Schlagzeilen im gesamten deutschen Blätterwald sorgen . . .»

Angesichts so massiver Werbekampagnen für Deutschlands führenden Rock-Poeten nimmt es nicht wunder, daß dieselbe Firma kaum Zeit und Geld hat, andere Gruppen zu fördern, die gleichfalls bei ihr unter Vertrag stehen. Warum wurde mit ihnen dennoch ein Vertrag abgeschlossen? Mehrere Anzeichen sprechen für einen Verdacht, der sich von außen natürlich nicht beweisen läßt: daß größere Firmen mitunter lediglich aus dem Grunde Rockformationen an sich binden, damit sie nicht zur Konkurrenz gehen. Auf ihre Förderung wird von Anfang an lediglich eine routinemäßige Aufmerksamkeit verwendet. So wächst die Zahl der Rockmusiker, die das Gefühl haben, nicht nach ihrer künstlerischen Bedeutung unterstützt zu werden. Für die Firma ist es viel rationeller, die Werbe- und Promotion-Kampagne auf einen einzigen Musiker zu konzentrieren.

Hier ist Teldec nur ein Beispiel, aber aus Beispielen dieser Art besteht sozusagen die ganze Branche. Durch Werbung werden viele Irrtümer, falsche Vorstellungen und unkritische Ansichten verbreitet und so lange wiederholt, bis der Rockfan glaubt, sie seien seine eigene Meinung. Die erotische Anziehungskraft einer Hüllenzeichnung, imaginäre Landschaften mit Fabelwesen, ästhetisch ansprechende, elegante Entwürfe und hundert andere Varianten der «geheimen Verführung» lauern auf den unkritischen Rockhörer.

Dicke Hunde:
Klassische Fälle von Manipulation

In einem früheren Abschnitt ist auf den Widerspruch hingewiesen worden, der zwischen der Rockmusik als einer zeitgenössischen «Volksmusik» und deren industrieller Herstellung und Vermarktung besteht. Das Interesse des Hörers an stets neuen, ihm Hörgenuß bereitenden Produkten verzahnt sich da unmerklich und kaum entflechtbar mit dem Interesse eines ausgedehnten Industriezweiges am Gewinn. In dieser merkwürdigen, um nicht zu sagen unnatürlichen Symbiose von Hörer und Kapitalist sind die Konflikte bereits vorgezeichnet, die bald nur für wenige spürbar schwelen und bald offen ausgetragen werden. Man könnte viele Seiten mit der Schilderung von praktischen Fällen füllen, wo Plattenkäufer und Konzertbesucher von den Unternehmern geprellt worden sind. Statt dessen werden unten wenige Fälle dieser Art beschrieben, die exemplarisch sind und die generell jeden Rockhörer zu Wachsamkeit und zum kritischen Konsumverhalten mahnen sollen.

Politische Manipulation
Konzertagenturen und Plattenfirmen legen sich äußerst selten in einer bestimmten politischen Richtung fest. Politische Parteinahme, erst recht politische Sektiererei schmälert die Verkäuflichkeit, da das betreffende Produkt dann nur einen mehr oder minder beschränkten Kreis von Gesinnungsgenossen anspricht und die Andersdenkenden feindselig gegenüber dem Unternehmen stimmt. Direkte politische Stellungnahmen widersprechen gleichsam dem Geist des Kapitalismus, der doch alle politischen Parteiungen und Meinungsunterschiede am liebsten als bloße Spielarten und Differenzierungen eines Systems integrieren möchte, dessen Haupttätigkeit in der reibungslosen Zirkulation des Kapitals besteht. Bei einer Plattenfirma muß daher ein ausgeprägtes politisches Engagement vorliegen, wenn eine ganz bestimmte politische Richtung von ihr mit einer auffallenden Konsequenz gefördert wird.

Bei der amerikanischen RCA beziehungsweise bei ihrer Hamburger Tochterfirma läßt sich ein solches politisches Engagement beobachten. Im Gegensatz zu Columbia, Decca, EMI und zu weiteren großen Plattenfirmen hat RCA in den sechziger und siebziger Jahren fortschrittliche politische Ideen nicht einmal vorübergehend, nicht einmal zufällig unterstützt, wohl aber solche, die zu ihrer Zeit reaktionäre Gesinnung und Kriegstreiberei zu stärken halfen. Im Jahr 1966 wurde ein in Vietnam stationierter Fallschirmjäger namens Barry Sadler aus Leadville, Colorado, mit einem Schlag berühmt. Grund dafür war eine von RCA herausgebrachte Single mit dem Titel «The Ballad Of The Green Berets», in dem der Staff Sergeant Sadler die Tapferkeit und das Durchhaltevermögen der berühmt-berüchtigten amerikanischen Green Berets in Vietnam besungen hatte. Die Aufnahme kursierte zuerst nur innerhalb der Armee-Einheiten, bis RCA auf sie aufmerksam wurde und sie ins eigene Programm aufnahm. Mit Hilfe dieses Nr. 1-Hits führte RCA die amerikanische wie auch die europäische Öffentlichkeit über den wahren Charakter des Vietnam-Krieges irre. Eine weitere Single von Barry Sadler «The ‹A› Team» aus demselben Jahr blieb zum Leidwesen von RCA erfolglos. Wohl aber betätigt sich der einstige Vietnam-Fallschirmjäger gegenwärtig als «Schriftsteller». Sein 1978 erschienenes Werk *Everything You Want To Know About The Record Industry In Nashville, Tennessee, Country Music Capital Of The World* (Aurora, Nashville) zeigt die Bekanntschaft des Autors mit den Großen des konservativen Musikgeschäftes. Über Aufbau und Funktionieren der Plattenindustrie wird von Sadler freilich nichts mitgeteilt, und insofern stellt sein dünnes Oeuvre seinerseits eine üble Manipulation des neugierigen, wißbegierigen Rocklesers dar.

Eine wesentlich jüngere politische Bekundung von RCA stammt aus dem Jahr 1979. Unter dem Titel *Das geht uns alle an* (PL 28 367) veröffentlichte die Hamburger Firma eine Langspielplatte, deren konservative Tendenz im Rückblick auf Sergeant Sadler kaum mehr überrascht. Gleich das Eingangsstück der Platte richtet sich gegen die «Rotkehlchen», mit denen wohl Rockmusiker in der Bewegung «Rock gegen rechts» sowie Liederschreiber von Dieter Süverkrüp bis hin zu Julius Schittenhelm gemeint sind. Alle Texte stammen von Hubertus Scheurer.

> *Mancher Vogel lebt bei uns*
> *Im gelobten Westen*
> *Und gibt seine Sangeskunst*
> *Lautstark hier zum besten.*
>
> *Da ist auch ein großer Schwarm,*
> *Schwierig ihn zu zählen,*
> *Eine bunte Vogelschar*
> *Mit den roten Kehlchen.*
>
> *Diese Vögel sind sehr link,*
> *Krächzen wie die Raben,*
> *Was sie bei den andern sehn,*
> *Wolln sie für sich haben …*

Den Rechtsanwälten der sogenannten Terroristenszene in der Bundesrepublik gelten wiederum folgende Strophen:

> *So mancher nennt sich Anwalt,*
> *Er meint mit gutem Recht,*
> *Denn mit dem Recht als Mantel,*
> *Da tarnt es sich nicht schlecht.*

> *Linksanwalt, Rechtsanwalt*
> *Beides geht wohl kaum,*
> *Denn was link ist, ist nicht recht,*
> *Sonst bleibt fürs Recht kein Raum!*

> *So gut getarnt im Mantel*
> *Wird fleißig aufgehetzt*
> *Und eine linke Meute*
> *Auf Bürger angesetzt ...*

Weitere Kostproben aus derselben dichterischen Werkstatt bietet der
Song «Sie knüpfen für uns die Schlingen»:

> *Sie knüpfen für uns die Schlingen*
> *Fleißig die linken Brüder,*
> *Es wird ihnen noch gelingen,*
> *Wir werden ja müder und müder.*

> *Sie knüpfen auf unsre Kosten*
> *Fleißig die linken Brüder,*
> *Erhalten behördliche Posten,*
> *Wir werden ja müder und müder ...*

Und über die sogenannten Grünen in der bundesdeutschen politischen
Landschaft heißt es:

> *Wenn die Roten grünen,*
> *Glauben sie daran,*
> *Daß der dumme Bürger*
> *Nicht mehr rot sehen kann.*

> *Und die wirklich Grünen*
> *Schiebt man einfach vor,*
> *So wie einst das Holzpferd*
> *Durchs trojan'sche Tor ...*

Selbstverständlich kann man gegen Argumente und Vorgehensweisen des linken Lagers Einwände vorbringen, und in einer offenen Gesellschaft sind auch sie der öffentlichen Kritik ausgesetzt. Aber in den von RCA verbreiteten Texten werden nicht Gegenargumente geltend gemacht, vielmehr werden Begriffe vereinfacht und verfälscht und differenzierte Sachverhalte auf das Niveau von Stammtischgesprächen gebracht. Mit Zeilen wie «Was link ist, ist nicht recht» unterstützt RCA eine Demagogie, deren demokratische Gesinnung durchaus fragwürdig erscheint. Wo zum Beispiel jede Forderung nach einer gerechten Besitzverteilung auf den «Neid» zurückgeführt wird, wirkt eine gedankenlose und gefährliche politische Tradition weiter. Auch wer nicht links steht (und nach obiger Logik also nicht «link» ist), wird die genannte RCA-Schallplatte schlicht als hinterwäldlerisch und reaktionär bezeichnen.

Gleiches unter verschiedenem Namen, Verschiedenes unter gleichem Namen

Kommt eine Rockgruppe bei den Fans und bei den Medien gut an, so wird ihre nächste Platte voraussichtlich ebenfalls gut verkauft. Diese einfache Erfahrung machte sich Dunhill/ABC zunutze. Im Jahr 1969 erschien die LP *Bubble Gum, Lemonade And Something For Mum* von «Mama» Cass Elliott, dem schwergewichtigen weiblichen Mitglied der kalifornischen Folkrockgruppe THE MAMAS AND THE PAPAS (Dunhill DS 50055). Ein Jahr später brachte Dunhill die gleiche Platte nochmals heraus, vermehrte sie allerdings um das Stück «Make Your Own Kind Of Music» und gab dem neuen Produkt denselben Titel: *Make Your Own Kind Of Music* (Dunhill DS 50071), offensichtlich in der Erwartung, daß der flüchtige jugendliche Käufer das neue Album für eine ganz neue LP der damals populären Sängerin halten werde.

In diesem Fall wurde lediglich auf eine besonders zynische Weise wiederholt, was einer alten Praxis der US-Plattenbranche entspricht. Besonders erfolgreiche Stücke einer LP werden in die nächste wieder aufgenommen, so daß bei mehreren Alben zahlreiche Überschneidungen entstehen können, so in der gesamten LP-Produktion von THE MAMAS AND THE PAPAS (gleichfalls Dunhill). Man vergleiche etwa die frühen Alben der BEACH BOYS, um diese ausbeuterische Praxis näher kennenzulernen. Titel wie «Shut Down», «Little Deuce Coupe», «Help Me, Rhonda» und «409» kommen mindestens auf zwei LPs unverändert vor, die unterschiedliche Albumtitel tragen und somit als ein neues Produkt auftreten. Beliebt sind auch zwei weitere Geschäftspraktiken. Die eine besteht darin, daß von den zwei Titeln einer Single der eine Titel auf dem gleichzeitigen Album derselben Rockgruppe nochmals erscheint, nicht dagegen der andere Titel; der Fan wird also beides, Single und LP, kaufen müssen, obgleich er einen Titel zweimal bezahlt. Die andere Praxis ähnelt in Grundzügen der soeben genannten: erscheint eine LP etwa in Großbritannien, so kommt sie in der amerikanischen Lizenzausgabe mit teilweise neuem Material heraus, jedoch so, daß sie ihrerseits gewisse Stücke der britischen Pressung nicht enthält. So ist der englische wie auch der amerikanische Fan der betreffenden Rockgruppe gezwungen, beide LPs zu kaufen. In allen Fällen handelt es sich generell um einen mittelbaren Kaufzwang.

Eine weitere Methode, den Rockhörer irrezuführen, ist der soeben genannten sozusagen entgegengesetzt. Nicht alles, was eine Rockgruppe im Studio einspielt, wird auch veröffentlicht. In manchen Verträgen zwischen Musikern und Plattenfirma wird eine Veröffentlichung nicht einmal vorgesehen, weil die Musiker sie aus Gutgläubigkeit eigentlich für selbstverständlich halten. So bleiben die eingespielten Tonbänder vielfach in den Archiven der Firma, nämlich dann, wenn die Schallplattenveröffentlichung ihr keinen Gewinn verspricht. Erst wenn die Gruppe auf anderem Wege zu Ruhm gelangt, erinnern sich die Verantwortlichen der früheren Firma an die archivierten Einspielungen. Diese werden dann unter dem Namen der Gruppe nachträglich herausgebracht, darauf spekulierend, daß von der Beliebtheit der Musiker auch die nachträgliche Veröffentlichung profitieren wird. Zwei Fälle mögen dieses zweifelhafte Geschäftsgebaren veranschaulichen.

«Warner Brothers oder der große Rock 'n' Roll-Schwindel»: unter diesem Titel machte Alfred Hilsberg in *Sounds* (12/1978, Seite 8) auf folgende Machenschaft von WEA aufmerksam:

«Nachdem der bei Stiff unter Vertrag stehende Ian Dury sich mit *New Boots And Panties!* mehr als ein dreiviertel Jahr in den Charts umhergetrieben hat, hielt die ehrwürdige Firma Warner Brothers die Gelegenheit für günstig, eine Platte auf den Markt zu werfen mit dem Titel KILBURN & THE HIGH ROADS Featuring Ian Dury: *Wotabunch!* ... Alte Aufnahmen des Pub-Rock-Großmeisters Dury, werden Informierte sagen. Richtig geraten. Weniger Informierte allerdings mögen oder sollen die drüben für fast achtzehn Märker feilgebotene Ware für das neueste Produkt des kleinen Mannes mit der großen Schnauze halten. Die Warner-Brüder haben sich alle Mühe gegeben, nicht korrekt zu sein.

Angefangen beim Cover-Bild. Der Herr Dury ist zwar gerade noch auszumachen, aber von den anderen Gestalten haben zwei bei der Produktion der hier versammelten Songs gar nicht mitgemacht. Die Cover-Rückseite gibt keinen Hinweis darauf, wann der Meister diese Lieder – unter anderem «Rough Kids» und «The Mumble Rumble» – aufgenommen hat. Auf dem deutschen Cover steht unübersehbar klein: Produktion & Copyright 1978 ... Der ganze Schwindel um die LP (auch noch *Wotabunch!* benannt nach einem ziemlich neuen Lied von Dury) läßt sich anhand des Dury-Stammbaums leicht aufdecken. Bei den Aufnahmen handelt es sich durchweg um Titel, die KILBURN & THE HIGH ROADS im Jahr 1974 während eines kurzen Deals mit dem Raft-Label aufgenommen haben. Das Warner-anhängige Label wurde zugemacht, die Platte nicht veröffentlicht. Neun Dury-Kompositionen aus dieser Ära erschienen ein Jahr später bei Dawn Records (Pye) auf der LP *Handsome* ... Hinter derartiger ‹Nachlässigkeit› steckt Methode: Absahnen, nichts als absahnen!»

Der zweite Fall betrifft die Plattenveröffentlichungen von AMON DÜÜL. Die Ur-Formation spielte 1969 in einem Berliner Tonstudio stundenlang Tonbänder ein, von denen zwei gleich veröffentlicht wurden: *Amon Düül Psychedelic Underground* und *Paradieswärts Düül* (MLP 15. 332 bzw. 13. Ohr-Platte). Als die erste Langspielplatte der Splittergruppe AMON DÜÜL II einen breiten Anklang bei Presse und Publikum fand, entschloß sich der Produzent von AMON DÜÜL , die noch unveröffentlichten restlichen Tonbänder auf den Markt zu bringen (*Collapsing* und *Disaster*), wohl darauf hoffend, daß diese im Zuge des Erfolges von AMON DÜÜL II ebenfalls schnell abgesetzt werden können.

Beispiele der genannten Art ließen sich fortsetzen. Sie belegen nicht nur die Ausbeute-Praktiken gewisser Plattenfirmen, sondern zugleich den erbitterten Konkurrenzkampf. Denn die Aktion mit Ian Dury schädigt nicht nur den Plattenkäufer, sondern auch Stiff Records, die Plattenfirma also, die etliches Geld in die Förderung des britischen Musikers gesteckt hatte.

Ausbeutung durch Alternativ-Labels

Gleichzeitig mit der Punk-Bewegung um 1976/77 hat sich allgemein die Meinung festgesetzt, das Heil der Rockmusik sei von den kleinen Plattenfirmen zu erwarten, die im Gegensatz zu den multinationalen Konzernen CBS, WEA, RCA, EMI nicht schwerfällig sind und talentierte Musiker besser fördern können. Gegenüber diesen kleinen, gerade aus dem Boden schießenden Labels (Stiff, Chiswick, Object Music, Beggars Banquet, Bomp, Beserkley, Ralph usw.) ging die Sympathie so weit, daß man diesen sogenannten Alternativ-Labels zugleich mehr Ehrlichkeit zubilligte als den Großfirmen.

Solche Gutgläubigkeit erscheint nach den Erfahrungen der ersten Jahre durch nichts begründet. Im Gegenteil könnte man zugespitzt formulieren, daß der Rockhörer noch von keiner Großfirma so schamlos ausgenutzt wurde, wie er von einigen Alternativ-Labels manipuliert wird. Von der häufig schlechten Pressung einmal abgesehen, bestehen ihre Geschäftspraktiken etwa in folgendem:

– Der Kult mit bunten Vinylscheiben und mit Picture Discs (ursprünglich eine liebenswürdige Spielerei) wurde als eine zusätzliche Einnahmequelle entdeckt. Als ein Mittel der Werbung, erstreckt sich die optische Gestaltung hier auch auf die Scheibe selbst, die wie ein Gesamtkunstwerk (Musik und Bild) erscheint.

– Nicht wenige Alternativ-Labels in der Bundesrepublik und in Berlin West (natürlich auch im Ausland) bringen Singles hervor, die lediglich amateurhafte Geräuscherzeugung enthalten und bieten diese als «Rock-Avantgarde» an. Besonders gewissenlos werden MusiCassetten mit sehr kurzer Spieldauer reizloser Garagenband-Musik auf den Markt gebracht, die von jeder beliebigen Gruppe von Stümpern ebensogut gespielt werden könnte.

– Durch limitierte Pressungen, abweichende Hüllenzeichnung, numerierte Sonderauflagen und dergleichen werden die Sammler angesprochen, deren Herz stets höher schlägt, wenn sie Stempelaufdrücke wie «Limited Edition» und «Only 500 Copies» auf dem Cover wahrnehmen.

Labels mit solchen Machenschaften mögen in der Minderheit sein. Aber sie beweisen, daß Unternehmer nicht schon deshalb korrekter und publikumsfreundlicher sein müssen, weil sie zur Alternativszene gerechnet werden.

Flimmern, Glamour, Ignoranz:
Rock im Fernsehen

Die Rockmusik ist weit niveauvoller als das öffentliche Bild, das von ihr in den deutschen Fernsehsendungen verbreitet wird. Die heute besonders interessanten New-Wave-Gruppen mit ihren Tonbandcollagen, Geräuschflächen und der Klangaskese ihrer Minimal Music werden in den serienmäßigen Fernsehsendungen nicht einmal genannt, wohl aber solche mit allem Aufwand vorgeführt, die entweder zum künstlerisch ereignislosen Mainstream in der Art von Bruce Springsteen gehören oder gar in den geistlosen Pop der PLASMATICS, DOLLY DOTS und GIBSON BROTHERS einzuordnen sind. Im Gegensatz zum britischen Fernsehen hat keine deutsche Fernsehanstalt bisher eine musikalisch anspruchsvolle Formation entdeckt und gefördert, vielmehr hat sich der Name der präsentierten Musiker schon in den anderen Medien herumgesprochen, bevor mit einer Aufzeichnung begonnen wird. Die Funktion der Rocksendungen läßt sich ohne Übertreibung so umschreiben, daß sie nur jene Werbung fortsetzen und intensivieren, die von den Plattenfirmen und den Konzertagenturen ohnehin massiv betrieben wird. Nicht umsonst pflegen diese Firmen in ihren Informationsblättern auf die bevorstehende Präsentation ihrer jeweiligen Gruppen im Fernsehen hinzuweisen und nach der Sendung in Prozenten auszudrücken, wieviel Umsatzsteigerung die Sendung nach sich zog. Die Sendungen besitzen freilich auch einigen Informationswert, doch nur in dem Maße, als gewöhnlich auch in der Werbung Informationen enthalten sind.

Diese negative Bilanz, der eine Auswertung der in den Monaten September/Oktober/November 1980 ausgestrahlten Rocksendungen zugrunde liegt, läßt sich freilich differenzieren, denn unter den einzelnen Sendungen bestehen beträchtliche Unterschiede der Zielsetzung wie des Anspruchs. Die wichtigsten sind der Beat-Club, Rock-Palast, Musikladen, Rockpop und Disco 80.

Die Behauptung vom Werbecharakter der Rocksendungen trifft nicht zuletzt auf Beat-Club vom Radio Bremen zu. Hauptsächlich ausgestrahltes Material sind Promotion-Filme, also Video-Cassetten, die von den Musikern bzw. von der Schallplattenfirma eigens zur kommerziellen Förderung bespielt werden, häufig aufwendig produziert und mit allerlei optisch-filmischen Gags versehen sind. Solche Promo-Filme pflegen heute auch in besseren Plattengeschäften zur Unterhaltung (und zur Kauf-Motivation) der Ladenbesucher zu laufen. Der Promo-Film «Ashes To Ashes» über David Bowie etwa zeigt den britischen Sänger in wechselnden surrealistischen Szenen, in denen sich die Bildphantasie des Kameramannes hemmungslos auslebt, die jedoch von einem besseren Verständnis der Musik wie auch des Textes eher ablenken. Im gleichen Geist konzentriert sich die Kamera im Promotion-Film über die PLASMATICS auf den nackten Oberkörper der Sängerin sowie auf das anschließende Zersägen einer Gitarre bei Flammen und Rauch. Der fade Eindruck solcher eingestreuten Video-Bänder verstärkt sich dadurch, daß in der Regel das sogenannte Playback-Verfahren angewendet wird: Bei der Aufnahme bewegt der Sänger seine Lippen zu einer Musik, die aus dem Lautsprecher ertönt – die Gesamtwirkung ist ausdruckslos und mitunter unfreiwillig komisch, wie in den Filmen über Klark Kent («Away From Home»), Alice Cooper («Clones»), THE ROLLING STONES («She's So Cold»), QUEEN und andere Gruppen. Jeder Sendung wird im Beat-Club eine alte Live-Aufzeichnung – genannt «Oldie-Bonus» – beigegeben, die zumeist aus den sechziger Jahren stammt und sehr informativ sein würde, kommentierte die Sprecherin sie mit Sachkompetenz. Allein, diese fehlt Birgitt Reckmeyer ebenso wie den meisten ihrer Kollegen und Kolleginnen, die in rockgeschichtlicher

Hinsicht manchmal bemerkenswert ahnungslos sind. Verantwortlich für die Sendung sind Michael Leckebusch und Jörg Sonntag.

Die halbjährlichen Rockpalast-Sendungen des WDR stellen Live-Auftritte in großen Sälen der Bundesrepublik (etwa der Gruga-Halle in Essen) sowie in Berlin West vor, sie dauern mehrere Stunden und ziehen sich tief in die Nacht hinein. In den Umbaupausen werden die Musiker interviewt, wobei sich der Umstand bemerkbar macht, daß der deutsche Moderator Albrecht Metzger mit den englischsprachigen Musikern sei es aus sprachlichen, sei es aus sonstigen Gründen, nicht umzugehen weiß und eine unglückliche Nebenfigur abgibt. Die Hauptperson ist Allan Bangs vom britischen Soldatensender BFBS, der jedoch eine typische Fan-Haltung an den Tag legt und mit der Begriffslosigkeit des Fans nicht einmal versucht, mit einiger Verbindlichkeit über die Musik selbst zu sprechen. In einem Interview mit dem Schlagzeuger Billy Cobham gerät er bei dem Ausdruck «zwei Achtel auf der Baßtrommel» in eine heillose Verlegenheit. Statt von der Musik, wird so von Besetzung, Band-Entstehung und dergleichen geredet, und mit persönlichen Geschichtchen läßt sich auch die längste Konzertpause überbrücken. Ein großer Vorzug der Rockpalast-Sendungen besteht andererseits darin, daß sie die Konzertatmosphäre gut wiedergeben und den Fernsehzuschauer die auf der Bühne agierenden Personen aus nächster Nähe beobachten lassen. Als sehr gelungen sind etwa die Aufzeichnungen über THE POLICE, Graham Parker und Steve Forbert zu bezeichnen.

Die ZDF-Sendung Rockpop (Redakteure: Peter Baalcke und Thomas Stein) setzt einige Stufen tiefer an, weil der Moderator Christian Simon mit der englischen Aussprache halbwegs auf Kriegsfuß steht und vielfach lediglich die von Plattenfirmen verbreiteten Gerüchte und Behauptungen weitergibt – etwa die These, daß Eric Burdon gegenwärtig «schöpferisch wie noch nie zuvor» sei – die betreffende Aufzeichnung beweist dann das traurige Gegenteil. Hier herrscht munterer Konversationston vor, modische Teenager-Wendungen tauchen in fast jedem Satz auf, allerdings werden auch durchaus diskutable Rockgruppen in optisch fesselnder Weise präsentiert (SPLIFF, THE FOOLS, UB 40, THE BLUES BAND, CHEAP TRICK und andere).

Der Musikladen aus Bremen ist eindeutig auf Rummel angelegt. Die meisten hier präsentierten Gruppen entbehren jeder musikalischen Substanz (THE WELTONS , EBONY, THE GIBSON BROTHERS, CLOUT, BZN usw.). Um so hektischer und glitzernder ist hier alles zusammengefügt, mit Szenenwechsel und Überraschungseffekten. Zu Beginn der Sendung werden Musiker genannt, von denen ältere Filmaufzeichnungen vorhanden sind. Telefonische Anrufe während der Sendung entscheiden darüber, welcher Film anschließend gezeigt wird. In der von mir gesehenen Sendung wurden folgende vier Musiker bzw. Gruppen angeboten: Stevie Wonder, Die Yankees (eine deutsche Gruppe aus den sechziger Jahren), Billy Swan und The Kinks. Gewählt und gezeigt wurde der Film mit Billy Swan, und zwar mit überwältigender Mehrheit. Somit erscheint das Ergebnis gerecht: der Musikladen verdient sein Publikum und umgekehrt.

Ilja Richters Disco 80 bietet eine Abwechslung zwischen Schlager und Blödeln (das hier anspruchsvoll «Parodie» genannt wird). Die hier auftretenden Musiker vom Format der Chilly, Dolly Dots, der Michael Holm, Roland Kaiser u. a. finden in den umhersitzenden und auf Beifall gedrillten jungen Mädchen ein dankbares Publikum.

Fazit: Deutsche Fernsehanstalten nehmen sich einer Rockgruppe von Format erst dann an, wenn ihr musikalischer Höhepunkt bereits überschritten ist (wie bei den Boomtown Rats). Wer ernsthaft und mit einer gewissen Niveauerwartung die Rockmusik verfolgen will, wird es weiterhin mit Hilfe von sachkundig ausgewählten Schallplatten, von britischen Rockzeitungen wie *The New Musical Express*, von Magazinen wie *Zigzag* und von eigenen Konzertbesuchen tun. Den deutschen Fernsehanstalten kann man nicht einmal zugute halten, daß sie die einheimische Rockmusik fördern. Im Gegenteil, für sie scheint deutscher Rock nur dann zu existieren, wenn er sich dem angloamerikanischen vollkommen angeglichen hat.

Nochmals:
Notizen
zur deutschen Rockkritik

Dasjenige, worüber Rockkritik zu informieren hat – neue Gruppen, Schallplatten, Szene, Konzerte –, befindet sich in der Hauptsache in angloamerikanischen Großstädten wie London und Los Angeles, New York und San Francisco. Wer in Deutschland ernsthaft am Rock interessiert ist, wird die entsprechenden Berichte von *The New Musical Express*, *Zigzag*, *Bomp*, *Rolling Stone* und von anderen Zeitschriften und Fanzines ohnehin im Original lesen. Die typische Rockzeitschrift im deutschen Sprachbereich wird also für Leser geschrieben, die sich aus welchen Gründen immer nicht aus erster Hand informieren können, sondern auf eine Vermittlung angewiesen sind.

Die Umsetzung sprachlicher Inhalte ist dabei häufig von Irrtümern und Mißverständnissen begleitet, die zeigen, wie hoffnungslos weitab vom Zentrum des Rockgeschehens man hierzulande steht. Die öffentlichen

Auseinandersetzungen darüber, was wohl «Little Feat» bedeuten mag, oder ob im Wort «psychedelic» der Anfangslaut ausgesprochen werden soll oder nicht, werden mit rock-provinziellem Eifer ausgetragen. Daß sich der deutsche Rockkritiker solcher Gefahr bewußt ist und ihr sich zu entziehen sucht, bekundet sich etwa darin, daß er englischsprachige Wendungen wörtlich übernimmt, dabei besonders der Schreib-Masche von *Rolling Stone* nacheifert und mit seinem Sprachgestus insgesamt den Eindruck von Authentizität wecken will. Ob hierdurch der Provinzialismus wirklich gebannt wird, bleibe dahingestellt. Wichtig erscheint mir lediglich die Formel: Je mehr Anschein authentischen Angelsachsentums sich der deutsche Rockkritiker gibt und je mehr «Weltniveau» er dabei anstrebt, desto mehr muß er seine biographische, nationale und sprachliche Identität verleugnen. In Deutschland tritt er als der Nachrichtenkurier aus England und Amerika auf, in London und New York jedoch besitzt er keinen Einfluß auf das Rockgeschehen. Er wirkt, wie der deutsche Moderator der Fernsehsendung «Rockpalast», immer etwas unbeholfen, wenn neben ihm ein angloamerikanischer Rockkritiker steht und das Wort ergreift. Verständlich, daß in solcher Bewußtseinsspaltung wie von selbst Ressentiment entsteht.

Wie Musikkritiken insgesamt, ändern auch die Rockkritiken wenig am Publikumsgeschmack. Hits wie Flops werden von Zeitungsrezensionen nicht gemacht. Plattenkritiken und Konzertbesprechungen stellen, außer daß sie die zufällige Meinung eines zufälligen Rezensenten wiedergeben, hauptsächlich eine stilisierte Werbung dar. Es kommt letztlich weniger auf den Inhalt der betreffenden Rezension als vielmehr auf den Anzeigewert an. Dieser ist dann lückenlos, wenn das Plattencover abgebildet und Herstellerfirma sowie Bestellnummer angegeben werden.

Was das Urteil von Plattenkäufern und Konzertbesuchern wirklich beeinflußt, sind die – kommerziell berechneten – Schlagwörter der Werbeabteilungen der Plattenindustrie: «Underground Rock» und «Psychedelic Rock» in den ausgehenden sechziger Jahren, «Progressive Rock» zu Beginn der Siebziger, «Future of Rock» für Bruce Springsteen oder «Nutty Sound» für MADNESS. Einige dieser Begriffsmarken mögen zwar von Journalisten stammen wie im Falle Springsteen, doch werden sie erst bekannt und erhalten Gewicht, wenn sich die Werbeabteilung der betreffenden Firma mit ihnen identifiziert. Mit anderen Worten, Rockkritiker liefern bestenfalls Ideen für die Industrie.

Trotz dieser relativen Ohnmacht besteht kein Anlaß für den Rockjournalisten, an der Moral und der Verantwortung seines Berufes zu zweifeln oder sich gar von Wirrköpfen nachsagen zu lassen, er sei ein bloßer Lakai des Großkapitals. Denn er kann ideologiekritisch wirken und spürbare

Aufklärungsarbeit leisten. (Lebendige und nicht bloß Staatsideologien verherrlichende Rockmusik ohne Großkapital hat man bislang noch nicht erfunden, und es ist fraglich, ob man sie unbedingt erfinden muß. Man kann Beispiele dafür nennen, daß die nicht privatkapitalistische Plattenindustrie das Rockpublikum und die gesamte Rockkritik ohne die Möglichkeit öffentlicher Kontrolle hintergehen kann. Erinnert sei nur an die Erfahrungen der RENFT-Combo in der DDR.)

Hier geht es um falsche Reaktionen. Denn seine erkannte oder nur undeutlich gespürte Wirkungslosigkeit kann der Rockkritiker in der Weise überspielen und rekompensieren wollen, daß er Machtpolitik auf eigene Faust betreibt und von einer zelebrierten Wichtigkeit her Gnade und Ungnade walten läßt. Da seine Urteile sich am eigenen Machtwort berauschen, kennen sie nur die beiden Möglichkeiten: entweder empfängt das beurteilte Objekt sein vernichtendes «Recipe ferrum» oder umgekehrt die schwärmerische Prophezeihung, es sei ein «Wegweiser zum Sound der achtziger Jahre». Zwischenstufen entfallen, weil man mit ihnen keinen beeindrucken kann. Freilich, der intelligente Rockkritiker weiß solchen Machtmißbrauch und die damit verbundenen charakterlichen Deformationen zu vermeiden.

Diese mißlichen Umstände bestehen vermutlich in allen westeuropäisch-kontinentalen Ländern. Doch fehlen dort im Unterschied zu Deutschland persönliche Angriffe, eine grobe Rechthaberei und politische Sektiererei weitgehend. Besonders Holland kann man als Beispiel dafür nennen, wo nicht nur unter den Rockmusikern selbst, sondern auch im Gesamtton der Rockkritiken eine Art Kollegialität herrscht. Vermutlich sind es die andersartigen politischen und gesellschaftlichen Verhältnisse, die bei uns zu einer dauernden Gereiztheit der Sprache geführt haben. Gemeint ist damit ein verlorener Krieg, eine legalisierte militärische Besetzung bis heute und nicht zuletzt das Bewußtsein der heute Dreißig- bis Vierzigjährigen von dem eigenen Unvermögen, politische Reformen geschlossen zu konzipieren und durchzusetzen. Die Bewegung um 1967–1973 hat manchmal mehr mit intellektueller Arroganz und Selbstbespiegelung zu tun gehabt als mit einem realitätsgerechten Verständnis jener Volksschichten, in deren Namen seinerzeit debattiert, Thesenpapiere tonnenweise verfaßt und Wände vollgeschmiert wurden («Dem Volke dienen»). Ein kleines Häuflein selbsternannter Massenführer, denen die Massen jedoch nicht zu folgen bereit waren, sind die großen Frustrierten unserer Gesellschaft, und sie bilden den Nährboden für einen Verfolgungswahn, der sich mitunter bis in manche Rockrezensionen hinein bemerkbar macht.

Besonders schwer haben es dabei die einstigen «Kulturrevolutionäre», die sich heute von ihrem fernöstlichen Musterland abwenden und ihren angestauten Haß in groben Pauschalkritiken abreagieren. *Anschläge* ist auch der Titel eines in Bremen erscheinenden Musikblattes, dessen zwei «seriöse» Herausgeber im Fall spezieller «Anschläge» einen dritten vorzuschieben pflegen. Ein wesentliches Ziel des Periodikums besteht dabei in Eigenwerbung und in einer «Abrechnung» mit der sogenannten bürgerlichen Musikwissenschaft. Aus sehr internen Gründen, die den Leser kaum interessieren werden, bilden dabei besonders Musikwissenschaftler in West-Berlin eine Zielscheibe des Blattes. Der international anerkannte Musikforscher an der Technischen Universität Berlin Carl Dahlhaus rede nach einem *Anschläge*-Verfasser puren «Unsinn» (ein Lieblingswort aller Kulturrevolutionäre, neben «kleinbürgerlich»), der deutsche Rock-Lexikograph Siegfried Schmidt-Joos sei ein erbärmlicher «Trottel» (er lebt ebenfalls in Berlin West), und obendrein habe auch einer der besten Kenner früher Rockmusik Arnold Shaw von der Geschichte des Rock 'n' Roll «wenig Kenntnis».

Zugegeben, Psychopathen und an Verfolgungswahn Leidende sind unter den deutschen Rockkritikern die seltene Ausnahme, und daß sie es sind, muß weiterhin ihr privates Problem bleiben. Aber sie bilden eine Erscheinung, die es außer in Deutschland wohl in keinem Land sonst gibt. Und das sollte einen nachdenklich machen.

Register

384

393

Ob und wie häufig ein Name im Register erscheint, ist kein Indiz für dessen Bedeutung für die Rockmusik.

Das andere Amerika

James Baldwin

Zum Greifen nah
Roman. 644 Seiten. Geb.

Beale Street Blues
Sonderausgabe.
187 Seiten. Geb.
und als rororo 4546

Giovannis Zimmer
rororo 999

**Gehe hin und verkünde
es vom Berge**
rororo 1415

**Des Menschen
nackte Haut**
rororo 1789

**Sag mir, wie lange ist
der Zug schon fort**
rororo 1863

**Schwarz und Weiß oder
Was es heißt, ein
Amerikaner zu sein**
rororo 4055

Eine andere Welt
rororo 4103

Joe Cottonwood

Famous Potatoes
Amerika querbeet
350 Seiten. Kart.

John Dos Passos

Manhattan Transfer
rororo 4133

USA-Trilogie
Band 1: Der 42. Breiten-
grad
Band 2: Neunzehn-
hundertneunzehn
Band 3: Die Hochfinanz
(3 Bände in Kassette)
rororo 4346

Theodore Dreiser

**Eine amerikanische
Tragödie**
rororo 4166

Schwester Carrie
rororo 4231

Der Finanzier
rororo 4468

Der Titan
rororo 4650

Rowohlt

1046/1–1a

Das andere Amerika

Rowohlt

Leserurteil

Wer Lust hat, möge dieses Blatt abtrennen und in einem **frankierten** Umschlag an den Autor

> Tibor Kneif
> Kurfürstendamm 105
> 1000 Berlin 31

senden. Zutreffendes bitte unterstreichen bzw. mit einem Kreuz versehen.

Nach einer sorgfältigen Lektüre / nach einem ersten Durchblättern des Rock-Handbuches fallen mir folgende Fehler auf.

1.
2.
3.
4.
5.

Außerdem fehlt im Handbuch meiner Meinung nach
1.
2.
3.
4.
5.

Sonstige Anmerkungen:

Insgesamt finde ich das Handbuch
○ mißlungen
○ überflüssig
○ ungleich, einige Ausführungen sind diskutabel
○ lesenswert, auch an Freunde und Bekannte zu empfehlen

Ort, Datum   Unterschrift (auch Deckname)